구술로 본 해외 한인
통일운동사의 재인식 미국지역

이 저서는 2006년도 한국학술진흥재단의 지원에 의하여 연구되었음(KRF-2006-322-B00007).

구술로 본 해외 한인
통일운동사의 재인식 미국지역

초판 1쇄 발행 2010년 6월 22일

지은이 김하영 외
펴낸이 윤관백
펴낸곳 선인

제 작 김지학
편 집 이경남 · 장인자 · 김민희 · 하초롱
표 지 김현진
영 업 이주하

등록 제5-77호(1998.11.4)
주소 서울시 마포구 마포동 324-1 곶마루빌딩 1층
전화 02)718-6252 / 6257
팩스 02)718-6253
E-mail sunin72@chol.com

정가 · 28,000원
ISBN 978-89-5933-354-7(세트)
      978-89-5933-357-8 94900

· 잘못된 책은 바꾸어 드립니다.

구술로 본 해외 한인 통일운동사의 재인식 미국지역

김하영 외

선인

서문

통일연구원 기초연구사업팀은 한국학술진흥재단의 지원을 받아 "해외통일운동사의 재인식: 문헌 및 구술자료 수집을 통한 실증적 연구(KRF-2006-322-B00007)"를 주제로 2006년 7월부터 2년간 4개국(미국, 일본, 독일, 중국)의 재외동포사회를 대상으로 통일운동 관련 주요 인사들을 발굴하고 구술녹취 작업을 진행하였다. 본 자료집은 미국지역을 대상으로 한민족 통일운동의 형성과 변화과정에 관련된 주요 인사들의 구술 증언을 수집 발굴하여 재미 한인 통일운동을 체계적으로 정리하고 고찰하고자 하였다.

미국 동포사회는 한국 현대사의 전개과정에서 중요한 역할을 계속해왔다. 일제 식민지시기에 재미동포들은 해외에서 민족독립을 위한 노력에 힘을 보태었으며, 해방 후에는 민족분단의 현실 속에서 남한의 민주화를 위하여, 또 한민족의 분단을 극복하는 데 힘을 보태고자 노력하였다. 따라서 재미동포들의 활동상에 대한 이해는 한국 현대사 이해에 중요한 부분을 구성한다. 이 책에 수록된 17명 인사들의 증언은 1970년대 이후부터 동포사회에서 전개된 민주화운동과 통일운동의 전개과정과 주요 활동상을 보여준다.

이분들은 1970년대 이후부터 1980~90년대를 거쳐 2000년대 들어서까지 재미동포사회에서의 통일운동에 대하여 개인적인 경험을 중심으로 증언을 하고 있다. 이분들의 활동은 활동시기와 기간에서 차이가 많다. 남북 간 교류가 전혀 없던 시기에 북한을 방문하여 북한을 외부에 알리거나 동포사회에서 젊은 시절부터 시작하여 비교적 오랫동안 통일운동에 참여한 인사들도 있고, 2000년 6·15 남북공동선언 이후 남북교류가 확대되던 시기에 재미동포사회의 6·15실천 미국위원회나 통일 관련 단체에서 활동한 인연으로 활동기간이 비교적 짧은 분도 있다. 이분들은 이념적으로 서로 가까운 분들도 있고 거리가 먼 분들도 있다. 같은 단체에서 활동하신 분도 있고 전혀 다른 단체에서 활동하신 분도 있다. 활동의 방식도 다양하다. 책을 쓰고, 언론 기고를 하고, 시위를 하고, 교민사회를 대상으로 호소를 하고, 해외 다른 지역의 동포들과 연대를 맺고, 세미나에서 학술적 토론을 하거나, 또는 미국 주류사회를 대상으로 활동을 하는 등 다양한 양상의 활동을 전개하였다.

구술면담을 수행하고 자료를 수집하기 위하여 2007년 2월, 2007년 10월, 2008년 2월 세 차례 미국을 방문하였다. 미국은 지리적으로 광대하기 때문에 또 짧은 체류일정을 고려하여 비교적 한정된 지역에서 면담을 수행하였다. 한인 동포들이 많이 살고 있는 지역을 중심으로 미국 동부에서는 뉴욕, 뉴저지, 워싱턴 D.C.와 그 인근의 메릴랜드와 버지니아주를, 서부 지역에서는 로스앤젤레스를 방문하였다. 이들 지역 외의 도시나 미국 중서부 지역은 방문하지 못하였기에 이런 지역에서 활동하시는 분들은 면담하지 못하였다. 또 외지 출타 중이거나 시간적 사정, 건강문제 등으로 인하여 면담하지 못한 분도 있었다. 따라서 이 책은 재미동포사회에서 통일을 위해 노력한 많은 분들의 활동상 중 일부만을 수록하고 있다.

면담 과정에서는 통일운동에 참여하게 된 개인적인 동기와 배경, 미국에서의 주요 활동상 및 그 과정에서의 어려움, 그리고 활동의 성과 등에 초점을 맞추었다. 면담 시간은 개인차가 있지만 한 분당 한 시간 내외의 구술을 녹취하였다. 면담 중 공개하기를 원치 않았던 부분은 녹취에서 제외되었다. 이야기를 하신 분들이 모두 자신의 활동과 경험을 중심으로 구술을 해 주셨다. 구술은 기억에 의존하므로 오래 전에 일어난 일의 경우 그 연도나 일자, 또는 단체의 이름이나 인명 등을 정확하게 구술하지 못하는 경우도 있었다. 그리고 면담은 이분들의 활동에 대한 평가가 아니라 이분들의 이야기를 그대로 듣고 사실을 기록하려는 자세로 수행하였다. 따라서 어떤 사건이나 인물에 대한 주관적인 견해도 그대로 수록하였다. 이분들 가운데는 상호 간 관계가 친밀한 분들도 있고 또 소원한 분들도 있다. 상호 간 견해의 차이와 활동상의 차이 때문에 동일한 사안에 대해서 상이한 구술을 하기도 하였다. 따라서 이 책을 읽는 독자들께서는 기억과 구술에서 나타나는 한계를 이해해주기를 부탁드린다.

　본 연구의 수행에 직접적·간접적으로 많은 분들이 도움을 주셨다. 무엇보다 구술자료를 활용한 실증적 해외 한인통일운동사 연구의 중요성을 인식하고 연구수행에 있어 물심양면의 지원을 아끼지 않은 통일연구원에 깊은 감사의 말을 전한다. 자료수집 활동에서는 국내 및 미국 현지에서 여러 사람의 자문과 도움을 받았다. 강종일 박사님(한반도중립화연구소)과 김승자 선생님은 미국 동부와 서부에 거주하고 있는 인사들의 연락처를 파악하는 데 많은 도움을 주셨다. 본 연구진의 현지 방문 시 미국 동포사회의 여러 사정과 개인적 활동에 대하여 이야기를 해주셨지만 여기에 수록되지 않은 분들도 있다. 특히 메릴랜드의 로광욱 선생님, 워싱턴 D.C.에서 만난 신필영 선생님, 송제경 선생님, 전영일 박사님, 피보디음악대학 교수를 지내신 안용구 선생님, 뉴욕의 이준무 선생님, 조병창 선생님, 뉴저지에서 한인유권자등록운동을 전개하고 있는 김동석 선생님, 로스앤젤레스의 조경미 선생님, 황인관 교수님, 정무 선생님, 이화영 선생님(고 서정균 선생님 부인)께도 감사를 드린다.

　여기에 수록한 구술면담 자료는 동부 지역에서 활동하거나 현재 거주하고 계신 분들을 먼저 수록하고 다음으로 서부 지역 인사들을 수록하고 있다. 구술내용의 정리에 있어서는 구술하신 분의 말을 그대로 옮기려고 노력하였고 다른 분들의 인격이나 명예를 손상하지 않도록 유의하였다. 그리고 여기 수록된 내용은 구술면담 당시 이분들의 입장이나 견해를 보여주고 있다. 이분들 중에는 은퇴하신 분도 있지만 지금도 동포사회에서 활발하게 활동하고 계신 분도 있다. 따라서 시간이 지난 뒤에 이렇게 묶어서 정리된 지금 시점의 견해와 다를 수도 있다는 점을 이해할 필요가 있다. 하지만 이렇게 정리해 놓고 보니 아쉬운 점도 느껴진다. 구술하신 분들의 개인적 삶의 경력이나 활동을 더 자세하게 정리하지는 못하였다. 사실 면담의 일차적 목적은 재미동포 사회에서의 통일운동과 관련된 활동에 대한 이야기를 듣는 것이었지 개인의 삶에 관한 자료를 수집하는 것이 아니었다. 또 짧은 면담 시간 동안 개인적 삶에 관한 질문을 하기가 어려운 점도 있었다. 이런 아쉬움이 있기는 하지만 이 책에 수록된 여러 인사들의 직접 구술은 재미동포 사회에서 해외동포들이 통일을 위하여 어떤 고민을 하고 어떻게 활동하였는가에 대해 많은 것을 보여준다. 독자들의 깊은 이해를 바란다. 끝으로 연구활동의 굳은 일을 도맡아 하고 녹취자료의 정리, 텍스트화 작업, 그리고 편집에 많은 수고를 아끼지 않은 박선욱, 심경민, 황재희, 안리라 연구원의 노고에 감사의 말을 전한다.

2010년 6월
미국지역 연구책임자 김하영

목차

	서문	5
1.	이행우	11
2.	이승만	33
3.	함성국	59
4.	유태영	85
5.	문동환	107
6.	은호기	123
7.	오인동	147
8.	조동설	169
9.	선우학원	193
10.	양은식	215
11.	김운하, 김충자	253
12.	노길남	283
13.	윤길상	305
14.	차종환	327
15.	김용현	345
16.	김현정	361

1. 이행우

면담일자: 2007년 2월 14일
장   소: 미국 뉴저지주 포트리(Fort Lee)
면 담 자: 김하영
구 술 자: 이행우

김하영 오늘 인터뷰는 저희들이 해외통일운동사 자료의 일부로 정리해서 나중에 다른 연구자들이 연구 자료로 활용할 수 있게 하기 위해서 시작을 한 것입니다. 선생님의 전체적인 활동뿐 아니라 미국 내 재미동포 사회에서의 통일운동에 대한 전반적인 내용도 말씀해 주시면 좋겠습니다. 일단 제가 하나하나 개별적으로 질문을 드리겠습니다. 먼저 선생님께서 미국에 오신 것은 언제입니까?

이행우 1968년에 왔습니다. 서울에서 살다가 왔습니다.

김하영 그러면 선생님께서는 어떤 계기를 통해서 통일문제에 관심을 가지게 되셨고 또 적극적으로 활동을 하시게 된 것은 언제부터였습니까?

이행우 통일에 관심을 가지게 된 것은 우리가 해방되자마자 갈라졌을 때부터입니다. 그때는 제가 중학교 다닐 적이니까 그때부터 관심은 있었지요.

김하영 통일운동에 참여하시는 다른 분들을 보면 고향을 이북에 두고서 분단된 상황에서 북한에서 내려오셨거나 아니면 가족이나 친척이 북한에 살고 있는 분들도 있는데 선생님은 혹시 그런 경우에 해당이 되십니까?

이행우 아닙니다. 그렇기 때문에 어떤 사람들은 "왜 이행우는 북에 가족도 없는데 저렇게 이북을 다니면서 통일운동 하는 척 하느냐, 수상하다." 이렇게 보는 사람들도 있죠.

김하영 그러면 선생님께서 활동하시면서 여러 개의 단체를 조직하신 것으로 알고 있는데, 초기에는 어떤 단체를 통해서 활동을 하셨는지 말씀해 주십시오.

이행우 초기에는 제가 단체를 만들어서 활동한 일은 없고요. 먼저 말씀 드리면 저는 퀘이커교도입니다. 여기 미국에는 퀘이커교도들을 초청해서 공부시키는 퀘이커들의 학교가 있어요. 거기에 공부하러 왔었습니다. 제가 원래가 수학이 전공이라서 수학을 공부하고 돌아가려고 했는데 공부가 끝나고 나서 가지 못하고 남아서 퀘이커들과 활동을 같이 했습니다. 퀘이커들이 여러 사회활동을 하는데, 평화문제, 전쟁반대, 군축문제, 또 어느 지역에 분쟁이 생기면 그것을 어떻게 풀어야 하는가, 그런 운동을 많이 합니다. 저는 퀘이커들하고 같이 그 운동을 하는 데 참여하고, 또 퀘이커들을 따라다니면서 보고 많이 배웠습니다. 제가 1968년에 미국 와 가지고 거기 다니면서 활동하고 나서 1980년 광주민주항쟁이 났을 적에 처음으로 11년 만에 한국에 돌아갔어요. 제가 5월 달에 한국에 돌아갔는데 제가 서울에 있을 적에 광주민주항쟁이 일어났습니다. 그걸 겪고 와서부터 "이런 난리가 없다. 정말 우리나라 민주화도 하고 또 이제 통일을 빨리 이루는 것이 이런 문제를 해결하는 데에 도움이 되겠다." 생각하고 그래서 적극적으로 활동하게 되었죠.

김하영 선생님께서 퀘이커 교도라고 그러시는데, 제가 알기로는 퀘이커 교도는 상당히 평화주의자들이거든요. 그런 퀘이커 활동을 하신 것이 선생님의 통일 관련 활동에 영향을 미친 것이 있습니까?

이행우 그렇지요. 그것 때문에 제가 연결이 되었지요. 제가 미국 오게 된 것이, 퀘이커 같이 하는 함석헌 선생님이 계시잖아요. 함석헌 선생님이 1967년에 퀘이커 네 번째 15년차 대회를 노스캐롤라이나에서 했는데 거기에 오셨어요. 오셨을 때 제가 공부한 그 학교에 선생님이 저를 추천하고 오셨던 모양이에요. 그런데 오셔 가지고 저한테 아무 말도 안 하셨단 말이에요. 그런데 여기에서 오라고 1968년에 초청장이 왔거든요. 와서 보니까 궁금해서 "어떻게 해서 나를 초청했느냐"라고 물었더니 "함석헌 선생이 너를 추천해서 초청했다"고 그러더라고요. 선생님이 그 이야기 저한테는 안 했거든요. 제가 여기 와서 알았는데. 그래서 여기 와서 퀘이커들하고 계속적으로 사업을 했어요. 퀘이커들 하는 것을 많이 배웠습니다. 퀘이커들은 절대 평화주의자들입니다. 그리고 "모든 것은 평화적으로 대화로써 해결 못할 것은 없다!" 이런 주의니까 저는 그것에 아주 감명을 받았어요. 그 사람들은 그것을 실제로 실천도 하고. 거기에서 그때부터 제가 계속 그 사람들하고 같이 해서 〈AFSC〉(American Friends Service Committee), 〈미국친우봉사단〉 멤버로서 제가 거의 한 30년 정도 활동을 했잖아요. 거기는 다 위원회(committee) 중심으로 움직이거든요. 그 사람들하고 일하면서 많이 배웠습니다. 그리고 함석헌 선생님은 여기 여러 번 다녀가셨거든요. 그때 유명하니까 여기 오시면 미국을 여기저기 돌아다니시면서 강연회를 하셨어요. 그것을 제가 다 조정을 했기 때문에, 그래서 제가 이 미국의 각지에 사람을 많이 알게 되었어요. 함 선생님을 지지하는 사람들이 그전부터 그렇게 있거든요. 그래서 그 사람들은 함 선생님 오시면 "우리 동네 와서 이야기 해 달라"고 그래요. 그래서 제가 안 가 본 곳이 없습니다. 가다 보니까 그 사람들 다 많이 알게 되었어요. 그래서 이 운동하는 데에 좀 도움이 많이 되었습니다. 그 사람들이 같이 끌어들이는 것이 있었고. 또 사람이라는 것은 서로 알아야만 일이 잘 되니까.

김하영 선생님께서 활동을 하시면서 여러 활동 방식 중에 특별히 많이 하신 것이 있었습니까? 예를 들면 언론에 글을 쓴다거나, 서명이나 청원활동을 한다거나, 모금활동을 한다거나, 정치인들과 접촉한다거나, 아니면 집단적인 시위라든지 농성이라든지 다양한 형태가 있을 것 같습니다. 주로 어떤 방식을 통해 활동을 하셨는지요?

이행우 저는 그런 것을 다 했다고 볼 수 있습니다. 데모 같은 데 거의 참여했고, 또 서명활동에도 참여했고, 또 언론활동을 할 수 있는 그런 기관을 만들어서 같이 참여해서 언론활동도 하고, 의회와 정부를 상대로 하는 로비활동도 하고, 그 외 여러 활동을 쭉 해 왔습니다.

김하영 그러면 활동은 미국 동부 쪽에서 주로 하셨습니까 아니면 미국 전역을 커버하는 단체가 있었습니까?

이행우 미국 전역으로 활동했습니다. 저는 동부만 중심으로 하지 않았습니다. 제가 관계하는 단체들은 전부 다 미국 전역을 커버하는 단체였죠. 미국 전역에 있는 우리가 뭉쳐도 얼마 안 되는데 도시별로 나누지 않았습니다. 저는 필라델피아 쪽에 살았는데, 그것 가지고는 활동이 안 되기 때문에 미국 전역을 상대로 했습니다.

이행우 선생

김하영 통일과 관련된 활동을 하시면서 남한이나 아니면 북한으로부터 어떤 지원이나 아니면 방해라든지 불편한 일을 당하신 적이 있습니까? 어떤 분들은 그런 경험을 말씀하시는 분도 있거든요.

이행우 남한이나 북한이나 정부에서 지원을 받은 일은 없습니다. 그 다음에 남한이나 북한에서 방해를 받은 것에 대해서도, 우리가 여기서 행동하는 것은 방해를 받을 수가 없죠. 그러나 한국에 돌아가는 데 문제가 있었던 적은 있어요. 제가 1982년에 북한을 방문했거든요. 갔다 와서 그 후에 활동하다가 한국에 들어가는 데 문제가 있었던 적은 있어요. 그리고 또 한국에 가면 내 뒤를 따라다니고 그런 것은 있었는데. 보니까 처음에 북한 갔다 온 것이 문제가 아니라 1990년대에 〈범민련〉을 만드는 데에 제가 관계를 했었거든요. 아마 그것 때문에 그랬다고 그래요. 그래서 한국 들어갈 적에 문제가 있어서 공항에서 실랑이를 많이 하고, "당신 못 들어가니까 나와라"고 그런 적도 있었고. 그리고 한국에 가서 내가 사람들을 만난 뒤에 그 사람들을 경찰과 정보부 사람들이 만나서 "무슨 이야기를 했냐" 하고 묻고. 그 사람들이 나중에 저한테 이야기를 하니까 알았죠. 그런 일이 있었어도 직접적으로 대놓고 저한테 그렇게 하는 일은 없었습니다. 공항에서 못 들어간다고 그래서 몇 번 실랑이를 했던 적은 있어도.

김하영 활동을 하시다 보면 사실 재정적인 뒷받침이 필요하지 않습니까? 실제 단체를 만들거나 활동할 때는 여러 가지 후원이나 지원이 상당히 필요했을 것 같은데요, 그런 재정 문제는 어떻게 해결하셨습니까?

이행우 재정적인 부분은 같이 하는 사람들이 부담했지요. 우리는 우리 호주머니에서 내서 활동한 건데. 저는 여기 와서 계속 34년 동안 직장생활을 오래 해서 월급쟁이입니다. 그렇기 때문에 거기에서 나오는 돈 가지고 살면서 재정적 지원을 했죠. 그러니까 집살림은 좀 어려웠죠.

김하영 그러니까 일반적으로 말해서 내 돈 써가면서 활동을 하신 거라는 말씀이시군요.

이행우 물론이죠. 그 돈을 누구한테 받으면 그건 안 되거든요.

김하영 알겠습니다. 그러면 선생님께서 하신 활동이 실질적으로 보면 미국 사회 내에서 한국의 통일에 관련된 활동을 하는 것 아닙니까? 그리고 궁극적인 어떤 최종의 목표는 한국 통일이지만 중간 과정에서 미국 정부의 정책이라든지 미국 사회 내의 여론을 바꾸는 데에 대한 목표도 있었을 것이라는 생각이 듭니다. 그런 부분에 대해 말씀해 주십시오.

이행우 그렇죠. 왜냐하면 저희들이 할 수 있는 일이 그것이거든요. 그리고 우리 운동단체들이 여러 가지로 떠들고 그러지만 결국은 우리가 통일하는 게 아닙니다. 우리가 이야기하는 것은 정부로 하여금 통일하라는 것 아닙니까? "남한이나 북한이나 이 양 정부에서 빨리 통일해라." 그런데 남한이나 북한이 아무리 하려고 해도 지금 걸리는 것이 주변국가 특히 미국입니다. 미국의 대한반도 정책이 변하지 않고는 통일이 쉽게 안 됩니다. 그러니까 여기서 우리 재미동포로서 중요한 일은 "미국이 제대로 된 한반도 정책을 취해서 통일을 하도록 하는 것" 그 운동이 저희들이 가지고 있는 임무, 말하자면 저희들이 할 수 있는 것이라고 생각하고 있습니다.

김하영 이제 지난 활동을 회고해 보신다면 통일과 관련된 활동들에 대한 미국 사회 내에서의 여론이나 반응은 어떠하였는지요? 그러니까 우호적이었거나 부정적이었거나 아니면 무관심했거나 여러 가지로 나눌 수 있겠지요.

이행우 우리가 이야기하면 그 사람들은 굉장히 우호적이었죠. 저희가 소위 〈미주동포전국협회〉(NAKA: National Association of Korean Americans)를 만들어서 처음 한 것이 국무성에 간 것이었어요. 그런데 국무성 사람들이 뭐라고 했는지 아세요? "도대체 너희들 왜 이제 왔느냐? 우리는 코리안 어메리칸들(Korean Americans)의 이야기를 듣고 싶은데 한 번도 다른 사람들이 안 왔다." 그렇게 이야기를 했어요. 그리고 나서 의회로 갔더니 의회 의원들, 당시 주로 상원의 외교위원회 의원들이었는데 그 사람들도 "너희들 왜 이제 왔느냐?" 하고. 즉 그때까지 다른 사람들이 한 번도 안 왔다는 거예요. 그래서 "야, 우리가 그동안 너무 잘못했구나! 바깥에서 데모로 떠드는 것도 중요하지만 이 사람들 움직이는 것도 중요하다!"고 생각해서 우리가 그 후에 계속 매년 그 행사를 했죠.

김하영 그러면 같은 한민족인 교민 사회 내에서의 반응은 어떠했습니까?

이행우 교민 사회 내에서는 우리가 같이 모이자고 하면 배반시 했죠. 민주화 문제나 통일 문제라 하면 그것은 우리를 멀리 해서 그런지 "저건 친북이다"고 보는 경향이 많이 있었습니다. 이제 만나서 어떤 사람하고 이야기해 보면 "아, 이 선생 그렇지 않은데 어떻게 그러냐?" 그러고. 만나서 이야기를 들어보면 "누구 이야기를 듣고 나에 대해 그렇게 생각하느냐?" 하는 생각이 들고. 하여튼 "통일운동을 하는 사람들은 친북이다"라는 인식이 교민 사회에 있었습니다.

김하영 그러면 어떤 연유로 그런 인식이 형성되었다고 말할 수 있습니까? 권위주의 시대의 유산이라고 볼 수 있습니까 아니면 어떤 다른 이유가 있을까요?

이행우 그런 것도 있지만, 말하자면, 군부통치 그때는 정보부에서 쭉 간섭을 했잖아요. 그 사람들이 교민들에게 그런 인식을 주었죠. 그리고 언론에서 다 그런 식으로 말하고 그랬으니까.

김하영 미국에서 한반도의 통일을 위한 활동을 하시면서 미국이기에 좋은 점, 아니면 좋지 않은 점이나 불편한 점으로 나누어 본다면 특별히 지적하실 수 있는 것이 있습니까?

이행우 미국에 살고 있기 때문에 여기 시민이 되었는데, 왜 그러냐면 미국 여권이 있어야만 어디든지 돌아다닐 수 있어요. 그 전에는 한국 여권으로는 여행이 어려웠어요, 30년 전에는. 그래서 그게 활동하는 데에 좋았던 것이라 볼 수 있고. 중요한 것은 미국 사람들이 우리가 이야기를 하면 우리가 생각하는 것보다도 우리의 문제에 대해서 모르고 있다가 이야기해 주면 굉장히 좋아해서 협조적으로 지원도 해 주고 그랬고. 또 하나는 우리끼리 운동을 하다 보니까 좋은 사람들을 많이 만났어요. 우리가 이런 이야기도 했어요. "박정희가 우리를 이렇게 만들어줬다. 박정희가 독재를 하기 때문에 민주화운동도 했고, 그리고 이제 통일운동으로 이어지게 되고. 그렇지 않으면 우리가 어떻게 만났어? 우리가 그를 반대하고 민주화운동, 통일운동을 하다가 만났으니까 그 사람들이 우리 도와준 것이다." 이렇게 웃기도 하는 이야기도 있었습니다. 그렇기 때문에 좋은 사람들도 많이 만났죠.

김하영 그러면 동포들 외의 미국 사회 내 어떤 시민단체라든지 아니면 미국시민들 쪽에서 선생님의 통일운동에 대해서 어떤 후원이나 지원이 있었습니까?

이행우 없어요.

김하영 그러면 통일운동에 대한 재미동포들의 호응은 어떠했습니까?

이행우 호응이 아주 약했죠. 여기서 많이 활동한다는 사람들 중에는 남이나 북을 쳐다보고 운동하는 사람들도 더러 있습니다. 예전에 박정희 시절 유신 때 무슨 임명하는 국회의원 제도가 있었어요. 그래서 워싱턴 한인회 한 사람이 가서 그걸 했어요. 국회의원이 되었어요. 그리고 그 후 이 한인회 활동하는 사람 중 어떤 사람들은 "여기서 그것을 하면 서울에 들어갈 수 있다"는 그런 생각을 가지고 활동한 사람들이 눈에 띄게 보이더라고요. 그런 것도 있어요. 그렇기 때문에 이 사람들이 여기서 운동하는 것이 여기 동포들을 위해서 하는 것이 아니라 서울 쪽을 보고 하는 사람들도 있었습니다.

김하영 선생님께서 오랫동안 활동을 해오셨는데 전체적으로 본다면 남북통일과 관련해서 그것이 미국이나 동포사회 내에서 어떤 형태로 영향을 미쳤고 또 어떤 측면에서 성과를 이루었다고 말할 수 있습니까?

이행우 우리가 한 걸로 봐서는 사실은 미국 사회를 움직인다는 것이 쉽지가 않아요. 성과는 미미했죠. 우리가 돈을 모아서 『뉴욕 타임즈』에다가 광고도 내고 『워싱턴 포스트』에다가 광고도 내고, 또 미국 사람들 하고 같이 단체도 만들어서 일도 해보고 그랬지만 우리가 한 일에 대해서는 성과가 미미하죠. 왜냐하면 여기 미국에서 미국 정부라든지 의회라든지 이 사람들이 한국에 대해서는 별로 관심이 없는 사람들입니다. 한국이 어디 가 붙어 있는지도 모르는 사람들이 대부분이구요. 그래서 그런 사람들한테 호소하는 것은 어떻게 보면 바위에다가 계란을 던지는 면도 있지만 "그래도 우리로서는 그냥 있는 것보다는 뭐라도 해야 한다" 해서 활동했고. 저희들이 생각한 만큼 성과는 없었지만 그래도 성과가 있었다고 보지요. 그 사람들한테 한반도 실정을 알리고 또 그 사람들도 우리한테 우호적으로 대하도록 하고. 특히 행정부나 의회 사람들은 잘 모릅니다. 뭐라고 그럴까, 그 사람들한테 교육적인 차원에서도 많이 알렸다,

그런 효과가 있었죠.

김하영 미국은 사실 행정부나 의회나 대외정책결정에 모두 상당한 영향력을 가지고 있는데, 선생님의 경험을 돌이켜 생각해 보신다면 한반도 통일과 관련해서 미국의 행정부나 의회 어느 쪽으로 우리들의 압력을 넣거나 여론을 행사하는 것이 더 효과적이었다고 볼 수 있습니까?

이행우 행정부와 의회를 같이 해야죠. 그런데 행정부는 바뀌잖아요. 의회는, 국회의원들은 대개 오래 합니다. 그렇기 때문에 우리가 의회 쪽을 많이 접촉하는 것이 좋지요. 여기서도 효과가 있었죠. 저희들의 활동, 〈NAKA〉는 십 몇 년 동안 의회를 상대로 활동했는데, 상원의 외교위원회 그런 사람들이 이걸 결정하기 때문에 그 사람들을 많이 접촉했고. 국무성의 경우 국무성 관리들은 바뀌지만 한국 과장이라든지 한국 담당하는 사람들을 가까이 만나서 이야기를 하고 그 사람들한테 정보도 듣고 우리도 주고. 그리고 의회 사람들은 나중에 그 사람들이 필요할 적에 저희들한테 연락을 합니다. "이런 것이 있는데 이런 것은 이렇게 좀 밀어 달라" 그래요. 의원이라는 것은 투표에서 결정되기 때문에 저희들도 힘이 있거든요. 그런데 재미동포사회에서 투표할 수 있는 인원이 적지만 그래도 그게 상당할 수가 있는데, 의원들이라는 것은 지역에서 무슨 여론이 나오면 움직입니다. 한 지역에서 한 국회의원에게 다섯 명이나 여섯 명만 똑같은 내용으로 보내면 그 사람들은 움직입니다. 우리가 그것을 해야 하는데 그것이 참 힘들어요.

김하영 그러면 그런 의원들을 개별적으로 접촉하는 방식이 좋습니까 아니면 의회 전체를 상대로 하는 그런 접촉 방식이 좋습니까?

이행우 주로 개별적으로 접촉하는 것이 제일 좋아요. 의회라는 것을 보니까 몇 사람이 움직입니다. 위원회가 있어요. 위원회도 외교위원회의 경우 민주당에서 10명, 공화당에서 9명 이렇게 나왔다고 하지만 민주당의 누구, 공화당의 누구 몇 사람이 딱 주도하면 다 따라와요. 그렇기 때문에 누가 거기의 실력자냐, 그 사람을 잡고 이야기를 해야 합니다. 그러면 대개 호응을 하기 때문에. 그런 것을 파악하는 데에 시간이 좀 걸렸습니다. 그냥 가서 이야기하면 되는 줄 아는데 그게 아니라 친해져야 해요. 그리고 그 사람들하고 친해진다는 것이 간단하지 않아요. 처음에는 가서 만나면 의례적으로 잘 이야기합니다. 그렇기 때문에 계속 가서 말하고 친해지면 휴대전화번호를 줍니다. 그러면 언제든지 이야기할 수 있잖아요. 낮이나 밤이나. 그렇게 되면 급할 때 전화를 해서 "이런 일은 어떻게 되느냐?"고 물어보고. 그 정도 되어야만 하는데 그렇게까지 되려면 시간이 많이 걸리죠.

김하영 의회 청문회 같은 데 가서서 증언하시거나 그런 경우도 있습니까?

이행우 우리와 같이 한 사람들 중에는 있지만 저는 개인적으로 그런 적이 없습니다.

김하영 그러면 통일과 관련된 활동을 하시면서 개인적으로 어떤 점이 가장 어렵고 힘들었다고 말할 수 있습니까? 예를 들어 보면 재정문제, 교민 사회에서의 지지 문제, 아니면 미국 사람들의 지지 문제 등 여러 가지가 있었으리라 생각됩니다.

이행우 어려운 것은 저 같은 사람은 봉급쟁이인데, 재정적으로 어렵죠. 그러니까 집사람한테 좀 미안하죠. 그래, 그것이 있고, 그 다음에는 사람들이 약속을 안 지키는 것. 뭐 "같이 하자" 그래놓고 그 다음에 여기서 빠지고. 그런 것들이 아무래도 어려웠죠.

김하영 그러면 통일운동에서 적극적으로 활동하신 분들은 각자 생업을 가지고 있는 분들입니까?

이행우 그렇죠. 젊은 사람들, 특히 저희들하고 같이 하는 사람들 보면, 하나가 놀고 하나는 일하고 있습니다. 남편이 활동하면 아내가 일해서 돈을 벌고. 부인들이 다 생활을 꾸려가기 때문에 사실은 그 부인들을 좀 인정해 주어야 합니다.

김하영 재미동포 사회에서 통일운동이 전개되기 전에 민주화운동이 전개되었던 것으로 알려져 있습니다. 민주화운동하고 통일운동과의 관계가 어떠했는지 말씀해 주십시오.

이행우 민주화운동, 통일운동은 사실 동전의 양면인데, 한 때 "선민주 후통일이냐", "선통일 후민주냐" 그래서 갈라지고 그랬어요. 그래서 1980년 경 양대 진영 사람들이 만나서 "우리 같이 의논하자" 그래서 세인트루이스에서 모여서 이야기했는데 합해지지 않고 오히려 갈라졌습니다. 그때 선통일이냐 선민주냐 그래 가지고 "통일하면 민주화문제도 해결된다"고 보는 사람들은 통일에 우선순위를 두고, "통일보다는 지금 민주화를 해야 한다"고 보는 사람은 거기서 갈라지고 그랬으니까. "선민주 후통일" 그런 사람들은 우파로 보고, "선통일 후민주" 하는 사람들은 좌파로 보고 그랬지요. 그래서 "선민주 주장하는 사람들은 친남이고 선통일 주장하는 사람들은 친북이다" 이렇게 해 가지고 서로 사이가 나빠지고 그랬어요. 그러다가 나중에 같이 하기도 하고.

김하영 그런데 실제로 그렇게 나눌 수가 있습니까?

이행우 나눌 수가 없죠. 다 개인적으로 잘 압니다. 필라델피아에 퀘이커들이 하는 〈AFSC〉(American Friends Service Committee), 〈미국친우봉사단〉이라고 있어요. 1980년에 거기에서 제가 그 사람들하고 일을 많이 했는데 그때 좀 갈라졌어요. "선통일 후민주"냐 "선민주 후통일"이냐, 통일이냐 민주냐, 좌냐 우냐 갈라져가지고 친구들도 서로 만나지도 않고, 갈라져서 아주 힘들었습니다. 그래서 제가 "이래서는 이거 안 된다"라고 생각했죠. 그래서 〈AFSC〉한테 "우리 한국 통일문제에 대해서 한국 사람들과 미국 사람 같이 모여서 한 번 우리 허심탄회하게 이야기를 해보자. Off the record! 기록하지 않는다. 실컷 이야기할 수 있는 장을 만들 테니까 이야기를 한번 하자." 그래서 사람들을 뽑았어요. 그것은 물론 제 주관적인 판단이지만. 좌, 우 폭넓게, 극좌에서 극우까지, 실제 운동하는 사람들,

학자들, 목사들, 종교인들 이렇게 다 하고, 한국 사람들, 미국 사람들. 이렇게 모아 가지고 한번 이야기를 하자고 그래서 처음 모임을 1980년에 했어요.

김하영 그 모임은 어디서 했습니까?

이행우 필라델피아에서. 필라델피아에서 두 번 하고 LA에서 한 번 하고. 그것을 할 적에 "와서는 무슨 이야기를 하든지 절대 기록하지 않는다. 아무 것도 발표하지 않는다. 실컷 이야기하라." 그랬더니 저는 걱정되던 것이, "누가 오느냐?" 이렇게 물어보고서는 안 오는 사람이 있을 줄 알았더니 아무도 반대하지 않고 다 왔어요. 보통은 누가 온다고 하면 안 오고 그러거든요. "누가 오니까 안 온다"고. 그런데 물어보지도 않고 다 와서 아주 잘 했어요. 그래서 실컷 이야기를 하고 그랬더니 다 터놓고 이야기 해보니까 별 차이 없어요. 그 정도로 심각했습니다. 서로 "누가 온다"고 그러면 안 가고 그랬어요.

김하영 남한에서는 87년 개헌 뒤 노태우, 김영삼, 김대중 대통령 이렇게 지나면서 정치민주화가 되었는데, 그런 점에서 보면 여기서 민주화를 주장하신 분들의 주장이 사실은 설 자리가 없어진 것 아닙니까?

이행우 사실 그 후에 이 운동이 줄어들었죠. 민주화운동 하는 사람들은 거의 한국으로 많이 가기도 하고 빠지고 그래서 통일운동을 주로 하게 되었잖아요. 그렇기 때문에 세가 확 줄어들기도 했죠, 사실.

김하영 줄어들었다는 것이 전반적인 세력입니까 아니면 민주화 쪽의 세력입니까?

이행우 민주화, 통일운동을 하던 사람들이 같이 했잖아요. 그러니까 민주화 하던 사람들이 "민주화가 되었다"고 보고 민주화 쪽 세력이 줄어들고. 또 소련이 붕괴되고 그러니까 그때 좀 조용했지 않았는가. 다 민주화 되었는데, 또 미국 사람들도 "이제 민주화되었다"고 이렇게 했잖아요. 그러니까 세가 줄어들었죠.

김하영 혹시 북한에서의 어떤 변화 같은 것이 여기 재미동포 사회에서 통일운동 전개에 영향을 주거나 변화를 가져오는 계기가 된 그런 사건이 있습니까?

이행우 그런 측면은 별로 없죠. 그러나 용천사고 같은 그런 사고가 있을 적에 "우리가 모금해서 보내자"고 했죠. 그것에는 통일운동에 별로 관심 없는 사람들도 다 지지했죠. 그럴 때는 모금을 하니까 모금이 돼서 우리가 돈을 좀 직접 보내고 그랬죠.

김하영 2000년에 6·15남북정상회담이 있었습니다. 그것은 남북관계에서 상당히 의미가 있는 회담인데, 남북정상회담이 이 동포사회에서 통일운동과 관련해서 어떻게 영향을 미쳤다고 평가할 수 있습니까?

이행우 중요한 사건인데 여기에는 남쪽같이 그렇게 미친 영향이 적어요. 여기는 멀리 떨어져 있으니 거기에 별로 관심들이 없어요. 그래서 저희들이 「6·15선언」을 실천하자고 위원회를 만들어서 운동하자고 했는데 호응이 그렇게 크지 않아요. 그냥 운동하는 사람들만 부르지. 그렇지 않은 사람들도 불러야 하는데 일반 사람들은 그게 잘 안 되더라고요. 그래서 우리가 뉴욕, 워싱턴, LA 같이 큰 지역에 지역위원회를 만들자고 했는데 안 되고. 그래서 6·15공동위원회가 재작년부터 되었잖아요. 이것도 지금 하는데 우리가 원하는 사람들이 잘 안 들어와요. 운동하는 사람들만 자꾸 오지.

김하영 선생님께서 원하는 사람들이라고 말씀하시는 그 사람들은 주로 어떤 사람들인가요?

이행우 그러니까 지금까지 "6·15선언을 지지한다", 그러면 그것을 실천하도록 우리가 운동하자고 그러는데 별로 관심들이 없어요. 그러니까 소위 이야기하는 〈한인회〉하는 사람들이나 〈평통〉위원들이 있거든요. 지금까지 운동 안 한 사람들, 일반인들 그런 사람들의 좀 호응을 바라고 있는데 호응이 좀 적어요.

김하영 그러면 여기 동포사회에서 통일과 관련된 입장에 어떤 갈래가 나누어져 있다고 볼 수 있습니까?

이행우 여기서는 그런 갈래는 없어요, 제가 보기에는. 그러니까 어떤 사람들은 대개 이야기를 하는 것을 보면, 통일할 적에 남한 시스템으로 통일하는 것을 전제로 하고 이야기를 하는 사람들도 있고. 어떤 사람들은 북한식으로, 사회주의에서 흡수하는 것이라 하고. 남한에서 북을 흡수하고 또 북에서 남을 흡수하는 이런 식으로 통일을 해야 한다고 생각하는 사람들, 그런 사람들은 아주 숫자가 적어요. 그러나 응당 통일이라고 그러면 "남한에서 북한을 흡수한다" 이런 전제를 이야기하는 사람들이 있어요. 또 그 어떤 사람들은 "응당 이것은 북한 시스템으로 통일한다"고 하는 사람, 이 사람들은 숫자가 좀 적지요. 그렇지만 그것을 떠나서 우선 빨리 통일을 해야 해요. 여기 있는 사람들은 "우선 조국이 통일이 되면 우리도 힘이 있으니까 그래서 통일하자." 통일 국가의 시스템에 대해 구체적으로 생각하는 사람들은 거의 없습니다.

김하영 그러면 앞으로 지금 재미 동포사회 내에서의 통일 관련 활동들은 앞으로 어떤 식으로 전개가 되어 나아가리라고 예상하십니까?

이행우 어떻게 전개되느냐 하는 것은 저희들이 하기 나름인데 지금 〈6·15민족공동위원회〉가 만들어졌잖아요? 〈6·15민족공동위원회〉를 강화해서 여기에 많이 동참하는 것이고. 그것은 우리 동포들을 묶어서 통일운동을 하면 되고. 그러면 이것 묶어서 우리가 무엇을 할 것이냐? 지금 사실 통일은 남쪽과 북쪽 정부에서 하는 것이니까 우리는 여기서 재미동포를 이렇게 뭉쳐가지고 미국한테 "남북에서 통일할 수 있도록 당신네들도 정책을 바꿔서 좀 밀어라!" 그 운동을 하는 것밖에 없죠. 그래서 그 방향으로 나아가야죠. 그렇게 나아가려고 합니다.

김하영 남북관계가 현재의 상태에서 앞으로 어떤 방향으로 전개되는 것이 바람직하다고 보십니까?

이행우 지금 북에서 먼저 시작했던 거야. "우리 민족끼리"라고 하잖아요? 그런데 북은 그전에 그것을 안 했거든요? 많이 달라졌잖아요? 옛날에는 "남쪽은 미제국주의 앞잡이 괴뢰인데 너희들과 이야기해도 아무 소용없다. 그렇기 때문에 미국하고 직접 이야기한다. 미국사람들하고 그렇게 협정을 하자"고 했는데 그것이 요새 많이 달라졌잖아요? 그렇기 때문에 우리 민족끼리 잘 하는 것이 좋고. 그러나 우리 민족끼리만 한다고 해서 해결이 된다고 했으면 이미 해결이 되었죠. 안 되잖아요? 그러면 특히 미국이, 통일할 수 있도록 미국이 밀어줘야죠.

김하영 그러면 결국은 미국-북한 관계가 좋아지고 변화가 있어야 한다는 이야기라고 볼 수 있습니까?

이행우 당연하죠. 우선 정전협정을 평화협정으로 고치고, 미국-북한 관계가 정상화 되어야죠.

김하영 그러면 선생님께서는 남한의 통일정책에 대해는 어떻게 생각하십니까?

이행우 남한 정부에서 그동안에 김대중 대통령이 「6·15공동선언」한 뒤에 그 전에 비할 수 없이 잘했습니다. 그런데 그 정책을 펴는 데 항상 반대하는 세력들이 왜 그것을 좀 같이 못하는지. 미국 사람들은 자기네들이 싸울 적에도 외교문제랄지 그런 문제는 초당적으로 한다고 해서 민주, 공화 양당이 합의해서 다 하거든요. 그런데 왜 우리나라는 그것을 못하느냐 그것이에요. 그렇기 때문에 어려운 것이, 여기서 부시 대통령은 "남쪽에서 강경정책 나가는 거, 지금은 달라졌지만, 이게 말이야 우리를 지지하는 사람들이 절반 이상은 된다" 이러기 때문에 막 밀어붙이는 게 있거든요. 서울에 있는 사람들이 이 백악관을 지지하는 사람들이 많아요, 정책을. 청와대를 지지해서 같이 하지 않고. 그런 것이 좀 안타까워요.

김하영 저희들은 동포사회에서의 통일운동에 대해서 관심을 가지고 연구하고 있습니다. 그래서 재미동포사회의 통일운동하고 다른 지역, 예를 들면 일본이라든지 유럽 지역에서의 통일운동 사이의 연계성이나 상호협력 이런 것은 어떻게 전개되어 갔습니까?

이행우 사실 옛날에 재일동포가 제일 많이 있었습니다. 그리고 지금은 재미동포가 제일 많습니다. 숫자로 봐서. 그리고 유럽은 얼마 안 됩니다. 그래서 유럽 전체를 해도 여기 조그만 도시에 있는 사람만큼 안 됩니다. 그러나 이 일본이 어려운 점이 있어요. 일본은 〈총련〉과 〈민단〉이 갈라져 있는데 〈총련〉 사람들은 북의 국민입니다. 그리고 〈민단〉 사람들은 남쪽의 여권을 가지고 있거든요. 하나는 북의 여권이고 하나는 남의 여권이고 국적이 다릅니다. 일본에 귀화한 사람들 빼고. 그렇기 때문에 거기서 참 어렵습니다. 미국은 특히 다릅니다. 미국에 온 동포들은 어떻게 보면 친미, 반공주의자들이 많이 왔습니다. 그리고 미국까지 올 수 있는 사람들은 공부를 한 사람들. 또 그렇지 않고 사업을 한 사람들도 있지만. 미국 사람들하고 결혼을 한 가족들, 여성들이 상당히 많이 있습니다. 그런 사람들도 많이 있고. 그러다 보니까 여기는 일본에 있는 동포들하고는 성분이 다릅니다. 그래서 여기서는 참 운동하기가 힘들어요. 이민을 왔기 때문에. 그리고 또 하나 어려운 것이 뭐냐면 이 사람들이 올 적에 그 상태 그대로입니다. 자기가 서울에서 떠난 상태 그대로밖에는 몰라요, 서울을. 왜 그러냐면 떠나 와서 미국에서 먹고 살기 바빴습니다. 그렇기 때문에 도대체 신문을 제대로 읽거나 할 수 있는 여유도 없고. 그러니까 항상 생각하는 것은 자기가 떠날 적, 60년대에 떠난 사람들은 그때 생각, 70년대에 떠난 사람들은 70년대의 서울, 한국, 뭐 그것만 생각하기 때문에. 이 서울은 자꾸 운동하고 해서 이제 급변했어요. 변해서 다 달라졌는데 여기서는 그것이 안 돼요. 그래서 이게 아주 어렵습니다.

김하영 그러니까 이제 한국 사회는 굉장히 빠르게 변해왔는데, 여기 오신 분들은 변하지 않고 옛날 자신이 겪은 그것만 기억하고 계시군요?

이행우 네, 그것만 가지고 있어요. 지금도 그래요. 그래서 여기도 안 먹혀들어가고 힘들어요.

김하영 여기 사는 한인들을 구분해서 미군이라든지 미국인들과 결혼해서 온 사람들, 입양으로 온 사람들, 미국으로 이민 온 사람들, 이렇게 나눠보면 통일에 대한 관심이나 통일과 관련된 활동에서 차이가 나타나는 점이 있습니까?

이행우 거의 차이가 있죠. 미군 관계로 온 사람들은 와서 대개 기지촌에서 살았어요. 기지촌에도 지금 우리 모르는 사람이 많은데. 기지촌에 가면 동포들이 많이 있는데 그 사람들은 일반 동포들하고는 전혀 관계가 없습니다. 그러다가 여기 이쪽으로 이사 오잖아요. 그 가족들이. 이사 온 사람들도 그냥 와서 살기 때문에 전혀 관계가 없고. 그런 특징이 있고. 또 이민 온 사람들, 처음에 70년대에 이민 온 사람들이 의사하고 간호원들이 좀 있습니다. 처음에는 의사, 간호원들을 한국으로 돌아가게 했는데, 나중에 의사, 간호원들이 와 가지고는 돌아가지 않고, 그냥 영주권을 줬어요. 그래서 그 사람들이 좀 있었고, 그리고 학자로들, 공부하러 온 사람들 많았고.

김하영 입양으로 미국에 온 사람들은 어떻습니까?

이행우 입양 온 사람들은 입양해서 살았기 때문에 우리말을 못해요. 우리말 못 하고 전국적으로 흩어져 살고 있는데 얼마 전에 입양아들이 자기네들이 모임을 만들었습니다. 그 사람들은 그 사람들끼리 모여서 서울도 가고 그런 모양이던데, 그 사람들은 전혀 일반 동포 사회하고 교류가 없습니다. 거기서 "내가 한국 사람이다"고 깨달아 가지고 입양아 모임 단체에서 저희들 운동하는 데에도 관계를 맺고 있었어요. 그런데 그게 잘 안 되네요.

김하영 그렇다면 통일운동에 적극적으로 활동하신 분들은 전반적으로 보면 이민 오신 분들이 주가 되겠네요?

이행우 그렇죠. 여기 이민 온 사람들이죠. 미국 와서 살겠다고 아주 이민으로 온 사람들보다는 대개 공부하러 와서 주저앉은 사람들, 의사로도 와서 주저앉은 사람들. 그리고 지금 젊은 사람들은 가족들하고 와서 공부하러 나온 사람들이죠.

김하영 지금은 이민 오신 분들의 2세들이 이제 거의 성장해서 미국 사회에 진출하고 있지 않습니까? 그런 분들의 한반도 통일문제에 대한

의식은 어떻습니까?

이행우 아주 낮지요. 그래서 "어떻게 하면 여기 2세들과 좀 같이 할 수 있나" 연구 중입니다. 이제 이 1세들은 다 늙어서 사라지는 과정에 있거든요. 그게 중요한데 그게 잘 안 되네요. 우리하고 같이 모이지 못하는 것이, 그 사람들은 자기들끼리 더러 모이는데, 언어 문제가 있어요. 2세들은 대개 우리말이 시원치 않거나 못하거든요. 그렇기 때문에 영어로 한단 말이에요. 그러니까 커뮤니케이션에 갭이 좀 있지요. 그래서 같이 어울리기가 상당히 어렵고, 생각하는 것도 좀 다르고.

김하영 경험도 다르고, 1세들은 한국 기억이 있는데 2세들은 기억이 없지 않습니까?

이행우 처음에 이제 1세들이 와서 자기 아이들한테 되게 그랬어요. "미국에서 성공하려면 의사가 되라, 변호사가 되라." 이렇게 하는 경향이 있었는데 지금은 우리 2세들의 숫자도 많고. 그리고 미국 주류사회에 어떻게든 들어가려고 해서 그 전에는 의사라 할지 공학을 공부하고, 2세들은 그게 많지요. 지금은 변호사들도 많고 사회 문제에 관심 있는 아이들이 많아요. 많이 생겼습니다. 예를 들어 의회에 가 보면요, 의원 보좌관들이 인구 비율로 보면 우리 2세 아이들이 제일 많습니다. 보좌관들 하고 있는 아이들이 많아요. 놀랐어요. "저 아이들이 벌써 정치에 대해서 관심이 있구나!" 하는 생각이 들죠. 대개 그 보좌관들로 가 있다가 정계로 나간다할지 그것 좀 배우고 그렇거든요. 국회 움직이는 사람들, 보좌관들이 대개 법대 출신들이에요. 그 사람들이 거기서 어떻게 돌아가는가를 보고 그러는데 일은 사실 그 사람들이 다 하죠. 거기에 보좌관들이 많아요. 우리 2세들이.

김하영 그런데 한국인 중에서 지금 고위직으로 진출해 가지고 한반도 문제에 영향을 미치는 그런 분들이 그렇게 많지는 않지요?

이행우 많지는 않지요. 그래도 적은 것은 아닙니다. 그런데 여기서 그렇게 올라간 사람들은 생각하는 것, 또 여기에서 공부해서 한국에 들어가서 한국 관리를 하는 사람들 보니까 우리나라 사람보다는 미국식으로, 미국 사람같이 생각을 하고 행동을 하더라고요. 그것이 좀 못마땅한데, 저희들이 일을 더 많이 해야지요.

통일연구원 간담회에서

김하영 조금 다른 측면에서 질문을 드리면 한국에 재외동포정책이라는 것이 있습니다. 큰 틀에서 보면 재외동포를 지원하거나 관리하거나 하는 그런 정책인데, 선생님께서 한반도 통일운동과 관련된 활동을 하시면서 본국 정부의 재외동포정책에 대해서 특별히 배려가 필요하다고 느끼시는 점이 있습니까?

이행우 재외동포정책을 하는 데 있어서 제일 중요한 것은, 도와줄 수 있으면 여기 2세들이 우리말을 잊어버리지 않고 배울 수 있는, 그 말 하자면 교육 같은 것에 대한 지원이죠. 우선 말을 해야 합니다. 말을 잊어버리면 안 돼요. 영어만 하는 사람들은 미국 사람이 되기가 쉽다고요. 아주 적은 예를 빼놓고는. 그러나 우리말을 하게 되면 달라지니까. 그리고 이제 서울에서 나오는 방송을 위성으로 해서 세계 어디서라도 들을 수 있으면 쉽게 접할 수 있거든요. 그렇지 않으니까 서울이 돌아가는 것, 국내가 돌아가는 것 모르죠. 그런 것을 쉽게 접할 수 있는 기회를 줬으면 좋겠지요. 그러니까 이제 2세들 교육문제가 중요하고, 우리말을 잊어버리지 않아야 합니다. 중국 사람들이라 할지 그런 사람들은 자기네들 말 계속 어린 애들한테 시키잖아요. 그런데 우리나라 사람들은 처음에 와서 보니까 우리말을 잊어먹고서는 영어를 빨리 배우는 것을 애들한테 강요를 하더라고요. 그러면 안 돼요. 우리말 잊어버리지 않고 영어도 잘 해야지. 지금은 많이 달라졌어요. 그것이 중요해요. 그래서 본국에서 2세들 좀 우리말 잊어버리지 않도록 그런 교육을 지원하면 좋죠.

김하영 이제 마지막 질문을 드리면, 현재 통일운동과 관련해서 미국의 동포사회하고 해외에 있는 다른 지역 동포들과의 어떤 연계나 협력이 체계적으로 이루어지고 있습니까?

이행우 체계적으로 이룬 것은 지금까지는 〈범민련〉으로서 그전에 〈범민련〉 사람들은 이루어졌고. 그 다음에 〈한인회〉 하는 사람들은 〈한인회〉 조직으로 또 모여요. 그래서 계속 있고. 그리고 운동 쪽으로는 〈6·15민족공동위원회〉를 만들어 그것으로 연결되어 있지요. 그 외에는 나라별로 하지, 워낙 떨어져 있어서. 우리가 여기서 통일에 대한 무슨 심포지엄을 한다든지 세미나를 할 적에 경제문제도 있고 여러 가지 문제 때문에 다른 나라에 있는 사람들까지 부르기가 힘들지요.

김하영 오랜 시간 동안 많은 말씀해 주셔서 감사합니다.

2. 이승만

면담일자: 2007년 2월 21일
장　　소: 미국 버지니아주 리치몬드(Richmond)
면 담 자: 김하영
구 술 자: 이승만 목사

김하영 목사님께서 여기 미국에서 다른 분들과 함께 남북의 통일을 위해서 활동을 많이 하신 것으로 알고 있습니다. 전반적으로 어떤 활동을 하셨는지요?

이승만 이제 다른 분들을 통해서 동포 사회 내에서 통일운동 내지 민족화해운동을 하신 것을 많이 들으셨을 것이라고 생각을 합니다. 함성국 목사나 이행우 선생이나 이런 분들을 통해서 많이 들었을 것이라고 생각을 하는데, 중요한 것은 우리 동포 사이에 민족화해와 통일에 대한 의식화 운동을 하는 것이 또 하나의 중요한 과제로 돼 있어서 그러한 업적을 위해서 저희가 활약한 점이 있고. 둘째로는 아직도 남북 간의 교류가 되지 못할 때에 대개 북에 있는 기독교인들, 〈기독교도연맹〉을 비롯해서 거기에 〈해외동포원호위원회〉라는 것이 있는데 그 대표들, 또 그때 당시는 〈주체사상연구소〉라는 것이 있었습니다, 지금은 어떻게 됐는지 모르겠지만, 거기에 있는 분들을 우리 미국에 데려와서 그들로 하여금 미국을 보게 하고 관계를 갖게 하는 그러한 사업이 이루어졌었고. 다음에 세 번째로는 우리의 민족적인 관심사를 미국 정부 내지 언론에 좋은 영향을 주어서 미국 정책이 우리 민족의 화해와 통일방향으로 가는 정책이 세워지도록 이런 일에 기여한 것. 적어도 이 세 가지. 하나 더 붙인다면, 처음에 남북 간에 아직도 긴장상태가 되어서 교류나 왕복을 하는 일이나 이런 민족화해와 통일에 대한 이야기를 할 수 없을 때에, 그때 해외에 나와 있는 저희들로서는 해외에 나와 있는 특권이라 그럴까 그러한 것이 있었기 때문에 "북쪽에 있는 주체사상 학자들과 대화를 시작하는 그와 같은 다리 놓는 역할을 할 수 있었다" 하는 것이 하나의 큰 역할이 아니었나 하고 생각을 합니다. 왜냐하면 그때는 그런 것이 국내에서는 할 수 없는 것이기 때문에.

그래서 그것부터 잠깐 이야기 하자면, 해외에 나와 있는 저희들이 그 당시 민족화해운동에 나서서 할 때 주로 기독교 지도자들이 서로 연결이 되어 있었기 때문에, 또 그런 관심을 오랫동안 가지고 왔었기 때문에, 그때 미국에 또 캐나다에 나와 계시던 김재준 목사님, 또 문재린 목사님, LA 사시던 차상달 선생님, 또 김상돈 선생님 이런 분들을 고문으로 모시고, 제가 뉴욕에 있을 때였으니까 70년도 중반부터 시작해서 90년 초까지, 그래서 미국 안에서 그런 민족화해에 대한 통일운동을 했습니다. 제네바에는 박상전 목사라고 아시아 총무로 있었습니다. 제가 뉴욕에 〈미국장로교 총회〉의 선교부에 아시아 총무로 있고, 동경에는 오재식 선생이 그때 〈CCA〉 총무로 있었고.

이승만 목사

그때에는 한국 사회의 인권문제가 계속해서 문제가 되면서 그것이 또 연결돼서 민족화해 또 통일운동으로 넘어가게 되고 그렇게 됐기 때문에, 그래서 그런 글로벌 네트워크를 가지고 그렇게 하면서 저희들이 먼저 시작한 것이, "지금 남쪽에서는 북에 있는 사람들하고 대화를 할 수 없는 형편이니까 그분들과 대화를 시작하자" 해서 헬싱키나 또는 구라파 몇 도시에서 먼저 대화를 시작했었죠. 그것이 발전해서 다음에는 이북에 있는 〈기독교도연맹〉 대표들과 또 〈주체사상연구소〉에 있는 분들과 〈해외동포원호위원회〉에 있는 사람들을 미국으로 초청을 하기 시작했습니다.

김하영 언제쯤 그렇게 했습니까?

이승만 그러니까 그것이 80년도 초반부터 시작이 돼서 90년도 초까지 그것이 그렇게 진행됐죠. 그래서 이북에서 처음에는 적은 그룹들이 와서 담화를 하고 서로 통화를 하고 그러다가 이북에서 예술단들을 많이 보내기 시작했습니다. 그래서 노래 부르는 사람들, 또 교회 대표들을 초청해서 전 미국에서 교포가 주로 살고 있는 대도시를 돌아가면서 한 달 동안 쭉 이렇게 해서, 다시 한민족이라는 감정적인 이런 것들을 일으키면서 그때 공헌한 것이 크지 않은가 생각을 하죠. 그리고 나서, 여기에 통일운동을 하는 사람들에도 갈래가 여러 갈래가 있었습니다만, 제가 주로 관계했던 것은 기독교의 교회들의 지도자들을 모아서 교회를 통해서 우리의 민족통일에 대한 역할, 화해를 위한 역할과 사명에 대해서 많은 컨퍼런스를 하고 그런 일들을 했죠. 그때 저희들은 "미국의 정책이 바로 서야만 된다. 또 미국의 정책을 옳은 방향으로 가도록 자극을 주고 영향력을 주는 것은 미국에 살고 있는 우리들의 책임이다"라는 그와 같은 의식 속에서 의원들을 찾아다니면서, 중요한 자료들, 남북 간의 통일의 필요성에 관한 자료들, 또 너무도 지금까지 북한에 대한 의식이 부정적인 것만 많이 있었기 때문에, 북한을 제대로 소개하고 그것을 올바로 정당하게 있는 그대로 알 수 있는 자료들을 소개를 하고. 그 다음에는 미국 교회를 출동시켜서 1990년 초부터 활동을 했습니다. 여기에 미국 전체 교단들을 한 곳으로 모은 〈미국교회협의회〉, 즉 〈NCCUSA〉라는 것이 있습니다. 제가 1992년도 하고 1993년 2년 동안을 〈미국교회협의회〉 회장으로 활동했습니다. 〈미국교회협의회〉라고 하면 교인들이 약 5천만 명 정도 속해 있는 서른네 개 교단이 합해진 단체이기 때문에 교회로서는 상당한 영향력을 줄 수 있는 그러한 단체죠. 그때 〈미국교회협의회〉 회장으로서 클린턴 대통령과 여러 번 만나서 국내 정책이나 또는 해외 정책에 대해서 많이 이야기할 기회들이 있었습니다. 그럴 때마다 "미국의 정책이 어떠한 일이 있더라도 무력적인 정책이 되어서는 안된다, 평화적인 포용정책(peaceful engagement policy)이 되어야 한다" 하는 것을 강조해서 클린턴 대통령이 있는 동안은 상당히 그러한 방향으로 발전이 되었다고 저희들은 생각을 합니다. 그런데 그것이 부시 정부가 들어온 다음에 180도로 변해서 지금과 같이 어려운 형편을 당하게 됐는데. 그래서 〈미국교회협의회〉와 같은 기관을 통해서 미국 정부에 코리아 전체에 대한 정책이 좀 더 평화적인 포용정책(peaceful engagement policy)으로 되돌아오게 하는 그런 활동을 하고. 그리고 미국 교회의 주요 교단들, 감리교, 장로교, United Church of Christ 등 한 20여 개 교단으로 치는데, 1992년 가을에 각 교단 책임자들 그러니까 교단장들을 조직해서 열다섯 분을 저희들이 모시고 서울과 평양을 방문한 적이 있었습니다. 평양에 갔을 때는 김일성 주석과도 대면을 할 수 있는 기회가 있어서 우리들의 뜻을 전하고, 또 거기에서 어떤 뜻을 가지고 있는가 하는 의견을 나누기도 하고, 참 좋은 다리 역할을 할 수 있는 그와 같은 경험을 했고. 돌아와서는 각 교단별로 또 교단에 속해 있는 교회들에게 한반도 평화에 대한 필요성을 얘기를 하고, 그 다음에는 그들로 하여금 정부에 그와 같은 의견을 반영시킬 수 있도록 편지쓰기운동(letter writing campaign)이라든가 또는 이메일을 통해서 한국문제가 나오기만 하면 좋은 영향이 가도록 그렇게 하는 데 공헌했다고 저는 생각을 하죠. 해외에서 해외동포들에게 새로운 이바지를 할 수 있기 위해서 이북에 있는 대표들, 〈기독교도연맹〉 사람들, 〈해외동포원호위원회〉에 있는 사람들, 나아가서는 〈주체사상연구소〉에 있는 사람들 이런 사람들을 데려다가 대화시키고 또 특별히 연예인들도 미국에 데려오고. 이런 것과 동시에 미국 정부에 어떻게 해서라도 영향력을 주어서 평화적 포용정책이 되도록 대개 그러한 활동을 했지요.

김하영 목사님께서 〈미국 NCC〉 대표로서 평양을 방문하고 김일성 주석을 만나셨을 때 김일성 주석에게 한반도 통일과 관련해서 특별히 개진하신 그런 의견이 혹시 있었습니까?

이승만 예. 거기 대표들하고 우리들이 공동성명(common communique)을 만든 것이 있습니다. 그것은 기본적으로 "한반도에 평화가 있어야 한다"는 것, 또 우리가 미국교회들을 대표하는 사람들이기 때문에 미국과 북한과의 사이에 긴장 완화, 또 그때 아마 nuclear-free Korea에까지도 언급하지 않았나 생각을 하는데요. 그래서 기본적으로 "교회가 어떻게 하면 그런 평화를 향한 길에 이바지할 수 있겠는가" 하는 것에 대한 대화가 있었고. 그때 제 기억에도 김일성 주석이 교회에 대한 고마운 인사를 연회석상에서 여러 정부 관료들이 앉아 있는데 공공연하게 하면서, 기독교가 한국역사상에 있어서 일제 강점기 때부터 독립운동에 기여한 그런 일들, 또 그때 당시만 하더라도 외국에 있는 한인교회, 외국에 있는 미국교회, 또 남한에 있는 교회들 중에 민족화해와 통일을 위해서 그렇게 공헌하고 있는 것에 대해서 상당히 고맙다는 얘기도 있었고. 나아가서는 본인 자신이 어렸을 때부터 기독교의 영향을 받았다는 얘기라든가, 특별히 만주에 가서 본인이 독립운동에 참가해서 활동할 때 감옥에 들어갔던 경험을 얘기하면서 그때 손정도 목사님께서 자기를 감옥에서 구출해 주어서 참 감사하다는 그러한 표현도 했고.

그러나 한 가지 확실히 그때 김일성이 얘기한 것 중에 "기독교가 참 공헌을 많이 했고, 지금도 공헌하고 있고 앞으로도 공헌을 많이 할 것이라고 생각을 하는데, 다만 한 가지는 기독교가 조선 민족적인 기독교가 되기를 바란다"고 했어요. 그때 중국만 하더라도 Three Self Movement, 그러니까 삼자운동, 삼자이념을 기반으로 한 기독교가 많이 성장할 때거든요. 삼자운동이라는 것이 자치·자족·자양(self-governing, self-support, self-propagation)을 말하는데, 그러니까 김일성 주석이 "자주성을 가지고 민족을 위한 기독교가 되기를 바란다"는 얘기를 한 기억이 나는데요. 우리가 그때 얘기한 대로 공동성명을 만들어서 발표한 것을 제가 찾으면 조금 더 구체적으로 그때 무슨 토의가 됐다는 것을 알 수 있을 것 같습니다.

김하영 그러면 여기 교민들이 남북관계 개선에 대해서 어느 정도로 호응을 해주셨는지 그런 면에 대해서 말씀을 좀 해주십시오.

이승만 여기 와서 경험을 하셨으리라 생각을 하는데, 여기 이민 온 사람들 생각이 말이죠, 30년 전에 이민 온 사람들, 20년 전에 온 사람만 하더라도 그때의 남북관계의 긴장감과 적대심을 가졌던 그런 관계를 머리에 두고 그냥 와 있기 때문에, 지금 서울에 가보면 그 상황이 얼마나 변화하고 그런가를 느끼는데, 여기 이민사회에는 아직도 그때의 생각을 그대로 가지고 있는 사람들이라고 대부분이라고 봐도 될 겁니다. 그래서 저희들이 노력한 것은, 그러한 이념적인 것을 내세우고 얘기를 해서 자꾸 찬반을 하는 것보다도 한민족이라는 민족의식을 더 내세워서 "적이 되었던 것에서 우선 벗어나자", 통일 얘기를 하기보다는 "적이 되었던 것에서부터 벗어나서 한민족이다"라고 느끼자. 그래서 그때 예술단이나 그런 사람들이 와서 노래를 통해서, 또 고향의 노래를 부르고 통일의 노래를 부르고 해서 같은 민족으로서의 의식을 가지는 데 상당한 역할을 했다고 저는 생각합니다. 그런데 그때 저희들이 이런 일을 할 때만 하더라도 한국 정부에서는 아직도 반공적인 정책이 주정책이 되어 있었기 때문에 그런 일 하는 사람들을 주목해서 용공이라든가 이런 이야기도 많이 했었지만, 결국에는 그러한 면에서는 상당한 공헌을 한 게 아닌가 생각을 합니다.

김하영 아까 미국 교회에 대한 활동을 말씀하셨는데, 사실 한민족이 미국 사회 내 소수민족 중의 하나라는 점에서 본다면 미국 내에서 백인 이외의 흑인이라든지 히스패닉 같은 다른 민족을 상대로 한반도 문제나 통일 문제에 관해서 지지나 협력을 구하는 활동을 하신 경우는 있었습니까?

이승만 그런데 저희들이 거기까지는 그렇게 활발하게 나가지 못한 것 같습니다. 저는 1960년대 초에 마틴 루터 킹(Martin Luther King)과 가까이 운동을 하면서 여기 흑인민권운동(civil rights movement)에 깊이 참여했던 사람 중 하나인데, 제가 그때 켄터키 루이빌대학에서 교목을 하면서 흑인 학생들을 지도하고, 또 전국적으로나 지방적으로 다양하게 흑인민권운동(civil rights movement)에 깊이 참여를 한 경험이 있었지만, 그것을 우리 민족의 중요한 이슈인 민족화해와 민족통일에 대한 것에 이바지하는 방향으로 끌어올리는 데까지는 아직 큰 활동은 없었다고 생각을 합니다. 그런 것이 중요하다는 것을 알면서도, 그때 흑인운동만 하더라도 자기네 자신들의 과제가 너무 급급하고, 또 히스패닉들은 지금은 수가 많아서 영향력이 조금씩 생기고 있지만 그때만 하더라도 하나의 확실한 세력(tangible force)이 되어 있지 않았고. 그래서 아마 다른 소수민족들과의 협력을 통해서 우리 코리아 이슈를 상기시키고 문제제기(issue-raising)를 하는 데까지는 저희들이 발전을 못한 것이었다고 생각을 하는데, 앞으로는 그것이 상당히 중요한 이슈로 등장할 수 있을 것 같습니다. 최근에 6자회담을 통해서 또다시 새로운 가능성이 조금씩 보이기 시작하면서 지금 여러 가지 네트워크를 통해서 미국 정부에 영향을 주는 운동들이 지금 일어나고 있습니다. 제가 회장으로 되어 있는 단체가 〈National Committee for Peace in Korea〉, 그러니까 〈한반도 평화를 위한 위원회〉라고 할까요. 거기에 제가 공동의장(co-chair)으로 있고, 또 전에 미국대사로 나가있던 제임스 레이니 박사 부인인 마사 레이니 여사가 또 공동의장을 하면서 둘이서 같이 하고 있는데, 이런 전국 네트워크가 있습니다. 이런 네트워크를 통해서 이제 코리아 이슈가 등장하기만 하면 미국이 peaceful engagement policy로써 적극적으로 지지해야 한다는 요구가 미국 정부에 들어가고 국회에 들어가고, 그렇게 네트워크를 통해서 하는데. 잘 아시다시피 지금 부시 정부 안에도 이번 이루어진 새로운 협상에 대해서 아주 적극적으로 반대하는 존 볼튼 같은 사람도 있고. 그런데 이번에 조금 희망적으로 제가 느끼는 것은, 부시 자체가 볼튼이 반대하는 것을 다시 엎으면서 "이렇게 가야하는 것이 바른 길이다"라고 얘기하는 걸 보면, 그동안 20년 가까이 계속 민족화해와 통일에 대한 운동을 해 오는 노력이 조금씩 미국 사회에도 먹혀 들어가는 것이 아닌가 하는 생각을 하게 되네요.

김하영 그런데 미국 사회가 아무래도 여론이 많이 작용하는 사회인데 특히 언론의 역할이 중요하다고 봅니다. 재미동포들이 한반도 통일과 관련해서 활동을 하는 것이 미국의 주요언론에는 어떻게 보도가 되고 또 미국의 여론에 어떤 영향을 미쳤다고 보십니까?

이승만 전국적으로 영향을 미치는 언론으로 『뉴욕타임즈』나 『워싱턴포스트』가 있습니다. 미국에는 보수적인 입장을 대변하려는 세력이 있는가 하면 또 조금 더 열린, 진보적으로 해야 한다는 세력도 있고 해서 두 파가 다 있는데, 그때그때마다 그들이 영향을 어떻게 끼치느냐에 따라 여론이 오르내리고 하는 것을 저희들이 경험합니다. 그래서 저희들이 2년 전인가 7만 불의 돈을 모아서 『뉴욕타임즈』 한 페이지에 "우리의 새로운 호소"라고 "평화를 위한 호소"를 실었습니다. 『뉴욕타임즈』에 한 페이지를 광고하려니까 7만 불이 들었습니다. 이슈가 있을 때마다 어떻게 해서라도 지방신문들은 물론이고 전국 신문에 내는 것이 중요한데, 오늘도 여기 신문사에서 "이번에 이루어진 것에 대해서 어떻게 생각하느냐" 물어왔는데, 그러면 "우리가 보기에는 이렇다"고 말하고. 그러니까 언론 계통하고 관계를 가지고 일반의 의식을 고취하는 것이 중요하다고 생각합니다.

지금 잘 아시겠지만 미국 사회가 부시 정부가 들어온 이후에 보수주의적인 경향, 정치적으로 종교적으로 보수 세력이 상당히 등장을 해서 지금까지 왔는데. 특별히 지난 11월 선거 이후에 판도가 많이 달라지면서 이라크 전쟁에 대한 반대도 점점 더 늘고 있지만, 한반도 정책에 관한 것도 이대로만 가면 "과거의 부시 정부의 정책보다는 열린 방향으로 갈 수 있겠다" 이런 생각을 하죠. 그래서 뉴스미디어에 대해서 생각하는 것은 그들이 보도를 하는 것이 중요하다는 것인데, 저희들이 워싱턴에서도 재작년과 작년에 두 번 컨퍼런스를 했는데 워싱턴의 하원 빌딩에서 이행우 선생이랑 저랑 〈NAKA〉가 중심이 되어가지고 모임을 할 때 미디어들을 초청했습니다. 그 미디어들이 정책을 결정하는 사람들에게 영향을 줄 수 있죠. 상원에 외교위원장으로 조셉 바이든 상원의원이라든가 조금 더 열린 의원들이 있습니다. 그 사람 참 좋은 생각을 하고 있는 사람입니다. 그분이 공화당 시대에는 상원의 외교위원회(Foreign Relations Committee)의 의장이 되지 못했다가 지금은 의장이 돼서 활동하고 있습니다. 그분 밑에 있는 보좌관이 상당히 똑똑한 사람이 있습니다. 그분은 중국도 가고 일본도 가고 한국도 자주 가고 그러겠죠. 그분이 정책결정을 하는 데에 아주 중요한 역할을 하는 사람입니다. 그래서 컨퍼런스 같은 것을 할 때 미국의 뉴스미디어들을 데려다가 보도를 하게 하는 그러한 것이 중요하다고 생각해서 제가 과거에도 그런 것을 했지만 "앞으로도 그러한 것이 중요하지 않겠는가"라고 생각을 합니다. 한국의 인권문제, 즉 저희들이 가깝게 알고 지낸 동료인 대학교수라던가 특별히 기독교 교수들, 교회지도자들이 그때 인권문제로 인해서 감옥에 가고 그럴 때 저희들이 동포들로서 워싱턴에 가서 죄수복을 입고 데모를 하고 활발하게 활동했지만, 통일운동으로 넘어가면서 이전의 인권운동을 위해서 데모를 하고 그랬던 것만큼 실질적인 행동은 못했지만 언론을 통해서 정책을 변경시키기 위해서 노력하는 그런 방향으로 활동한 것이라고 생각을 합니다.

김하영 그러니까 통일문제와 관련해서는 길거리에서의 가시적인 시위 같은 행동보다는 정치인들과의 접촉이라든지 아니면 의회에 대한 청원활동 같은 것이 많았습니까?

이승만 예. 그랬습니다. 그때 인권운동이 있을 때는 저희 동지들이 감옥에 가고 그러니까 울분이라는 게 있어서 40여 명 각자가 그때 감옥에 들어가 있는 사람들의 죄수복을 하나씩 만들어서 입고, 그때 문동환 목사님이 감옥에 들어가 있을 때였는데 문동환 목사님의 죄수복을 입고 넘버까지 써가지고 그렇게 시위를 하고 그랬는데. 통일의 문제에 대해서는 그러한 것보다는 "정책변경이 제대로 돼야 한다"고 생각했죠. 클린턴 정부 때는 변경이 많이 됐습니다. 다들 아시겠지만 올브라이트 국무장관이 북한을 방문하고 클린턴 대통령까지 임기 마치기 전에 북한에 가게끔 계획이 되어 있었다고 알고 있는데 그때 중동문제가 급해져서 북한을 방문하지 못했다고 알고 있습니다.

김하영 아까 활동하신 것에 대한 말씀 중에 〈NAKA〉를 언급하셨는데 〈NAKA〉 결성에도 관여하셨습니까?

이승만 시작할 때부터 제가 관여를 했죠.

김하영 그 〈NAKA〉의 결성 배경에 대해서 말씀 해 주십시오.

이승만 〈NAKA〉는 원래 두 가지 신념을 가지고 시작을 했습니다. 첫째는 여기 미국에 살고 있는 우리 교포들의 권익과 발전을 도모하는 목적. 둘째는 조국의 평화 또는 화해, 통일을 이루기까지 해외에서 우리가 도울 수 있는 일을 미국에서 한다. 이 두 가지가 기본적 신념이었습니다. 그것이 미국에 있는 동포들 전체를 대표한다는 것이 아니라, 미국의 동포들이 가져야 할 두 가지의 중요한 이슈를 우리의 이슈로 삼아서 그것의 향상을 위해서 노력한다는 취지로 〈NAKA〉를 시작했죠. 그래서 이행우 선생, 또 윌리엄 조라고 조동설 선생, 이 분들이 처음에 그런 생각을 해서 나를 찾아와서 제가 첫 회장을 2년인가 3년인가 했죠.

김하영 어떤 글들을 보면 미국 내에서 통일운동이나 그런 활동을 보면 아무래도 다수 교민들의 참여보다는 소수 명망가 중심의 활동이라는 이야기가 있는데 그것에 대해서는 어떻게 생각하십니까?

이승만 그럴 수밖에 없었고 또 역사적으로도 그럴 수밖에 없었던 것이 아닌가 생각합니다. 특별히 미국에 와서 생존하기 위해서 통일운동에까지 적극적으로 나와서 활동할 사람이 없고, 그때만 하더라도 남북화해라던가 이런 것을 위해서 활동하거나 또 민족의 통일을 위해 운동을 하는 사람들을 한국 정부에서 계속해서 빨갱이로 몰았기 때문에 일반 교포들이 그러한 위험 때문에 가담하려고 하지 않았습니다. 그런 데 가담해서 활동하려고 하면 지금과는 달리 상당한 각오를 하고 나서지 않으면 안 되는 그런 상황에 있었죠.

김하영 그런 상황이 언제 이후로 좀 달라졌습니까? 2000년 6·15정상회담 같은 사건이 영향을 미쳤습니까?

이승만 2000년에 김대중 대통령이 가서 6·15정상회담을 하고 나서 그때부터 많이 달라지기 시작했죠. 본국에서 달라지니까 여기 교민사회에서도 달라지는데. 그런데도 과거의 생각을 버리지 못하고 "아 저 김대중도 빨갱이로 넘어간다" 이렇게 말하는 사람들도 나타나고 지금까지도 그렇게 말하는 사람들이 있지요. 그런가 하면 요새 와서 국내에서 정치적으로 한나라당이 앞으로 보수적 세력을 가지고 권력을 잡아서 정치를 할 거라는 예상을 가지고 그런 말을 하는 사람들이 있고. 노무현 대통령에 대해서는 처음에는 상당한 기대를 가지고 있었고, 또 새로운 방향으로 김대중 대통령의 햇볕정책을 이어받아서 북과의 관계를 조금 더 발전시켜 나가는 것을 저 같은 사람은 상당히 고맙게 생각하고 적극적으로 찬성하는 사람 가운데 하나입니다. 그런데 해외에 나와 있는 사람들도 한국 내의 영향을 받아서 "노무현 대통령 정책은 너무나도 북측을 옹호하는 정책이다", 이렇게 얘기하는 사람들도 좀 되죠. 그러니까 그런 문제는 앞으로도 계속해서 있을 것이라고 생각을 하고, 그렇기 때문에 신념을 가지고서 "오늘에 이루지 못하면 우리 다음 세대에는 이루어지도록 방향 제시는 확실히 해줘야 하지 않겠냐"는 것이 우리 같은 사람들의 역할이라고 할 수 있겠죠.

김하영 미국 내에서 활동을 하고 또 단체를 조직하면 비용이 들어갈 텐데 그런 재정적인 문제는 어떻게 해결하셨습니까?

이승만 그건 전부 각자 돈을 내서 단체를 만들고, 그럴 수밖에 없는 형편이었고. 지금은 교민들 중에서도 돈도 많이 벌고 하는 사람들이 있지마는 그때만 하더라도 여기에 와서 생존하기에 바빴기 때문에. 그것이 주 이유고. 또 하나는 지금까지 저희들이 남북화해 내지 남북통일 문제를 가지고 일을 해오면서 상당히 조심스럽게 우리 입장을 유지해 온 것이 있습니다. "서로 적대시 하고 있고 긴장 속에 있는 남북관계에 있어서 어느 한 쪽에 관계를 가지고 영향을 받는다든가 하는 그런 점에서는 확실히 우리의 자세를 잡아야 한다"고. 그렇지 않아도 자꾸 "이북에서 돈을 받아서 그런 일을 한다"는 근거 없는 이야기들을 자꾸 하고 그럴 때에, 그런 게 아니고 우리의 신념 때문에, 기독교인들로서는 "이것이 우리의 신앙의 고백의 운동이다" 이렇게 해 나가면서 지켜왔죠. 그것은 참 자부심 있는 일이고, 그렇기 때문에 지금까지도 "누가 뭐라고 하더라도 우리의 신념은 이것이다" 하고 꿋꿋이 나갈 수 있었던 이유 가운데 하나가 되죠. 어느 한 편에 남쪽이나 북쪽에 끈을 붙이지 않고 그와 같은 운동을 해 왔다는 것은 상당히 자부심 있는 일이라고 생각합니다.

김하영 아무래도 미국이 상당히 자유로운 나라라고 본다면 그런 점이 교민 사회 속에서 통일과 관련된 활동을 하시는 데 상당히 도움이 되었습니까?

이승만 그럼요. 그런데 지금 돌이켜보면 남한 정부가 그때 정보부를 통해서 그런 운동을 하는 데 방해한 그런 것은 저희들에게 상당한 타격을 주었고요. 그렇기 때문에 그런 운동이 자라나지 못한 큰 이유 가운데 하나가 됐고. 미국에 나와 있는 영사관이나 이런 곳에서도 아마 정부의 정보기관 사람들이 나와서 그런 운동을 하고자 하는 목사님이라든가 그런 사람들에게 많은 타격을 주었습니다. 그런데 제가 새롭게 느끼고 상당히 고맙게 생각되는 것은, 이제 박사님이 여기 오셔서 과거에 민주화운동 내지 통일운동에 이바지했던 사람들을 찾아서 그것을 역사로 남겨야 되겠다는. 이런 중요한 일을 하고 있다는 것을 생각하면 저는 지금 딴 세상에 사는 사람 같아요. 제가 평양에 1978년에 처음으로 갔다 왔는데. 그런데 저는 1950년 겨울 12월에 평양에서 살다가 이남으로 피난 내려온 사람 가운데 하나입니다. 그러니깐 28년 만에 평양을 다시 방문한 것이 되겠죠. 1950년 겨울에 남한으로 내려와서 내려오자마자 남한의 해병대로 들어가서 해병대에서 5년 반 동안 근무를 했습니다. 1955년 가을에 제대를 하고 1956년 정월에 미국으로 유학생으로 왔거든요. 그래서 1978년도에 우연한 기회가 생겨서 제가 평양을 방문하게 됐어요. 그 다음에 그것으로 인해서 정부의 압력이라든가 그런 것을 체험하고, 이런 것이 저뿐만 아니라 다른 사람에게 큰 타격을 주기도 했지만 다행히도 별로 걸리는 일 없이 지금까지 계속 해 올 수 있었던 것은 아까 얘기한 대로 그 목적이 뚜렷했고 사사로운 일과 공적인 것을 구별해서 신념을 가지고 해왔기 때문이 아닌가 생각합니다.

김하영 목사님 부친께서는 예전에 북쪽에서 돌아가셨다고 들었습니다.

이승만 순결을 하셨죠.

김하영 목사님의 북한 방문이나 통일 관련 활동은 그런 개인적인 비극을 극복하려는 것과 관련이 있습니까?

이승만 예.

김하영 그것이 종교적인 신념과도 관련이 있습니까?

이승만 당연히 관련이 있죠. 저 자신도 아버지가 이북에서 순결을 하신 것을 목격을 했고. 겨울에 UN군이 후퇴할 때 숨어있던 우리들이 다시 나왔죠. 중공군이 내려오면서 평양이 다시 공산정권에 들어가게 될 때에 "거기에 그냥 남아있으면 살아남기 힘들게 된다"고 어머님이 간곡히 부탁해서 저하고 남동생 둘이 이남으로 피난 내려왔거든요. 그때 제가 19살이고 남동생이 17살 때이고. 그래서 피난생활 내려와서, 진해까지 내려와서 진해에서 해병대에 입대해서 전쟁 때 해병생활을 하고 그랬는데. 저는 민족화해가 다시 한 번 내가 관여해서 해야 할 사명이라고 느낀 것은, 미국에 와서 대학을 마치고 신학교를 마치고 목사가 된 이후에 1960년대 초에 흑인민권운동에 참여하면서 그것을 느꼈습니다. 마틴 루터 킹하고 특별히 가까이 지내면서 그의 신념에서 영향을 받았습니다. 그 신념은 뭐였는가 하면, "흑인민권운동이 지금 박해를 받는 흑인들을 해방시키는 것뿐만이 아니라 박해를 가하는 이들도 함께 해방시키는 운동이다"(Civil rights movement is not only to liberate the oppressed, but also to liberate the oppressors). 그러니까 "백인들에게 원수를 갚아야 한다는 것이 아니라, 고난을 당한 사람으로서 고난을 가하는 적이 될 수 있는 사람들까지 해방을 시켜서 새로운 사회를 건설해 나가는 데 함께 해야 한다"는 이런 신념. 또 두 번째 신념은, "새로운 사회를 만들어 나가는 운동에 있어서 누가 주 역할을 해야 하는가 하면 핍박당한 경험을 가진 사람들이 주 역할을 해야 한다"는 것이었습니다. 즉 "핍박을 가한 사람들은 자기네들이 했기 때문에 핍박 받은 사람들이 복수를 하느냐를 기다릴 수밖에 없는데, 핍박을 받은 사람으로서는 선택(choice)할 수가 있다. 원수를 갚기 위해서는 싸우는 방향으로 가느냐, 아니면 새로운 사회를 만들기 위해서 자기들을 압박하던 사람들을 용서하고 그 사람들과 같이 새로운 사회를 만드는 것에 공헌을 하느냐 이런 선택이 있는데, 그렇기 때문에 압박 받은 사람들이 그와 같은 방향으로 가는 데 주 역할을 할 책임이 있다." 저는 거기에 완전히 동의가 되어서 그때부터 흑인민권운동에만 참여한 것이 아니라 제가 두고 온 한반도의 상황을 다시 보기 시작했어요. 저는 늘 피해자로 생각을 해왔거든요. 이북에서 피해자가 됐었고. 또 학생운동을 하면서 저도 감옥생활을 하고 그런 경험도 있어서 피해자로 생각을 했는데, 피해자가 되었기 때문에 화해와 용서를 통해서 관심을 가지고 새로운 사회를 만들기 위한 운동을 해야 할 책임이 있다고 하는 생각이 흑인민권운동을 통해서 제게 온 거에요. 그때부터 남북화해 운동에 나서게 되었습니다.

김하영 그러면 교민사회에서의 남북화해를 위한 활동이나 통일운동이 미국 사회에서 전개된 일반적인 사회운동, 예를 들면 여권운동, 평화운동, 또는 인권운동, 이런 것과 비교해서 어떤 점에서 차이점이 있고 또 어떤 점에서 유사성이 있다고 보시는지요?

이승만 상당히 중요한 질문입니다. 제가 보기에도 해외에 나와 있는 교민 속에 통일의식이 확실히 들어가야 그것이 통일에 이바지할 것 아닙니까? 그것을 해보기 위해 상당히 애를 썼는데, 아까도 말씀드린 대로 한국 정부의 정책 자체가 "이런 것 하는 사람들은 친북인사들이다, 빨갱이들이다"라고 자꾸 소문을 냈기 때문에 교민들이 이런 일에 가담해서 활동하는 것을 막아버렸습니다. 가령 예를 들어서 우리가 중요하게 생각하는 것은, 여기에 젊은 분들 즉 1.5세나 2세 이런 사람들이 우리의 뒤를 이어서 이 운동이 계속 되어야 한다는 것이죠. 그래서 미국 안에서 교포들의 사회운동 또는 복지운동을 하는 사람들과 상당히 가깝게 접촉을 했습니다. 그런데 결론적으로는 그분들 얘기가 "지금 교포를 돕고 교포를 위해서 일하는데 민족화해와 통일운동까지 하려고 하니 그것은 빨갱이들, 이북을 돕는 사상을 가진 사람들이 하는 것이기 때문에 그것을 함께 하면 교포운동까지 해를 본다. 그렇기 때문에 생각은 있는데 가담은 못 하겠다"고 하는 데까지 왔었어요. 우리는 "함께 해야 한다"고 주장했지만 실제로 그것을 하는 사람들은 그것을 하다보니까 한국정부에서 압력을 넣어서 "저 사람들하고 손잡고 함께 하면 너희도 같은 빨갱이가 된다" 해서 이것이 제일 큰 타격이었습니다.

그런데 지금에 와서 많이 달라지고 있습니다.

예를 들면 〈평통〉의 경우가 있습니다. 〈평통〉은 과거에 평화통일을 반대하려고 모인 사람들의 집단이라는 인상을 받았어요. 저도 한국에 가서 〈평통〉 사람들 많이 만나서 대화도 하고 그랬는데, 이건 어떻게 하면 평화통일을 하는 길을 열려고 하는 게 아니라 빨갱이들이 자꾸 평화통일을 이야기 하니까 그것을 막으려고 하는 것 같이 보이더라고요. 그때 한완상 박사가 잠깐 통일원 장관을 하지 않았습니까. 한완상 박사는 미국에서 공부할 때부터 아주 가까운 친구입니다. 그때 한완상 박사도 무슨 얘기를 했느냐 하면, "자기가 통일원 장관으로 올라가 있는데 몇 사람 주위에 있는 사람들은 자기가 데려다가 같이 일하는데 그 밑에 실무자들은 아직도 자기가 생각하는 것이 도저히 통하지 않는다"고 하더라고요. 체제라는 게 그렇게 빨리 바뀌는 게 아니니까 그렇겠죠. 이민 사회도 마찬가지였습니다. 지금 우리가 〈6·15공동선언실천위원회〉가 있지 않습니까. 거기에 아시다시피 〈평통〉이 함께 들어와 있습니다. 그래서 지금 문동환 목사님이 공동의장으로 되어 있는데 사실은 그것도 저보고 공동의장을 해야 한다고 했어요. "대표적으로 운동을 해 온 사람들이 다 동의할 수 있는 사람이 이승만 목사이므로 이승만 목사가 해야 한다"고. 제가 보기에는 문동환 목사님과 같은 나이가 드신 분이 먼저 해야 한다고 생각해서 적극적으로 밀어서 지금 잘하고 계신데. 이렇게 해서 여기에 전국적으로 흩어져 있는 한인회들, 〈평통〉, 또 이때까지 통일운동과 화해운동을 해온 〈NAKA〉나 〈동포연합〉이나 이런 것 다 합해보려고 하는 노력들이 상당히 바람직하다고 생각을 합니다. 그러면 "과거에 그럼 무엇을 했느냐"고 하면, 어떻게 생각하면은 별로 한 것이 없는 것 같기도 하고, 다른 한편으로는 그런 씨를 뿌려가지고 대화의 문을 열기 시작하고 그래서 적대시 하고 있던 것에서 벗어나게끔 노력을 한 그런 것이 하나의 씨앗이 된 것이 아닌가, 이렇게 생각을 할 때는 중요한 것이었다고 생각을 하게 되고요. 그래서 "과연 앞으로 어디로 갈 거냐" 하는 것이 중요한데, 제가 조금 염려되는 것은, 남한의 정치적인 발전에서 보수적인 세력이 향상하다 보니까 통일과 민족화해 문제까지도 영향이 앞으로 있지 않겠느냐, 하는 것이 해외에 있는 사람으로서 염려가 되고. 그러나 지금까지 저희들이 노력해서, 남한에서 또 해외에서 노력이 있어서 이만큼 왔는데, 아까도 말씀드린 대로 제가 인천공항을 들어갈 때도 아직도 저는 마음이 두근두근할 때가 많습니다. 왜냐하면 이전에 제가 들어갈 때는 꼭 공항에서 체크 당하고 불려 들어가서 취조 받고 그렇게 하고 들어갔거든요. 그 경험이 있어서 이제는 다른 세상이 됐는데도 여권을 창구에 내놓을 때는 아직도 마음이 두근두근하고 그래요. 그래도 이제는 남북관계가 옛날로는 돌아갈 수 없다, 과거로 돌아갈 수는 없다, 조금 지연될지는 모르겠지만 그것은 그럴 수밖에 없다고 생각을 하고 있습니다.

김하영 통일과 관련해서 여기 한인 2세대들의 의식은 어떻다고 보십니까?

이승만 그것이 안 돼 있어서 저는 안타깝게 생각을 하는데요. 2세들은 민족화해와 통일이 자기들의 관심이 아니라고 보고. 또 하나 얼마 전에 의회에서 「North Korea Human Rights Act(북한인권법)」이라는 것이 통과되었습니다. 제가 보기에 그것은 미국의 보수주의적 정치세력하고 교회세력이 합세해서 만들어 낸 건데. 나는 그때부터 그것은 해야 할 일이 아니라고 반대성명을 했습니다. 이북의 악하고 악한 부분만을 계속 드러내서 그것을 마치 북한의 전체 모습과 같이 취급하고, 그것을 상대로 "인권상황을 바꾸어야 한다, 그래야 교류도 되고 그렇다"고 하는데 나는 그것이 접근이 잘못됐다고 생각합니다. 남의 집에 들어가면서 "이것이 나쁘고 저것이 나쁘고 뭐 먼지가 많다"고 하면서 들어가서 그 주인하고 대화를 가지자는 건 말이 안 된다. 같이 함께 모여서, "어려운 점도 있고 나쁜 점도 있지만 어떻게 하면 좀 더 가까운 관계가 될 수 있느냐" 이렇게 접근이 되어야지 어떻게 그것을 묵살하는지. 그런데 그것은 정치적, 종교적으로 보수적인 사람들이 한 짓이라고 생각합니다. 그런데 그것이 아무런 효과도 못 보잖아요. 이것이 통과가 되면 이북에서 탈출해서 중국에 나와 있는 사람들을 전부 미국의 시민으로 데려온다 하는 잘못된 주장을 했는데, 원래 그것이 「북한인권법」 안에 들어가 있었습니다. 그것이 입법과정에서 다 빠졌습니다. 그건 저희들이 그것에 직접 관계를 했기 때문에 알죠. 그런 이유를 내세우고 그것을 이용한 셈인데, 그런데 2세 학생들을 많이 동원을 했습니다. 그래 가지고 무슨 단체가 하나가 생겼습니다. "북한에 인권을 강요해야 한다"고 생각하는 보수적인 사람들을 모으고, 또 2세 사람들도 모았는데 거기에도 공화당의 돈이 들어가고 종교적으로 보수적인 사람들의 돈이 들어갔습니다. 그런데 이쪽에서는 그런 것을 할 만한 자원이라든가 리더십이라든가 그런 것이 없기 때문에 그런 것이 안 되어 있습니다.

김하영 그러면 미국의 교단 중에서 상당히 보수적인 종교계의 영향이 크다는 말씀이시군요.

이승만 깊이 들어가 있죠.

김하영 앞에서 하신 말씀에서는 통일을 위해서 미국의 종교계나 〈NCC〉를 통해서 미국 사회 내의 여론을 환기시키는 활동을 하셨다는데, 지금은 아닙니까?

이승만 1970년대, 80년대에는 그런 영향이 있었는데, 부시가 들어오면서 백악관에 들어가는 종교인 대표들이 완전히 다른 사람들이 됐습니다. 우리는 이제 거기에 불려가지도 못합니다. 보수주의적인 팻 로버트슨이라든가 하는 이런 사람들이 지금 백악관에 가서 조언을 하고 그러지요. 지금은 그것이 점점 약해지고 있긴 합니다만, 부시 정부가 그만 두고 2년 후에 민주당이 다시 들어가서 새로운 방향이 오면 우리 같은 사람이 다시 등장할 겁니다. 그때까지는 새로운 방향으로 가는 것을 기다릴 수밖에 없는 형편입니다. 그러니까 저희들이 지금은 나서서 활동하기 어렵고. 클린턴 정부 때는 저희들이 찾아다녔습니다. 그런 영향을 줄 수 있는 통로(avenue)가 있었기 때문에. 지금은 공화당이 있어서 안 됩니다. 하지만 공화당 안에서 서로 갈라져서 의견차이가 생기는데 이것도 하나의 좋은 증상이라고 생각을 합니다. 그래서 2년쯤 후에는 또 다른 방향이 나오리라고 생각을 합니다.

김하영 북한을 왕래하시면서 북한의 당국자들이 통일과 관련해서 해외교민사회의 역할, 특히 미국의 교민들이 어떤 역할을 해주기를 기대한다는 그런 이야기를 듣거나 그와 관련하여 어떤 인상을 받은 경우가 있습니까?

이승만 그럼요. 우리들은 가서 얘기를 하면 그런 것이 직접 화제가 되죠. 저는 두 가지가 있다고 생각을 합니다. 먼저 어느 면에 있어서는 과거 해방 후 일본에서 거기 살고 있는 교포들을 묶는 〈조총련〉을 만들어서 그것이 이북의 정책하고 함께 움직이는 아주 성공적인 일이 그때 있었습니다. 그때는 거기에 살고 있는 조선 사람들이 일제하에서 어려움을 당했고 해방이 된 다음에 그와 같은 단체가 필요하게끔 조건이 되어 있었습니다. 그래서 대부분의 사람들이 〈조총련〉에 가입을 했고 또 북에서 〈조총련〉을 조직하면서 거기에 살고 있는 사람들에게 많은 혜택을 주었습니다. 학교도 세워줬고 그러니까 자연히 북하고 가까운 관계가 될 수밖에 없었습니다. 그때에 성공적인 경험을 한 사람들 중에 미국에도 그러한 단체라는 걸 조직할 수 없겠는가 생각하는 사람들이 있습니다. 그것이 한 파라고 할 수 있겠죠.

김하영 북한에서 그렇게 생각을 하는 사람들이 있다는 말씀이시죠?

이승만 예. 그런 부류가 있습니다. 그런데 저희들이 민족화해와 통일을 생각을 하면서 거기 가서 그런 얘기를 할 때에 "그것은 안 됩니다. 그건 그 시대에 필요했던 거고 그때는 그렇게 성공이 되었지만 지금은 시대가 다르다. 또 일본이란 사회와 미국이라는 사회가 전혀 다릅니다. 미국 내에 〈조총련〉과 같은 단체, 소위 말하는 자기네 창구를 만들려고 하지 마십시오" 하는 것이 저희 민족운동, 통일운동을 하는 사람들의 계속적인 주장이었습니다. 그래서 "그런 것을 만들지 않고, 우리는 미국에서 교회지도자로서 사회지도자로서 살고 있는 사람으로서, 어떻게 하면 민족이 다시 하나가 돼서 우리 선조들이 피와 땀을 흘리면서 희생한 자랑스러운 민족이 되도록 살아가는 나라를 만들 수 있겠는가 하는 것이 목적이지 어느 한쪽에 붙고자 하는 것이 목적이 아닙니다" 하는 입장에서 계속해서 주장을 해왔는데. 그것을 우리에게서 들으면서도 또 한편으로는 미국에서 통일운동을 하는 사람들 가운데서는 사상적으로 이념적으로 이북에 가까운 사람들도 있었습니다. 그래서 이북에서도 그런 사람들과의 통로를 지키려고 하는 그런 흐름도 있었고. 그런데 그 사람들은 미국 교포사회에 영향력을 줄 수 있는 사람들이 못 됩니다. 그들은 아주 소수이고 사회적으로 볼 때도 영향력이 크지 않고. 그런데 우리는 단독적인 생각을 하지만 "미국 사회에서 높은 위치에 있고 결정을 할 수 있는 그런 같은 사람들하고 연결이 되지만, 자기네를 망하게 하려고 하는 사람들은 아니다"라는 인식이 되어 있으니까 우리들하고 계속 관계를 맺어왔죠. 그래서 지금도 저희들은 그런 생각입니다. "목적이 분명해야 되고 사심 없이 해야 된다." 이북에 왔다 갔다 하는 사람들 중에도 이북에 가서 가정적으로 개인적으로 부탁을 하는 사람도 있지만, 저로서도 제 동생들이 이북에 넷이나 살고 있지만 개인적인 것하고 공적인 것을 분명하게 나눠서 관계없이 해왔기 때문에 지금도 떳떳하게 이와 같은 일을 해 나갈 수 있다고 저는 생각을 하거든요.

그러니깐 이북에서 생각하는 것은 양쪽이 다 있으리라고 생각을 합니다. 〈조총련〉과 같은 것을 만들어보자고 생각했던 것은 점점 약해질 수밖에 없고 그러니까 〈6·15공동선언실천위원회〉라든가 이런 것을 이남까지 포함하고 또 세계 여러 나라를 포함해서 함께 하자는 방향으로 갈 수밖에 없고, 또 그렇게 가는 것이 저는 바람직하다고 생각합니다. 또 이북도 앞으로 그렇게 갈 거라고 생각을 합니다. 어떤 사람들은 "그거 다 앞으로 남한까지도 공산화 하고자 하는 목적을 시행하기 위한 첫 단계"라고 얘기하는데 저는 그렇게 안 봅니다. "민족을 어떻게 해서라도 다시 새롭게 살리는 방향으로 가 보자" 하는 데서 나온 것이라고 저는 믿습니다.

김하영 해외동포들 사이에서 1970년대 민족운동과 관련해서 유럽 교포들하고 미국 교포들하고 같이 활동도 했다는 기록도 있는데 통일운동과 관련해서 해외교포들 사이에서 상호 연계하려는 어떤 노력이 있었습니까?

이승만 처음에 남북 관계에서 처음에 다리를 놓는 역할을 할 때, 구라파에 있는 사람들, 미국에 있는 사람들, 이북에서 나온 주체사상 사람들이 함께 모일 때는 같이 연계했습니다. 지금은 구라파에 있는 사람들이나 미국에 있는 사람들이 연계하는 것은 별로 없는 것 같습니다.

김하영 언제부터 그런 노력이 줄어들었습니까?

이승만 음, 잘 아시다시피 동독 사건이 대단한 타격을 주었죠.

김하영 독일이 통일되고 난 이후를 말씀하시는 겁니까?

이승만 예. 또 좋은 면에 있어서는 한국에서 김대중 대통령이 들어선 이후, 또 노무현 대통령이 들어선 이후에 본국에서 통일운동에 관계했던 사람들하고 해외에 있는 사람들하고 직접 연결을 하기 시작하면서, 구라파에 있는 사람들하고 미국에 있는 사람들이 과거에는 이렇게 밖에서 연결될 수밖에 없던 것이 이제는 직접 조국의 관심 있는 사람들 하고 관계가 돼서 구라파에 있는 사람들도 조국에 가서 만나게 되고. 이제 국내가 역할을 제대로 하는 거죠. 저는 상당히 좋다고 생각합니다. 과거에는 우리가 밖에서 서로 연결을 해서 운동을 할 수밖에 없었는데 이제는 본고장에서 우리들도 데려가고 구라파에 있는 사람들도 데려오고. 그래서 해외교포들끼리만 따로 연계를 할 필요가 없게 됐습니다. 그러니까 "각자 독일이면 독일, 미국이면 미국에서 그 정부를 향해서 할 일을 제대로 하자", 그것이 결국엔 통일에 기여하는 일이고. 「6·15공동선언」과 같이 다 함께 모이는 경우는 해외대표들이 미국에서도 오고, 독일에서도 오고, 중국에서도 오고, 일본에서도 오고. 제가 작년에는 못 갔습니다만 재작년에 「6·15공동선언」 행사 할 때에 해외동포 단체에 참석해서 여러 나라에서 온 사람들을 만나고 했습니다.

김하영 오랜 시간 말씀해 주셨는데 이제 마지막으로 통일운동과 관련해서 목사님께서 보태고 싶으신 말씀이 있으면 한마디 해 주십시오.

이승만 우선 저는 상당히 감사하다는 생각이 듭니다. 아까도 말씀드린 대로 20년 전만 하더라도 이런 생각을 할 수도 없었고, 한국 정부에서 나와서 이런 대화를 하자고 하면 벌써 이런 운동하는 사람들을 빨갱이로 이적행위자라고 규정을 짓고 대화를 하려고 했기 때문에, 대화할 생각도 없었고 대화해 봤자 의미가 없었죠. 그러니깐 우리 측에서는 상당히 어려웠죠. 그래도 신념을 가지고 지금까지 해왔는데 그런 뜻에서는 새로운 시대가 온 것이 고맙다고 느끼죠. 그런데 이제 새로운 시대의 기회가 주어졌는데 우리 민족의 앞날을 생각할 때, 이렇게 남북 간의 협력과 해외에서 사는 사람들까지 포함해서 협력을 해서 당장 우리 민족이 하나의 나라로 정치를 하는 것은 못 하더라도 우선 적대시 하고 있는 것에서는 떠나서 좋은 이웃이 되는 데까지는 가자. 그러니까 서로 싸우지 말고 서로 헐뜯는 것은 하지 말자. 그건 결국 누워서 침 뱉기밖에 안 된다. 이남에서 이북에 대해서 좋지 않은 것을 말하고, 이북에서도 이남에 대해서 좋지 않은 얘기만 자꾸 하면 그것이 결국에는 세계에 나와서 돌아다니면 코리언들만 손해 보는 것이 되고. 과거에 그랬던 것들을 이제는 고쳐서 새로운 이미지를 나타낼 수 있는 그와 같은 일을 하자. 그렇게 해야 해외에 있는 코리언들도 사는 길이 되지 않겠느냐. 이러한 뜻에 있어서 저는 상당히 희망을 두고 보는데. 이제 금년에 새로운 선거가 있고 하지만 새로운 정부가 들어서서 보수적인 정책이 세워지면 우리가 또 한동안 지연되지 않겠느냐 하는 노파심이 들고요. 그러나 역사라는 것이 과거로 돌아갈 수는 없을 것이다, 그렇게 생각을 하면서 해외에서 지금까지 적게나마 우리들이 할 수 있는 일을 신념을 가지고 해오던 그런 사람들과의 커뮤니케이션 채널이 계속 유지됐으면 좋겠다는 바람이 있습니다.

김하영 예, 오랜 시간 동안 여러 가지 많이 말씀해 주셔서 감사드립니다.

3. 함성국

면담일자: 2007년 2월 16일
면담장소: 미국 뉴욕주 뉴욕(New York)
면 담 자: 김하영
구 술 자: 함성국 목사

김하영 목사님께서는 목회자이신데 어떤 계기를 통해서 통일문제에 관심을 가지시고 활동을 하시게 되었습니까?

함성국 제가 본래 미국에 좀 일찍 와서 보스턴 지역에서 미국 교회 목회를 1961년부터 시작해서, 제가 신학박사 학위를 끝내자 한국의 연세대학에 가서 한 5년 있었습니다. 신과대학과 연합신학대학의 원장도 하고. 그러다가 그 박정희 시대 때 뭐 유신헌법 그것 때문에 좀 그러다가. 다시 어떻게 쫓겨 와서 미국에 와서 다시 미국 교회를 하다가 1981년부터 〈미연합감리교 선교부〉, 바로 콜롬비아 대학 옆에 〈인터처치센터〉(Interchurch Center)라고 있는데, 거기에서 한 20년 동안 일을 했어요. 한국의 연세대학에 있을 때부터 상당히 인권, 민주화운동에 가담하고 그랬지만 미국의 선교부에 가서 내가 맡은 것이 아시아 담당 일이었기 때문에 그때 다들 군사정권 때문에 민주화, 인권운동할 때 저희들이 많이 지원하고 그랬죠. 그러면서 1990년도 초에 와서는 "우리가 민주화운동과 인권운동보다는 이제는 통일운동으로 가야 되겠다" 해서 저희가 〈Korea Church Coalition〉, 그러니까 〈한국교회협의회〉라고 할까요, 통일협의회 그런 것을 조직해 가지고 회장으로서 이렇게 활동을 시작을 해서, 점차적으로 그전에 〈North American Coalition for Human Right of Korea〉이라고 하비가 하던 그 인권운동에서부터 통일운동으로 이렇게 가기 시작을 하면서 그렇게 통일운동에 많이 참여하게 되었습니다.

김하영 통일운동 쪽으로 이렇게 활동의 초점을 맞추시게 된 어떤 특별한 사건이나 계기가 있었습니까?

함성국 저 자신이 이산가족이고 또 제 동생이 평양에 있습니다. 그건 좀 이따 후에 얘기하겠습니다만, 그런 관계도 있고. 제가 본래 평양 출신이라 그래서 항상 고향으로 간다고 하는 그런 생각이 항상 있었는데, 역시 이 통일이라고 하는 것을 통해서 우리가 남과 북이 하나가 된다고 하는 생각이 있었고. 그리고 저는 하나의 신학자로서 기독교에서 가장 중심 사상이라고 할까 하는 것은 역시 "화해 한다"고 하는 것이 중요하기 때문에, 화해를 하는 것이 기독교의 가장 중요한 선교적인 사명이라 하는 그런 신학적인 입장에 있어서 더 통일에 대한 관심을 가지게 되었고. 또 하나는 대개 여기에 와서 살고 있는 교포들이 다 남쪽에서 왔고 남쪽 오리엔테이션을 가진 사람들이 많아서 상당히 반공정신이 강하고 그래서 그저 북에 대해서는 무조건 그저 나쁜 것만 생각하고, 그래서 "북쪽에 대해서 교포들에게 바로 알리는 그런 다리역할을 내가 해야 되겠다" 하는 그런 생각도 있었고. 또 미국 안에 통일운동이라고 일을 하는 단체들이 생기기 시작하고 그래서 그런 연관이 돼 가지고 교회 관계, 신학적인 견지, 그리고 또 개인 가족에 대한 입장, 교포 의식변화 이런 등등 해서 통일운동에 가담했던 것 같습니다.

김하영 그럼 목사님께서는 주로 어떤 방식으로 활동을 하셨습니까?

함성국 저는 주로 〈미연합감리교 세계선교부〉의 하나의 스탭 멤버(staff member)로서 활동을 많이 했습니다. 〈미연합감리교 세계선교부〉는 세계의 모든 저스티스 이슈(justice issue)를 취급을 하고 그랬습니다. 그런데 역시 한반도가 분열이 되어 있기 때문에 거기에 항상 전쟁의 가능성도 있고 해서 역시 선교부가 코리아 이슈를 중요한 이슈로 이렇게 취급을 했죠. 그래서 특별히 나는 또 한국 사람으로서 거기에 대해서 또 관심이 있고 그래서 더 연관이 되었는데. 그러니까 나는 맨 처음에는 역시 미국에 있는 교단들, 장로교나 United Church of Christ 등등 거기서 일하는 사람들과 같이 조직해 가지고 코리아 이슈를 미국 정부에게 알리는 그런 것으로부터 시작이 되었다고 볼 수 있습니다. 그러니까 〈미국 NCC〉를 중심으로 해서 많은 교파들이 힘을 합쳐서 일을 하는데, 그렇게 하면서 미연합감리교 자체도 통일에 대한 것을 주장(advocate)하는 그런 일을 했습니다.

김하영 그러면 교회에서의 목회활동을 통해서는 어떻게 활동하셨습니까?

함성국 목회는 제가 주로 미국교회에서 했습니다. 미국 쪽에서. 그러니깐 1981년 연합 감리교 세계선교부에 올 때까지는 연세대학에 70년도 초에 좀 가 있었고. 그리고 미국 교회에서 목회를 했기 때문에 거기에서는 내가 한반도 통일이라고 할까 그런 데에 대해서는 그렇게 활동한 역사가 그렇게 없습니다.

김하영 선생님 경력 사항 중에 〈재미동포전국연합회〉 회장을 지내신 기록이 있는데 그러면 이것은 나중에 하신 활동입니까?

함성국 그렇죠. 그것은 나중이죠. 그것은 1997년이죠. 그때 재미동포전국연합회가 조직이 된 건데, 그 계기가 뭐였냐면 그동안에 미국에 있어서 통일단체가 여러 개 있었습니다. LA에 〈NAKA〉(National Association of Korean Americans)라든지 또 〈자주연합〉이라든지, 이행우 씨, 이승만 목사, 또 저쪽 LA에 여러 가지 단체들이 많았는데. 1997년에 다는 아니지만 하여간 중요한 단체들이 "우리가 이제는 다 하나의 조직체로 돼 가지고서 힘을 합쳐야 되겠다" 그래서 1997년 1월 3일, 바로 뉴저지에서 저희들이 〈재미동포전국연합회〉라고 하는 것을 조직을 하였습니다.

김하영 목사님께서 아까 평양 출신이라 그러셨는데 그러면 북한에 가족이나 친척들이 살고 계실 것이고, 그래서 북한을 방문하신 경험이 있습니까?

함성국 네, 저는 북한을 많이 방문했습니다. 여러 번 방문했는데 1986년에 미국의 〈NCC〉가 한반도 통일정책에 대한 성명서를 채택하는 그런 일이 있었는데, 그때 그것을 준비하기 위해서 미국의 〈NCC〉 팀이, 한 열 명 평양에 갔습니다. 갔을 때, 내 가까운 친구인 이승만 목사가 가서 내 동생이 살아있다고 하는 것을 알아가지고, 내가 어디 퍼시픽 사모아에서 해외활동 하는데 그 편지를 가지고 왔더라고요. 그래서 그저 반가워서, 그래서 1987년에 미국의 〈NCC〉 대표단이 갈 때 내가 거기의 대표단 멤버로서 평양에 가서 내 동생을 만났는데, 바로 다행히도 그 애도 평양에 살아서 거기서 처음으로 이렇게 만났고. 그 이후부터는 1년에 한 번 어떤 때는 두 번씩 평양을 방문했습니다.

함성국 목사

김하영 그런데 대개 보면 미국에서 초창기에 이렇게 북한이나 평양을 방문하신 분들은 나중에 교민 사회 쪽에서 조금 어려움을 당하셨다는 그런 이야기도 들었습니다. 어떤 어려움이 있었습니까?

함성국 예, 그렇죠. 1970년대나 1980년대 초에 간 분들은 아주 고생들 많이 했는데, 제가 갈 때 1987년 그때는 특별히 〈미국 NCC〉 대표단으로 가고 그랬고. 물론 사람들이 "함성국 목사" 하면 무슨 "친북파"라고 이렇게 말하는 것은 사실이었지만 그래도 그때부터는 그렇게 심하지는 않았습니다.

김하영 그러면 북한을 방문하시거나 아니면 통일과 관련된 활동을 하시면서 남한이라든지 아니면 북한 측으로부터 어떤 불편한 일을 겪은 그런 사례가 있습니까?

함성국 그렇죠. 이제 북을 방문하고, 그리고 특별히 내가 또 〈재미동포전국연합〉 회장을 하고 그러니까 남쪽 정보부 사람들의 감시라고 할까요, 그런 것을 많이 받고 항상 서울에 가면 항상 누가 따라다닌다고 할까 뭐 그런 것도 있었고, 또 직접 만나서도 이야기 하고 했어요. 또 어떤 때는 한국에 들어갈 때 못 들어가게 해서 고생한 적도 있고 그렇습니다. 남쪽 정보부가 이야기한 것을 요약하면 "왜 〈재미동포전국연합〉이 영사관 역할을 하느냐"는 건데, 〈재미동포전국연합〉을 통해서 이산가족들이 많이 이북에 다 갔거든요. 그래서 내가 그분들한테 이야기 하면서 "우리가 뭐 영사 역할 한 것이 뭐 있느냐. 우리는 그냥 그저 신청서를 작성해서 평양을 보내면 그것을 그 사람들이 보고 결정하는 것이고 우리는 그냥 그저 전달하는 것밖에 없는데, 우리 보고 무슨 영사관 역할을 한다? 그것은 말이 안 된다." 그런 이야기를 했던 것이 기억이 나는데, 그때만 해도 남쪽 정부가 반공주의고 이래 가지고 상당히 어려웠죠. 상당히 어려웠지만 저희들은 하나의 기독교 목사로서 하나의 신학적인 입장에 있어서 이것은 선교적인 사명이라고 우리는 그렇게 일했던 것이죠.

김하영 그러면 북한을 여러 번 다녀오셨는데, 혹시 북한 방문의 경험을 통해 가지게 된 특별한 인식이나 "통일문제에 내가 어떻게 활동하면 좋겠다" 이런 식으로 느끼신 어떤 것이 있습니까?

함성국 원래 저는 평양 사람인데 1·4후퇴 때 남쪽으로 와서 해병대에서 한 5년 근무하고, 그렇기 때문에 근본적으로 우리들은 다 반공주의자들이죠. 나는 특별히 기독교인이고. 그러나 역시 전체적으로 볼 때에 통일한다는 것은 남과 북이 하는 것이고, 그러기 위해서는 북을 많이 알아야 되겠다, 하는 것이 제 견해였고 또 많은 사람들의 견해였습니다. 역시 미국에 오래 살다 보니까 북을 방문하면서 체제라든지 사람들을 대하고 그러는 데 여러 가지 어려운 점이 많이 있었습니다. 많이 있었지만 통일이라는 것은 북쪽 사람들하고 해야 하기 때문에, 하여간 어떻게 해서든지 그 사람들이 어떤 체제고 어떤 생각을 하고 있고 어떤 문화 속에서 살고 있고, 또 정치, 경제, 그 사람들의 이념 이런 것을 아는 것이 중요하다 해서 많은 학자도 만나고. 또 거기에 〈기독교도연맹〉이 있잖아요, 〈기독교도

연맹)도 만나고, 거기 봉수교회에 가서 예배도 보고, 그쪽 정부 사람들하고 주체사상에 대해서도 많이 토의도 하고. 그런 것을 통해서 북쪽을 많이 알게 되고 그랬죠. 또 그때만 해도 우리가 북쪽에 있는 학자들, 〈기독교도연맹〉을 미국에 많이 초청했습니다. 초청을 해서 여러 도시를 다니면서 이야기를 하고. 그래서 과거 60년대 70년대보다는 상당히 좀 쉬웠다고 할까요. 그렇지만 물론 나는 항상 긴장성이 있었고 남쪽 정보부나 미국 FBI 이런 사람들이 항상 많이 주시하고 그랬죠.

김하영 북한에서는 상당히 협조적이었습니까, 어땠습니까?

함성국 그러니까 그분들하고 오래 사귀어서 신뢰(trust)를 가지는 게 상당히 중요한데, 그 사람들이 볼 때는 우리를 좀 진보적이라 보았는데, 그분들을 내가 보니까 상황 판단을 아주 참 정확하게 하는 사람들입니다. 그 사람들이 미국을 보니까 미국의 많은 교포들이 60~70%가 교회에 간다는 것을 확실히 파악을 해가지고, 교류를 하려면 기독교 목사하고 기독교인들과 어떻게 해야 되겠다고 보았던 것 같고. 그리고 〈재미동포전국연합〉이라고 하는 것이 무슨 일본의 〈총련〉 같은 것은 절대 아닙니다. 이것은 여기서 자라난 것이고 여기 사람들이 여기 생활에 맞게 시작을 했고, 그렇기 때문에 〈총련〉과 같지 않고. 저 쪽에서는 우리를 중요한 하나의 상대자(counterpart)라고 생각을 해서 그 사람들이 자기네들의 요구에 의해서 그리고 우리들의 요구에 의해서 서로 만나서 오랜 기간을 통해서 서로 신뢰를 이렇게 형성하게 되었다고 이렇게 볼 수 있죠.

김하영 지난 2000년 이후에 남북교류가 증진되고 있고 또 북한의 식량난 이런 이유 때문에 국내에서나 해외에서 북한에 대한 지원을 활발하게 전개하고 있는데, 그런 것과 관련해서 목사님께서 교회나 교단을 통해서 활동하신 적이 있습니까?

함성국 예, 〈미연합감리교 세계선교부〉 안에는 구조위원회라고 있습니다. 1995년 큰 홍수 나고 그 다음에 또 많이 가뭄이 오고 그래서 구조위원회를 통해서 1995년부터 저희들이 쌀을 보내고 밀가루를 보내고, 또 고아들을 위한 의복, 담요, 신발, 분유 여러 가지를 북쪽으로 보내는 데 저희들이 많이 참여한 동시에, 〈미국 NCC〉안에도 또 구조위원회가 있어서 여러 다른 교파들도 동원해서 그렇게 저희들이 원조하는 그런 것을 많이 했죠. 역시 저희들의 견해는 무엇이냐 하면 "굶어서 지금 어려움을 당하는 사람은 북이건 아프리카건 도와야 한다" 하는 근본 기독교적인 입장에 있어서 저희들이 했는데, 특별히 저 같은 사람으로서는 이제 출신이 평양이고 그러니까 거기에 관심을 가지고 더 많이 일했는데 저희들이 정말 상당히 좋게 생각하고 지금도 그것을 계속 하고 있습니다.

김하영 아무래도 목사님께서는 미국에서 목회 활동을 하시고 또 동포사회에서도 활동하셨으니까 미국의 정부나 미국 사회에서의 여론이나 반응은 어떠했습니까?

함성국 저는 미국 정부를 대상으로 하는 것 역시 교회의 입장에서 했습니다. 우리 연합감리교만 아니라 무슨 장로교나 여러 다른 교파들과 힘을 합친 소위 East Asia Community가 〈미국 NCC〉 안에 있었어요. 그 커뮤니티를 통해서 저희들이 성명서를 냈는데, 1986년 〈미국 NCC〉 성명서가 나왔는데 아직도 참 좋습니다. 미국이 한반도에 2차 대전 이후부터 개입한 역사라든지 그런 데서 역시 근본적으로 미국이 분단에 대해 책임을 져야 한다는 입장을 표명하고. 그 다음에는 여러 교파, 교회에서는 한반도 통일을 위해서 활동하는 데에 이런 일은 해야 하고 저런 일을 해야 한다는 건의도 있고. 그것을 중심으로 해서 우선 미국에 있는 교파들로 하여금 한반도의 문제성과 그 해결책 이런 것을 교육하는 고취활동(advocacy education) 그것을 많이 해서 미국의 여론을 움직이도록 하고. 그러면서 저희들이 팀을 만들어서 상원의원도 찾아가고 했죠. 그러니까 우리가 한 20명 되면, 캘리포니아에서도 왔고 뉴욕에서도 왔고 하면 각자 다 자기 주의 상원의원을 찾아가서 한반도 문제를 제기하고. 또 우리가 국무성에도 많이 갔고 국무성 앞에서 데모도 많이 했습니다. 그래서 미국 정부를 대상으로 해서 미국 정부의 바른 정책 수립을 위한 고취투쟁(advocacy war), 그런 것을 교회를 통해서 많이 했습니다.

김하영 그런 활동에 대해서 교민 사회 내에서의 전반적인 여론이나 지지는 어떠했습니까?

함성국 그러니까 1990년대 후반에 가서는 보수파 한인 교파들도 이 통일운동에 참여했는데, 특별히 〈한국 NCC〉가 1988년인가 언젠가 거기서 성명서를 내면서 "2001년을 희년의 해로 한다" 그렇게 결정을 하고 선포를 해서 우리도 "참 좋다"고 해서 미국에 있는 이 교파들을 합쳐서 〈희년협의회〉 이런 것을 조직해서 북쪽에도 가고 워싱턴 의회 가서도 주장하고 뭐 여러 가지 그 나름대로 활동했습니다. 그리고 다는 아닙니다만 보수파 사람들도 〈희년협의회〉에 같이 참여해서 한반도 통일 문제를 가지고 질문을 하기 시작하고, 그때 또 북쪽이 경제적으로 어려우니까 그것을 돕는 일을 해서 많은 교회들이 이렇게 참여를 하고 그랬던 것으로 지금 기억이 됩니다.

김하영 기독교 교단 중에서 크게 보면 감리교도 있고 장로교가 있는데 이런 교단 간에 남북 관계라든지 통일문제에 활동하는 데 어떤 특별한 의견상의 차이 이런 것이 있었습니까?

함성국 의견 상의 차이라는 것이, 우리 특별히 〈NCC〉 산하에 있는 이 그 교회라는 것이 대개 다 보수파라기보다는 하나의 중간이라고 할까요, 중간 아니면 상당히 좀 더 적극적인(aggressive) 그런 교단(denomination)들이기 때문에 한반도에 대한 인식에서는 "미국이 분단을 하고 그래서 책임이 있다"고 하는 인식을 모두 가졌고, 또 "한반도가 화해해서 하나가 되는 것은 미국 교회의 하나의 선교적인 사명이다" 하는 것은 확고했던 것 같습니다. 그러나 남부 침례회(Southern Baptist)라든지 이런 사람들은 우리와 같이 한 것이 아니죠. 그 사람들은 보수파라서 그랬고. 그렇지만 빌리 그래햄 어소시에이션(Billy Graham Association)이라든지 그런 사람들은 후에 북쪽을 돕는 그런 일은 또 많이 하기 시작했죠.

김하영 그러니까 미국의 교단 내에서도 부분적으로는 참여한 사람들이 있다는 말씀이신가요?

함성국 그렇습니다.

김하영 크게 보실 때, 목사님께서 활동을 하시면서 목사님의 노력이 어떤 측면에서 많은 성과를 거두었는지, 어떤 측면에서 영향을 많이 미쳤다고 생각하십니까?

함성국 이것은 내가 혼자라기보다는 역시 〈미국 NCC〉를 중심으로 오랫동안 많은 활동을 했는데, 나는 연합감리교, 이승만 목사는 장로교. 김인식 목사라고 또 있습니다, 그분도 장로교. 한반도 문제니까 역시 한국 사람들이 제일 가슴 아픈 것이니까 우리가 이제 맨 앞에 섰죠. 앞서서 미국 사람들을 설득을 시키고 그렇게 해 나갔는데. 그런데 우리는 이것이 내 일같이 생각되지만 그 사람들이야 뭐 아프리카 문제도 취급하고 그러니까 어떤 때는 등한시할 때도 있고 그래서 우리가 답답해하고 그런 적도 있습니다. 그러나 일반적으로 볼 때, 나는 미국 교파들이 한반도 통일문제를 가지고 상당히 씨름을 하고 원조를 많이 하고 참여했다고 그렇게 봅니다. 대개 미국 교파들 생각은, 미국 행정부의 정책이라는 것이 상당히 전쟁 중심이고 미국의 국가적인 이익을 중심으로 하고 그래서 세계평화에 도움이 되지 않는 정책을 가지고 있다고 하는 것이 대개 교회의 진보적인 사람들의 생각입니다. 그러니까 그것을 바꾸는 것이 이제 한반도 문제도 해결되는 것이지만 역시 미국이 나아가야 할 방향이다, 그런 의미에 있어서 상당히 호응을 받았다고 이렇게 볼 수 있습니다.

김하영 그러면 이렇게 이야기를 정리할 수 있을까요? 직접적으로 북한에 대한 어떤 지원이라든지 교회를 통한 지원, 이런 활동들이 있었고, 또 미국 사회 내에서 미국의 정부나 정치인들에 대해서 미국의 한반도 정책 방향을 변화시키자는 이런 노력을 하셨다고 이렇게 정리할 수 있습니까?

함성국 예. 그런데 정책을 변화하는 데 특별히 매스미디어 그게 상당히 중요한데. 북한에 대해서 후에 부시가 "악의 축"(axis of evil)이라는 말도 했지만, 한 가지 우리들이 발견한 것은 미국의 매스미디어는 특별히 북한에 대해서 아주 스테레오타입(stereotype)한 생각을 가지고 있고, 그들이 이북에 대해 가진 정보라는 게 상당히 오래된 것입니다. 업데이트(update)를 안 합니다. 그래서 요 근래도 ABC의 누구가 북쪽에 가서 애들 모아 놓고 뭐 질문하고 이렇게 하는 거를 보면, 우리가 볼 때는 한심해요. "Do you like America?" 이런 단순하고 정말 어이없는 질문을 하고. 그렇지만 "왜 너희들은 핵무기를 만들었느냐?" 이런 질문을 하면 그 애들이 딱 대답을 할 거라고요. "자기네들의 방어를 위해서 했다" 뭐 이렇게 대답할 텐데. 그래서 저희들 통일운동을 하는 사람들에게 있어서 가장 중요한 하나의 과제는 미국의 매스미디어입니다. 근래에 와서 조금 나아졌다고도 볼 수 있기는 하지만 그것에 대해서 우리가 참 아직도 어려워요. 왜냐하면 매스미디어가 다 기업이기 때문에 자기네들의 이익문제가 있고, 또 미국 정부와 연관이 되어 있고 그래 가지고 상당히 어렵지요. 근래에 와서 우리들이 약간씩 변화를 보는 것이 『뉴욕타임즈』 같은 것인데, 『뉴욕타임즈』는 "북쪽하고 협상을 해라, 그냥 두면 자꾸 핵무기 만들지 않느냐, 우리의 국가적인 손해다, 왜 그것을 그냥 그렇게 둬 가지고 북쪽이 핵무기를 만들게 하느냐, 빨리 협상을 해라" 하는 것이 오랫동안 그 사람들의 방침이었는데, 요즘 와서 조금 그렇게 되니깐 상당히 더 좋아하기는 하는데. 그래서 우리 2세들이 요즘은 매스미디어에 많이 들어가 있습니다. 그래서 그 사람들의 단체가 있어요. 그래서 그 사람들하고 이야기하는데 "너희들이 좀 어떻게 한반도에 대한 미국 사람들의 이미지를 바꾸는 일을 해야 되겠다"고 그러죠. 아주 괜찮습니다.

남쪽이 경제발전이 되었다 하는 것, 또 특별히 현대차가 여기 오고 그러니까 근래에 와서는 많이 알려졌지만, 얼마 전만 해도 남쪽에 대한 이미지도 이렇게 좋지 않았고, 그 사람들은 Korea하면 북·남 가리지 않고 그냥 하나로 보았어요. 그래서 아직도 나는 통일운동을 하는 사람들에게 있어서 중요한 과제는, 매스미디어에게 우리들이 바른 정보를 주는 것이라고 생각하죠. 그때 우리 교파 대표들이 그런 것들도 많이 했는데 우리가 북쪽에 갔다 오고 나서는 기자회견도 하고 서울에 가서도 기자회견 하고, 그런 것을 많이 했고. 우리가 한인교회들 위해서는 그 〈희년협의회〉에서는 자료들도 만들었습니다. 통일에 대한 노래, 기도, 예배 양식 이런 것을 만들어서 교회에다가 내보내고. 그것도 얼마동안 하고 나면 힘들어지고 또 요즘에 와서는 또 미국의 교파들이, 그 선교부들이 재정난이 있어서 직원들을 많이 감소시키고 그래서 좀 중단되었다고 볼 수 있는데. 그러나 김인식 목사나 나 계속해서 자꾸 교파들로 하여금 참여하도록 해서 이번 3월 중순에는 미국에 있는 아시아 담당 총무들을 조직해서 평양에 가는 것을 지금 계획하고 있습니다.

김하영 교단을 통하여 이런 활동을 하시면서 어떤 점이 가장 힘들고 어려운 점이었다고 할 수 있습니까?

함성국 제일 어려운 점이라고 하는 것이 역시 미국 사람들로 하여금 한반도 문제에 대해서 관심을 갖게 하는 것이 상당히 어려웠고. 둘째는 그런 관심이 있으면 그것을 계속해서 보존해 나간다고 할까요, 그것이 항상 힘들었는데, 계속해서 그것을 고취해야 하는 그런 어려운 점도 있고. 셋째는 역시 미국이라는 나라 전체가 상당히 북한, 공산주의에 대해서 아주 보수적인 입장을 가지고 있기 때문에 미국에 있는 교인들의 그 보수적인 그런 태도에 자꾸 계속해서 부딪치고 하는 그런 것이 상당히 어려웠고. 역시 또 하나의 큰 것은 코리아(Korea)에 대해서 관심이 없습니다. 중국이나 중동이나

러시아에 대해서는 매스미디어에서 떠들고 그러는데 미국 안에서 한반도에 대한 관심을 가지게 하는 것(attention getting)이 힘들었어요. 그래서 미국의 인식에서 우리 남쪽 정부도 그렇고 코리아의 중요성이 적어요. 미국이 일본이나 뭐 이런 거는 얼마나 중요시 합니까. 한국의 경제적인 성장이 있었기 때문에 예전보다는 많이 나아졌습니다만 아직도 우리가 보기에 코리아가 그렇게 큰 관심의 대상이 안 된다고 하는 것이 중요한 것 같습니다.

김하영 목사님께서 회고해 보신다면, 교민 사회 내에서의 일반적인 반응은 전반적으로 어떻게 나타났다고 이야기를 할 수 있습니까?

함성국 예, 저희들은 좀 공헌을 했다고 봅니다. 과거에 평양에 있는 〈기독교도연맹〉,〈주체사상연구소〉 등등 해서 미국에 많이 왔습니다. 많이 와서 교회에서 이렇게 와서 같이 예배도 보고 하는 그런 것을 통해서 초기 충격(initial shock) 그런 것을 통해서 태도가 조금씩 조금씩 변화가 돼서, 지금은 저쪽 남쪽에 비하면 우리들이 한 십 년 떨어졌다 그렇게 말합니다만, 좀 발전되었다고 봅니다. 저희들은 서울은 상당히 발전했다고 그렇게 봅니다. 그런데 여기 미국은 특별히 뉴욕이나 이런 데는 아직도 뒤떨어졌지만 그러나 많이 발전되었고, 특별히 6·15성명서가 나오고 나서 사람들의 태도가 조금씩 조금씩 변화하고 있고. 이제는 〈평통〉같은 사람들도 우리들과 같이 대화도 하는 그런 단계에 이르렀다 이렇게 보는데. 노무현 정권은 그런 면에서 상당히 앞선 것 같은데, 저희들의 문제는 미국에 있는 영사관들입니다. 한국에서 온 영사관 사람들이 대개 전두환 대통령 그런 때 된 사람들이 아직도 총영사도 하고 그래 가지고는 그 사람들의 태도가 아주 그렇습니다. 그 사람들이 한인회니 이런 데에 영향을 상당히 줍니다. 그런 것도 있지만 이제 남쪽 정부하고 협력이 많이 시작되었는데 지금 통일원 장관 하는 이재정 신부 같은 사람이 여기 와서 많이 좀 변화시켜 보려고 했죠. 그런데 〈평통〉한테 많이 어려움을 받고 뭐 좀 그랬다 하는 말도 들었는데. 점점 조금씩 조금씩 나아지고는 있습니다만 근본적으로 아직도 우리 교포사회는 반공주의자들이고 특별히 교회가 그렇습니다. 그래서 내가 목사로서 제일 가슴 아픈 것이, 교회가 앞서야 될 텐데 교회가 제일 뒤떨어졌고. 만일 교회 목사가 통일운동 뭐 이런 거를 하면 쫓겨난다고 할까요, 아직 그렇기 때문에 미국 교포사회에서 우리들이 할 일이 상당히 아주 많이 있다고 봅니다.

김하영 1980년대 같은 경우는 미국 교포 사회에서 민주화운동이 전개가 되고 또 통일운동으로도 발전하고 그랬는데 민주화운동과 관련해서 활동을 하신 것이 있습니까?

함성국 그러니까 저희들이 다 인권운동, 민주화운동에 가담해서 일을 했죠. 그러다가 "이제부터 우리가 할 일은, 그것도 계속해서 해야 되겠지만 역시 통일운동을 하는 것이 인권운동, 민주화운동 하는 거다" 그래서 초점을 바꾸었다고 할까 그렇게 해왔는데. 그 통일운동 한다고 하는 사람들이 대개 북쪽과 많이 이렇게 연관이 돼서 이렇게 일을 한 것이 많은데. 저희들이 남쪽의 통일단체하고도 많이 좀 관계를 갖고 이렇게 해야 하는데, 뭐 이행우 씨 같은 분은 아마 좀 많이 했을 거예요. 그러나 저희들 경우에는 급한 것이 북쪽이고 이산가족을 보내야 되겠고 교류(exchange)를 해야 되겠고, 그래서 거기다가 포커스를 두다가 보니까 남쪽의 운동단체와는 좀 거리가 생기는 그런 면도 있었죠. 특별히 남쪽에는 김대중 씨가 대통령이 되니까 인권운동, 민주화운동 하던 사람들이 다 정부에 들어가고 그러니까 한국의 〈NCC〉도 역시 그런 면에 있어서 약해지고. 그러다 보니까 여기도 그런 것이 약해지고. 그리고 과거에는 남쪽 〈NCC〉 교회들과 우리 미국의 〈NCC〉 교회들이 상당히 밀접한 관계를 많이 가졌는데 요즘 근래에 와서는 그런 것도 좀 없어지고 뭐 그런 것이 있습니다.

김하영 동포사회 내에서 남북문제나 통일과 관련해서 활동을 하시는 분들 중에 우리가 앞으로도 계속 기억해야 할 다른 분들이 있다면 어떤 분들이 또 있다고 이야기할 수 있습니까?

함성국 통일운동이라고 하는 것을 난 대중운동이라고 봅니다. 그러니까 몇 사람만 이렇게 모여서 하는 운동이 아니고 대중운동이라고 이렇게 생각이 되는데. 그렇게 하기 위해서는 저희들로서는 우리의 말하는 거, 우리의 태도에서 좀 느슨하게 하는 것, 즉 뭐 강력하게 주체사상 이런 것을 내세우지 않고 미국 이 상황에 맞게 우리 교포들이 알아듣고 이해할 수 있는 그런 언어를 통해서 교포들에게 접근해야 하지 않느냐, 저는 그렇게 생각하고 몇 사람도 그렇게 생각하는데. 통일운동을 하다가 이렇게 또 조직을 해 놓은 것을 보면, 사람들이 아주 급진적으로 되더라고. 그리고 나는 과거부터 자꾸 느끼는 건데, 인권운동이나 민주화운동, 통일운동 일단 들어와서 이렇게 조직이 되고 나면 사람이 이렇게 굳어져 가지고 밖의 사람들을 들이지를 않아요. 아주 배타적으로 된다고. 그리고 그 안에 들어와서 회장이나 한 자리 하면 무슨 대단한 거 같이 생각하고 그것을 끝까지 붙잡고 있고. 그것이 우리 한국사람뿐만 아니라 다른 사람들도 그렇겠죠. 그것이 문제인데, 어떻게 하면 우리가 좀 더 느슨하게 상황에 맞게 해서, 완전히 보수파 사람은 안 되겠지만 어느 정도 중간 사람들을 포용해서 하나로 묶어서 나가느냐 하는 것이 지금 우리들이 직면하고 있는 큰 과제고. 그것을 어떻게 하느냐에 대해서 저희들이 많이 이야기합니다만 아직도 무슨 해결책이 그렇게 없고, 어떤 때는 기독교 목사로서 "이거 하나님께서 하시는 것이다" 그렇게 생각할 때도 있습니다. 그것이 중요한 문제인데 그것을 하려면 재정력의 뒷받침이 있어야 됩니다. 그런데 우리들이 돈이 없어요. 그러니까 〈평통〉이나 이런 사람들 보니까 그 사람들은 돈도 많고 그렇죠. 그러니까 우리가 좀 더 머리를 써서 〈평통〉사람들하고도 만나서 우리가 생각하는 높은 차원에서보다도 하여간 밑바닥 차원에서부터라도 이렇게 자꾸 시작을 해서 교포들의 의식을 바꾸는 그런 것이 상당히 중요한데, 그러기 위해서는 "무슨 연구소 같은 것이 우리들이 있어야 되겠다" 뭐 맨날 우리들이 말합니다. 그래서 "거기다가 직원을 한 두어 사람 두어 가지고 그런 것을 할 수 있는 연구자료들을 자꾸 산출해 내고 그것을 가지고 우리들이 실행해 나가도록 하자" 그런 의논도 지금 많이 하고 있고 그렇습니다만 그렇게 완전히 낙심하지는 않습니다. 우리 〈재미동포전국연합〉만 해도 평양 갔다 온 사람들이 천여 명 되고 그럴 것입니다. 데이터베이스가 있습니다. 그러니까 우리 데이터베이스가 천 명 이상이 되는데 저희들은 그것도 하나의 재산이라고 봅니다. 그 사람들은 다 이산가족이었고 평양도 갔다 왔고. 완전히 자기가 나서려고는 하지 않지만 북쪽에 지금 무슨 어려운 상황이 있다 하면 돈을 뭐 10불, 50불, 100불 보낸다든지 이런 사람이 많이 생기고. 이런 것을 보면 겉으로 나타나는 반공적인 표현과 달리, 밖으로 나타나지는 않지만 이면에 "동조하는 사람들이 점점 많이 생긴다" 이렇게 보면서 상당히 희망을 좀 가져봅니다.

김하영 통일을 위해서는 미국뿐 아니라 세계 다른 국가의 협력도 필요할 것이고 그래서 통일운동과 관련하여 재미동포들과 세계 다른 지역에 사는 한인동포들과의 협력에 대해서는 어떻게 보십니까?

함성국 한인교포들을 연결시키는 일본, 중국, 미국, 남아메리카 등을 연결시키는 그런 작업을 또 하나 해야 할 것 같습니다. 앞으로의 한반도 통일이라는 것을 내다보면 우리 한반도가 상당히 지혜로워야 되겠고 또 치밀한 계획을 세워야 되겠죠. 앞으로 마지막 단계에서 남과 북이 통일한다고 하는 그런 입장에 설 때 우리끼리만 해서 안 되는 것 아닙니까? 중국, 러시아, 일본, 미국 같은 국가들이 있죠. 우리들이 마지막 단계에 가서 통일을 위해 협상을 할 때 역시 우리 한반도가 주변국가들의 안보(security) 문제에서 위협을 줘도 안 되겠고, 경제적으로도 그렇고 여러 가지 면에 있어서 그 사람들이 볼 때 한반도가 통일해도 괜찮다고 하는 그런 확신(assurance)이 있어야겠죠. 그러니까 좀 좋지 않은 말로 말하면 "강대국가들을 우리가 어떻게 요리하느냐" 그게 상당히 난 중요하다고 보는데, 그것을 하기 위해서는 역시 중국, 러시아, 일본, 남북, 미국, 남아메리카 등에 많이 살고 있는 우리 교포들을 다 연결을 해서, 마지막에 가서 "한반도 통일에 우리는 이런 전략을 가진다"고 각 나라에서 정부를 대상으로 설득을 해야겠죠. 그러한 작업을 하기 위해서 조직체를 만들어야 되겠다고 봅니다. 남쪽 정부, 북쪽 정부가 이니셔티브를 취해 가지고 우리들을 다 포함시켜서 그런 작업을 하는 조직체가 시작이 되어야 하지 않겠는가, 그렇게 봅니다.

김하영 최근에 세계 각 지역에서 비즈니스 하시는 한인동포들을 하나로 묶는 한상조직 같은 것이 결성되어 매년 국제적인 회의를 하고 그러는데 통일문제에서는 아직까지는 그런 조직체가 없습니까?

함성국 네, 아직 없죠. 근데 그리고 한국 사람들이 그렇게 우리끼리 모여서 뭐 하는 것은 잘하는데, 밖의 사람들 대상으로는 잘 못해요. 여기 미국에 있는 교포들도 보면 자기네들은 모여서 부흥회를 하고 잘 하는데 미국 교회나 미국 사회를 대상으로 해서는 잘 못해요. 그런데 우리는 이제는 세계를 향해서 그것을 해야 한반도가 통일이 되지, 아무리 우리 자신들이 단합을 하고 그러더라도 러시아, 중국, 일본, 미국의 이해와 그 사람들의 협조가 없어서는 그게 잘 안 된다고 보기 때문에 그런 면에서 각 지역에 사는 우리 교포들의 역할과 중요성을 좀 강조하고 싶습니다.

김하영 재미동포 사회에서는 재일동포 사회처럼 〈민단〉과 〈조총련〉이 대립하는 그런 식의 극심한 대립은 없었다고 볼 수 있는데, 현재도 그런 상황은 나타나지 않는 것이죠?

함성국 그렇습니다. 그렇게 심하게 분열이 되가지고 "이 파, 저 파" 하는 것은 없습니다. 일본도 그랬지만, 여기 우리는 다 같이 사는 것이고 다 같이 교회 나가고 하는 것이기 때문에. 그리고 일본과 같이 그렇게 극심하게 분열할 이유가 없는 것이, 일본의 경우 〈총련〉이라고 하면 완전히 그 북쪽 시민들이지만 여기 우리는 다 미국 시민이고 그래서, 그런 면에서 상당히 근본적인 차이가 있습니다. 여기도 뭐 간격 같은 것은 있겠지만 그래도 일본에 비하면 여기는 훨씬 괜찮습니다.

김하영 조금 다른 질문을 드리면, 여기 동포사회 내에서 북한을 방문하고 돌아왔다거나 하는 경우 친북인사라고 지칭이 되는 경우가 있었는데, 거기에 대해서는 어떻게 평가를 할 수 있습니까?

함성국 과거에는 그것이 심했는데, 근래에 와서는 이것이 그렇게 심각한 문제는 아닙니다. 과거 한 10년 전, 그때만 해도 이산가족들도 북에 가면 자기 이름을 밖에 내놓지 않고 그냥 조용히 가고 그랬는데. 이제는 뭐 남쪽에서 평양 간 사람들 보니까 한 10만 명이나 되고 그러니까 여기서도 요즘은 평양 가는 것에 대해서 그다지 그렇게 심각한 일이라고 생각 안 합니다.

김하영 지금도 많이 방문하고 있습니까?

함성국 많이 갑니다. 대개 우리 〈재미동포전국연합〉을 통해서 신청을 하지만, 불교단체, 기독교 단체, 또 산악단체나 청년단체들 포함해서 여러 단체들이 많이 가고, 또 특별히 이산가족들이 이제 많이 가고. 2월하고 4월 축제에는 음악 하는 사람들도 많이 오고 가고. 그래서 과거에 비해서 이제 우리 교포들이 북쪽에 여행을 하고 온다고 해서 무슨 어려움이 없습니다. 과거에는 북에 갔다 오고 그러면 FBI가 찾아오고 그런 적도 있고 그랬지만 요즘은 그런 것은 없습니다.

김하영 미국이 다민족 사회이기 때문에 재미동포들은 소수민족에 속하지 않습니까? 그러면 미국 내 소수민족 집단으로서 재미동포들이 한 민족의 통일을 위해 노력하는 것에 대해 미국 내의 다른 소수집단으로부터는 어떤 관심이나 지지가 있습니까?

함성국 그것 참 좋은 질문입니다. 그러니까 〈재미동포전국연합〉의 강령 중에 "다른 소수민족과 힘을 합쳐서 해나간다"는 것이 하나 있어요. 그래서 우리 조금 진보적인 사람들은, 어려운 문제에서 흑인,

히스패닉 사람들과 협조해서 데모할 때 같이 하고 우리 문제도 그 사람들한테 내놓고, 이렇게 같이 하자고 하는데, 아직 그것이 그렇게 확장되고 있지는 않습니다. 젊은 사람들은 좀 그런 생각을 가지고 있지만, 그런 면에 있어서 앞으로 우리는 상당히 더 관심을 가져야 합니다. 우리들이 좀 더 중국 사람들과 협력해서, 여기 차이나타운에서 중국 사람들이 데모를 할 때는 가서 같이 협력도 좀 해 주고, 그 다음에 우리 문제가 나올 때는 "우리 좀 도와달라" 하는 그런 것을 해야 하는데. 이상하게 한국 사람들이 다른 민족들하고 같이 협력하는 것에 대해서 경험이 없어서 그런지 아직도 그것을 잘 못하는데, 그것을 정말 우리가 꼭 해야겠다 하는 것은 틀림없는 사실입니다. 그것 안 해 가지고는 안 되고. 그 힘이 강하게 되면 그거 굉장합니다. 의회도 움직일 수 있고.

김하영 소수민족 집단들이 힘을 합쳐서 함께 노력한다면 미국 사회 내에서나 미국의 여론에 많은 변화를 끌어낼 수 있을 것이라는 말씀이시죠?

함성국 그렇습니다. 그게 하나의 중요한 과제입니다. 다른 소수민족들과 어떻게 연대관계를 가져서 그들의 이슈를 취급해주고 우리의 이슈를 그들에게 제시해서 도움을 구하고 하는 것이 아주 중요한 과제인 것 같습니다.

김하영 조금 전에 젊은 세대들은 좀 다르다고 그러셨는데, 젊은 세대가 한인 1세대 분들하고는 아무래도 삶의 경험이 달라서 그렇다고 볼 수 있습니까?

함성국 그렇습니다. 1.5세나 2세들은 지금 자기가 일하고 있는 직장에서 백인이나 중국 사람들 하고 다 같이 일하고, 또 영어를 사용해서 언어가 다 통하지요. 하지만 1세들은 영어도 잘 안되고 또 일하는 환경이 조그만 개인 상점을 운영하고 그런지 외국에서 오래 살아도 영어도 제대로 못하고 그렇습니다. 그래서 1세들에 비해 젊은 사람들은 확실히 다른 민족 사람들과 연결이 잘 되는 것 같습니다. 그러나 다른 소수민족들에 비하면 아직도 좀 부족합니다.

김하영 그러면 한민족으로서의 정체성이라는 측면에서 본다면 젊은 사람들에 대해서 어떻게 이야기하실 수 있습니까?

함성국 그게 참 좋은 질문입니다. 얼마 전에 〈재미동포전국연합〉 10주년 모임 할 때, 젊은 사람이 나와서 하는 말이 "우리가 통일운동에 대해서 뭐 관심을 가져야 할 것이 뭐 있냐? 여기서 내가 밥 벌어먹고 직장에 나가기도 힘든데 그거 생각도 하지 말라"고 하더라고. 그래서 저희들이 조금 실망을 하고 그랬습니다만 그럴 수 있을 것 같아요. 외국에서 자라난 젊은이들은 이거 뭐 얼굴만 한국 애지 속은 다 미국 애들이기 때문에. 그러니까 그 애들의 관심사가 뭐냐, 그런 상황을 우리가 연구를 해야 될 것 같아요. 근본적으로 그 애들도 1세 부모한테서 자랐기 때문에 김치도 먹고 뭐 이래서 자기네들도 코리언(Korean)이라는 것은 아는데, 그 코리언 이슈에 대해서 자기가 관여해야 하겠다는 그런 관심이 없거든요. 그것도 좀 연구를 해야 되겠고. 중국 사람들 이런 사람들은 2세, 3세도 다 중국말 하거든요. 한국 사람들도 요즘은 열심히 하려고 하지만 2세, 3세가 되면 한국말 다 못하고 뭐 이렇게 되기 때문에 우리가 그런 면에 있어서 많이 연구를 하고 또 각성을 해야 될 것 같습니다.

김하영 그러면 앞으로 미국 동포사회 내에서 어떤 통일과 관련된 활동이 어떻게 전개될 것이라 예상하십니까?

함성국 우선 조미관계에서 많이 영향을 받을 것 같습니다. 이번에 6자회담을 통해서 합의도 있었지만 우리 교포들이 그 미국 정부의 태도 이런 것에 영향을 많이 받습니다. 조미관계가 어떻게 제대로 다 되어 나아갈 것인지 앞으로 우리가 두고 봐야지요. 하여간 얼마 전에 핵무기 실험을 하고 그럴 때 우리 교포들이 상당히 좀 긴장을 했는데 이번에 6자회담에 해결책이 보이니까 조금씩 이제 풀려지는데. 그러니까 미 정부가 조미관계에서 어떻게 해 나가느냐 하는 데 따라서 우리 교포들이 생각이 많이 달라진다고 그렇게 보기 때문에, 저희들 통일운동하는 사람들로서는 '조미관계가 좀 개선이 되었으면' 하고 오래 전부터 그랬습니다. 평화조약(peace treaty)으로 빨리 가고 미국이 북쪽과 관계 개선을 해서 대사관을 교환하고 하는 것이 빨리 되었으면 좋겠다고 생각을 하는데. 그렇게 되면 많이 달라질 것이고, 또 그렇게 되면 지금까지 북쪽을 욕하던 사람들이 앞장서서 먼저 뛰어나오는 사람들이 또 많이 생겨요, 특별히 사업하는 사람들. 그렇게 생각은 하지만 아직까지는 저희들이 좀 조심스럽게 생각하고 있습니다.

김하영 궁극적으로 목사님께서 한반도 통일은 어떤 방식으로 이루어져야 되는 게 바람직하다고 생각하십니까?

함성국 지금 두 체제가 있으니까 흡수해도 안 되는 것이고 군사적으로 해도 안 되는 것이고, 그렇다고 해서 이 둘 중 하나는 양보하라고 해도 안 되는 것이고. 그것은 김대중 씨도 그렇게 보는 것 같던데, 두 정부가 보존되어 나가면서 점차적으로 철도가 연결이 되고, 도로가 연결이 되고, 개성공단이 자꾸 많아지고, 금강산 관광이 점점 더 많아지고, 백두산 관광이 생기고, 경제교류가 자꾸 생기고 그래서 분위기가 그렇게 조성이 돼서 서로 인정을 하면서 서로 얼마 동안 같이 나아가면서 나중에 어떤 단계에 와서 뭐 군사적인 것, 외교적인 것을 어떻게 협력을 한다. 단계적으로 이렇게 어느 정도 나가다가, 앞으로 50년, 100년 후에 가서는 하나가 되는 것. 물론 50년, 100년까지 오래 보지는 않습니다만, 어떻게 보면 통일이라고 하는 것이 또 빨리 되면 빨리 될 수도 있는 것이고. 어떻게 보면, 그 김대중 씨가 말하는 통일방향 그것만이 가능한 것이 아닌가, 라고 그렇게 보는데. 좀 전에 이야기한 대로 그 러시아, 일본, 중국, 미국 그 나라들을 어떻게 대처해 나가느냐 하는 것은 또 다른 하나의 과정이라고 그렇게 생각을 해요. 나는 어떻게 보면은 통일로의 과정이 시작했다고 봅니다. 지금 보면 남북이 뭐 굉장히 많이 교류가 많지요. 특별히 이제 북쪽의 군사적인 사람들이 조금 생각을 바꾸기 시작해서 철도 연결, 도로 연결 이렇게 되고 그러면, 그 사람들이 지금 전력이 많이 필요한데 전력을 많이 공급을 해서 그것이 연결이 되고 그러면, 아마 상당히 빠른 속도로 움직이지 않을까요? 그러니까 그러면 그 다음에는 서로 협력을 하는 것인데, 가장 근본적인 협력이 경제 아니겠습니까? 그러니까 남쪽 경제가 북쪽 경제를 어느 정도 담당을 해서 발전시켜 놓아야 되지 않겠는가 보는데 그것이 남쪽 정부로서도 그것이 하나의 국가적인 이익이 아니겠어요? 왜냐하면 북쪽도 지금 중국하고 많이 교류하지만 북쪽 가서 보면 중국 사람들 좋아하지 않습니다. 북쪽 사람들은 과거의 역사를 아는 사람들이기 때문에, 그러니까 북쪽 사람들도 그들이 살 길은 역시 남쪽과의 협력 그리고 미국과의 관계 개선 그것을 아주 중요하다고 봅니다. 미국과 맞서 가지고 되는 일이 없다고 그 사람들은 보기 때문에 중국보다는 오히려 미국과 관계개선을 하는 것이 중요하다고 봅니다. 대개 많은 사람들이 그렇게 보질 않는데 저는 확실히 북쪽은 중국과 한국 보다는 미국과의 관계 개선을 더 상당히 중요하게 본다고 생각합니다.

김하영 이제 조금 개인적인 질문을 드리면, 젊으셨을 때 평양에서 사시고 그랬으니까 목사님께서 나중에 평양을 방문하셨을 때 거기서 개인적으로 특별히 느낀 감회나 소감 같은 것이 있었습니까?

함성국 네, 그런 거 뭐 많이 있죠. 그 쪽에 평양 역포 구역이라고 있는데 제가 본래 그 곳에서 살았습니다. 평양에서 자동차로 한 30분 나가면 있는데 제 고향입니다. 저와 연령이 좀 비슷한 사람들, 또 나보다 많으시거나 아니면 아래 된 사람들하고 이렇게 만나서 이야기해 보면 그동안 많이 변했지만 변하지 않은 점들도 많이 있다 하는 것을 가끔 느낍니다. 사람들이 세뇌(brainwash)라고 보통 그러는데 그것이 확실히 그 중요하고 북쪽 사람들의 많이 생각을 많이 통제(control)하는 것이 있지만, 그 사람들과 많이 이야기를 하면서 또 느껴지는 것이 생각 같은 것이 그렇게 많이 변화되지 않왔다는 것을 몇 번 느꼈습니다. 그런 점이 하나가 있고. 그 다음에는, "이북은 뭐 완전히 그냥 감옥이 돼가지고 바깥세상이 돌아가는 것을 아무것도 모르고 있다"는 것은 거짓말 같아요. 물론 산골에 가면 몰라도.

그런데 중요한 것은, 어떻게 그 체제가 그렇게 보전이 되었나 하는 것인데. 그 북쪽이 어떤 정부라는 것은 우리가 이제 다 아는 것이지만 저는 그 사람들이 지향하는 바가 무엇인가에 대해서는 사람들이 보는 데에 차이점이 있는 것 같습니다. 그 사람들은 사회주의라고 하는 그런 테두리를 가지고 있지마는 나는 뭐 사회주의는 아닌 것 같고, 어떻게 보면 이조시대의 왕국 같기도 하고, 하나의 봉건주의적인 그런 사회인 것 같기도 하고. 하여간 그런 것을 통해서 자기네들의 민족의 주체성이라고 할까 그것을 그 사람들은 정말 믿는 것 같습니다. "우리가 역사적으로 보았을 때 중국, 러시아, 일본 사람들에게 내내 짓밟혀 살아왔는데, 우리 민족이 살 길이 어디에 있느냐? 살 길은 역시 우리가 우리 자신의 힘을 길러서 주체적으로 정신 바짝 차려서 그렇게 나아가는 길밖에 없다." 그것을 위해서 모두 고생을 해서 사람들이 그냥 허리띠를 졸라 매고 그렇게 하는 것이 아닌가 생각되고. 물론 여러 가지 문제가 많습니다. 그러나 그 사람들의 근본적인 정신의 방향 그것이 중요한 것이 아닌가, 그것을 남쪽이나 미국에 있는 우리들이 그것을 좀 더 연구를 해 봐야 되지 않겠는가, 그러면 그것이 역시 우리 민족 전체에게 앞으로 나아가야 할 방향에 도움을 주는 것이 아닌가, 그렇게 봅니다. 그런 이야기들을 하면 대개 여기 사람들은 "저 한국의 목사 완전히 북쪽을 따라가는 사람이다"라고 그러지만 그것은 아니고. 우리가 확실히 역사적으로 수치를 많이 당한 그런 민족인데, 그게 강대국 옆에서 조그만 나라가 살아남으려면 정신적인 주체성이라고 할까, 이런 것이 상당히 중요하지 않은가 생각되고. 그 사람들 강성대국, 또 군대중심의 선군정치 이렇게 이야기하는데, 뭐 그렇다고 해서 선군정치가 다 좋은 거다, 그렇게는 안 봅니다만. 하여간 이조 말에도 그렇고 군대가 없어서 일본 사람들에게 당한 이런 역사를 보면 역시 우리 자신들이 힘을 키워야 된다 하는 데는 뭐 남쪽 사람들도 다 합의를 하는 것이 아닌가, 그렇게 생각이 되요.

김하영 네, 말씀 잘 들었습니다. 오랜 시간 말씀해 주셔서 감사합니다.

4. 유태영

면담일자: 2007년 2월 15일
장　　소: 미국 뉴저지주 해링턴 파크(Harrington Park)
면 담 자: 김하영
구 술 자: 유태영 목사

김하영 목사님께서는 민주화운동 때부터 활동을 상당히 많이 하신 걸로 알고 있습니다.

유태영 제가 민주화운동에는 1974~75년경 관련하기 시작했는데, 그때 뉴욕에서 〈목요기도회〉라는 것이 있었거든요? 그런데 그때 목사들이 〈목요기도회〉를 참가하는 것을 꺼려했습니다. 저도 꺼려하는 사람 중에 하나였는데, 어떤 기회로 해서 〈목요기도회〉를 갔는데 마침 그때 서울에서 소위 반정부 투쟁하는 그런 인사들, 목사님들, 대학 교수 이런 분들이 뉴욕에 와서. 그분들은 오면 꼭 〈목요기도회〉에 나오거든요. 그래서 그 사람들하고 직접 대면해서 상황을 들을 적에 "저런 분들이 외국에 나와서 거짓말 하지 않겠다. 그리고 자기들이 실제 당하고 온 한국 상황을 얘기할 적에 저런 분들이 미국까지 와서 거짓말을 하려고 하진 않으니까 이게 사실이겠구나" 이렇게 생각했고. 그때 박정희 정부 때 얘기 아닙니까? 그래서 "그럴 수가 있겠는가" 하는 생각, 그리고 제가 미국에 와서 학자적으로 정치문제 이런 문제를 연구하지 않았어도 일개 신학생으로서 월남전 문제 같은 국제문제, 미국문제에 약간 눈을 뜨기 시작했단 말이에요? 그래 가지고 그런 차원에서 한국의 얘기를 들을 적에, 그래서 그게 동기가 돼가지고, 그때 제가 나오자마자 들은 이야기가 인혁당사건입니다. "인혁당은 이건 조작이다. 그리고 억울하다." 그리고 인혁당 애들이 학교에 가면 "'저 빨갱이 새끼!' 하고 애들한테 돌을 던진다. 애들이 무슨 죄가 있느냐? 그런데 정부에서는 그런 것을 자꾸 조장해서는 민심을 확장시켜서 정치에 활용을 한다. 그래서 그 사람들한테 우리가 구제의 손을 좀 뻗쳐야겠다." 그럴 적에 그 인혁당은 빨갱이고 북이라는 것은 참 공작하는 나라인데 "인혁당이란 사건이 있었겠지" 이런 생각을 할 수도 있는데, 그분들의 이야기를 듣고 "정권을 유지하기 위해서 저렇게까지 할 필요가 있겠는가?" 이런 마음을 가지게 됐단 말이에요. 그래서 가족들한테 전달이 될지는 모르겠지만 구제모금을 좀 하자고 해서 그때 돈으로 30불, 50불 내고, 제가 모일 때마다 가서 "이것을 서울에 가지고 가서 인혁당, 그 관료들에게 억울하게 당하는 데 도움이 된다." 이래 가지고 제가 처음으로 소위 연관(involve)되기 시작한 것입니다. 이제 그렇게 지내오면서 〈목요기도회〉에 쭉 나가서 제가 1976년쯤에 〈목요기도회〉 회장을 했어요. 돌아가면서 하니까. 회장을 하면서 한국의 박 정권에 대항, 밀착해 가지고 정보를 아는 그런 것을 한 15년 하면서 우리는 조국을 위해서 기도하고. 그리고 혹시 그로 인해서 가난에 허덕이는 사람들한테 우리가 돈을 보내면 "이 돈이 직접 전달이 되겠지" 란 생각으로 50불도 100불도, 이렇게 해서 한 생활을 15년 쭉 해왔습니다. 해오다가, 이제 가족이, 제가 3대 목사인데 완전히 이북에서는 기독교, 지식인, 지주, 이 세 부류가 이북의 숙청대상 아닙니까? 그래서 우리는 재산가는 아니지만 지식인과 종교 배경의 그런 가정출신이기 때문에 잊어버리고 살다가 제가 쿠바에 여행을 하게 됐고 또 중공에 여행을 갔는데. 쿠바에는 그때 여행이 자유롭지 못했는데 장로회 교단에서 초청해서 가는 기회가 있어서 "그래 공산권 나라에 한번 가보자" 하고 1986년에 쿠바를 갔습니다. 쿠바에 가서는 북한 대사관을 연결해서 찾아가서 "여기 북한 사람 얼굴도 한번 보고 싶고, 나 이북에서 왔는데 혹시 우리 가족들이 살아 있는가?"라고 제가 물었습니다. 그러니깐 "적어놓고 가시오." 그래서 제가 이북에 주소를 다 적어놓고 이북에 남아 있는 식구들의 이름을 다 적어놓고 왔단 말입니다. 그랬더니 3년 후에 연락이 왔는데 "이러한 사람은 죽었고, 이러한 사람은 아직도 고향에 그대로 살아 있다"고 연락이 왔어요. 그렇게 3년 만에 연락이 왔는데, 형수님도 살아있고 조카들도 있다고 해서 1년을 기다리다가, 1989년에 제가 교회 목사로서 여러 가지 처리할 일이 있어서 우리 아들이 대학을 졸업하게 돼서 제가 우리 아들을 북에 보냈습니다. 그랬더니 우리 아들이 가서 고향까지 가서 우리 식구를 다 만나보고 그것을 비디오로

다 찍어서 왔어요. 고향까지 가서. 그래서 그것으로 가족들의 상황을 다 보고 안 갈 수가 없어서 1990년도에 제가 직접 갔습니다. 직접 고향에까지 가서, 신천까지 가서 비디오 다 찍어오고. 이렇게 된 것이 제가 소위 말하는 통일운동에 관련하게 됐습니다. 이렇게 돼서 그때 간당부랑 아시다시피 〈범민련〉, 그때 황석영 씨, 임수경 이 사람들이 한참 동안 가서 뉴스에 나고 할 때 아닙니까? 그래서 저는 황석영하고 같이 평양에 가니까 그 쪽 사람들 하라는 대로 하니까, 금강산에 가자면 가고, 백두산에 가자면 가고. 그리고 그 다음에 가족들을 만나니까, 가족들이 "헤어지면 언제 또 오나? 또 와 달라." 그러니까 그 쪽에는 이제 운동은 둘째 치고 한 번 갔다 오니까 계속 생각나고, 또 오라고, 다시 만나자고 편지가 오고. 거기에 누님이 있는데. 그러다 보니 해마다 갔어요. 그렇게 해마다 가니까 결국 한편에서는 운동하는 운동가가 됐고, 북의 가족들한테는 제가 구세주죠. 외국에 있으면서 고기도 사서 가고, 설탕가루도 사서 가고, 달러도 주고 이렇게 해서. 그 식구들한테는 반세기 가까이 기독교 가정에 남은 사람들이기 때문에 심적으로… 그런데 그때 가니까 해결이 돼서 "그것으로 인해 고통을 당하지는 않는다"고 하는데 과거에는 그랬다고 그래요. 그래서 과거에 고생한 걸 내가 보상이라도 하는 뜻으로 가서 열심히 도와줬습니다. 처음 갈 때 초등학교 다니던 애들이 벌써 17년이 지나서 고등학교 졸업하고 대학교 갔고. 또 셋째 애는 2년 있으면 의과대학을 졸업해서 의사가 됩니다.

김하영   셋째라는 게 어느 분들입니까?

유태영   손주죠. 조카의 애들이니까. 그래서 지금 큰 애는 제가 갈 때 초등학교 3학년쯤 되는 애였는데 지금은 여자 산부인과 의사가 됐고, 그 다음 애는 사범대학교 나와서 중학교 교사, 그리고 막내는 그때 초등학교도 안 들어갔을 때인데 지금은 아마 의과대학 졸업반에 있을 겁니다. 이렇게 해서 제가 가족관계를 생각을 하면 어떤 때는 경우만 되면 일 년에 두 번씩도 가고 지금까지 횟수로 한 30번 갔어요. 작년에도 두 번 갔고. 이건 개인적인 이야기이고, 그 다음에는 조직차원에서는 〈범민련〉 공동의장으로 제 이력서에 있는데, 아마 〈범민련〉 공동의장이라고 해서 혹시 정부에서 "대단한 역할을 하는가?" 생각하는데, 사실은 제가 가족을 찾아 갈 적에 〈범민련〉 하는 분들이 네 명을 공동의장으로 해놓고 "목사도 하나 넣자" 해서 저를 넣었죠. 제가 공동의장이 될 수 있는 큰 활동을 많이 해서가 아니라, 민주화운동에 좀 따라다니고. 또 와서 도움을 청하면 경제적으로 조금 기부도 하고 했더니 그게 인연이 돼서 무슨 중요한 일만 있으면 오라고 해서 제가 청년들 운동하는 데 가고 그랬더니, 〈범민련〉을 조직하면서 그 사람들이 고심을 하면서 하다가 "공동의장을 하나 넣어야 하는데 우리만 가지 말고 목사를 하나 데리고 가자" 이래 가지고 저를 넣었단 말입니다. 동기가 그렇게 된 거예요. 그래서 북에 가고 가족을 만나고 하다가 보니 또 민간 차원으로 "〈동포연합〉이라는 것을 조직을 해야겠다." 〈범민련〉은 남·북·해외 정치적 차원에서 하는 것이고, "남·북·해외 〈범민련〉과 별도로 미주에도 순수 통일운동 단체를 하나 해야겠다" 그래 가지고. 그게 "우리들이 일을 하다 보니 필요하다", 그 다음에 "이산가족이 자꾸 생겨나는데 이산가족 사람들을 명단을 작성해서 보내고 또 그냥 보낼 수는 없어서 그 사람들을 따라가서 같이 해야 되고, 이렇게 하는 것이 결국에 통일운동에 폭을 넓히는 것이 아니겠는가?" 이래 가지고 이런 것을 하다 보니 〈범민련〉 조직 가지고는 힘들 것 같고, "별도로 미국에도 소위 통일운동 단체 또는 이북을 접촉할 수 있는 조직을 해야겠다"라고 시작하게 되어 〈범민련〉에 지금까지 다니던 인연이 되어서 역시 〈동포연합〉 조직에도 제가 역할을 해서 지금까지 해오다가 이제는 다 은퇴하고 고문으로 올라왔죠.

김하영 일반적으로 어떤 단체든지 활동하는 과정에 있어서 대외적으로 영향을 미치거나 지지를 구하는데, 통일문제와 관련해서 여기 미국 사회 속에서 영향을 미친다는 면에서 목사님께서는 어떻게 활동을 하셨습니까?

유태영 조직 활동과 조직 성원들과의 행동을 같이 한 것 외에 제 활동이라는 건 목회 활동. 목회라는 건 순 교포사회에서 하는 거 아닙니까? 말하자면 민중이죠. 재미동포 사회에 교회가 깊숙이 들어가죠. 뉴욕에 교회가 5백 개 있다고 하는데 저는 미국 동부지역에서 세 번째 교회입니다. 제가 1964년에 미국에 와서 1970년에 교회를 완전히 조직을 해가지고 목회를 했는데. 목회 현장이라는 건 교포사회 아닙니까? 그 다음에 교회를 하다 보니 저희는 또 장로교 뉴욕교단, 미국의 연합장로교단의 회원이 되고 제 자신이 장로교의 회원이고. 미국의 장로교 교단이 꽤 큰 교단이거든요 그러니까 제가 미국 사회에서 교단을 통해서 활동하는 것, 동포사회에는 교회를 통해서 활동하는 것이 되는데. 미국의 동포사회는 우선 1965년도부터 해서 1970년대 들어서면 이민이 매일같이 늘어나고 거의가 교회를 나옵니다. 그런데 우리 동포사회는 말하자면 거의가 반공, 친미가 많죠. 동포사회의 성격이라는 것이 하여간 박정희, 전두환, 노태우 그 정부의 반공 아닙니까? 그 사람들이 비행기를 타고 미국에 딱 떨어지면 거의 100% 반공과 친미를 주장하고. 그런 사람들이 거의 교회를 찾아오는데. 그러면 이제 문제는, 제가 아까 말대로 민주화운동을 해가면서 내가 목회하고 내가 상대하면 그 사람들이 다 나한테 와서 도움을 청하고, 심지어 번역이나 통역을 해주는데. 그 사람들이 정치적인 면에서 보면 완전한 반북, 반공, 친미죠. 일단 미국에 온 것은 그야말로 여기서 잘 살아보자고 온 것이기 때문에 그 사람들에게는 민족문제, 통일문제가 먹혀들어가지 않고, 그분들한테 그것이 필요한 게 아니란 말이죠. 그런 것에서 오는 제 갈등, "이 사람들에게 어떻게 민족문제를 좀 눈을 뜨게 하겠는가?" 거기까지 못 되더라도, "1900년대부터 한일합방이 이루어지던 때 미국의 동양에 관한 정책, 일본과 우리나라에 관한 정책, 이런 것을 어떻게 하면 교포들이 좀 알게 할 수 있는가?" 그걸 저 나름대로 많이 노력했습니다. 교회에 복수신앙이라는 게 있어요. 영적 구원. 영적 구원과 현재 미국에서 적응하는 것에 사람들이 급하고 여기에 여유가 없기 때문에 자기들의 영적인 외로움을 겪고. 그 다음에 미국에서 적응하고, 일자리를 구하고, 돈을 벌어서 집을 사고 이러는 데 급급하니까. 그리고 공부를 좀 많이 했다고 하는 분들도 결국은 반공에는 철저하단 말입니다. 그런 분들한테 "어떻게 역사의식, 민족의식, 그리고 앞으로 우리 민족이 남북이 갈라져 있는데 여기에 대해 해외동포로서 어떻게 좀 눈을 뜰 수 있겠는가?" 하는 데 대해 제가 고심을 좀 했고, 또 목회하는 현장에서 그 문제를 배제하지 않고 겸해서 하느라고 노력을 했습니다. 그 다음에 미국 사회와의 관계는, 자연히 장로회의 조직에 있으니깐 한 달에 한 번씩 회의에 참석하고. 그런데 거기에 가면 사회정의 분과가 있습니다. Social Justice라고, 사회 문제 (해결)에 대해서 노력(하는) 분과. 그런데 그 사회문제라는 게 가보면 실질적으로 "흑인들에 대한 것, 종교적 입장에서 흑인들에 대해 자기들이 지금까지 해온 것, 또 정부에서 흑인들의 복지문제에 대해서 얼마만큼 하느냐? 또 교단에서 우리 조직에 대해서 돈을 얼마나 쓰겠느냐?"에 대한 것. 또 제가 들어가 보니까 말들은 좀 하지만 실질적으로는 없고. 인디언들의 교회가 장로회에서 좀 구제를 하는데 "백인들이 와서 인디언들을 어떻게 했고, 지금에 와서 남아 있는 인디언들을 어떻게 하고 있느냐" 하는 데 대해서 제가 의심을 가지고 질문을 했는데 전혀 안 되어 있어요. 그래서 특별히 거기에 대한 전문가가 되어서 운동을 하지 않는 한, 교단에 앉아서 해봐야 결국 그렇다는 걸 전 느꼈고. 그 다음에 애국문제에 대해서 미국 교단이 전혀 관심도 없고 "한국에 그냥 우리 군대가 가서 한국을 보호해주고 있다. 공산침략을 못하게 우리가 도움을 주고 있다" 이런 것밖에 몰라요. 그래서 제가 위원회에서 이야기를 할 때, 미국 사람들은 이런 데 대해 개방되어 있기 때문에, 제가 한국에 대해 이야기를 하면 "이런 이야기를 처음 듣는다"는 식으로 이 사람들이 들어요. 이제 그렇게 이야기를 하고. 우리는 노회(장로회)가 있고 그 위에 대회(synod)가 있습니다. 그 대회에는 이제 뉴욕, 코네티컷 주 등 4개 주(state)가 포함된 지역입니다. 그 위에 총회가 있죠. 그런데 거기에 한국부가 또 있습니다. 거기에 가면 민족문제를 이야기 할 수가 있죠. 거기에 가서 나름대로 우리 교인들을 데리고 가서 노래도 불러주고 그러면서 발언권을 얻을 수 있고. 거기에서 이야기를 해서 "약소민족에게 관심을 가져달라!"고 하고. 한번은 북한을 한번 가보자고 해서 북한 가는 사람들을 모집해서, 그게 80년 중반쯤 되는데, 이북으로 가보겠다고 하는 열댓 명 미국 목사들을 데리고 이북 방문을 했는데, 이게 한 번 방문하는데 용이한 일이 아니야. 그런 일을 한 번 한 일이 있고.

김하영 그러면 그때 미국 목사로서 가신 분들은 적극적으로 의사를 표현해서 가신 겁니까?

유태영 그렇죠. 그 사람들은 여름에 휴가 겸 호기심으로.

김하영 북한은 그런데 어떻게 접촉했습니까?

유태영 여기 북한 UN대표부에 제가 요청을 하죠. "이런 플랜이 있는데 미국 사람들이 이북에 가보겠다"고 하니까 기회를 줬어요. 여기서 이북에다가 연락을 하니까 이북에서는 "조직에서 잘 해서 데리고 온다면 좋다." 그래서 갔는데. 제가 두 번째도 시도했습니다. 두 번째 시도해서 한 열 명 정도가 가겠다고 해서 다 준비를 했는데 그때 중국에서 무슨 유행병이 돌았어요. 지금으로부터 몇 년 전이죠. 열 명 정도 가기로 한 사람들이 다 준비해서 명단을 작성해서 저기다가 보내고 뭐 이렇게 했는데, "그게 커져서 중국에 가면 안 된다, 중국에 가면 큰일 난다"고 안 가겠다고 해서 못 간 그런 일이 한 번 있었습니다.

김하영 그런데 북한을 한번 방문하고 오면 미국 목사님들은 그 이후에 한반도 문제에 대한 관심이라든지 인식이 어떻게 달라졌습니까?

유태영 그것은 제가 판단하기엔 반반이에요. "가보니까 역시 못살더라" 하는 반응이 있고, 또 "가보니까 호기심이 많이 생겼다. 그 사람들 아주 나쁜 사람들인 줄 알았는데 사람들이 아주 좋더라" 이런 반응도 있고 이러면서 반반이에요. 그런데 우리가 이런 일을 계속적으로 할 수 있는 상황이 못 된단 말입니다. 해보니까 굉장히 힘든 일인데 열댓 명 데리고 갔다 와 봤자 그것이 큰 영향은 못 되고, 또 그 다음에 제가 목회를 하고 그러면서 거기 매달릴 일도 아니고. 그래서 말을 하자면 그 정도고. 미국 사회를 향해서 활동한 것은, 이제 박정희 정권 말기에 김재준 목사 그분이 미국으로 와서 활동할 적에 "우리가 좀 하자!" 그래서, 무슨 이슈가 있을 적에 "한국에 있는 양심수들을 석방하라!" 그래 가지고 제가 목사들과 같이 워싱턴 백악관에 가서 데모도 몇 번 하고 그랬죠. 그때 그것도 쉬운 일이 아니었는데.

김하영 일종의 시위를 말씀하시는 거죠?

유태영 예. 시위. 또 그때 전두환 시대에 국회의사당 앞에 가서 "미국이 왜 전두환을 돕느냐? 미국이 왜 나쁜 정권을 돕느냐? 전두환을 돕지 말라" 하는 시위도 하고 우리 목사들이 가서 단식도 하고. 이런 일을 80년대 지나는 동안에 했습니다. 그것이 무슨 큰 정치활동이라고 할 수는 없고. 제가 무슨 국회의원들 따라다니면서 항의한 것은 아니고, 어떤 사람이 주장해서 성명서 내는 데 사인하라면 사인이나 하는 정도지 제가 어떤 주도적인 역할로 한 그런 일은 별로 없습니다만 워싱턴에 가서 국회나 백악관에 가서 데모를 한 것은 지금 생각하면 한 7~8번 한 기억이 있습니다.

김하영 그러면 북한을 방문하시고 나서 그것 때문에 다른 활동을 하시는 데 방해를 받거나 지장을 받은 일은 없습니까? 특히 80년대 같은 경우 남한 정부가 상당히 반공적인 색채가 강했기 때문에 북한을 방문하신 분들에 대해서는 조금 다른 시각을 가지고 대하지 않았습니까?

유태영 그것은 상식적인 얘기죠. 제가 〈범민련〉 공동의장이고 북한을 자주 가고, 또 이 사람들이 판문점에 와서 8·15 행사 때 공동의장이라는 명칭이 있기 때문에 저보고 연설을 하라고 한다든가. 그러면 남쪽의 정부가 카메라를 놓고 보고 있고, 그 앞에서 서로 이쪽 저쪽에서 만세를 부르고 데모를 하지 않습니까? 그럴 때 북쪽에서, 돌아가며 하는데, 저보고 언젠가는 진행하는 사회를 하라 그러고, 어떤 때는 또 연설을 하라 그러고. 연설을 갑자기 하라 그래서 내가 준비가 안 되었다고 그러면 "와서 좀 거들어주겠다"고 하고. 내가 엉뚱한 소리나 할까봐 그쪽에서 걱정을 하는 모양이죠? 그래서 내가 "걱정 말라, 내가 민족차원에서 남북 통일하자는 얘기하지, 걱정하지 말라"고 하고. 그래서 제가 연설도 두 번 했고, 이런 일이 있었는데. 전두환 정권 때인가 제가 서울 들어가려고 하니까 못 들어오게 하더라고요. 내가 이북에 가서 뭐 했기 때문에 내 이름이 있어서 못 들어가게 되었습니다. 그래서 제가 전두환 때 한번 그러고는 그 다음에는 안 갔습니다. 그러다가 결국은 김대중 대통령 된 다음에 들어오려면 들어오라고 해서 그때부터 그렇게 됐고. 여기에서는 특별한 것은 없는데, 제가 북에 가족 만나러 간다고 자꾸 핑계는 댔지마는 그저 일반 교인들이 저에 대해서 조금 거부를 하는 게 있었죠. 그 정도야 '제가 극복을 해야지' 해서 견디고. 그저 조심은 했지마는 그래도 이제 30년 목회 끝내고 은퇴를 했죠.

김하영 그러면 북한을 여러 번 방문을 하시는 중에 특별히 기억나는 사건이 있는지, 아니면 북한에서의 태도나 의식 그런 것에 관해서 생각나는 것이 있습니까?

유태영 내 경우는 아시다시피 목회 목사고, 목회 현장에서 이런 조직에 관련이 되어 가지고 오기 때문에 저쪽에서는 그래도 "미국에 있는 재미동포 목사가 왔다"고 대하고. 그리고 저쪽에서는 범민련을 어떤 면에서 정치적으로 활용을 하는데, 재미동포 가운데서 목사가 공동의장으로 행사할 때마다 온다 하니까 저쪽에서는 제가 생각하는 것 이상으로 저를 높게 평가를 하는 게 눈에 보이죠. 그런데 제가 그것에 대해서 두려워하고 그렇게 할 필요가 없고, 나는 오히려 "나는 기독교 목사다. 우리 아버지 할아버지 때부터 기독교였다"고 생각하고. 그쪽에서는, 내가 기독교 가정 출신이고 게다가 적국인 미제국주의 나라에 와서 시민권을 가지고 산다는 그런 각도로 나를 본다고 생각을 하죠. 그런데 나는 거기에 대해서 이렇게 생각하거든요. "나는 당신들의 무슨 세뇌공작에 당한 것도 아니고, 내가 여기에 뭐 살피러 나온 것도 아니고, 나는 민족적인 차원에서 그리고 기독교 목사로서 나이가 이만큼 들어서 민족의식과 나대로의 사명이 있다. 내 사명을 가지고 오기 때문에 나를 색안경을 끼고 볼 필요도 없고 또 나한테 그 이상의 무슨 기대를 하지 말라" 해서 그건 개인적으로도 많이 접촉을 해서 그런 것을 해요. 그럴 때마다 저는 항상 그렇게 얘기했습니다. "나 이상 이하도 보지 말라. 민족적인 차원에서 역사의식에 눈뜬 의미에서 그래서 불행하게도 남조선에서는 요즘 이런 상황에서 나를 서울에 못 들어오게 한다고 해서 내가 남조선에 대해서 적대심을 가지는 게 아니고, 그리고 내가 여기에 와서 대환영을 받는다고 해도 나는 민족적인 화해, 그런 사명감이 있기 때문에 오는 거다." 그저 그 정도로 얘기를 많이 했죠.

김하영 북한이 1990년대 중반에 경제가 상당히 어려워지고 그 뒤로도 그런 상황이 계속되었는데, 그때 남한 사회라든지 재외동포 사회에서 북한에 대한 경제적인 지원 활동이 많이 전개가 됐는데 혹시 목사님께서도 그런 데에 관계되어 활동하신 그런 게 있습니까?

유태영 제가 활동해서 지원을 하는 일은 전혀 없고, 그런데 왜 가난하느냐에 대한 것은 기회가 될 때마다 이야기했죠. 여러 가지 지리적인 환경적인 이유로 원활하게 식량생산을 못하는 배경, 그 다음에

"남쪽에는 자급이 안 되면 모든 식량을 얼마든지 모두 구해 먹을 수 있지만 북에는 구해 먹을 수 없는 상황이기 때문에 못 먹고 식량이 떨어지는 것이고, 또 그것을 당연하게 생각해서 어떻게 해결해줘야지 그렇게 생각하지 않고 못 먹고 그런 것을 자꾸 깔보고 그것을 하나의 비판으로만 보면 되겠는가?"라는 이야기를 기회가 있을 때마다 교인들이 듣기 싫을 정도까지 이야기했습니다. 또 예를 들어 말했죠. "부잣집이 있는데 부자에 속해 사는 머슴살이가 옛날에 있다. 한 집은 주인집에 가서 잘 얻어서 아이들을 살찌게 잘 먹이는 것이 부모로서 아주 만족하게 여기는데, 한 부모는 가만히 생각해보니까 '이것이 할아버지 때도 나도 종살이 하는데 이것은 안 되겠구나! 길은 우리 자식을 공부시키는 수밖에 없다.' 그래서 공부를 시키려고 허리띠를 졸라매고 아이들을 학자금을 모으려니까 마음대로 먹을 수도 없고. 그러니까 주인이 가만히 바라보니까 자기한테 잘 굽실굽실하는 사람은 안심이 되는데, 잘 먹지도 않고 자꾸 아이들 공부시킬 궁리를 하는 사람을 부자 주인이 볼 때는 '저 놈은 위험하구나, 아이가 공부하게 되면 결국은 어떻게 되겠는가?' 그렇게 해서 흉을 보지요. '부모가 정도 없느냐? 자식을 먹이지 않고 뭘 그렇게 하느냐', 그렇게 할 때, 그 두 집 중 지금 어디가 희망이 있느냐?" 북한이 지금 미국이나 어디 가서 자꾸 얻어 가면 지금 10년도 그만 20년도 그만 하겠지만, "못 얻어가고 안 얻어가더라도 있는 것 가지고 먹고 우리의 나라를 위해서 이러한 방향으로 나가자" 이렇게 나가다 보니 국민을 제대로 먹일 수도 없고. 예를 들어 말하면 그런 것이 아니겠는가? 그렇게 하다 보니 무리해서 군대도 많이 가지고, 무리해서 무기도 만들고. 이렇게 볼 때, 우리가 민족적인 차원에서 봐야지, "어떻게 제 국민도 못 먹이면서 왜 핵을 만드느냐? 군대를 자꾸 하느냐?" 이런 차원에서 볼 문제가 아니라는 것을 나름대로 설교도 하고 글도 쓰고 이렇게 해왔죠. 그것이 제가 할 수 있는 일이고 그 이상 더 무엇을 할 수 있겠습니까?

김하영 그러면 북한을 방문하거나, 어디 가서 시위를 하거나, 또 넓게 보아 남북관계와 관련된 설교를 했다든가 할 때 전체적으로 어렵고 힘들었던 점은 무엇이 있었습니까?

유태영 저는 일개 목사입니다. 만 40세에 교회를 창설해서 30년을 목회 활동을 하고 만 70세에 은퇴를 했습니다. 목사로서의 성취감, 목사로서 성공이라 하게 되면 대교회 목사가 되는 것이 목사로서는 제일 성공입니다. 큰 교회의 목사가 되는 것. 그러니까 목사가 사회에 나가서 이름을 날리고 왔다 갔다 해도 목사 입장에서 아무 소용이 없는 거예요. 목사의 생명과 성취라는 것은 큰 교회 목사가 되는 것이지요. 어떻게 하면 많은 교인들에게 목회를 하는가 하는 것이죠. 그런데 제가 어려움이 있었던 것은, 제가 계속 통일운동에 깊숙이 관련하다 보니 큰 교회 목사 되기는 포기해야겠다, 생각했죠. 그래서 저도 한 동안은 5백 명 교인이 있었고, 동포사회에서 인구가 없는 곳에서 5백 명 교회는 서울에서 5천 명 교회와 맞먹어요. 그래서 제가, 박사공부를 하면서 교인 1백 명을 두고 목회를 하면서 교인 숫자가 적어 굉장히 힘들어하고 그렇지만 서울로 나갈 수도 없고 해서 좌절감을 느끼는 그런 교회를 보고 "여보시오, 여기 교인 1백 명이면 서울에 1천 명 교회입니다"라고 얘기했습니다. 바글바글한 서울에서 1백 명 목회하는 것하고 여기서 1백 명 목회하는 것하고 아주 다르다고 제가 그런 이야기를 했습니다. 제가 한창 50대 중반에 들어서면서, 이민은 자꾸 오는데, 교회가 1천 명으로 크고 큰 교회 목사가 되어야 하는데 그렇게 할 수가 없는 상황이었고, 그렇다면 큰 교회 목사 되기를 포기해야겠다고 생각했죠. 그래서 제가 어려움이 있었다면, 제가 큰 교회 목사를 포기할 수밖에 없는 상황이었다는 것이죠.

김하영 그러니까 목회자로서 큰 교회를 만들어 많은 신도들에게 목회를 하지 못한 점이 아쉬움이라는 말씀입니까?

유태영 네, 그렇죠. 저는 얼마 동안 하다가 그걸 알았죠. 반공으로 꽉 차 있는 교포사회에서 제가 큰 교회를 해가지고 목회를 한다면 "내가 북한에 관한 이런 것을 삼가야겠다"는 생각을 안 할 수가 없죠. 제가 대교회주의를 해서 많은 사람들을 이끌어 나가려면 역사의식 이런 것을 강조하지 않아야겠죠. 그렇지만 제 양심을 속이고 어떻게 그것을 하겠는가? 저도 여기 선배, 후배, 동창생 목사가 수백 명인데, 다 학교졸업으로 따지면 다 후배들이고. 이렇게 미국에 온 경력으로는 다 1970년 이후에 온 사람들인데, 나는 1964년대에 왔거든요. 나보다 선배로는 1950년대 오신 몇 분 있죠. 거의 다 1970년대에 왔는데 나는 1964년도에 미국에 와서 공부를 할 만큼 하고 해서 "나도 큰 교회를 해야겠다"는 의욕은 강했지만, 제가 길을 걷다보니 저는 대교회의 목회를 성공한다는 것은 일찌감치 포기하고 그렇게 지내왔죠.

김하영 그렇다면 교민들 사이에서의 남북관계에 관한 의식의 변화, 또 통일 지향의 관점에서 볼 때 목사님의 설교와 활동이 어떤 성과가 있었다고 판단하십니까?

유태영 그렇다고 판단해요. 목회 현장에서 항상 무슨 효과가 있었냐면, 이렇게 말씀드릴 수 있어요. 그것에 대해서 제 자신도 "내가 살아 온 30년 목회, 이민생활을 통해서 내가 얼마만큼 효과 있고 보람 있는 생활을 했던가?"에 대해 제가 자성을 많이 해요. 그리고 "혹시 내가 정치목사가 됐다고 이래서 잘못된 길을 걸었던 것은 아닌가?" 기독교 차원에서 볼 때, "불충성한 종이 되지 않았는가?" 하는데 대한 제 자신의 질문이 있답니다. 그렇기 때문에 그런 것을 늘 가지고 있었기 때문에 제 자신의 행동에 조심했죠. 그리고 "돈 문제에서 깨끗해야겠다"고 생각하고, 그렇지 않으면 죽도 밥도 안 되겠다고 생각해서 제 나름대로 열심히 했는데 많은 사람들이 한 5년 있다가 우리 교회가 위치도 나쁘고 그래서 다 떠나요. 온 사람만 다 정착시켜도 한 2천 명 교인도 문제가 없겠는데, 기껏해야 제일 많을 때가 아이까지 합쳐서 5백 명인데, 만날 5백 명 그러다가 또 4백 명, 또 3백 명으로 줄고. 다른 교회들은 5백 명도 문제없고 1천 명 교회가 되는데. 이렇게 하는 가운데 그러면 "나 나름대로 민족의식과 역사의식을 가지고 소위 사회창조의 목회를 하면서 씨를 뿌리는데, 씨가 얼마만큼 결실을 맺는가?" 하는 데 대해 자문자답했는데. 한 예를 들면, "목사님 평양 가지 말라는데 자꾸 가고. 목사님이 고집이 세어 가지고 교인들이 찾아와야지." 교인들이, "어느 교회 나가느냐?"고 질문을 들으면 "유태영 목사 교회 나간다"고 대답하면 "그 교회는 빨갱이 교회인데 왜 그런 데를 나가느냐?" 그런 말을 듣고. 그러면 교인들이 나한테 와서 "목사님, 제발 평양 가는 것 다 좋은데 빨갱이 교회 나간다는 얘기를 안 듣게 해 줄 수 없습니까?" 그렇게 제가 쭉 지내왔습니다. 그러니까 "너무 과격하게 하지 마시고, 〈범민련〉 같은 것 다 사표 내시고 그저 순수하게 하시면서 목사님 소신껏 민족문제 해도 되는데, 왜 하필이면 〈범민련〉 회장이 돼가지고 그러냐"고. 그 사람들이랑 같이 평양에 갔다고 그러면 뉴욕 바닥에서 "저 빨갱이 교회" 그렇게 되니까. 이런 상황에서 내가 목회를 쭉 해왔는데, 지금 이 세월에 남북관계가 그리고 이라크 관계니 뭐니 해가지고 미국에 대한 비판들이 제법 생기니까, 그 사람들이 자기들끼리 모여서, "우리가 유태영 목사를 반대하고 나왔지만 결국 그 사람 말이 맞았다"는 이런 평가를 지금 받고 있단 말이죠. 노인들이 모여서 하는 말이 "유 목사 그 사람은 앞을 볼 줄 아는 사람이다"라고 말 한대요. 그런 말을 듣습니다.

그 다음에 한 가지 중요한 것은, 제가 교인들이 귀에 못이 박히도록 한 설교와 성경구절이 있는데, 「히브리서」 3장 2~3절로 이렇게 가면 성경구절에 이런 말씀이 있습니다. "복음의 터만 닦지 말고." 이 '복음의 터'라는 것이 무엇이냐 하면. 교회에서는 죄를 이야기하죠? 그러면 죄를 용서 받아야하니까 예수님의 십자가를 얘기하지 않습니까? "우리는 죄인이다." 그런데 "이 죄는 예수님의 십자가를 유지하고, 그리고 예수님의 십자가를 받아들이면 무조건 하나님의 용서를 받는다. 그렇게 하려면 십자가 앞에 가서 회개해야 한다. 그러면 하늘나라의 복이…" 이것이 '복음의 터'거든요. 불교에는 이런 것이 없고 기독교에만 있는데. 성경에 사도 분들이 그것을 세계에 외쳤단 말입니다. 이게 '복음의 터'인데, 교회 나오면 첫 번째로 교인들에게 세례를 주고 가르치는 것은 "우리는 죄인이다. 예수님의 십자가를 받아들이면 죄 사함을 받는다." 이것이 기독교의 '복음의 터'란 말입니다. 그런데 부흥회를 많이 하는데, 부흥회를 가도 밤낮 그것, 서울에서 목사님들이 와서 사람들을 모아놓고서 그것을 하고 가. 봄이 되면 "또 부흥회 합시다" 그러면 사람들이 와서 그것 한단 말입니다. 이제 그럼 제가 한 것은, "왜 터만 닦느냐? 터를 닦았으면 그 위에다 지어야지!" 짓는다는 것은 사회봉사, 사회활동. 저는 그 원리를 가지고 "이제 터는 그만 닦고, 짓는 데, 민족을 위해서 사회를 위해서 짓는 신앙이 되어야지, 교회라고 만날 모여서 일 년도 그만 십 년도 그만. 이러다가 죽고 나면 개인의 신앙이 뭐가 되고, 사회도 뭐가 되는가?" 제 목회의 설교지론이 그렇게 했는데 그것이 듣기 싫다고 "목사님이 어떻게?" 그렇게 해서 나간 교인들이 한두 명이 아니죠. 그런데 제가 70세가 되고 그러다 보니까 금혼식이 되어 가지고, 또 그게 인터넷까지 오르고 그렇게 됐는데, 금혼식을 한다고 하니까 이리저리 소문을 듣고 교인들이 많이 왔어요. 경북의대 나온 은퇴한 의사가 왔는데, 경북의대 나왔기 때문에 그 사람은 그저 무조건 박정희를 지지하는 장로란 말입니다. 그분이 제가 박정희를 비판할 적에 그렇게 나를 못마땅해 했는데, 경북의대 출신 의사라서 영향력도 많은데 제 목회에 굉장히 열심히 한 10년 나오다 헤어졌는데, 그 장로님이 소문을 듣고 내 잔치에 와서 "뉴욕서 살다가 오래간만에 전화 한마디 없이 설교를 들으러 이렇게 왔다." 그래서 그분에게 앞으로 나와서 인사 한마디 하라고 했는데, 이 장로님이 나와서 인사하면서 "성경 구절을 한 절 읽겠습니다" 하면서 그 성경 구절을 읽더란 말이죠. 15년 동안 헤어져가지고 뉴욕에 같이 살면서 전화 한마디 없이 있다가, 그분이 와서 저 듣기 좋으라고 했는지 모르지만 어쨌든 제가 항상 인용하던 성경 구절을 읽더란 말입니다. 그래서 내가 "씨를 뿌렸는데 이정도의 결실이 있는구나!"라는 느낌을 가지고 지금의 은퇴생활을 하고 있습니다.

김하영 이야기 방향을 약간 달리 해서, 재미동포 사회가 미국 전역을 다 포함하지만, 목사님이 활동하신 동부지역만 두고 본다면 동포사회 교민들 사이에서 남북관계나 통일에 대한 의식의 변화가 과거에 비교해 볼 때 어떤 측면에서 뚜렷하게 변화했는지 아니면 변하지 않았는지 이런 것을 말씀해 주실 수 있습니까?

유태영 두 가지를 말할 수 있는데, 어차피 교포사회에는 반공과 친미의식이 굳어져 있고. 자기들도 모르는 사이에 한국 문화에 젖어서 반공으로 머리와 가슴이 굳은 사람들은 미국에 와서도 제가 보기에는 끄떡없습니다. 반공과 친미 그것은 완전히 자리 잡혀있단 말이죠. 이것이 다수의 사고방식입니다.

김하영 이것이 교민사회의 상당히 지배적인 사고방식입니까?

유태영 네, 지배적인 사고방식입니다. 이것을 제가 분석을 해보면, 우선 미국에서 나름대로 잘 먹고 사니까, 화장실 갈 때 생각하고 나올 때 생각이랑 다르다는 그런 면이 있고. 두 번째는, 지금 60대 되는 사람들은 전두환 시절에 온 사람들입니다. 전두환 시절에 하도 반공사상이 강했기 때문에 그때 사상을 가지고 온 사람들이 사실은 자기의 생각을 바꾸려고 하지 않아요. 그냥 영원히 자기 것으로 생각하고 있습니다. 예를 들어 말하면, 이렇게 말할 수 있죠. 초등학교 3학년 때 온 아이들이 한국말을 해요. 부모들 때문에 그래도 한국말을 합니다. 그런데 초등학교 3학년 때 온 아이들이 한국말을 하는데, 초등학교 3학년 시기의 한국말을 해요. 대학교 가서 영어를 하면서도, 집에서 "한국말 해라, 해라" 하기 때문에 한국말

꽤 해요. 그런데 한국말 실력이 초등학교 3학년 학생의 실력이에요. 그런데 완전히 영어는 하죠. 뭐 의사가 되고. 그래서 "한국말 하느냐"고 물으면 "합니다" 하는데 초등학교 3학년 때 하던 한국말을 하고 있어요. 심지어 자기 할아버지를 보고, 영어로 You는 '너'니까 "너 잘 있었니?" 이래요. 그러니까 3학년 때 온 아이들은 한국말을 곧잘 한다지만 할아버지한테 '너'라고 한단 말이죠. 그런 예로, 전두환 때 온 사람들은 여기 와서 집도 사고 뭘 했어도 전두환 때 사고방식 그걸 그대로 가지고 있어요. 전두환 식 민족문제 사고방식은 친미·반공·반북 아닙니까? 그걸 바꾸지 않아요. 그것이 문제라고 생각하고. 그럼에도 불구하고 세계정세는 바뀌는데. 그런데 한국에서는 조·중·동을 얘기하지만 여기 『뉴욕타임즈』나 큰 신문은 여기에서도 항상 백악관을 위주로 하고 있습니다.

김하영 백악관을 상당히 고려해서 글을 쓴다는 말씀이십니까?

유태영 그렇지요. 그러니까 모든 것을 분석하면, 소위 요즘은 네오콘이라 하죠, 그 입장에서 쓰지. 가끔 가다 과격한 기사가 나오지만, 결국은 『조선일보』, 『동아일보』, 『중앙일보』 등 신문을 보면서 그대로 받아들이죠. 사람들이 피곤하거든요. 사람들이 그래도 신문은 좀 보지만, 그리고 쭉 보면서 그걸 그냥 그대로 받아들이죠. "그 이상해!"라고 안 한다니까. 그러니까 재미동포들의 지배적인 사고방식은 그 선에서 한 걸음도 나가지 않고. 그러니까 서울에 앉아서 『동아일보』, 『중앙일보』, 『한국일보』를 보는 것이나, 요즘 시대가 또 그러니까 뉴욕에서 보나, 그냥 그걸 그대로 받아들이고. 서울에는 또 나름대로 좀 긴박감이 있지만 여기 교포들은 안락하게 앉아서 보고. 그러니까 지배적인 교포들의 생각이 그렇게 되는데. 사람들이 미국의 세계정치에 대한 눈을 떠야 하고. 그래서 요즘은 많이 그렇게 되는 것 같지만 그래도 지배적인 그것은 제가 보기에는 85%의 교포들이 그저 고정적인 반공, 친미. 그러니까 "미국에 와서 사는 이상 미국을 비판해서 뭘 하겠는가?" 이런 생각을 가지고 있고. 그리고 사람들이 삶의 여유가 생기면 거기에 만족하지 희생하려 하지 않고.

김하영 그러니까 자기 자신을 희생하거나 그러지 않는다는 말씀입니까?

유태영 네, 그러지 않죠. 그 사람이 안정되면 안정될수록 그렇게 안일해지고, 복잡한 것에 관여하지 않으려는 것이 교포사회의 지배적인 흐름이라고 봅니다. 그런 가운데서 민주화운동을 한다는 것은 굉장히 어려운 일이고, 그런 실정이죠.

김하영 그렇다면 나이 드신 분들 말고 지금 2세들, 아주 어린 나이에 여기 왔거나 여기서 태어나고 성장한 젊은 세대들, 그 세대들의 통일의식은 어떤지요?

유태영 그런 것이 지금 문제인데, 애들이 완전히 영어는 하면서 부모들한테서는 전혀 조국(motherland) 그런 것에 대해서는 교육을 받지 않고. 미국 사회에서 살면서 요놈들이 "우리가 왜 한국말을 자꾸 부모에게 하게 하느냐?"고 하고. 그런데 자기들이 이제 미국 사회에 가서 고등학교에 들어가게 되면 자기들이 동양인들이라는 것을 깨닫게 되죠. 얘들이 미국 학교에서 미국의 백인들에게 차별(discrimination)을 당하죠. 자기들이 육감으로 백인들에게 차별 당하는 것을 느끼는 거죠. 이런 것으로 해서 자기 아버지의 나라에 대한 궁금증이 생기고. 그리고 이 대국(big power) 미국이 외국에 또 한국에 가 있는 이런 것에 대한 얘기들을 하면서, 애들에게 "바로 우리나라다, 우리가 일으킨 것이다. 너 Korean War가 뭔지 아느냐? 왜 North Korea가 그렇게 되었는지 아느냐?"고 얘기하면 한 시간만 얘기하면 다 받아들여요. "아, 그러냐", "아, 그럴 수 없지!" 하고. 그 애들한테 "1900년대 초에 미국이 일본을 어떻게 이용하고 우리 민족을 어떻게 한지 아느냐? 역사를 좀 아느냐?" 그렇게 접근을 해 보면 거의 먹혀들어가요.

김하영 그러니까 우리 민족의 역사에 대해서 이야기를 해주면 거의 받아들인다는 것이죠?

유태영 예. 그런데 지금 문제는 그 중에 전문적으로 평양에나 자꾸 갔다 올라 그러고, 우리가 뭐 하려고 그러면 기성세대를 보고 빨갱이라고 하는 그러는 기질을 가지고 있지만, 영어권 2세들의 수가 이렇게 많아져 가는데 얘들이 듣지도 알지도 못하는 얘기를 해주면 먹혀들어가요. 해주면 당장 먹혀들어가고 예민해서 "아 그렇지!" 반응이 옵니다. 그런데 그렇게 일할 일꾼이 아직도 없어요. 우리 같은 사람은 이제 두 가지가 안 되는데, 연령대로도 그렇게 되고, 또 이제 걔들하고 똑같은 수준에서 영어를 해야 되는데. 그러니까 제가 엊그제도 그런 경험을 했는데, 자기 아버지가 60세로 회갑 됐다고 소규모로 생일 축하한다고 한 열댓 명 식구들이 모였어요. 처음에 이민 올 적에 형제하고 어머니 그 세 식구가 왔는데, 자식들이 다 대성해서 열댓 명이 모였더라고요. 저들끼리 열심히 영어들 하고 있죠. 한국말을 좀 해서 일부로 하라면 몇 마디 하는데 평상시에는 저희들끼리 영어하고. 그래서 "2세들의 민족의식과 역사 바로알기", 또 "우리 민족이 미국에서 커 나갈 적에 우리의 과거에 대한 이런 것을 제대로 알고 해야 되지 않겠는가"라는 작업이 시급하다고 봅니다. 우리 1세들이 그래도 좀 한국에서 대학 나오고 고등교육 받고 나와서 이렇게 살다보니 이제 다 노인들이 되어 가는데, 여기 2세들한테 조상바로알기, 역사바로알기, 또 우리가 살고 있는 이 나라와 우리의 역사를 비교하는 것, 이것이 제가 보기에는 아주 중요한 작업이라 봅니다. 지금 그것이 나부터도 제대로 해야 되는데 그런 과정이 아직 남아 있다. 제가 보기에는 이것이 굉장히 시급한 것이 아니겠는가, 이런 것은 이제 앞으로 어떻게 해야 되겠다 생각하고 있습니다.

김하영 이제 좀 포괄적인 질문을 드리면, 남북의 통일이 된다면 통일된 한국은 어떤 나라가 되는 것이 좋을까, 그런 것에 대해 어떤 의견을 가지고 있습니까?

유태영 오늘날 세계를 지배하는 미국은 말하자면 과학과 세계 역사의 선구자의 역할을 한 것은 사실인데, 그리고 거기에 기독교 배경을 가지고 세계지배를 하게 됐는데. 저는 목사로서 기독교의 구원의 교리라든가 하나님의 역사를 아주 추세웁니다. 그 가운데 거기서 지금까지 역사를 쭉 보고 평가를 해 보면 "정말 역사적으로 기독교가 2000년으로 가는 데에서 역사 해석을 바로 했는가? 하나님의 승리에 대한 해석은 바로 했는가?" 그런데 바로 했던 것이 아니라 아전인수 격으로 강자의 논리로만 자꾸 해왔단 말이에요. 그러니까 강자의 논리에서 벗어나서 참된 종교의 그런 데로 가면 남북통일 못할 것이 없단 말이죠. 그러니까 미국의 강자의 논리에 세뇌가 돼가지고 종속된 사항에서만 보고 정의를 내린단 말이죠. 그것을 초월하는 것이 어려운 줄 아는데 어떻게 보면 쉬운 거예요. 그것만 초월하면, "공산당은 무신론이다" 이런 이론 가지고 우리 민족이 1세기 동안 저렇게 살았다는 것은 억울한 것이거든요. 그러니까 그 논리만 극복한다면 남북통일을 못할 이유가 없고, 동시에 이미 남쪽에는 기독교가 커 있지만, 저쪽에서는 체제 유지를 하고 국민들을 먹여 살리는 게 급하고 국민들의 눈들이 무서우니까 이러지, 어느 정도만 되면 저쪽에도 여유가 생길 것이고. 그리고 남쪽의 막강한 기독교는 무너질래가 무너질 수가 없단 말이야. 그러니까 이렇게 되면 뭐 목사들이 가서 김정일 보고 "당신 세례 받으시오" 할 수 있단 말이지. 그렇게 되면 좋은 거지. 그렇게 되면 싫어하는 것은 미국일지도 모르지만, 미국도 올바른 생각 가지고 그렇게 되면 그냥 싸움만 붙여가지고 하려는 시대는 지났단 말이에요. 그러니까 우리가 그렇게 나와야 되지 않겠는가. 저는 그런 차원에서, 연방제니 무슨 뭐니 있는데 학자들은 연구할 수 있지만 이론 가지고 자꾸 저울질하고 비교하는 건 별로이고. 그것보다 더 크게 보면 아주 쉬운 문제가 되는데. 어쨌든지 우리 민족이 통일을 해야 되지 않겠느냐 이런 생각을 해보는 거죠.

김하영 오랜 시간 동안 여러 가지 말씀을 많이 해 주서서 감사합니다.

5. 문동환

면담일자: 2007년 2월 13일
면담장소: 미국 뉴저지주 블룸필드(Bloomfield)
면 담 자: 김하영
구 술 자: 문동환 목사

김하영 제가 지금 질문 사항들을 여러 가지 적어왔습니다. 먼저, 목사님께선 언제부터 통일문제에 적극적인 관심을 가지게 되셨는지요?

문동환 통일에 대한 관심이야 원래부터 있었죠. 「3·1 구국선언」 사건 때도 그 밑에 깔린 것은 통일이고. 그러면서 내가 믿는 바로는, "일단 남쪽이 민주화가 돼야 통일이 본격적으로 된다" 그래서 그쪽에 역점을 두었고. 북쪽하고 관계를, 우리 형님이 북쪽에 가서 굉장한 센세이션을 일으켰어요. 그래 "나까지 그렇게 하는 것은 좋지 않다." 그렇게 생각을 하고. 자칫 북쪽에 잘못 관여되면서 실질적으로 남쪽을 끌어들이는 일에 지장이 되거든요, 친북파라고 해서. 그래서 그냥 삼갔어요. 미국에 들어온 다음에 몇 분 북쪽에 가깝게 지낸 사람들이 "같이 일하자"는 이런 이야기들이 왔었는데. 황석영 씨가 왔을 때 유태영 목사랑 같이 와서 같이 일하자고 했어요. "나는 하지 않는다, 은퇴한 사람은 은퇴한 것"이라고 그렇게 설명을 했죠. 그러다가 〈6·15선언실천 공동위원회〉가 생기면서 "이것은 내가 해야 되겠다." 이래서 2005년에 비로소 〈6·15공동위원회〉에 참석하게 되고 그것이 구체적으로 통일운동에 본격적으로 참여하기 시작한 거죠.

김하영 그렇게 하실 때 통일과 관련해서 어떤 뚜렷한 견해나 입장을 가지셨습니까?

문동환 글쎄요. 남쪽이 민주화가 돼야 실제 통일이 온다. 박정희 정부가 「7·4공동선언문」 같은 것 했지만 그것은 다 자기들의 정치적인 목적으로 하는 것이고. 또 여기 친북적으로 왔다 갔다 하는 사람이 있는데 북쪽을 도와주는 의미는 있으나 그것이 실제 통일을 이룩할 수는 없는 것이다, 도움이 되는 것은 아니다. 이렇게 봤죠. 그리고 WCC 계통으로서 북쪽하고 관계되는 것이 많이 있었죠. 그것은 그 사람들끼리 잘하는 것인데 관여할 필요는 없는 것이고. 그때는 나는 오히려 한국의 민주화가 중요하다고 생각할 때이니까 민주화운동에 전부 공헌을 하라고 했죠.

그리고 통일에 대한 내 생각은 이래요. 내가 1961년에 한국 신학대학에 갔거든요. 박정희가 정권 잡은 바로 직후에요. 내 학생들에게 그런 이야기를 했어요. "남과 북이 갈라졌는데, 이것이 정말 통일이 이루어지자면 남과 북이 모두 스스로 자기 반성을 하면서 변화가 와야 된다. 남쪽에서는 개인주의를 주장하는, 개인경쟁을 하는 자본주의고, 그것이 공동체를 파괴하는 것이고. 북쪽은 공동체를 강조하면서 개인의 자유를 압살한다. 그래서 양편에 다 비극이 온다. 그러면서 점점 각성해서, 개인주의만 해서는 안 된다, 공동체도 살려야 한다. 북쪽에서는 공동체만 강조해서는 안 된다, 개인도 살려야 한다. 이런 의식화가 생길 때, 이것이 정말 하나로 되는 것이고. 한국인이 갈라섰다고 해서 비극적이라고 하지만 우리는 이런 과정을 통해서 한국에서 정말 하나로 통일하는 예를 보여줄 수 있는 그런 과제를 가진 것이다." 그런 얘기를 했어요.

문동환 목사(오른쪽)와 함께

그게 내 통일에 관한 생각인데. 이번 「6·15공동선언」이 사실은 그런 거예요. 김대중 선생하고 같이 있으면서, "남과 북이 아주 다른데 조급한 통일을 하는 것은 실제 우리에게 혼란만 가지고 오는 것이다. 오래 두고 양쪽에 다 변화가 오면서 우리의 후손들이 통일을 하는 것이 본격적인 통일을 하는 것이 옳을 것이다." 그런 얘기를 했거든요. 내가 은퇴하고 미국에 와서 여기서 기독자교수협의회가 있었는데 북쪽에 대학교 전 뭐라고 하는 사람이, 내가 이름이 기억이 안 나는데, 그 사람이 참석을 했어요. 그래서 내가 그 사람에게 "김대중 선생의 통일 방안을 어떻게 생각하느냐?"고 그랬더니 일언지하에 "꼭 같습니다." 그래요. 집에 와서 곰곰이 생각을 해봤더니 "그 사람이 그렇게 말한 것은 김대중 선생의 통일방안의 제3단계 때문이다" 그렇게 느꼈어요. 왜냐하면 제3단계는 "남북을 통한 총선거로써 통일정부를 세운다" 그것 아니에요? 북이 그걸 받아들일 수 없거든? 그래서 내가 곰곰이 생각을 하다가, 그때 아태재단에서 한번 나더러 와서 강연을 해달라고 해서 나가서, 김대중 선생하고 이야기해야 하는데 안 계세요. 그래서 연구원들에게 그런 이야기를 했어요. "김대중 선생의 3단계를 일단 보류시켜라. 그리고 1단계 2단계만 강조해. 그리고 3단계에 대해서는 이것은 우리 후손들의 시대에 가서 하는 것이다. 이렇게 말했으면 좋겠다"고 그랬죠. 그러니까 연구원들이 "아, 그거 참 좋은 생각입니다. 그렇게 말하겠습니다." 한 3주 지나서 김대중 선생이 3단계를 보류하는 얘기를 했어요. "이것은 후손들이 할 일이다. 우리는 교류하면서 더불어 사는 길만 나가자." 이렇게 이야기 했어요.

그것이 말하자면 내 통일방안이에요. 오래 지나면 북쪽에도 변화가 오고, 남쪽에도 자본주의적인 것이 변화가 생기면서 새로운 것이 탄생이 되고, 그래서 점차 비슷하게 될 때 비로소 통일이 오는 것이다. 그리고 나는 요즘 이것을 "상생의 길"이라고 그러는데 "네가 살아야 나도 사는 것이다"는 것이죠. 사실 요즘 21세기에 와서 인류가 살자면 "네가 살아야 나도 산다"고 하는 이 정신이 보편화 돼야 된다고 생각해야지, 미래를 봐도 그렇고 이스라엘하고 팔레스타인을 봐도 그렇고. 그런데 국익이라는 것이 정말 문제라고 생각을 하는데, 국익 때문에 서로 싸움하잖아요? 국익을 넘어서,

뭐 공생이라는 것이 그런 것이 되겠지만 "네가 살아야 나도 산다"는 이런 것이 국제관계의 새로운 철학이 되면 이것이 되는 것이다. 그렇게 생각하면 한국의 「6·15공동선언」이 바로 그것이거든. "네가 살아야 나도 산다"는 것이다. 그래서 내가 6·15에 본격적으로 나서게 되고, 기회 있을 때마다 "네가 살아야 나도 사는 것이다" 하는 진리를 얘기하고.

김하영 그러면 목사님께서는 활동하신 방식은 주로 어떤 방식으로 하셨습니까? 예를 든다면, 청원을 하는 경우도 있고 서명활동도 있고 정치인들한테 편지를 보내거나 대중 집회나 시위를 하거나 국제기구에 참여하거나 여러 가지가 있을 수 있는데요.

문동환 여러 가지가 다 있죠. 내가 지금 〈6·15공동위원회〉 위원장이 됐으니까 얘기할 기회들이 많거든요. 그래서 말하자면 "상생의 진리"를 많이 얘기해요. 사실 흡수통일을 하면 이것은 한국이 망하는 거거든요. 그렇잖아요? 그러자면 전쟁이 일어나야 되는 거고, 그리고 남쪽에 돈을 가진 사람들이 북조선 땅을 다 사버릴 거예요. 그러면 남과 북의 앙금이 지금의 경상도와 전라도의 앙금에 비할 수가 없어요. 세기를 두고 내려가요. 이런 죄악을 범할 수 없다 말이에요. 포위해서 망하게 한다면 북조선에 있는 사람이 더 죽어가잖아요? 김정일이 틀어쥐고서 마지막까지 갈 텐데, 비참하단 말이에요. 이것은 인도적으로 있을 수 없는 일이에요. 그러니깐 지금의 「6·15공동선언」이라는 것은 그렇게 중요한 것인데. 내가 그래서 기회 있을 때마다 이 얘기를 해요. 그리고 뉴욕에 있는 〈6·15공동위원회〉 지회가 미국 의회 의원들에게 편지쓰기 운동을 했어요. "양자회담을 하라. 그래서 풀어야 되는 것이다. 우리 한국 사람들은 평화롭게 살려고 그러는 것이다. 평화롭게 살려는 것을 왜 방해하느냐?" 하는 편지쓰기 운동을 하고. 미국에서 또 중요한 것은 미국 교포들에게 올바른 얘기를 해주는 채널이 하나도 없어요. 언론이 그렇죠? 교회가 보수가 되어서 어처구니없는 얘기들만 하고 있잖아요? 바른 소리를 해주는 데가 없어요. 그래서 "어떻게든지 바른 소리를 전해주는 길을 찾자." 그래서 우리가 앞으로 더 하려고 하는 것은 우리 나름의 Newsletter를 만들어서 식당 같은 곳에 보내주고 그리고 앞으로 강연회도 하고, 이런 것 등등 해서 특히 "올바른 얘기를 교포들에게 전하자!" 이것이 크게 구체적으로 하는 방법의 하나고.

그리고 아까 말한 대로 미국에 있어서의 통일운동이라는 것이 주로 소위 말하는 친북파가 했거든? 친북파는 대개 북조선에서 온 사람들이에요. 자기 가족들을 만나고 싶어서 가면서, 걸려들면서, 그러니 자연히 그쪽에 관심이 더 많고, 그래서 그 사람들이 쭉 했거든. 그러니까 지금 〈6·15공동위원회〉가 남·북·해외가 같이 하는데 이것을 교포사회에 확산시킬 수가 없어요. "빨갱이들이 하는데 우리가 왜 들어가느냐?" 이렇게 돼요. 그래서 내가 미국의 상임 공동위원장인데, 첫 번 들어가서 위원장 회의 모였을 때 이런 얘기를 했어요. "우리는 남과 북이 더불어 살려는 것이 아니냐? 남과 북이 대화를 하려고 그러지 않느냐? 남과 북에서 많은 사람들이 의식화가 되어야 하지 않느냐? 그런데 미국에서는 전혀 그것이 안 되어 있다. 당신들이 수고한 것은 인정하나 이것이 걸림돌이 돼서 여기 확산이 되지 않는다. 그러니 이제부터 당신들이 목소리를 좀 낮추고, 그리고 이것이 교포사회에 나가도록 노력하는 데 협조해 달라." 그런 얘기를 했어요. "당신들 얘기 확산되지 않지 않느냐?" 그래서 뉴욕 가면서도 그동안 운동한 사람들은 배후에 있었어요. 그리고 내가 나서서 설득하고 얘기하고 해서 뉴욕 지회가 생기고, 지금 워싱턴, 필라델피아, 코네티컷 주에 지회가 생길 것 같아요. 그런데 LA 지역에서는 이것이 되질 않아요.

김하영 특별한 이유가 있습니까?

문동환 그것은 그쪽에 친북적 인사들이 굉장히 많습니다. 아주 탁 틀어쥐고 있어요. 통일운동에는 선우 선생이나 양은식 선생이나, 그 다음에 교회도 하고 또 평양에 가서 민중신학 강의도 하신 분이 있었죠. 그런 분들이 탁 틀어줘었거든. 그러니까 LA에 한국교포가 많은데, 이 사람들은 아주 열렬한 사람들이기 때문에 여기 들어오려고 하질 않아요. 그래서 딱 막히고 있죠.

김하영 그러니까 〈6·15공동위원회〉 이쪽에 안 들어온다는 말씀이죠?

문동환 운동권은 들어왔지. 운동권은 들어오는데 일반 사회인은 안 들어오거든. 여기에 뉴욕에는 〈평통〉 회장이 지금 위원장이거든. 그 다음에 〈한인회〉 수석부회장이 여기 위원장단에 들어와 있거든. 그렇게 들어와 있는데 거기 LA에서 〈평통〉이나 〈한인회〉 같은 것은 아예 들어올 생각도 안 하고 있어요. 교회 관계도 그렇고. 그래서 몹시 고민하다가, 내가 확장하자는 얘기하고 동부에서 확장하는 얘기를 하면서 한국에서 운동권에 있던 사람들이 나왔어요. 그 사람들에게 "젊은 친구들이 앞서서 LA지부를 만들자" 해서 LA지부가 생겨요. 그런데 그 사람들은 얘기하는 것이, 오히려 우리하고 보조가 맞는 사람들이 새로 들어와 있고. 그러니깐 그 사람들은 불안하죠. 그리고 〈민화협〉이 LA에 와서 〈민화협〉을 만들어요. 그것도 LA의 약점을 보강하기 위해서 만드는 거죠. 미국의 보수라는 것은 이루 말할 수가 없어요. 한국에서는 운동이 전개되면 진보적인 사람도 생기면서 돌아가잖아요. 여기는 그것이 없거든, 여기는 완전히 캄캄해요. 예를 하나 들죠. 내가 〈6·15뉴욕지부〉를 만들면서 한신 동문들을 불렀어요. 한신은 민주화 전통이 있잖아요?

김하영 예. 옛날에 장공 김재준 목사님 활동도 있었고.

문동환 그렇죠. 그래서 이런 얘기하면서, 지금 남과 북이 더불어 사는 게 필요하다고, 아까 내가 말한 그 얘기를 하면서 "여기 가담하라!" 그랬더니 한신 졸업한 뉴욕동문회 회장이 뭐라고 한지 아세요? "나는 매일 새벽기도에 나가면서 남한이 적화되지 말라고 기도하는데." 이렇게 생각하거든. 남한이 적화된다고 생각하는 거예요. 그래서 "이 사람아 무슨 소리냐? 지금 38선이 거의 무의미해졌다. 38선은 이남에 있는 군사들이 매놨던 건 다 풀어놨고 거기 English village가 들어가고 기업체가 들어가고." 그랬더니 깜짝 놀라요. "그렇습니까?" 이런 것이거든. 이렇게 깜깜해요. 그렇기 때문에 이제 앞으로 이 지회들을 어떻게 여기저기에 만들어 내느냐 하는 것이 중요한 일인 것 같아요. 그러면서 우리 나름의 Newsletter를 만들어서 확산해 돌리면서 미국 교포들에게 "새로운 정보를 주자!" 그러면서 "이제 남·북·해외에 있는 〈6·15공동위원회〉에 해외가 같이 협력할 수 있도록 하자." 대체로 그런 것들이에요.

김하영 그러면 활동을 하시는 데 남한 또는 북한 정부 당국의 지원이라든지 아니면 어떤 방해라든지 이런 것이 있습니까?

문동환 방해가 있죠. 총영사관들이 문제입니다. 왜냐하면, 밑에서부터 쭉 박정희 때부터 올라온 사람들이 지금 장이 되어 있거든. 의식이 바뀌지지 않아요. 옛날 의식이 그대로 있어요. 정부가 이렇게 하니까 따르지만 속내는 옛날 향수가 남아 있어요. 더군다나 여당이 요즘 힘들잖아요? "이제 야당이 들어갈지 모른다." 이렇게 되거든. 그러니깐 이 사람들이 이걸 도와주질 않아요. 은근히 오히려 방해를 해요.

김하영 총영사관에서 이 활동을 별로 안 도와준다는 거죠?

문동환 안 도와줘요. 이행우 같은 사람들은 건전한 사람인데 남한하고도 아주 가까워요. 그런데 그냥 오해를 풀지 않고 있어요. 그런데 요즘 다행인 것은 〈평통〉에 좋은 위원장들이 들어가서 이재정 신부에서 지금 김상근 목사가 들어갔잖아요? 이 사람들이 나하고 아주 가까운 동지들이거든. 그 친구들이 강하게 밀어서 〈평통〉이 서서히 이쪽으로 돌아와요. 재정적으로 도움이 되는 것은 하나도 없고.

김하영 다른 질문을 드리겠습니다. 목사님께서는 북한을 방문하신 적은 없었습니까?

문동환 한 번 딱 있었어요. 6·15 축제 때 갔어요. 그동안 가지 않았어요.

김하영 여태까지 남한과 북한의 통일정책 이것을 전체적으로 다 어울려서 본다면 거기에 대해서는 어떻게 평가할 수 있습니까?

문동환 그거야 박정희나 군사정권 때는 자기들의 정치적인 목적으로 그런 소리를 했었죠. 노태우 대통령 때는 변화하는 시기니까, 자기가 새 시대를 세우자는 걸 보이려고 제스처를 했고. 그것을 북에서 받아들이지 않을 것을 알면서 했어요. 그러니까 지금도 그런 것이 있는데, "결국 남과 북에 있는, 북에서는 '인민'이라고 그리고 남쪽에서는 '민중'이라고 하는, 우리 무리들이 통일을 몹시 갈구하게 되는 이것이 부풀어 올라와야 정치하는 사람도 그것을 한다." 그것이 우리의 생각이었어요.

김하영 그러니까 밑으로부터 일반 민중들의 통일에 대한 열망이 있어야 결국 정치하는 사람들도 한다는 것.

문동환 그런 의미에서 우리 형님(문익환 목사)이 북에 갔다 온 것은 공헌이 있어요. 그것을 계기로 해서 남쪽에서 통일에 대한 민중적인 열기가 확 타올랐거든. 그러니까 김대중 대통령이 그것을 할 수 있었어요. 그분을 빨갱이라고 그랬잖아요? 만약 빨갱이 대통령이 가서 김정일하고 손잡고 했다면? 그런 분위기가 되어 있지 않았다면 그것을 어떻게 해요? 돌아와서 매 얻어맞았을 것이거든. 그런데 분위기가 그렇게 돼서 돌아오니까 국민에게 환영을 받았거든. 그러니까 민중들이 이것이 각성이 돼야 정치하는 사람들이 따를 것이고. 이것이 민주주의의 원칙이기도 하고 그런 거죠. 그런데 내가 지금 보는 것은 통일 그 너머를 봐요. 그러니까 지금 북조선이 미국하고 손잡고 개발하면 중국처럼 되거든. 시장경제에 들어가거든. 그럼 세계화 물결에 들어가는 거예요. 그렇게 될 수밖에 없어요. 그러나 자본주의적인 세계화 물결은 인류를 패망으로 이끄는 것이거든.

김하영 예. 양극화도 심화될 수 있고요.

문동환 그렇죠. 그리고 환경이 다 깨지고. 그러니까 나는 이런 통일은 아직도 과도기라고 봐요. 내 목표는, 그렇게 의식화가 돼서 이 세계 자본주의적인 산업문화에 대치되는 생명문화가 태어나야 한다. 그래야 인류에게 평화가 된다. 아까 말한 "네가 살아야 나도 산다"는 이 철학이 자연과의 관계에도 적용이 되어서, "자연을 살려야 우리도 사는 것이다!" 자기중심적인 생각만 가지면 망하는 것이거든. 자본주의라는 것은 독점문화가 아니에요? 가질수록 더 가지려고 하는 것이 자본주의거든. 그런데 이것을 초월하는 새로운 생명문화, "네가 살아야 나도 산다"고 인류 가운데서도 그런 철학이 생기고 자연과도 그런 철학이 생겨야 한다. 그때야 비로소 참 소망이 있는 것이다. 그래서 나는 통일도 하나의 단계로만 봐요.

김하영 그러니까 통일이 궁극적인 완성의 단계가 아니라는 것.

문동환 아니에요.

김하영 통일도 하나의 과도기적인 단계이다?

문동환 그래요. 민주화도 과도기적이라고 봐요. 친자본 민주화가 민주화입니까? 나는 '돈주화'라고 그래요. 돈으로 다 하는 것이라고.

김하영 이제 다른 방향에서 질문을 드리면, 미국에서 통일운동이 전개되는 것을 보면, 70년대에 유신체제에 대한 비판이나 민주화운동이 활발했는데, 이후 80년대 들어와서는 통일운동으로 또 갈라지게 되거든요.

문동환 그런데 갈라지는데 결국 친북파들이 계속 가고 나머지들은 그냥 주저앉았어요.

김하영 친북적 인사들은 통일 쪽으로 갔습니까?

문동환 그렇죠. 친북파들은 통일이란 이름으로 북쪽을 돕지. 그랬거든. 그러니까 이쪽에서는 민주화가 됐으니까 할 일이 없다고 주저앉았지.

김하영 목표가 사라졌다고?

문동환 그렇지. 목표가 사라졌어요. 그래서 내가 누구한테 "이래서 되느냐?"고 했더니 "아유, 이제는 피곤합니다. 민주화가 됐는데" 이랬거든. 그래서 이것이 죽어버리고 말았지. 그 다음 6·15가 된 다음에 미국에 〈목요기도회〉를 다시 살렸어요. "이게 어떻게 되느냐 말이야. 어떻게든지 〈6·15공동위원회〉가 나왔고 그것이 중요한 역할을 하는 것이고, 「6·15공동선언」이 중요성이 있고 하니까 다시 살려서 미국에서 6·15운동이 발전하도록 뒷받침하자." 그래서 뉴욕 지부에도 밑바닥에는 그 흐름이 있고. 그런데 그것도 잘 안돼. 모두 그동안 피곤하고 해이해졌고, 이제는 아메리칸 드림에 사로잡혀서 그것이나 이룩하려고 하지.

김하영 그래서 그와 관련되는 것을 하나 여쭤보고 싶은 것이, 먼저 그런 활동에 대해서 일반적인 미국 사회 내에서의 반응은 어떠합니까?

문동환 먼저 미국을 보면 민주당의 클린턴 자신이 세계화의 챔피언이었거든. 그 전부터 있던 것을 클린턴이 말하자면 중간으로, middle of the road로 들어왔어요. 그래서 정부의 역할이, 극우의 정책이라는 것은 "정부가 개입하지 말라. 시장이 조정한다." 그것이거든. 그것을 클린턴이 밀었어요. 중간으로 갔지. 그러니까 공화당이 할 말이 없어졌어요. 클린턴이 해버렸어요. "정부를 작게 하자.", "좋다." 이런 식으로 나갔단 말이에요. 그러니까 정말 민주당인 사람들, 케네디 같은 사람들은 상당히 어처구니없지. 그래서 세계화가 확장됐어요. 그러더니 빈부의 격차가 심해졌거든. 그래서 클린턴 들어왔을 때 사회보장 같은 것에 문제가 생기기 시작하고, 부시에 와서 극대화가 되었거든. 또 최소임금도 올라가지 않고 있던 것이 이번에 올렸지. 그러면서 이것을 타고 미국의 보수 세력이 확 자랐어요. 극우가 그렇게 해서 자랐거든. 극우가 다 대기업이랑 석유 기업자들 아냐? 그러면 미국의 보수교회가 그걸 적극 밀었단 말이에요. 낙태문제 이런 등등을 가지고. 그래서 미국이 극우로 확 달렸어요. 그런데 미국에 의식이 있는 사람들은 있어요. 아주 극소수예요. 그리고 미국의 학생운동이 또 죽어 가는데, 어떻게 죽어 가느냐 하면 대기업들이 일류대학교에 좋은 장학금을 줘요. 그럼 우선 학생들이 그 장학금을 타려고 하거든. 거기에 미쳐버려요. 그래서 학생운동이 되질 않아요. 그것을 설명하는 유명한 책이 있는데, 『Winner-Takes-All Society』, 승자가 모든 것을 독점하는 사회. 그래서 머리 좋은 사람은 전부 기업체에 들어가요. 그러니까 기업체는 발달되지. 그런데 이 사람들은 의식이 없는 사람이니까 타락을 하거든. 그래서 이 극우화로 가서 크게 타락한 모습이 점점 드러나요. 부시가 이라크를 침략한 것도 그런 것인데, 난 이것을 이런 식으로 생각을 해요. 이건 잘된 일이다. 그래서 악한 것이 부각이 돼요. 대기업들이 타락을 하고 빈부의 격차가 심하고. 이래서 박정희가 민주화에 제일 공헌했다고 생각을 하는데, 부시가 그런 의미로서 생명문화를 위해서 큰 공헌을 했다 그렇게 봐요. 이것이 극악한 것이 보여야 돼요.

김하영 그런데 한국의 통일과 관련된 활동에 대해서 미국 사회 내에서의 반응이나 일반의 여론은 어떻습니까?

문동환 예. 그것은 그래요. 한국의 민주화를 위해서 의식 있는 분들이 미국에 많아요. 그런 사람들을 우리가 엮었어요. 〈NAKA〉라는 것이 그것이에요. 미국에 의식 있는 사람들이 다 들어가 있어요. 그러나 그 사람들이 주동적으로 나오지 않아요. 또 자기들이 주동적으로 나올 위치도 아니고. 거기 회장이 애모리 대학의 총장이었던, 한국에 대사로 갔던 그 사람의 부인이에요. 그분들이 뒷받침을 해주는데 그 사람들이 적극적으로 뛰지 않고, 이행우가 주로 뜁니다. 그래서 어떤 문제가 있을 때는 편지 쓰는 운동을 하고 그 사람들에게 전해주면 그 사람들이 편지를 써 주고 이런 식으로 하죠. 그리고 한국에 선교사로 갔다 온 의식 있는 사람들이 있어요. 그러나 그 사람들이 우리처럼 한국문제에 계속 관여하고 있지는 않거든요. 우리가 작동을 시켜야 사람들이 하는 거죠.

김하영 미국에서 한반도의 통일과 관련해서 활동을 하는데 좋은 점이라든지 아니면 어려운 점을 좀 말씀을 해주시겠습니까?

문동환 미국에서 활동하는 것이 좋다는 것은 미국 정부에 압력을 넣을 수 있다는 거죠. 미국에 영향을 끼칠 수 있는 것은 미국교포가 해야 하는 일이거든. 그래서 우리가 사명으로 생각하고 그동안도 했고 또 하려고 하고. 지금 여기에서 김동석이라는 그 친구는 교포들이 투표하게 하는 역할을 해요. 한인유권자 운동(voting promotion) 그런 것을 하거든. 그래서 적지 않은 사람들이 투표를 하게 되고 그래서 미국 정치가들이 이 근방에서 관심을 가지기 시작해요. 그래 가지고 교포들이 투표를 하게 되면 미국 정치계에 영향을 주는데, 문제는 투표를 하는 교포들이 전부 보수적이면 보수적인 영향이 들어가잖아요? 그러니까 교포들로 하여금 새롭게 보게 하는 것이 굉장히 중요한 일입니다. 그것이 굉장히 힘들어요.

김하영 그리고 인구 규모면에서 미국 내에서 교포들의 비율이 낮지 않습니까?

문동환 이제는 꽤 돼요. 의식화만 되면 되죠. 열정을 가지고. 의회 의원들은 표에 대해서 굉장히 관심을 가지고 있고 우리 교포들은 대부분 도시에 있거든. 그러니까 도시에 영향을 줄 수가 있어요. 그리고 대개는 우수한 국회의원들은 도시에서 나오거든. 그러니까 영향을 줄 수 있죠.

김하영 그러면 활동을 하시면서 개인적으로 가장 어렵고 힘들었던 점은 혹시 어떤 점이었습니까?

문동환 힘든 점은 그런 거야. 사람들이 아직까지 의식화가 되지 않았다는 것이죠. 그리고 좀 지식이 있는 사람들도 관념적으로는 의식시키게 이야기하면 되는데, 그 사람들은 몸으로 움직여 본 사람들이 아니거든. 서재에만 앉아 있는 사람이라서 움직이질 않아요.

김하영 또 이런 측면도 있지 않습니까? 여기 교포 분들이 보면 다들 자기 생업을 가지고 있으니까 그 생업이 사실은 주가 되고 통일문제에 대한 관심은 부차적인 것일 수밖에 없지 않을까 생각됩니다.

문동환 그렇죠. 부차적인 것일 정도가 아니라 생업 자체에 99%의 관심이 있어요. 소위 아메리칸 드림이라는 게 있잖아요? 여기에 미쳐 있어요. 돈 벌어서 좋은 집을 사고 아이들을 하버드에 보내고, 거기에 미쳐 있어요. 뉴욕에서 나더러 설교해 달라는 교회가 다섯 건 정도 있었어요. 그런데 그 목사들은 의식 있는 목사들이니까 나를 청했거든. 그 사람 늙어서 은퇴해요. 그러면 들어오는 새 목사는 보수적인 목사예요. 그러니까 나더러 지금 설교해 달라는 교회가 딱 한 곳밖에 없어요.

김하영 〈6·15공동위원회〉 자체가 남·북·해외가 다 합쳐진 조직 아닙니까? 그러면 해외 조직은 미국과 일본 외에 다른 곳에도 있습니까?

문동환 여러 곳에 있어요. 캐나다, 유럽, 대양주, 러시아, 중국, 또 멕시코에도 있고.

김하영 그런데 그런 다른 지역에서의 활동은 어떻습니까?

문동환 활동들이 없어요.

김하영 그것은 교민이 적어서 그런가요?

문동환 네. 여기는 미국 정부가 있으니까 우리가 할 게 있어요. 그런데 그런 곳은 뭐 할 일이 없어요. 그래서 축제를 할 때 대표가 와서 말하는 것밖에 없어요.

김하영 그나마 그 쪽에서도 대표를 보냈다는 그런 명분 때문입니까?

문동환 네. 명분이에요. 그리고 북쪽에서는 이때까지 해외에 자기들하고 가까운 사람들이 걸려 있거든. 대화할 때 "해외도 말을 이렇게 한다" 하고 자기네 주장에 강점을 두는 거예요. 그런데 거기에 내가 쐐기를 박은 거죠.

김하영 목사님께서 여기서 통일과 관련된 활동을 하시면서 특별하게 개인적으로 목사님한테 영향을 많이 미친 사건이라던가, 특별히 기억에 남는 일이 있습니까?

문동환 그건 있다면 6·15에 가담한 뒤에 있던 일인데. 이제 운동권 사람들은 자기들이 세력이 약화되는 것 때문에 이것이 확산되는 것을 싫어해요. 그래서 그 사람들 중 어떤 사람은 나를 막 대고 비난해요. 이 사람이 일본에 있는 공동위원장인 곽동의 씨하고 밀접한데. 나하고 곽동의 씨 사이에 긴장관계가 좀 있어요. 그러는 가운데서 내가 지금 이것을 끌고 나가고 있어요. 그러니까 지금 내 나이가 86세가 되는데, 이게 지금 내가 할 게 아니거든. 그래서 지금 힘든 문제만 좀 해결되면 난 털고 나올 거예요. 일이 되어가는 형편을 보니 한두 해는 더 해야 될 것 같아요.

김하영 예, 힘들게 활동하시는 것을 잘 알겠습니다. 여러 가지 말씀을 많이 해 주셔서 감사합니다.

6. 은호기

면담일자: 2007년 10월 21일
장   소: 미국 캘리포니아주 로스앤젤레스
면 담 자: 김하영
구 술 자: 은호기

김하영 먼저 미국 동포사회에서 민주화운동을 거쳐서 통일운동으로 이렇게 전개가 되는데 그런 변화과정을 좀 말씀해 주십시오.

은호기 예. 독립운동이 해방 후에는 반독재 반이승만 운동으로 왔다가 4·19를 거치면서 민주화운동으로 되고, 또 소위 유신 이후에 본격적인 민주화운동으로 넘어가죠. 그런데 10·26 사태 이후에 그러니까 그 운동에 대한 반성이 나타나죠. 매번 한국이 민주화과정을 이렇게 착실히 해왔는데도 결정적으로 다시 독재 권력이 나타나고 하는 이런 현상이 어디서 비롯하는 거냐? 그때마다 내세우는 논리가 뭐 남침이다, 기타 북이 뭐 어쩌구 저쩌구 하는 데서, 말하자면 "그러면 북이 무슨 의미를 가지는가? 이것은 민주화운동과 통일운동을 입체적으로 하지 않는 한 풀리지 않는다"는 각성에서 시작된 겁니다. 그게. 그런데 그러한 인식이 동부에서는 일찍부터 있었어요. 그러니까 동부, 뉴욕은 상당히 미국 동포사회에서의 진보운동의 발상지입니다. 서부는 아무래도 좀 반공 민주화적인 성격이 강했어요. 그런데서 동부는 그것이 좋게 넘어가는데, 서부는 결국 80년 광주사태를 거치면서 운동에 대한 각성, 이런 데서 통일운동으로 넘어가게 됐죠. 그런데다가 특히 미국의 대학도서관을 중심으로 해서는 북한자료가 많이 있었어요. 그전에는 기피를 했을 따름이지 남한자료보다 더 많았다고. 그러니까 그런 것을 보면서 북한을 다시 인식하게 되고. 그런데 이제 저의 경우는, 이행우 선생이 활동하는 퀘이커가 있지 않습니까? 그 퀘이커가 노벨평화상 받은 단체죠. 그런데 그 퀘이커가 New China Policy 보고서를 썼습니다, 그 보고서가 미중관계를 정상화하는 데 크게 공헌을 했어요. 그 퀘이커 리포트가.

김하영 닉슨 대통령 시대에 말이죠?

은호기 그렇죠. 그 후에 1980년대에 들어오면서 이 퀘이커가 북한에 관심을 갖게 됐어요. 그래서 동경에 있던 데이빗 이스트만인가 누군가 아무튼 두 분이 평양을 갔다 옵니다. 갔다 와서 쓴 「My visit to

North Korea」라는 몇 장 안 되는 리포트를 보고 저는 북한을 다시 인식을 하게 되는 계기가 됐습니다.

김하영 선생님은 개인적으로 종교가 그럼 퀘이커입니까?

은호기 아닙니다. 저는 범종교입니다. 뭐 불교도 가보고 기독교도 가보고.

김하영 알겠습니다.

은호기 그 다음에… 세인트루이스 회의를 했는데, 이게 좀 복잡합니다. 그러니까 동부의 〈미주민련〉을 대표하는 분이 그 장면 정권 때 UN대사를 했던 임창영 박사에요. 그 〈미주민련〉 진보주의의, 말하자면 어른이시죠. 그런데 서부에서는 민주당 때 초대 민선 서울시장을 하던 김상돈 선생님이 여기 계셨다고. 근데 이분이 보수파야. 말하자면 반공 민주화를 부르짖던 분이에요. 근데 두 분 다 민주당하고 관련이 있지 않습니까? 임창영 씨가 프린스턴에서 정치학 박사 했어요. 그분이 진보적이에요, 북침설에 대해서 책을 쓴 사람이니까. 사람은 참 온화하시고 그러는데. 그리고 그분이 미국에 우리가 태어나기 전에 오셨는데, 돌아가실 때까지 미국시민권을 안 받으신 분입니다. 아주 특이하죠. 그래서 미국 국무성에서 이 양반은 특별대우 한 사람이에요. 그래서 그 카터 행정부 때에도 미국 대통령 특사로 북을 갔다 왔죠. 그 다음에 전두환 대통령 특사로 북을 갔다 오신 분이에요. 그만큼 무게가 있으면서도 진보주의를 표방했던 분이에요. 또 노강욱 선생, 그분은 해방정국 때부터 활동하고, 그분이 치과의사지만 또 작곡가고 평론가고 성악가고 그래요. 그분들이 〈미주민련〉 핵심멤버들입니다. 그런데 이제 여기는 김상돈 선생님을 비롯해서 뭐 기독교 계통, 또 특히 김대중 선생 계통 사람들. 김대중 선생이 1973년에 미국에 망명해서, 1차 망명할 적에 미국 와서 그 〈한민통〉을 만들었지 않습니까, 그리고 일본 가서 만들려다가 납치당해 들어갔죠.

그래서 우리가 한국 민주화운동을 체계적으로 해서 이념갈등을 해소하자, 말하자면 "우리가 단합을 하자" 이런 취지로 세인트루이스 회의를 하기로 합의가 됐어요. 동부와 서부의 중간지점에서. 세인트루이스에 누가 삽니까? 그러니까 동부에서도 오고 서부에서도 오고 그렇게 했는데. 거기서 이제 토론을 격렬하게 했죠. 그런데 오히려 거기서 이념의 차이, 이데올로기의 차이, 운동방법의 차이만 확인하고 더 갈라져버렸어요. 그래서 말하자면 동부에서 온 진보그룹이 〈미주민련〉을 결성한 거예요. 그래서 갈라진 겁니다.

김하영 그러니까 처음으로 한번 동부와 서부 양쪽의 동포사회에서 지도자급 분들이 다 모여서 단합하자 그랬는데.

은호기 오히려 갈라지는 계기가 됐죠.

김하영 그 이후로는 그런 시도가 없었습니까?

은호기 미국은 지방분권이 강하잖아요. 그러니까 동부하고 서부에서 뭘 같이 일한다는 것이 힘들어요. 그래서 동부 따로, 서부 따로 하다가 가끔씩 연합을 하고 그랬는데, 이제 최초의 동부-서부의 말하자면 단일조직, 연합조직 이렇게 만들려던 것이 실패를 한 거예요. 그 뒤에 전국조직이 나오기 시작하는데, 전국을 관할해서 조직을 하기 시작한 것이 윤한봉입니다.

김하영 윤한봉 씨가 광주항쟁 이후에 밀항해서 LA로 들어와서 활동했는데, 그 활동상 자체는 그분이 쓴 『운동화와 똥가방』이란 책에 잘 나와 있습니다. 그러면 윤한봉 씨의 활동이 이 서부지역의 통일운동이라든지 민주화운동에 어떤 영향을 미치고 어떤 의미를 가졌는가, 그런 측면에서 말씀해 주십시오.

은호기 윤한봉 씨가 맨 처음에 와서 한 것이 〈민족학교〉를 만들었습니다. 그러니까 윤한봉이의 민족운동의 큰 틀은, 〈민족학교〉에서 동포사회의 권익보호와 봉사, 이것을 하면서 민주화운동, 또 통일운동, 이 세 가지 분야로 볼 수가 있어요. 그래서 실제 운동단체로서는 〈한청〉을 조직했고, 이게 미국 전국적으로 조직된 겁니다. 그리고 40세 이상 사람들은 〈한겨레운동연합〉, 이것이 장년운동입니다. 〈민족학교〉, 〈한청〉, 〈한겨레〉 이 세 가지가 기본이에요. 그런데 지역적으로는 미국 각 지역, 말하자면 뉴욕, 필라델피아, 로스앤젤레스, 시카고, 샌프란시스코, 시애틀 이렇게 카바를 했어요. 그리고 그 연대조직이 유럽, 호주, 일본 이렇게 있었고. 그 다음에 또 하나는 미국의 다른 운동단체하고 연대를 했죠. 그렇게 해서 상당히 폭넓게 했죠.

김하영 미국의 다른 운동단체라면 어떤 단체들을 말씀하시는 겁니까?

은호기 인권운동단체.

김하영 미국 주류사회에서 흑인이나 다른 유색인종 단체, 마이너리티 그룹의 그런 단체를 말씀하시는 겁니까?

은호기 그것도 있고. 그때 당시 필리핀에서 반정부운동 하는 사람 있잖아요, 또 그때 당시에 니카라과, 대만 이런 운동단체가 있었거든요. 이런 사람들하고 연대하고. 또 한편 법무부 장관 지낸 램지 클락(Ramsey Clark)이 하던 미국의 인권단체가 있어요, 그런 미국 주류사회하고 연대하고 그랬죠. 그래서 국제연대기구를 만들었어요. 그런데 통일운동 부분으로서 얘기를 하자면 윤한봉 씨가 논리가 좋습니다. 근데 굉장히 과격해요. 말을 그냥 딱딱 잘라서 얘기하는 그런 스타일이에요. 그래서 윤한봉 씨가 여기 미국에 와서 제일 먼저 한 일이 "북한이 그런 나라 아니다"고 한 것, 즉 북한의 역사와 김일성의 항일투쟁과 이런 것을 가장 긍정적으로 적극적으로 얘기함으로써 북한에 대한 인식을 바꾸고 타파하는 것, 그러니까 말하자면 통일운동의 기초 작업이죠, 그것을 아주 강력히 했습니다. 그런 데서 공헌이 크지. 그래서 실제로 북한에 가서 국토대행진도 하고 그랬습니다. 그러니까 아까도 얘기했지만 윤한봉의 민족운동은 세 갈래라고 볼 수가 있어요. 첫째는 동포사회의 권익, 그 다음에 반독재 민주화운동, 또 통일운동. 통일운동을 하는데 북한에 대한 기존 인식을 깨고 적극적으로 얘기함으로써 북한을 긍정적으로 볼 수 있는 그런 계기를 만들었다는 거.

김하영 지금도 좀 그런 경향이 있지만 여기 교민사회가 상당히 보수적인 성향이 강한데, 그런 점에서 윤한봉 씨의 그런 활동에 대해서 상당한 반발이 많았을 것 같습니다.

은호기 많았죠. 뭐 북한간첩이 민족학교에 있다는 둥, 김일성 사진을 걸어놓고 교화를 시킨다는 둥 그런 얘기가 굉장히 많았죠. 윤한봉 씨는 부드러운 사람이 아니고 호불호가 정확하고 그러니까 적이 많아. 그런데 이 광주사태의 주동자가 밀항을 해서 왔다는 것이 믿어지는 얘깁니까? 그때 당시에? 미국으로? 그러니까 여기 운동권에서 자꾸 "투입된 놈이다" 이렇게 말이 나왔지. 그렇지 않겠습니까? 당연하죠. 이제 망명과정은 책에 자세히 써 있으니까, 그 윤한봉 씨가 여기를 와 가지고 김상돈 선생 집에 있었어요, 가명으로. 그러면서 김상돈 선생이 말하자면 여기 운동의 대표였어요, 어른이니까. 김상돈 선생이 하던 〈조국민주화국민회의〉 거기에 나, 양은식, 홍동근, 김운하 그때 다 같이 있었습니다. 그러면서 윤한봉 씨가 거기 있으면서 자료를 다 뒤졌지. 여기 돌아가는 것을. 그러니까 윤한봉이 얘기는 이게 운동이 틀렸다 이거예요. 첫째, 명망가 중심으로 권위주의적으로 운동해선 안 된다. 둘째, 무슨 그 행사 중심으로, 삼일절 행사다 8·15 행사다 이렇게 운동을 해서는 안 된다. 말하자면 기성 운동권에 대해서 혹독하게 비판을 했지. 그러니까 그 사람은 한국에서 말하자면 기층에서 운동을 해 온 직업운동가고, 우리는 여기서 그냥 흥얼흥얼 하는 사람이고. 그래서 윤한봉이가 될 수 있으면 기성운동권을 제외했어요. 그래서 새로 조직을 했는데 다 심사를 했지. 그런데 이제 은호기는 괜찮다 하고. 그래 가지고 기존운동권에서 윤한봉 씨를 최초로 지지하고 나온 게 최진환 씨하고 나예요. 그래서 기존 운동권하고 갈등이 많았습니다. 그럴 거 아닙니까? 기존 운동권에서는 첫째는 그가 밀항했다는 것을 믿지 않았고. 그것이 이제 확인이 됐을 적에는 "너가 어른들한테 와서 인사를 해야지 배척하면 되느냐?" 이렇게 해서 운동권하고 갈등이 많았습니다. 또 하나의 갈등은 아까 말씀드린 대로 북한 인식 때문에, 과격한 것에 대해서 동포사회하고 굉장히 갈등이 컸죠. 그 두 가지 갈등을 헤쳐 나가는 데 굉장히 애 먹었죠.

김하영 그러면 윤한봉 씨 이야기에 이어서, 1989년에 〈범민족대회추진본부〉가 남북과 해외에서 추진되고 그러면서 1990년에 〈범민련〉이 결성되고 그렇게 되는데 그 〈범민련〉 결성과 관련해서 이 동포사회에서의 어떤 활동상 그것을 말씀해 주십시오.

은호기 윤한봉이가 조직한 〈한청〉, 〈한겨레〉가 미국 전국조직으로 구성됐다 그랬죠. 그 뒤에 전국조직의 형태를 띤 것이 〈통협〉입니다. 〈통협〉이 뉴욕 지부가 있고, 샌프란시스코 지부가 있는 그런 것은 아닙니다. 〈통협〉이 어떻게 결성됐냐 하면, 일본에서 와세다 대학 나온 최경태라는 분이 있어요. 그분이 돈을 많이 벌어서 민족통일 심포지엄을 쭉 했어요. 심포지엄을 하니까 학자들이 많이 참여를 하죠. 그래서 거기에 참여했던 분들, 학자들이 단체로 북한을 방문합니다. 또 대개 그분들이 북한에 고향을 둔 사람들입니다. 송석준 선생만 빼놓고는. 이 분들이 북한을 갔다 왔어요. 그때만 해도 북한을 한번 갔다 온다는 것이 새로운 경험이고 충격이었거든, 그래서 갔다 와서 각자 글을 썼죠. 썼는데 일반 신문에서는 안받아주고 그러니까 여기 『해외한민보』가 그걸 시리즈같이 많이 실었죠. 그래서 그것을 책으로 묶을 필요가 있다 해서 참 어렵게 여기서 책을 출판을 했죠. 제목을 『분단을 뛰어넘어』라고 했는데, 제목 짓는 데 며칠 걸렸습니다만 양은식 씨를 편저로 내세우고 작업을 한 우리는 쏙 빠지고. 그런데 그것을 쓴 사람들이 학자들이고 또 객관적으로 썼기 때문에 그게 상당히 북한을 아는 데 기여를 했어요. 그래서 한국에도 그게 들어갔습니다. 그래서 해적출판도 되고. 그때 한국에서도 굉장했다고 들었어요.

그런데 이 『분단을 뛰어넘어』를 계기로 해서, 말하자면 미국 각지에 있던, 주로 이산가족을 중심으로 해서 만든 것이 〈통협〉입니다. 그래서 그때 〈통협〉 발족식 할 때 나보고 축사해 달라 해서 했고. 서정균이도 거기에 관여를 했고. 그래서 내가 몇 가지를 지적했는데 이런 얘기를 했어요. 즉 "〈통협〉이 이것을 잘 정리해야 할 거다. 그 안에 재정문제도 있고 뭐도 있는데, 하나 가장 중요한 것은, 당신네들이 창구가 될 것인가 아니면 독점할 것인가, 이것을 잘 조화시키지 못하면 큰일이 날 것이다." 그랬더니 서정균 씨가 "아이고 우리 형 그것 잘 지적했다"고 그랬어요. 그래서 그 〈통협〉이 그때는 운동 성격이 그 강했어요. 그래서 그 〈통협〉이 말하자면 통일운동, 또 북한알기, 이런 것에 대해서는 상당히 기여를 했습니다. 그리고 〈통협〉 내에서 홍동근 목사라든지 해서 이산가족을 사업을 해가지고 동포사회에서 상당히 부드럽게 만드는 그런 역할을 했죠. 이산가족 사업이 미국에서 시작됐지 않습니까? 그런데 그 전에 참고로 알아둘 것이 뭐냐 하면, 미국에 이민 온 동포들 인구특성이 여기에 이북 사람이 많아요. 지금은 안 그렇지만 옛날에는 그랬어요. 그러니 이상하게 용산고등학교 애들이 많더라구. 그 해방촌 아닙니까? 이북에서 피난 와서 용산고등학교 많이 나왔어요, 우리가 학교 댕길 적에. 용산고등학교 애들이 많어. 그래서 가만히 봤더니, 말하자면 그 사람들은 어차피 고향을 떠난 사람이니까 서울 떠나는 것이 그렇게 힘든 문제가 아냐. 그래서 이북 사람이 많더라고. 그 다음에는 호남 사람들이 많어. 어차피 그 한국에서 차별하니까, 그 주변부 사람들이 되어 가지고. 독일도 가보면 광부, 간호원들이 호남 사람들이 많아요. 물론 경상도 사람들도 있지만. 그래서 그 운동의 중심세력이 호남 사람, 이북 사람이 많았어요. 그런데 이게 통일운동으로 넘어가면서 관점이 달라지는 거야. 그러니까 우리 같은 사람은 대동강을 봐도 관념적으로 "아, 이게 대동강인갑다" 그냥 그러는 거야. 그런데 그 사람들은 어렸을 때 스케이트 타던 데야. 그러니까 우리가 한강 보는 것하고 그 사람들이 대동강 보는 것하고 비슷한 거야. 거기서 차이가 나더라고. 그리고 가족들이 살고 있고. 그래서 분리현상이 일어나더라고요.

김하영 분리현상이라면 어떤 의미의 분리현상을 말하시는 겁니까?

은호기 이제 민주화운동까지 잘 갔는데 통일운동으로 넘어가면서, 말하자면 북한 출신들 민주화운동, 호남 출신 운동 그룹하고 차이가 거기서 나더라 이런 얘기에요. 북을 인식하는 데 우선 정서적으로 인식의 차이가 달라. 우리 같은 사람은 북을 가도 사돈의 팔촌도 없어. 관념적이지. 그런데 그 사람들은 직계까지 가족이 있어. 그러니까 거기에서 차이가 나더라고. 그러니까 〈통협〉이 자연히 북한 출신들로 구성이 된 거예요. 그 그룹이 하나 있고. 그 다음에는 기독교가 보수주의 아닙니까? 그런데 그 기독교 학자들 중에는 진보적인(liberal) 사람도 있어요. 그래서 〈기독학자회의〉가 결성이 됐어요. 그런데 대개 기독학자들도 북쪽 출신이 좀 많아요. 그래서 〈통협〉과 〈기독학자회의〉가 말하자면 인적으로 겹치는 것도 많고 이념적으로 통하고 그러니까, 그분들이 발전시킨 것이 처음에는 「북과 해외기독자 간의 대화」, 이게 1981년 비엔나에서 이뤄졌죠. 나중에는 기독자가 빠집니다. 그래 가지고 북과 해외동포 하고 대화 그것이 몇 차례 있었죠. 비엔나회의, 헬싱키회의 등 몇 차례 있었어요.

그래서 이제 그 두 줄기로 이렇게, 90년대에 들어오면서 말하자면 〈기독학자회의〉하고 〈통협〉하고 주로 해서, 말하자면 북과의 대화를, 이산가족을 통해서 북과의 대화 이것을 시도했죠. 이건 상당히 큰 겁니다. 그 다음에, 전두환 정권 들어오면서 남한에서 오히려 응집력과 외부로 뚫고 나가려는 힘은 강했지만, 거의 싹쓸어서 감옥에 갔지 않습니까? 처음에는 틈이 없었다고. 결국 학생들이 뛰쳐나왔지만. 그래서 이제 남한에서도 인식이 달라져서 말하자면 북과의 대화를 주장한 것이 소위 범민족대회인데, 범민족대회를 남쪽에서 제의를 하지 않습니까? 북쪽이 좋다고 그랬어요. 북쪽은 항상 대민족회의 하자는 사람들이니까. 그리고 해외 우리한테도 연락이 왔길래, "그래, 좋다" 그래서 그 추진본부가 뉴욕에서 1987년에 결정됐습니다.

그래 가지고 추진본부를 우리가 만들었어요, 뉴욕에서. 그때는 각 단체 전부 통합해서 만들었습니다. 양은식, 나 전부 해가지고 공동의장제로 했죠. 추진본부가 한창 한국에서 탄압받고 잘 안되고 해서 한 2년간 별 성과가 없었어요. 우리는, 말하자면 〈범민족대회 추진본부〉가 운동의 통합기능과 또 출구 이런 식으로 해서 했죠. 일이 부진하다가 노태우 대통령 시대에 「7·7선언」을 하지 않습니까? 그렇게 「7·7선언」이 나오고 그러니까 "한번 밀어붙여 볼 만하다" 그래서 이제 범민족대회를 본격적으로 서두른 거라고. 그래서 예비회담을 서울서 하자 그래 가지고 제가 대표단장으로 갔죠, 수유리에. 그때 저는 처음으로 한국을 들어간 겁니다, 못 들어갔는데. 그때 박준경 선생이나 또 돌아가신 심창균 선생이나 전국철 씨 이런 사람들이 내려오려다 못 내려왔잖아요, 판문점에서. 그래서 일단 회담이 무산됐는데, 그게 1990년입니다. 그래서 우리가 일본에서 회의하고 서울에서 하고, 그래서 1990년 8월 15일 날 범민족대회가 열렸죠. 남쪽에선 못 올라오고, 남쪽에서는 연세대학교에서 하고. 미국에서는 그때 대표자를 약 110명인가 구성을 해서 갔어요. 아마 그때 당시 처음으로 집단으로 많이 갔을 겁니다. 가서 비행장에서 도착성명도 하고 그랬는데, 거기서 끝나면, "나는 서울로 가겠다" 그렇게 했는데, 결국은 남쪽이 올라오질 못해서 서로 따로따로 했죠.

김하영 그러니까 1990년 8월 15일 날 평양에서 했다는 말씀이죠?

은호기 평양에서, 예 그랬죠. 남쪽은 연세대학교에서 하고. 그래서 나는 그때 주장한 것이, 양쪽에서 결의문이 나오게 하지 말고 평양의 결의문을 남쪽으로 보내서 수정하고 뭐든 간에 해서 결의문을 하나로 만들자는 그런 주장을 했어요. 그런데 그때만 해도 험한 때라 팩스가 동경을 거쳐서 이렇게 서울로는 직접 못 갔다고, 그래서 그것이 못 이뤄졌어요. 그때 범민족 대회 성과물로서 〈범민련〉을 결성하자고 결정이 됐어요, 평양에서. 그때 누가 갔냐 하면, 남쪽 대표로서는 황석영 씨가 갔어요. 황석영 씨가 민예총 대변인 할 땝니다. 그래서 그 끝나고 〈범민련〉을 결성하자고 그러는데, 여기서부터 이제, 말하자면 양은식 씨 측하고 저하고는 틀어지는 거예요. 뭐냐 하면, 거기서 의장이랑 다 결정을 하자는 거예요. 즉 남쪽은 문익환 선생, 미국은 누구누구 하고. 그러나 나는, "그건 안 된다. 우리는 지금 말하자면 범민족대회 대표급만 갖고 왔지, 〈범민련〉에 대해서는 우리가 가서 다시 해야지, 여기서 우리가 어떻게 인선을 하고 그러냐" 하면서 내가 강력히 반대를 했죠. 그래서 미국은 못했어요. 그러니까 그게 갈등의 뿌리가 돼 가지고 말하자면 양은식 측과 윤한봉 측으로 두 측으로 갈라집니다. 그래서 그때 〈범민련〉이 두 개가 생겼어요.

김하영 양은식 씨 측하고 윤한봉 씨 측하고?

은호기 예. 그렇게 갈라졌는데, 가만히 생각하니까 이 범민족대회를 두 개로 한다는 것이 좋지 않아. 그런데 북측에서는 말하자면 양은식 측을 지지하는 것처럼 이렇게 해, 그리고 동경에서 항상 장난을 해, 〈총련〉 사람들이. 그래서 내가 결단을 내렸지. "이렇게 두 개 할 필요 없다. 우린 해산하자. 〈범민련〉 운동 안 해도 되지 않느냐?" 그렇게 우리가 해산해서 그쪽으로 넘어갔는데. 그래서 〈범민련〉운동은 일단 통일운동을 한 단계 올렸다는 데 의미가 있고, 해외에서는 전 운동조직이 연합체를 이뤘다는 데 또 하나 의미가 있습니다. 그렇게 1990년대로 넘어왔어요. 이제 김영삼 정권이 들어서면서 3당 합당이든 뭐든 간에, 말하자면 우리가 투쟁명분이 약해졌어요. 그러니까 "본질의 변화는 아니지만 상황의 변화에 따라서 우리도 대응이 달라져야 한다" 해서 기존의 이분법적인 운동단체보다는 NGO성격의 운동이 필요하다 해서 만든 것이 〈NAKA〉(미주동포전국협회)입니다. 그게 이행우 선생 발의로 이승만, 조동설, 나, 또 나중에 함성국, 윤길상 등 이렇게 해서 만들었습니다. 그러다 1997년 1월에 〈동포연합〉(재미동포전국연합회)이 만들어져요. 이게 그러니까 〈통협〉이 주축이 됐어요. 그런데 그것을 하려고 정경남 씨랑 최성철 씨랑 여기를 왔었어요. 와서 나도 만나기도 하고 나는 반대를 했고. 그 전에 말하자면 임창영 박사가 김 주석한테 직접 그 얘기를 했고. 그런데 북은 정치권력이니까 필요하겠죠. 말하자면 〈통협〉이 〈동포연합〉으로 확대발전한 것이 96년인가 그럴 겁니다. 그래 가지고 이산가족사업도 그리로 전부 넘어가고, 북한하고 경제사업이니 뭐 하는 것을 그리로 단일화를 했어요. 그게 말하자면 〈동포연합〉입니다.

〈NAKA〉는 여기 계시는 조동설 선생이 재정적으로 지원을 많이 하셨는데, 그분도 평안도 사람이에요, 미국대사관에 있었는데. 그분이 최초로 미국 핑퐁외교 얘기할 적에, 미국 탁구단이 평양 갈 적에 통역을 자원해서 북에 간 분이에요. 그런데 그 양반이 퀘이커야. 퀘이커에는 퀘이커 하우스가 있습니다. 그래 가지고 갈등관계가 있는 나라들을 아무도 몰래 불러서 회의를 많이 하고 그래요, 파티를 하고. 남북관계도 많이 했는데. 그런 특별 프로그램이 있어요. 퀘이커가 일 많이 합니다. 여기서도 통일세미나도 한 번 크게 하고 그랬는데. 그래서 조동설 씨가 그 〈NAKA〉에 재정적인 지원을 많이 해요. 그래서 지금 〈NAKA〉는 주로 의회 로비를 많이 합니다. 그래서 젊은 변호사도 있고, 그래서 루가(Rugar) 의원이 「북한인권법」 처리할 적에도, 처음에는 반대 로비도 하고. 그래서 이행우 선생이 의회에 여러 번 가요. 그 로비가 상당히 중요하죠. 그런데 루가 의원이 「북한인권법」 할 적에, 공화당 의원이지만 상당히 괜찮은 사람입니다. 그 사람이 처음에는 그걸 반대를 했어요. 근데 분위기가 영 안 되니까 이것을 입맛에 맞도록 좀 손질을 해달라 그래서 그것이 우리한테 왔어요. 그래서 〈Korea2000〉에서 회의를 해서 그 북한인권법을 손질해서 보내고. 주로 오인동 박사가 했어요. 오 박사가 영어를 잘 써요.

김하영 그런데 어떤 분들은 「북한인권법」 결의안에 대해서 상당히 비판적으로 생각하는 그런 분들도 계시지 않습니까?

은호기 그래서, 그 법을 말하자면 우리가 추진했다는 거야. 그렇게 모략을 일부 하더라고. 그런데 처음에는 우리가 그것을 막으려고 그랬는데. 〈동포연합〉 쪽에서는 우리가 북한인권법 만드는데 도와줬다 이렇게 주장하는데, 그게 아니라니까. 루가 의원이 「북한인권법」이 "처리 안 된다" 이랬는데, 지금 의회 분위기가 도저히 이건 폐기처분 할 수 없으니까 될 수 있으면 좀 적절하게 수정해 달라는 요청을 하고 그래서 수정을 해서 보냈죠. 기왕에 통과될 바에는 그렇게 해야 할 것 아닙니까? 그것을 이제 말하자면 저쪽에서는 우리가 주도했다고. 아, 우리가 미쳐서 그런 법안을 통과시키려고 그러겠습니까? 우리가 수정한 것 다 있어요. 그래서 그 반대성명도 내고 그랬죠. 그래서 〈NAKA〉는 세미나도 많이 하고 그런 걸 많이 합니다.

김하영 그러면 이제 〈자주민주통일미주연합〉에 대해 말씀해 주십시오.

은호기 그것이 이제 어떻게 됐냐 하면 1993년에 윤한봉 씨가 귀국을 했습니다. 그런데 윤한봉 씨가 들어가면서, 김영삼 정권으로 넘어오면서 한국 상황도 좀 바뀌었고 그래서 운동 부분을 많이 정리를 했어요. 그래서 결론적으로 말하면 윤한봉 씨가 만든 〈한청〉, 〈한겨레〉에서 지금은 민주화운동, 통일운동 부분은 격렬하게 활동을 하는 게 거의 없고, 이제는 〈민족학교〉에서 동포들 권익문제 이것만 중점으로 하기 때문에, 지금은 그 〈민족학교〉가 동포사회나 영사관이나 이런 데서 아주 부드러워졌어요. 그래 1993년에 윤한봉 씨가 귀국하면서 일정부분 정리를 하니까 강령도 바꾸고 캐치프레이즈도 바꾸고 한 것이, 나중에 뭐가 의심쩍다 해서 거기에 대해서 이제 반기를 든 것이 한호석이야. 이제 그 윤한봉 그룹을 가지고 운동한다는 것은 한계가 있다 그래서 〈자주연합〉이 결성된 거에요. 그 〈자주연합〉의 핵심 멤버들은 옛날에 〈한청〉, 〈한겨레〉 운동하던 사람들이에요. 그래서 〈자주연합〉을 만들었죠. 이행우 선생이 거기 제일 어른으로 있고, 실질적으로 모든 정세분석 하고 보고하는 것은 한호석 씨가 하고.

그래서 세 단체가 북한과 이제 관련이 돼 있는데, 다시 연합체를 만들자고 해서 2001년 평양에서 만든 것이 〈민련〉인가 그래요. 그 정확한 이름이 얼른 생각이 안 나네. 평양에서 세 단체를 연합을 시킨 거죠. 그래서 회장을 돌아가면서 하기로 하고 이렇게 했는데, 이게 원활히 이루어지지 못하고 있어요. 몇 번 시도를 했다 이해관계가 다르고 활동영역이 다르고 그렇기 때문에. 그런데다 〈동포연합〉이 북한하고의 관계는 자기네들이 독점하려고 하는 그런 게 많이 있어. 그래서 이 사람들은 평양만 가면 언행이 달라져. 그래서 그 연합체가 원활히 되지를 않고 있어요. 그러니까 내가 늘 얘기하듯 1970년대, 80년대식 개념의 소위 운동단체는 지금 없어요. 상황도 많이 달라졌고, 지금은 "내가 친북이다" 해도 나쁠 게 없다고.

김하영 그래서 이제는 「6·15공동선언」 이후의 상황으로 넘어가면 이야기가 연결이 될 것 같습니다.

은호기 그래서 인제 「6·15공동선언」이 나왔잖습니까? 그렇지만 공동선언을 어떻게 실천할 것인가 뭐가 이런 것은 여기에 별로 없었어요. 그러니까 기존의 운동단체, 나 같은 사람이나 뭐나 하는 사람들은 일단 손을 놓고. 또 크게 봐서는 〈NAKA〉, 〈민협〉, 〈동포연합〉도 큰 활동이 없었는데, 이제 남북에서 〈6·15위원회〉를 만들었지 않습니까? 그러니까 해외에도 만들어야 한다. 그래서 해외위원회는 일본, 미국, 유럽, 오스트레일리아, 중국, 소련 이렇게 해서 만들었는데. 옛날에 〈범민족대회 추진본부〉할 때만 해도 그 상황이 이념적인 차이를 두드러지게 나타낼 수가 없었다고. 그러니까 그런대로 연합이 됐는데. 지금은 그렇지 않아. 남쪽은 남쪽, 북쪽은 북쪽대로 하는데. 여기서도 만들었는데, 나는 거기 만들 적에 적극적으로 참여를 안 했어요. 나는 고문으로 해 놨는데. 이게 활성화 되고 대회를 하잖아요, 서울서 오고 평양서 오고. 그런데 그 〈동포연합〉이 6·15행사를 주도하려고 하고. 그러면 여기 동포사회가 분리가 돼 버려요. 우리는 이제는, 말하자면 〈한인회〉, 〈평통〉 모두 다 같이 한다 그래서 폭넓게 하자는 건데, 거기까지는 동의를 하는데, 주도권은 그 사람들이 쥐려고 그런다고. 그래서 그런 갈등이 있어요. 그래서 그 〈6·15위원회〉가 문제가 많아요. 아, 한국 조직 내에서도 문제가 많지 않습니까? 여기저기 문제가 있지만 한국은 절박하니까 그런대로 끌고 가는데, 해외는 그리 절박한 게 없어. 지금 그 양은식 씨 측에서는 자신들 나름대로 고집을 부리고, 우리는 "그래선 안 된다, 〈한인회〉, 〈평통〉 다 같이 가야한다" 하고, 말하자면 이런 상황입니다. 나는, 소위 통일운동에서 약간 비켜 서 있는 사람, 또 통일운동을 이해하지 못하는 사람, 통일운동을 반대하는 사람, 이런 사람들을 안고 가야지, 뭐 저쪽하고 똑같은 사람하고만 만나서 그것이 무슨 통일운동이냐? 그렇지 않아요? 북에서는 자기의 가치를 부정하는 사람들을 끌어들여야 하고, 남쪽에서는 또 통일에 반대하는 사람들을 끌고 가야 통일하는 것 아닙니까? 우리는 그런 주장인데, 자기네들이 주도권을 쥐고 가야 한다는 그런 입장이기 때문에 갈등이 좀 있죠.

지금 대략 구분을 한다면, 북의 입장에서 통일운동을 전개하려고 하는 그룹이 〈동포연합〉이라고 볼 수 있어요. 그 다음에 남과 북을 아우르려고 하는 것이 6·15 조직이라고 볼 수 있죠. 그 다음에 남쪽 가치에 기준을 두어서 통일운동을 하려고 하는 사람들이 〈한인회〉, 〈평통〉 이렇게 그룹을 지을 수가 있죠. 그런데 이것을 다 아울러야죠. 아울러고 그러면 결국 남과 북을 아우를 수 있는 사람, 조직이 중심이 돼야 할 것 아닙니까? 그래서 좌와 우를 거느려야 하는데, 그것을 인정을 않고 자꾸 그 〈동포연합〉이 주도권을 쥐겠다고 하는데 문제가 있는 것이죠.

김하영 이제 조금 질문을 다른 방향의 질문을 드리겠습니다. 재미동포 사회에서의 통일운동 하고, 다른 지역 즉 일본이나 독일 이런 지역 동포사회에서의 통일운동이 어떤 협력관계가 있는지 말씀해 주십시오.

은호기 옛날에는 말하자면 80년대까지만 해도 캐나다 운동권을 미국으로 쳤습니다. 그래서 '북미주' 이런 이름을 많이 썼어요. 지금은 이렇게 조직이 분리되어 있지만. 그 윤한봉 선생이 말하자면 국제연대, 해외동포 사회의 연대, 이런 연대사업을 많이 했고요. 또 일본에는 〈한민통〉이 있습니다. 곽동의 선생이 하던 것. 그분이 〈한민련〉 해외조직을 만들었어요. 그런데 일본의 〈한민통〉 사람들이 미국은 잘 못 와요. 비자관계 때문에. 그런데 유럽은 마음대로 들락날락 해요. 또 유럽에는 사회주의 색채가 강하잖습니까? Socialist International도 있고, 그래서 거기 옵저버로도 가고. 그래서 유럽운동권하고 일본운동권은 상당히 긴밀합니다. 그래서 미국까지 하라고 그랬죠. 그래서 〈한민련〉 본래 초대 수석의장이 임창영 박사였습니다. 그런데 임창영 박사가 〈미주민련〉을 해체해 버리고 그러면서 일본과의 형식적인 조직적 연대가 일단 끊겼죠. 그 뒤에 김운하 씨가 그것을 하려다가 잘 되지를 않고. 그래서 일본과 미국과의 연대는 별로 없어요. 그런데 일본하고 유럽하고는 연관이 많습니다.

그 다음에 그 조직적으로 연대가 있었던 것이 이제 〈범민련〉이죠. 범민련 유럽본부, 미국본부, 일본본부. 그래서 범민련대회를 하고 그러면서 범민족대회라는 프로그램에서 각 범민련 사람들이 만나고 해서 인간적인 유대가 많이 이루어졌죠. 연대운동은 그 정도일 겁니다. 그 뒤에 6·15 조직이 이제 유럽지역, 미국지역에 있으니까 서로 만나죠.

김하영 유럽 지역에서의 활동은 주로 독일 교포 중심이었잖습니까?

은호기 그렇죠. 그런데 독일은 간단해요. 독일은 학생이 등록금이 없잖아, 전부 국립대학이고. 거기는 원래 문리대 애들이 강해요. 그래서 박사후보, 박사, 간호원, 광부 이거야. 1973년에 송두율 씨가 〈민건회〉를 만들었거든. 이름이 〈민주사회건설협의회〉인가, 〈민건회〉라 그러는데 송두율 씨가 핵심적 역할을 했어요. 거기에 다 관련이 되었던 사람들이 이제 한국에 많이 들어갔지. 그러니까 송두율 씨하고 이종수 박사가 말하자면 윤이상 선생 오른팔, 왼팔 하던 그런 분들이지. 그러니까 유럽에서는 운동의 제일 어른이 윤이상 선생이었지. 그 양반은 권위도 있고. 그런데 많은 유럽 학자들은 살기가 힘드니까 많이 귀국을 했어요.

김하영 재미동포 역사적 과정이나 활동사항을 쭉 개괄을 잘 해주셨는데, 이제 재미동포사회에서의 통일운동의 성과적 측면에 대해 질문을 드리고 싶습니다. 첫 번째는, 미국 주류사회에 대해서, 그러니까 미국 주류사회나 미국의 대한반도 정책에 대한 영향, 두 번째는 남북관계 아니면 남한의 대북정책이라 할까 그런 측면에서의 영향, 세 번째는 동포사회 내에서의 영향, 이 세 가지 측면을 나누어서 동포사회에서의 통일운동이 어떤 성과나 어떤 영향을 미쳤는가 말씀해 주십시오.

은호기 뭐 내가 그래도 민주화운동, 통일운동에 몸담고 있던 사람이 뭐 성과가 이렇다 하고 내놓는다는 것이 우습긴 하지만, 오히려 제 입장에서는 미진한 것이 더 많죠. 그런데 분야별로 잘 지적을 해주셨는데, 미국 주류사회에 대한 작업은, 대중적인 운동 측면에서는 윤한봉 선생 조직이 많이들 했어요. 예를 들면, 필라델피아에서 의회의사당까지 대행진을 한다든지 그러면서 분위기를 많이 일으켰고, 또 UN에의 남북분리가입 반대를 UN 앞에서 많이 했습니다. 데모도 하고 단식투쟁도 하고. 미국 주류사회에 대한 영향은 그런 것에서 윤한봉 씨가 많이 했고. 실제 정책적인 베이스에서, 로비 활동은 약했다고 봐야죠. 그러나 그것을 개척한 그룹이 〈NAKA〉예요. 그래서 〈NAKA〉가 일정부분 대의회 로비 이런 것을 많이 했고. 그 다음에 미국 언론이나 학계, 주로 한국의 실정에 대해, 미국의 한반도 정책이 어떻게 잘못돼 있는가, 이런 것에 대해서 논쟁을 하고 글을 발표하고 한 것은 〈Korea2000〉 그룹에서 많이 했습니다. 특히 오인동 박사가 노틸러스(Nautilus)에 글을 쓰거나 여기 Pacific Council 토론에 참가하고, 이활웅 선생이 『LA타임즈』, 『뉴욕타임즈』에 기고를 많이 했어요.

그런 것 정도가 말하자면 지금 얼른 내가 생각할 수 있는 미국사회에 대한 활동이라고 볼 수 있죠. 그러니까 대중운동으로서는 지금 말했지만 윤한봉 씨가 많이 했고, 그 다음에 정책적인 로비활동을 한 것은 〈NAKA〉가 했고, 또 여기 언론이나 주류 학계 쪽에서는 〈Korea2000〉이 많이 했다고 볼 수 있죠.

김하영 다음으로 남북관계에 있어서 동포들의 통일운동이 미친 영향은?
은호기 남북관계는 해외동포가 많이 크래킹(cracking)을 했죠. 말하자면 남북이 경직돼 있을 때 그것을 깬 것. 옛날에는 미국 정부가 여권 뒷면에 해외여행 금지국을 썼습니다. 해외여행 금지국이 쿠바, 베트남, 즉 북베트남, 북한 등 이렇게 써져 있었다고. 가지 못하는 국가로. 그것을 푼 것이 76년 카터 행정부입니다. 그러다가 80년대 초에 북한이 미국동포에 대한 관광을 허용했어요. 물론 그 전에 비공식적으로 갔다 온 사람들이 있었어요. 그런데 그때 그분들은 북한을 갔다 왔어도 공개적으로 얘기할 수가 없었지. 이제는 아까 얘기 한대로 선우 박사, 양은식, 최익환, 송석중 씨 등 여러분들이 북한을 갔다 와서 공개적으로 글을 쓰고 강연을 했어요. 그때 굉장히 동포사회에 호응을 많이 받았어요. 그때 북한바로알기운동 이것은 이제 미국에서 시작한 거지. 지금은 북한이 못살지만 그때만 해도 괜찮았단 말예요.

그러니까 우리는 북한에 대한 교육을 아주 나쁘게 받았지 않습니까? 그러니까 내 얘기는, 이것도 주관적이지마는, 모든 것을 평가하려면 기준이 0에서 출발해야 하는데 우리는 마이너스 10쯤 돼 있다고, 북한에 관한 한. 그러니까 실상은 마이너스 2만 돼도 좋게 보이는 거라고. 그럴 것 아니에요? 이 반공교육이 잘못된 거지. 가서 보니까 원체 나쁘게 생각했던 그게 아니거든. 거기도 역시 사람 사는 데고. 그런데 이산가족의 경우는 반응이 두 가지로 나눠집디다. 자기 가족이 잘 되어 있으면 기분이 좋은 거고, 또 엉뚱하게 어디 함경도나 이런 데 가서 살고 있으면 속이 아프고. 한 예를 들자면, 이런 것을 내가 봤어요. 미국에서 범민족대회를 가는데 어떤 영감님 하나가 김일성 배지를 달고 다니더라고 "왜 그러십니까?" 그랬더니 "나는 김일성 주석 존경한다. 내가 자식을 다 팽개치고 도망 나온 놈인데 애들이 다 김일성대학 나와서 한 자리 하더라. 이것 좋은 제도 아니냐?" 달리 얘기하면, 남쪽 같으면 내가 월북했으면 어디 그러겠느냐 그 얘기야. 그런 편차가 나타나지만, 여기서 이산가족들 만나러 가고 관광도 가고 해서 북한에 대한 실상을 구체적으로, 실증적으로 알게 됐다는 것, 그것이 이제 큰 성과, 북한바로알기운동이라 하겠죠.

그 다음으로, 북한과 공식적인 대화를 했단 말이야. 비엔나 회담에서부터 시작해서 헬싱키 회담. 그래서 이 사람들은 통일의 생각이 뭔가 알려고 하고. 황장엽 씨도 다 나오고 그랬어요. 그리고 미국에서 북한 사람들을 초청을 해서 동포들과 모임도 하고 미국 사람들과 연결도 시켜주고. 이런 소위 크래킹 작업을 했죠. 그것을 했죠. 그런데 이 해외의 역할이라는 것은 남북의 역할과 반비례해. 남북이 잘 되어 가면 해외가 그만큼 할 일이 줄어들어. 지금은 더 그래. 지금 남쪽 사람이 북을 얼마나 가는데, 남쪽에 가야 이북 담배 얻어먹는데. 그래서 그 초기에 역할이 컸다고 봐야죠.

그 다음에 동포사회에 대한 영향. 이것도 말하자면, "북이 그렇지 않다"는 것을 인식시키는 데 많은 역할을 했죠. 동시에 여기에 있는 이산가족들이 북에다 투자하고 싶은 그런 것에 대해서도 많이 자극을 하고 했죠. 그런데 이제 여기 미국 동포사회와 북이 제대로 이루어지려면 조미수교가 돼야 돼.

김하영 그래서 이제 재미동포 통일운동의 미래방향과 관련해서 이야기를 좀 연결시켜 주시죠.

은호기 그러니까 조미수교가 돼야 해요. 지금 재무부 규정상 100불 이상 북한에 못 갖고 가게 돼 있어. 허가를 받아야 돼. 그러니까 조미수교가 되어야 동포사회도 북한하고 활발하게 움직이면서 또 남쪽과 같이 일정 역할을 할 수 있을 거예요. 또 하나의 부정적인 면은, 이 동포사회가 둘로 갈라질 가능성이 커진다고. 그렇지 않겠습니까? 걔네들은 걔네들대로 〈동포연합〉을 강화하고, 말하자면 〈총련〉 스타일의 조직을 만들려고 그럴 것 아닙니까? 이런 것을 어떻게 해결해 나가느냐 하는 것이 또 하나 과제. 이렇게 얘기할 수 있죠. 그런데 실제로 지금 통일운동이라 그러면 이제 남북관계는 해외에서 관여할 것이 없어. 그러니까 해외동포 역할을 두 가지 측면에서 얘기할 수가 있어요. 조미관계가 제대로 나갈 수 있도록 미국정부에 로비, 특히 의회에 어떤 로비활동을 해야 한다는 이런 것. 그 다음에는, 대한민국이 미국과의 관계를 바로잡으려고 하는데 동포들이 한국정부를 도와야 한다는 것. 이 두 가지인데 이게 상당히 큰일입니다. 이것이 사실은 조미수교 되기 전에 해외동포들이 해야 할 일이야. 그 다음에 또 하나를 더 얘기하자면, 여기 동포사회가 굉장히 보수적인데, 그러니까 기독교인을 통해서 동포사회를 어떻게 하면 통일지향적으로 되게 하는가, 그렇게는 안 되더라도 반통일전선에서는 벗어나도록 할 수 있는가? 이 세 가지 일을 해야 하는데 그 역량이 부족해서 좀 안쓰럽죠.

김하영 알겠습니다. 동포사회의 통일운동에 대한 전망까지 이야기하셨는데, 이제 약간 개인적인 질문을 드릴까 합니다. 선생님께서는 어떤 계기로 이렇게 통일에 대한 적극적인 관심을 가지시고 이렇게 활동을 하시게 되었는지 그 부분을 좀 말씀해 주실 수 있습니까?

은호기 제가 전공을 정치학을 했고, 한국에 있을 적에 우리가 60년대 학교 다니고 그랬을 적에, 이게 뭐 객담입니다만, 그때는 뭐, 그저 유행이 있었습니다. 요즘은 많은 사람들이 글을 쓴다 그러면 뭐 「6·15선언」 이후 어쩌고 이렇게 시작하겠지만, 5·16 박정희 이후에는 사회체제나 가치체계도 많이 바뀌고 그래서, 5·16군사혁명 이후 어쩌고 이런 것이 유행처럼 됐었는데. 그때부터 나는 '혁명'이란 말은 안 썼어. '쿠데타'라고는 쓸 수 없고 그냥 '5·16'이라 하고. 그래서 그 군사정부에 대한 반감 같은 것이 있었고. 또 우리 집이 그 본래적으로 야당 성격이고. 그렇지만 내가 학교에서 뭐 크게 활동한 건 아니고. 그래서 통일지향적인 이런 것보다도 단순히 "독재정권은 안 된다", "군사정권은 안 된다"는 이런 생각을 가지고 살았죠.

김하영 그러면 미국은 언제 건너오셨습니까?

은호기 제가 60년대 말에 왔는데, 이게 너무 개인적인 얘긴데. 한국에서는 제가 원고를 많이 썼어요. 그 200자 원고 쓰기 참 힘들거든. 쓸 것은 없고 두세 장 가지고 밤 지내고. 여기서 그것은 해방됐어. 그런데 이제 여기 운동이 무슨 조직적으로 돼 있는 것도 아니고, 연결도 되지도 않고. 대개 무슨 운동조직이라는 것이 이념적인 것 이전에 그 인간관계에서 맺어진 게 굉장히 많습니다. 운동이라는 것은 정당이랑 틀려서. 그래서 뭐 아는 사람들이 찾아오고 그래서 운동에 발을 들여놨죠. 저도 다른 사람과 같이 반공교육을 받았고. 또 우리 집안이 그런 집안이고 그러니까 반독재 민주화운동 여기서부터 출발을 했는데, 여기서는 또 북한에 대해서 여기서는 많이 생각할 수가 있잖아요.

우선 북한에 대한 자료의 접근이 쉬우니까. 한국에서는 그때만 해도 무슨 북한 잡지만 하나 갖고 있어도 잡혀 들어가는 것 아닙니까? 간첩으로 몰리고. 뭐 여기는 그런 것이 없으니까. 또 영문도 많고. 아까도 얘기했지만 영문이 설득력이 더 많지. 그래서 자꾸 그 북한의 가치를 찾아 들어가는 것 아닙니까? 그러면 또 민족사적으로 어떻게 되는 것인가 하면서 통일운동으로 가는 것이죠. 그

은호기 선생

런데다가 조직운동을 하고, 또 윤한봉 씨 논리가 나를 많이 자극을 했죠. 그랬어요. 내가 글을 많이 썼어도 요행히 반북한에 대한 글은 하나도 없어요. 만일 그것이 있다면 족쇄가 되는데, 없어요. 그러니까 김대중 선생 측근으로부터는 내가 굉장히 친북파로 몰렸지. "이유가 뭐냐?" 그랬더니 "북한을 비판하지 않지 않습니까?" 그래요. 내가 모르는데 뭐를 비판해? 또 여기 떨어져 살고 있으니까 남쪽도 좀 보여요. 여기 떨어져 있으면 그렇게 좀 크게 보이니까 그렇게 민족논리에서 보고 있지요.

김하영 예, 오랜 시간 동안 재미동포 사회의 여러 가지 활동에 대해서 많이 말씀해 주셔서 감사합니다.

7. 오인동

면담일자: 2007년 10월 21일
장　　소: 미국 캘리포니아주 로스앤젤레스
면 담 자: 김하영
구 술 자: 오인동

김하영 선생님께서는 사실 정형외과 의사이신데 지금 현재 동포사회에서 통일 관련 활동을 적극적으로 하고 계십니다. 그래서 미국에 건너 오시게 된 배경을 먼저 말씀해 주시고 나중에 어떻게 통일문제에 관심을 가지셨는지 말씀해 주십시오.

오인동 내가 의사로서 통일운동을 한다고 말하기에는 좀 적합하지 않은 사람이고. 그저 한국에서 60년대 중반에 의과대학 나오고 나중에 미국으로 왔는데. 한 가지 그저 기억나는 것은 DMZ에서 즉 철의 삼각지 거기에서 1년 동안 근무하고 그랬는데 막연히 1·21사태를 당했었어요. 그 1·21사태하고 또 푸에블로 함 사건, 그 다음에 EC-121 정찰기 격추사건이 있었지요. 그 1·21사태 이후이기 때문에 1960년대에 군에 있던 젊은이들과 장병들이 콘크리트 장벽, 철조망, 운하 파는 거, 이러한 노역에 동원되고 정말 고생을 많이 했어요. 그런 것을 보면서 저도 같이 DMZ에서 1년을 지내고 나서 왔던 것이 늘 마음에 있었는데. 의사니까 제대하고 나서 미국에 온 다음에는 정형외과를 하고 싶어서 정형외과를 전공을 했고. 전공을 클리브랜드에서 하고 나서 보스톤으로 옮겨가서 거기에서 이 고관절, hip joint replacement에 대해서 실험·연구하고, 고안하고, 개발하고 이렇게 학술적으로 연구만 하고 지낸 것이, 한 25년 동안 그랬어요. 그래서 통일이니 민족이니 이런 문제에 대해서 그렇게 신경 쓸 여유도 없었는데, 단지 한 가지는 제가 그런 연구결과 덕분에 세계적으로 여행을 참 많이 다녔어요. 시술도 하고, 강연도 하고 하면서. 그런데 이상한 게, 미국에서 온 의사라는 사람이 동양 사람이고 또 영어로 이야기하고 그러는데 신통하고 그러니까 "넌 어느 나라 사람이냐?"라고 묻는 거에요. 그래서 한국인이라고 말하면서, 그 질문에 대해서 막연히 느낀 것이 "아, 그렇지. 나는 한국 사람이지." 그러면서 이제까지 그 많은 나라를 다녀봤는데 이북을 한 번도 가보지 못했고. 그렇게 지내다가 1992년에 미국에서 한인들 재미의사회에서 북한과 의료 교류를 하겠다고 그래서 거기 방문 대표단이 한 5명이 갔는데, 회장이랑 부회장이 거기에 같이 좀 가 달라고 해서 그때 처음 북한에 갔었어요. 그저 막연히 내가 강연 다닐 적에는 별로 생각지도 않았던 같은 민족이 아닌 다른 민족 사람들이 "너 어느 나라 사람이냐?"라고 물었을 적에, 한국인이라고 해 놓고 북한을 한 번도 못 갔던 것이 마음에 걸리고, 그래서 북한에 갔다가 거기서 정형외과 의사들 참 많이 만나고, 거기서도 강연도 하고. 뿐만 아니라 제가 개발한 그런 인공관절들도 갖다가 인민대학습당에다가 전시하고 그랬다고 하더라고요. 그래서 북한에 다녀와서 우리 분단 현실에 대해서 무언가 다가오기 시작했지만, 처음에는 돌아와서 그냥 단체에 가입하여 활동하는 일 없이 그대로 지냈어요. 1990년대가 되서 여기 LA에서 이런저런 일로 해서 주류사회에 제가 많이 관련이 되었어요. 그러다가 이제 또 LA 동포사회에도 나와서 일을 해야 된다고 그래서 나왔던 것이 〈한미연합회〉(KAC)라는 단체인데, 그 단체의 이사장을 하는데 그때 4·29폭동이 일어났어요. 그 사건으로 한인사회가 피해를 많이 보았는데, 그때는 정말 정치력이 없어서 그게 아주 피부에 와 닿고 그랬어요. 그래서 그 이후에는 정치 쪽으로 관심이 쏠려서 어떻게든지 정치적 신장을 위해서 젊은 1.5세대나 2세들하고 같이 일하고, 그때가 연방 하원의원 김창준 씨도 나오고 그럴 때라고요. 그러다가 보니까 이제 한인 커뮤니티에 조금 더 노출되고, 그러다 보니까 또 평통위원을 해야 된다 그래서 평통위원이 되고 보니까 통일이야기가 나오게 되고, 또 통일이야기가 나오게 되면서 그러다 보니까 한쪽에서는 이 통일문제에 애쓰시는 분들이 많이 계시더라고요. 그 전에는 민주화운동을 했는데, 민주화운동 시대는 저는 잘 몰랐고. 저는 항상 다른 쪽에서 그쪽을 보아왔기 때문에 잘 몰랐는데 그러다가 이제 1992년에 북한을 다녀오고 나서 너무나 역사나 이런 것에 대해서 잘 몰라서 문화원 같은 데 가서 근대사에 관해서 쓴 역사책을 여러 권을 빌려서 읽어 봤어요. 그리고 또 여기서는 북한 원전도 읽을 수 있기 때문에 그런 것도 보고 나니까 이 현실에 대해서 눈이 뜨이기 시작하고, "아, 우리 역사가 이렇게 되었구나, 그리고 참 너무나 정말 한심한 짓을 우리가 하고 있구나" 하는 생각이 들어서 그때서부터 좀 글을 쓰고, 통일 문제에 관심을 가지기 시작했던 것이죠. 그러면서 이제 1990년대 중반에까지 왔어요. 그러다가 소위 말해서 우리나라의 분단극복 문제, 통일문제에 대해서 관여하기 시작한 것이죠.

김하영 그러면 이제 의사로서 가지는 특별한 전문성을 통해서 이 운동에 관련된 측면이 있었습니까?

오인동 사실은 뭐 반드시 그렇지는 않았는데요, 이런 것은 있었어요. 그냥 책을 읽다보니까 자연히 민족문제, 통일문제에 관심을 가지다 보니 한국에서 정치가인 김대중 총재, 그때는 야당 총재였는데, 그런 사람의 이야기도 듣게 되고 또 책을 쓴 것도 보게 되었는데, 그 김대중 총재 그분이 고관절 때문에 고생을 많이 했거든요. 그래서 수술을 해줄 수 있냐는 의뢰가 와서 1995년 11월에 한번 한국에 갔었어요. 그래 가지고 김 총재 진단도 하고 수술 계획도 다 세우고 그랬는데, 다 지난 일이 되어서 특별한 문제도 없고 결국엔 수술을 안 하셨지만, 그때 이 양반이 글쎄 자신의 3단계 통일론 책을 이렇게 서명을 해서, 아픈 환자가 주더라고요. 그래서 이제 그것도 와서 읽으면서 보았고, 또 그 책을 만드는데 제일 많이 힘을 쓴 임동원 아태 총장도 알게 되고. 그런 인연으로 해서 좀 더 이젠 통일문제에 가깝게 생각을 했고, 그분이 민족통일 문제에 대해서 고민을 많이 했다는 것을 간접적으로 많이 들어 왔고. 그리고 제가 1997년 초인가에 한국 플라자호텔에서 국제회의가 있었어요. 심포지엄이 있어서 여기에서 스칼라피노 교수니, 또 그때 『LA타임즈』 칼럼리스트 지낸 톰 플레이트(Tom Plate)니, 해군 대학의 에드 올슨이니 이런 사람들이랑 해서 전부 나갔었는데, 그 회의에 참석하면서 한국 사람들이 이 통일문제를 어떻게 생각하고 있다는 것을 좀 알게 되었고. 또 그 자리에서 임동원 아태 총장하고 만나서 직접 그분의 연구실에도 가보고, 이런 것이 인연이 되어서 좀 더 깊어지게 되고. 그런 반면에 여기 〈평통〉에는 한국에서 오는 사람들이 참 많고 그래서 그분들이 오면 내가 그동안에 배우고 듣고 했던 것을 많이 이야기 했었어요. 또 그 당시 여기에 은호기 선생이랑 또 다른 선생이랑 하던 〈통일마당〉이었던가 하는 통일 그룹이 있었어요. 그곳에서 이분들은 자신들이 통일운동은 거기에서 했지만 주류 한인사회 사람들이 볼 때는 저 사람들이 무엇을 하는 사람인지 관계하지 않고, 또 무어라 해도 잘 알지도 못할뿐더러 하나도 관심도 없어요. 또 후에 이야기하게 되겠지만, 소위 말해서 친북인사라고 그래서 자기의 친인척 관계로나 이산가족 문제로 북에 갔던 사람들이 완전히 이 사회에서 경원시 되고 그랬어요. 일반 한인 동포는 여기에서 이민생활하면서 그 사람들이 이야기하는 것에 관심도 없고 들려오지도 않아요. 그분들은 열심히 하신다고 했을지는 모르지만 한인사회에서 별로 대접을 받지 못했어요. 운동이란 게 본래 그런 것인지도 모르지만. 그런데 이제 그런 데에 가서 보니까 다른 세계가 있다는 것도 알게 되고. 또 그동안에 내가 생각하고 이야기했던 것을 쓰고, 그리고 또 〈평통〉에다가 상당히 통일지향적인 그런 글들을 아주 많이 썼어요. 그래서 〈평통〉에서 문집을 매번 냈는데, 소위 말해서 가장 진보적인 글이랄까, 그런 글을 써서 사람들이 놀라기도 하고. 그런데 또 〈평통〉에서는 제 위상으로 보거나 그래서 "아니다" 할 수도 없고. 그래서 그 당시에 벌써 1994년인가 1995년에 "우리가 해야 할 것은 남북공조"라는 이야기를 제가 대놓고 썼더니 〈통일마당〉에서 나오는 신문에서도 남북공조가 기본원칙이 되어야 한다는 그런 이야기도 있었어요. 그래서 특별히 그렇게 무슨 의학하고 관련이 되지는 않았지만, 이런 것은 있었죠. 제가 1992년에 북한에 갔을 때 최창식이라는 보건부 부부장이 있었어요. 그 당시는 부부장이었고 지금은 보건부

부장인데. 이제 십 몇 년 되었는데, 처음에 만났을 때 그분하고 북한 의학계 관련 이야기를 했는데, 1992년에 갔었는데 1993년도에 핵문제가 났기 때문에 더 이상 진전되지 않고, 그 다음 이야기는 나중에 다른 데서 만나서 1998년에 가서 계속 이어졌지요.

그러니까 저는 기본적으로 의사입니다. 의사이기 때문에 미국 사회에서는 사회적 지위가 좀 있다고도 할 수 있어요. 그만큼 사회적 지위를 가지고 있기 때문에 여기 주류사회에 접근하기가 쉬워요. 게다가 대학 교수를 지내고 연구를 많이 해서 정형외과 교과서에도 제 이름이 나옵니다. 그런 점에서 의학계에서도 인정을 받기 때문에 주류사회에 접근이 쉽다고 할 수 있죠. 또 저는 운동권이 아니라 〈평통〉 즉 말하자면 제도권기구에서부터 통일 관련 활동을 시작했습니다. 통일운동 하시는 다른 많은 분들은 제도권과는 격리되어서 활동해 왔습니다. 그런데 저는 말하자면 공식적인 제도권에서 출발했기 때문에 제도권 인사들을 비교적 많이 압니다. 그게 제가 활동하는 데 일부 강점이 되었다고 봅니다. 또 저는 전공이 의학이지만 한국 역사 관련 책을 많이 읽었어요. 〈평통〉에 들어가서 활동하더라도 통일문제를 제대로 보기 위해서 책을 많이 읽었고, 그래서 다른 분들하고 논리가 가까워질 수 있었죠. 이런 것을 장점으로 볼 수 있는지는 모르겠지만, 아마도 이런 배경을 가지고 있었기 때문에 제 나름대로 활동하면서 어느 정도 성과를 내었다는 생각도 듭니다.

김하영 네. 그렇군요.

오인동 〈통일마당〉이나 이런 데에 들어가 보니까 여러 선생님들이 계셨는데, 자기가 이렇게 생각했던 것을 맞장구 쳐주는 사람들이 얼마나 반갑습니까? 또 사실 들어가 보니까 나보다도 훨씬 더 전에 1980년대부터 이미 이 양반들이 다 그런 이야기하고 쓰고 그랬더라고요. 그래서 놀라면서 자꾸 인연이 되고 그랬지요. 그래서 〈평통〉에 와 가지고 그동안에 내가 소위 내공을 쌓았다는 것을 가지고 이야기를 했는데, 〈평통〉에서 오시는 분들한테 여러 가지 너무 옳은 말을 많이 해서 그분들을 곤란하게 많이 했어요. 1990년대 중반에 〈평통〉이라는 것은 그저 반공협회 같았어요. 그랬는데 여기는 그렇지 않았다는 것이, 특히 미국 사람들, 키노네스 같은 사람들을 불러오면, 제가 항상 국제협력분과위원장으로서 사회를 하고 통역도 하고 그렇게 해주고, 또 〈평통〉에서 무슨 수석부의장이 와도 아주 곤란하게 많이 만들었어요. 그러나 사람들이 옳은 말을 하기 때문에 그 당시에는 정말 "우리 〈평통〉에서 저 분이 있어서 그래도 우리 체면이 서는구나" 하는 그런 생각이 들게 했다는 그런 점에서는 보람도 느끼죠.

김하영 그러면 오 선생님께서 의사이시고 또 영어가 유창하고 그러니까 주류사회에 대한 접근이 상당히 용이하고, 그래서 여기 한인사회나 한인사회 내의 통일운동하고 미국 주류사회 사이에서 가교적인 역할을 쉽게 하실 수 있는 그런 측면이 있었을 것 같은데, 어떤 일화 같은 것이 있습니까?

오인동 예, 일화는 참 여러 가지가 많습니다.

김하영 대표적인 것 한두 가지만 말씀해 주십시오.

오인동 여기에 〈Pacific Council on International Policy〉(PCIP)라는 것이 있어요. 뉴욕에 있는 〈Council on Foreign Relations〉이라는 그것과는 서부의 자매기관인데, 여기에서 소위 말하자면 한반도와 관계가 있는 사람들, 한반도를 연구한다는 사람이라든지 비즈니스 차원에서 한반도와 관계가 있는 사람들이 모여서 하는 정책회의거든요. 거기에 여러 사람들이 초대가 되었어요. 한국에서는 미국이 한국에 대한 관심이 많이 있는 줄 아는데 미국 사람들은 정말 한국에 대해서 관심이 없을뿐더러 잘 알지도 못해요. 그래서 한번은 글쎄 무슨 육군참모총장을 했다는 분이 왔는데, 한미동맹(ROK-US alliance)을 부르짖으면서 와서 강연을 했어요. 그 당시에 '통미봉남' 이야기가 많았어요. "왜 북한은 남한과 이야기를 하지 않고 미국하고만 이야기하려고 하느냐고 말이야?" 그러면서 그것을 저희들한테 이야기를 했어요. 그런데 미국 사람들이 너무 모르지만 어떤 때는 짧은 시간에 직접 알려줘야 해요. 그래서 제가 뭐라고 질문을 했냐 하면 "저는 미국 시민의 입장에서 이야기하는데, 장군님, 보니까 한국군의 작전통제권을 우리가 가지고 있다면서요, 미군 장성이 가지고 있다면서요?" 그랬더니 아, 그렇대요. 그래서 "언제 그렇게 되었습니까?" 그러니까, 놀라는 사람들은 여기 앉아 있는 미국 사람들이라고요. "아니, 이게 무슨 소리인가?" 그래서 "뭐 그때 6·25가 나고 미국이 들어와서 도와주었기 때문에 이렇게 돼서…"라고 대답을 해요. 내가 "아니, 그러면 그것은 국가의 하나의 기본주권인데 그것을 아직도 어떻게 좀 해보자는 그런 이야기가 없었습니까?" 그러면 이 미국 사람들이 노래지기 시작하는 것이죠. "그러나 여러 가지 북한의 남침의 우려 때문에…" 뭐라고 그래요. "그러면 아니, 지금 남한이 한 30~40배 잘 산다는데 아직도 그게 안 됩니까? 아까도 한미동맹이라고 하는데 그것을 막을 능력이 남한에는 없습니까?"

그래 가지고 그런 이야기에 대해 미국사람들은 아주 흥미를 느끼고 재미난 거야. 그래서 닥터 오(오인동)만 나오면 한반도 관한 회의가 아주 재미난 거야. 그래서 저희 사람들이 만날 나오라고 그러죠. 그런 질문을 왜 하느냐 하면, 그 사람한테 "당신이 여기 와서 자꾸 한미동맹만 따지지 말고 너희들 주체성을 찾아서 그런 것을 해야지 통미봉남 소리를 안 듣고 할 것 아니냐" 하는 그런 생각에서 해요. 또 UCLA나 USC에서 한반도 문제에 대해서 세미나 같은 게 많아요. 주미대사를 지냈다든지 하는 그런 여러 사람들이 많이 와서 이야기해요. 그런데 그 사람들 여기 와서 하는 이야기 들어보면 우리 같은 입장에서는 정말 열불이 나는 거에요. 아주 친한적이라는 미국 인사가 이런 곳에 와서 이야기를 할 때에는 달라요. 그래서 그때 이렇게 꼬집는 질문을 던지면 미국 사람들은 그것을 넘어가는 것에 참 능숙해요. 그러나 이런 청중도 있다는 것을 알려주는 것도 필요하고, 거기에서도 듣고 있는 사람들한테도 이게 상당히 중요한데. 그러한 것을 알리고 싶지만 사실 거기에는 한계가 있어요. 거기 청중이라는 게 뭐 미국 사람들은 사실은 거기 잘 안 와요. 한국 학생들하고 우리 같은 사람들 가서 분위기 봐서 바른 이야기하고, 또 못된 이야기 안 하게끔 하는 그런 역할을 많이 했고. 그렇게 가서 알려지니까 토론자로 불러서 가고, 그 다음에는 아주 패널 발표자로 그런 데 가서 이야기하면 사람들이 참 좋아하지요. 왜냐하면 일반적으로 이야기하는 것보다도 이미 다른 시각을 가지고 이야기해 주니깐 우선 재미가 나고 또 새로운 사실을 알게 되기 때문에 그렇죠. 그러면서 내가 해야 되는 일이 마치 원래부터 이러한 일인 양 느끼고 그랬던 적이 참 많지요.

미국 정치인들이 한국문제에 대해서 잘 몰라요. 상원의원 지내고 캘리포니아 주지사 했던 피트 윌슨(Pete Wilson)이 그때 주지사 끝나고 나서 한번 Pacific Council에 왔어요. 와 가지고서는 그때 사회를 보면서 한반도 문제를 논의하는데 막 모르겠다는 거에요. 어디에서 무슨 이야기를 시작해야 할지 몰라요. 그렇다고 해서 그 사람을 공개적으로 모욕할 필요도 없는 것이고, 그것보다는 좋게 이야기를 해서 한반도 실정에 대한 이해를 하게 하니까 굉장히 고마워해요. "아, 그랬느냐"고 말이에요. 그래서 나중에 쉬는 시간 같은 때에 특별히 와가지고 서로 이야기도 나누고 그런 경우도 많고. 또 여기나 클레어몬트에 갈루치 같은 미국의 전직 관리들, 한국의 전·현직 고위관리들, 한국의 연구소 학자들이 컨퍼런스에 많이 다녀갔어요. 그런데 한미 컨퍼런스를 하는데 제가 참 정말 재미동포로서 한국 사람한테는 좀 안된 이야기지만 "참 저런 식으로 해가지고는 우리가 어떻게 통일을 하겠나" 하는 생각이 들 정도로 창피한 경우가 많았어요. 심지어는 이런 경우도 있었어요. 청와대 무슨 수석까지 지낸 사람들이 앉아 있었는데 "당신들이 앞으로 남북관계가 좋아져서 남북관계에 교역이 많아지면 그 문제를 이제 미국 같은 데에서 물어볼 텐데, 그것을 내부거래로 하느냐 국가 대 국가 거래로 그냥 처리하느냐, 어떻게 할 것이냐?"라고 물어봐요. 그러면 당연히 금방 대답을 해야 할 것 아닙니까? 그런데 이야기하는 사람이 없어요. 그래서 그냥 그것을 넘어가려고 해서 할 수 없이 제가 이야기를 했어요. 원래 미공개 미팅이었는데 저는 그때 거기에서 초청을 해줘서 참가할 수 있었어요. 내가 "아, 이게 무슨 소리냐. 독일의 예에서 봤어도 언제 그랬냐고. 다 내부거래로 했고. 우리는 여기 총리께서도 앉아 계신데 1991년에 남북기본합의서 할 때 이것은 나라와 나라 사이의 관계가 아니고 통일로 가는 데서의 특수한 관계라는 완전히 민족 내부의 문제니까 그런 것을 가지고 당연히 내부거래로 해야 하지 않느냐"고 말이야. 내가 잘 난 것이 아니라 이런 이야기를 나 같은 사람이 해야 된다는 것이 너무나 한심했어요. 사실 난 그 한국 정부의 고위직 이런 사람들에 대한 외경심, 특히 자연과학도로서 사회과학이나 이런 것을 하는 사람들한테 나는 외경심이 있는데, 나는 그 날부터 아주 그냥 "이야, 이래서 되겠는가?"라는 생각이 많이 들더라고요.

김하영 그러면 주류 사회에서의 그런 활동 외에 의료 활동과 관련해서 질문을 드리면, 북한에 대한 의료지원이 많이 이루어지고 그랬는데 그런 일과 관련해서 선생님께서 관여하시고 활동하시고 그런 것이 있습니까?

오인동 그런데 한마디로 이야기하면 제가 그런 것은 없어요. 아까 얘기한 대로 1992년도에 북한에 들어갔지만 사실 그 당시의 실정으로는 북한한테는 너무나 첨단의 기술이 돼서 그런 것을 전수해준다고 해도 거기서 받을 준비도 안 되어 있고 아무 것도 안 되어 있었어요. 1992년도하고 2006년이니까 몇 년 차이인가?

김하영 14년이죠.

오인동 14년 후에 최창식 보건상을 광주에서 작년 6·15 때 만났는데,

"아, 어떻게 하나, 큰일 났어." 그래서 "왜 그러나?" 그러니, "아, 그것 가지고 만들어 보려고 했는데 안 되는데" 그래요. "여보시오, 그게 도대체가, 지금 그렇게 했다고 했는데 그래서 되는 것이 아니다"라는 이야기도 했는데, 이것은 뭐, 주제 밖의 이야기이고요. 저는 그런 식으로 직접 도와주거나 하는 그런 일을 하지 못 했어요. 그것 보다는 이런 생각이 더 앞섰어요. 그런 식으로 도와주는 것 보다는, 정부가 하는 통일에 대한 정책들, 이렇게 좀 큰 틀에서 그것이 실현 가능하게끔 해주는 것을 해야지, 내가 가서 약 몇 개 갖다 주고 비타민 몇 개 갖다 준다는 것으로는 되지 않는다는 생각이 저는 더 강했어요. 세계적으로 돌아다니면서 강연하고 그러다 보니 어려운 것도 있었고. 의학의 발달이라든지 주민의 생활의 향상이라든지 도우는 그런 사람들도 물론 있어야지요. 많이 도와주고 그래야 하는데, 저는 그렇게 하는 것보다는 내 입장에서 내 역할은 그것이 아니지 않은가 생각해서 오히려 여기 지방의 대학을 중심으로 해서 아까 말한 그런 일을 하고. 또 아까 Pacific Council 이야기도 많이 했고.

이제 그 다음에는, 여기 『LA타임즈』나 또 『뉴욕타임즈』하고 『워싱턴포스트』에서 한국에 대한 기사가 나오면 대번에 틀린 기사들이 있거든요. 자기중심적으로 생각해서 쓴 기사들. 거기에 대해서 영어로 편집자에게 보내는 편지(letter to editor)를 무지하게 썼어요. 한 2년 동안. 그런데 채택이 잘 안 돼요. 채택이 된다 하더라도 조금만 돼요. 이것 좀 이상한 이야기지만, 미국에는 한인 정치학 교수가 참 많아요. 그런데 그런 사람들이 그렇게 한 것을 별로 보지 못 해요. 그런 분들에게는 상당히 좀 섭섭한 마음도 있고요. "이런 분들은 왜 이런가?" 말하자면 한국의 참 기가 막히게 똑똑한 분들이 유학을 와서 여기에 교수를 하고 있고, 한국의 역사를 훤히 알고, 게다가 좋은 머리로다가 미국의 역사도 훤히 아는 분들이, 한국 전문가라는 미국 사람들보다 훨씬 나아야 할 텐데 그런 사람이 없어요. 한국 문제에 대해서 논문을 써 내는 것이나, 노틸러스(Nautilus) 같은 것이 전부 유능한 창구이거든요. 그런데 그것을 뭐 미국 사람들 자기네들이 차지하기 때문에 그렇다고도 할 수 있지만…

여기에서 특별히 작전권, 서해교전 문제를 가지고 내가 한번 썼던 적이 있어요. "서해교전이 있어났는데 데프콘 쓰리가 되니까 한국은 사라지고 미국과 북한이 되더라. 이것이 뭐냐?" 그래 가지고 「Make South Korea Real Party to North Korea」라는 그런 에세이를 한번 썼어요. "남한이 북한의 진정한 상대자가 되도록 미국이 해 주어야 된다"면서 "미국이 작전권을 가지고 있기 때문에 이렇다"라는 이야기를 썼던 거예요. 그것 때문에 아주 노틸러스에서, 브래들리 마틴이라는 사람이, 또 『방콕타임즈』에 있는 사람이 거기에 대해서 논평을 했어요. 그러니까 누가 거기에 대해 반박했어요. 내가 또 거기에 대해서 반박했어요. 그러니깐 또 김명철 씨가 거기에다가 쓰고. 전부 영어로 했어요. 한국 사람들이 많이 보았더라고요. 그래서 내가 어쩌다 어떤 미팅에서 사람들을 만나면 "당신이 그거 한 사람이야? 그래서 내가 참 놀랐어." 그러면, 내가 "그렇다"고 대답하고. 내가 이제 김명철 씨도 여기 와서 만나고 그랬는데. 그렇게 하는 것이 소위 재미동포들로서 할 수 있는 일이 아닌가, 그래서 언론에다가 내가 많이 썼는데 우리 〈Korea2000〉에서 참 일을 많이 했어요. 그래서 아무튼 간에 우리가 편집자와 실제 스태프들에게 주위를 환기시켰다는 것이 중요해요. 여기 미국『뉴욕타임즈』에서 부편집장도 하고 『LA타임즈』에서 칼럼기자 지낸 톰 플레이트라는 교수가 있어요. 이 사람 아주 유명해서 김영삼, 김대중 전 대통령을 다 그냥 단독 인터뷰 했던 사람인데, 지금은 UCLA 교수로 가 있고요. 처음에는 굉장히 보수적인 사람이었는데 그 사람의 생각을 완전히 바꾸어 놓았어요. 근본적으로 이 사람들이 한국을 잘 몰라요. 그래서 만나서 이야기 듣는 것을 참 좋아하고, 그래 가지고 하다 보니까 한때는 그냥 회의에 가면, "Whatever Doctor Oh says is right" 그러더니 결국은 "한국의 항구적인 평화가 성립되려면 미국이 나와야 된다"고 아주 딱 칼럼을 쓰고 그랬던 적이 있어요.

김하영 이제 〈Korea2000〉 활동을 좀 말씀해 주시죠.

오인동 그것이 어떻게 되느냐 하면 이렇게 되었어요. 여기서 아까 말씀드린 대로 이제 동포사회가 보수적이고, 또 일찍 통일운동에 뛰어들어서 자기 몸을 희생하시는 그런 분들이 있지만, 그런 분들의 숨결이라든지 또 그런 분들이 주장하는 것이 소위 말하는 한인사회, 주류사회에 하나도 반영될 수가 없어요. 왜냐하면 무슨 글이든 그쪽 사회에서 받아들이질 않기 때문에. 우리 같은 사람들이 쓰면 마일드(mild)하게 써서 그 글이 받아들여지게 되지만, 실제적으로는 그분들이 동포사회에 소위 말하자면 기여한 것이 없다고 생각해요, 제가 보기에는. 이게 뭐 그 사람들을 폄하하려는 것이 아니라 그게 참 안타까워서 하는 소리라고요. 그런데 물론 이 〈Korea2000〉은 은호기 선생님 같은 그런 그룹에서 한 것하고는 좀 다르고 그렇지만, 동포사회에서 이렇게 보니까 "무엇을 하나 해야 하기는 할 텐데" 생각하면서, 비슷한 의식을 가진 분들하고 이야기해야 시간낭비가 안 될 것 같아서 모아진 사람이 한 대여섯 명, 그래서 1997년 가을에 결성한 것이 2000년대를 바라본다고 해서 〈Korea2000〉이라고 결성했어요. 그리고 그 당시 뭐냐면, 혹시 남한에서 통일문제를 천착해 온 김대중 총재가 당선이 될 가능성이 보였기 때문에, 그래서 우리가 세미나를 하루 종일 하고, 그것을 모아 가지고 "앞으로 만약에 그런 식으로 된다면 통일에 대한 정책건의서를 해외동포 입장에서 남의 대통령과 북의 김정일 위원장에게 전달하자." 김 위원장이 그때는 위원장이 아니라 총비서였는데, 어쨌든 "그렇게 하자" 그래 가지고는 가을에 결성했는데 12월 달 되니깐 정말 딱 당선이 되시더라고요. 그리고 물론 저는 개인적으로 수술 관계 때문에 김 총재도 알고, 그런 인연도 있던 차라 이것을 다 만들었어요. 그래서 2부를 만들어 가지고 하나는 북쪽에 가는 것, 하나는 남쪽에 가는 정책건의서를 했는데, 북쪽에 가는 것도 남쪽에 주고, 남쪽에 가는 것도 북쪽에 주기로 했어요. 그리고 아태 총장인 임동원 씨, 그때 아무 것도 보직을 받지 못한 때였어요. 1월 달에 나가서 그 임동원 씨와 만나서 이틀 동안 이야기를 하면서 건의서를 드리고 "내가 이것을 가지고 평양에 갑니다. 그 사본은 이것입니다." 이러고서는 평양에 들어갔어요.

오인동 박사

김하영 그러면 평양에 가신 것이 언제가 됩니까?

오인동 1998년 1월 31일이요. 김대중 대통령 취임 전이었고, 임동원 씨가 아무 보직도 없을 때예요. 그런데 1주일 있다가 나와 보니까 임동원 씨가 외교안보수석으로 되었다고 그러더라고요.

김하영 그런데 평양에 가서서 그러면 어떻게 이야기가 진행이 되었습니까? 평양에서의 반응은 어떠했습니까?

오인동 그러죠. 이제 평양에 갔는데, 가는 명목은 재미의사회와 한인의사회, 그 두 개가 그 1992년에 했던 것을 다시 연다는 목적으로 갔어요. 그래서 비자를 받아 가지고 갔는데, 사실 그것도 좀 문제가 되었어요. 여기에는 보고도 안 하고 갔거든요. 그래서 갔다 왔더니 영사관에서 난리가 났어요. "아니, 오 박사님 어떡하자고 베이징 공항에 나타나서 이북 비행기를 타시고, 왜 여기서 무얼 하느냐"고. 아, 그래 가지고 만나자고 그러면서 야단이더라고요. 그런 에피소드도 있었어요. 하여튼 뭐, 이제 그러고서는 들어가서 대동강 여관에서 묵었는데, 그때 추운 겨울이었지 않습니까? 2월 1일에 들어갔는데, 두 사람이 나왔는데, 이 사람이 국장이래요, 〈해외동포위원회〉 국장이고 한 사람은 최승철이고, 그 사람보다 조금 더 나이든 사람은 신병철이더라고요. 누구인지 몰랐죠. 최승철 국장이라는 사람은 당당하고 자신 있고. 그래서 내가 다 미리 연락을 했어요, 같이 가는 사람들이 이런 것을 가지고 올 거라고 이야기하라고. 그래서 서류를 주었어요. "이것은 방금 이틀 전에, 여기 오기 전에 임동원 씨에게 준 것이다. 이거 전달하는 데 내가 김용순 비서를 만날 수는 없는 것 같으니 당신이 그분한테 드리고, 그것이 김정일 총비서한테 전달되기를 바란다." 그리고 "이것은 해외동포가 준 것이 돼서 여기에 무슨 비밀도 없고 아무것도 없다. 그리고 여기 카피(copy)는 저쪽에도 주고, 남쪽에다 준 카피도 여기에다가 준다." 그럴 때 내가 개인적으로 썼던 한 60 페이지 되는 통일논문집이 있어요. 다 이제 배우고 그래 가지고 총집합한 것을 갖다가 줬어요. 그리고 "시간 있으면 여기 박동근 교수가 당신들의 아주 대표적인 정치경제학자인데 그 사람하고 좀 만나고 또 다른 사람도 좀 만났으면 좋겠다"고 말하고 이제 그 사람들이 받아 가지고 갔어요. 그러니깐 그 다음에 어떻게 되었는지 몰랐죠. 그랬는데 고려호텔로 옮겨가지고 있는데 한 2~3일 있다가 누가 왔느냐하면, 이학수라는 사람이 왔더라고요. 이 사람이 김일성, 김정일 노작 강좌장이래요. 이학수 교수가 와서 이제 나에게 세뇌(brainwash)를 하려고 하는 것이지. 그래서 이야기 하는데 그랬어요. 몇 마디 하다가 나도 『세계와 더불어』니 뭐니 읽어 보아서 어쩌고저쩌고 다 안다고 했죠. "아니 그러면 제가 할 말이 별로 없겠네요" 그러더라고요. 그래서 "그러지 말고 다른 이야기 좀 하자"고 말했죠. 그러고 나서 그 다음날 그 박동근 선생이 오셨더라고요. 그래서 그분하고 하여튼 아침 9시부터 밤 10시까지 같이 다니면서 이야기하고. 자기는 내가 보내준 논문집 다 읽으셨다고 그러시더라고요. 그러면서 "참 감동적으로 잘 쓰고 그랬다"고 그러시면서, 다 동의하고 그러는데 자기는 이미 이런 것을 전부 저 젊은 사람들한테 주었대요. 그래서 "젊은 사람이 누구요?" 그랬더니 누구를 이야기하는데, 그 사람들이 무엇인지 뭐 알 수가 있어야지. 아, 저기 한국으로 말하면 청와대의 수석비서관 같은 그런 비서들이라는 거에요. "그러니까 난 뭐 이제 할 것 다 했으니까 그 사람들한테 달려있다"라고 그러더라고요. 이 분은 나이도 많고 그래서 같이 역사박물관에도 가고 하루 종일 같이 점심 먹고, 저녁 먹고, 술 먹고, 그 다음에 추운 겨울밤에 그냥 그 고려호텔에서 걸어가는 노학자를 보면서 내가 마음이 쓰렸던 적도 있는데. 아무튼 그랬는데 최승철 씨를 또 만나게 되었어요. 보통 잘 안 나타나는데, 그때 어떻게 해서 일행으로 같이 갔던 사람이 교통사고가 나서 어디가 부러졌어요. 그래서 외국 사람들만 가는 병원으로 특별히 모셨는데, 내가 또 정형외과 의사니까 또 아주 걱정이 돼서 나왔더라고요. "아니, 최 국장 그 어떻게 되었어요?", "다 조치했습니다" 그러더라고요. "아무튼 잘 좀 합시다." 그러면서 "앞으로 그렇게 기회가 많지 않은데…" 뭐, 이런 이야기를 하고 그 다음에는 모르죠. 그리고서는 여러 군데 구경을 하고 왔는데, 구경은 뭐 1992년도에 다 같이 갔을 때 해서 할 것도 없었고.

　나중에 와서 보니까, 2000년 「남북공동선언」도 하고 그랬는데, 그때서부터 우리가 이야기하는 것에는 다 미치지는 못했지만, 뭐 그렇다고 해서 우리의 무슨 원래 생각이라고 그럴 수도 없죠, 다 통일에 대해서 생각하는 사람들은 다 비슷한 생각을 하는 것 아닙니까? 그런데 그 방향으로 되어가는 것을 보고 저희들이 상당히 보람을 느꼈고, 김 대통령이 방미했을 때도 만나서 그런 이야기를 하고 그랬죠. 그래서 그런 것이 〈Korea2000〉에서 주로 한 것으로, 말하자면 그런 통일정책 건의서를 했다는 것. 그 다음에도 계속해서 미국 주류 사회의 신문에 열심히 기고를 했고, 얼마나 영향이 있었는지는 모르겠지만 하여튼 몇 개는 채택이 돼서 신문에 나온 것도 있어요. 또 그 다음에는, 소위 미국 강단, 학계의 그런 정책 포럼에 나가서 우리의 입장을 말하고. 그런 데에는, 말하자면 연세대 문정인 교수 이런 분만이 와서 영어로 이야기를 할 수 있는 사람 아니에요? 한국은 참 이상해요. 그렇게 미국을 많이 왔다 갔다 했는데도 미국에 와서 영어로 이야기를 할 수 있는 사람들이 문 교수 정도밖에 없어요. 그리고 문 교수도 배짱이 세서, 나는 문 교수하고 부딪치기도 많이 해요. 나도 뭐 이제는 굉장히 친하게 지내지만, 그 사람 나만 보면 내가 너무 한다고 그러고, 나는 "당신 그것 가지고서는 안 된다, 더 해야 한다" 이러면서 부딪치곤 해요.

김하영 혹시 선생님께서는 기독교계 활동과는 어떤 관련이 있습니까?

오인동 그런 것 전혀 관계없어요. 원래는 어머니 때문에 천주교였어요. 그런데 저는 벌써 그것도 오래 전에 안 하고요. 그리고 저도 무슨 북에 친척이 있다든지 이산가족 그런 것도 아니고, 고향은 지금은 이북이 되었지만 황해도 옹진이고요.

김하영 그러면 〈Korea2000〉이 동포사회에서 아니면 통일과 관련해서 앞으로 어떤 방향으로 활동을 전개할 계획이나 전망이 있습니까?

오인동 2000년대 와서, 「6·15남북공동선언」을 맞이하고 그래서 참 보람도 되고, 그러면서 남북관계가 굉장히 급속도로 많이 좋아지고 그렇지만 해외에서의 역할이 자꾸 줄어드는 것 같은 느낌을 받기도 하고, "아, 아마 우리가 할 일은 어느 정도 하지 않았나" 하는 생각도 들고. 또 뭐냐 하면 그 전까지는 해외동포가 1990년대 중반까지 한 4~5천 명이 북한을 다녀왔다고요. 이것은 남북이 전혀 통하지 않을 때였는데, 그래서 북의 수많은 정보를 남한테 직·간접적으로다가 전했다는 것은 해외동포가 한 커다란 기여라고 보고. 또 여기 LA가 해외 한인이 참 많이 사는 데라서 한국에서 오신 분들이 대부분이 여기서 와서 다 강연도 하고 또 보수적인 시각을 가진 분들도 오는데, 거기서 우리의 임무는 이렇다고 느꼈어요. 한국에서 오는 보수적인 시각을 가지고 있는 사람에 대해서, 뭐라고 할까 좀 건방진 말 같지만 각성을 하도록 하는 것이 우리의 일이라 생각하고.

이제 〈Korea2000〉 활동을 하다보니까 그 영어로 쓰고 그러는 것이 있어요. 여기에 〈APMN〉이라고 있어요. 그러니까 Asia Pacific Media Network라고 UCLA에 있는 것인데, 톰 플레이트라는 교수가 하는데, 그 사람 칼럼이 동아시아 13개국의 영자신문에 다 나가요. 한국에서는 그 사람 칼럼이 『코리아타임즈』랑 『한국일보』에도 나가요. 게다가 홍콩, 타일랜드, 타이완, 싱가포르에 다 나가는데, 이런데다가 그렇게 애를 써서 참 많이 냈어요. 그래서 제 논문은 어떤 때는 고등학교 참고 교재로도 쓰여요. 노틸러스에 냈던 논문들, 남북관계와 미국과 한반도의 관계 이런 것이 전쟁 속에서부터 거처 왔다는 것을 두 편에 나눠서 긴 논문을 썼더니 그것이 눈에 띄었던 모양이에요. 그래서 어느 고등학교 연합에서 이것을 전국 고등학교 도서관에다가 배치를 해야 된다고 그러면서 그것의 판권을 달라고 그래서 그 질문이 왔어요. 그래서 그것은 기꺼이 얼마든지 주라고 그랬죠. 그래서 아마도 거기에 다 나가 있게 되어 있어요. 그런 식으로 되었는데도 불구하고 한계를 느껴요. 하다보니까 그런 것을 만날 하기도 힘들고. 또 남북관계가 이렇게 좋아지고 있는데 외국에서 활동하는 데는 한계도 있고. 나는 "from within"이라는 말을 써요. "from without"이 아니라 "from within"이라는 말을 써요. 외국에서 무엇을 하는 것이 아니라 모든 역동성은 한국에서 나와야 한다는 말이죠. 북한은 그럴 수밖에 없고 한국의 사람들이 그 속에서 통일하자는 의지를, 그리고 소위 미국에 종속되지 않고 자기들이 하겠다는 그런 의지를 가지고 강하게 나가야 한다는 것이라 생각해서, 그 다음부터는 한글로 쓰는 것을 더 많이 했어요.

그래서 〈Korea2000〉이 요새는 그때처럼 그렇게 거창하게 활동은 안 하죠. 그러나 그대로 있으면서도 아직도 동포사회의 역사인식과 시대의 정신을 제대로 구현해서 통일철학을 정립하는 데 정신적인 지주가 되어야 된다는 것을 생각해서 여기에서 커다란 세미나 그런 것은 다 해요. 강만길 선생의 역사 강연회 같은 이런 것들을 하거든요. 그러면 사람들이 제일 많이 모이고 그러는데, 그런 것을 할 적에 이제 우리 팀에서 다 기획하고서 여러 통일 단체들하고 연대해서 하는데. 근자에 와서는 나는 정말이지 한국에서 무언가 나와야 하고 생각해요. 그리고 여기 사람들도, 너희들의 조국이 소위 말해서 반미 한다는 것, 그런 식의 반미는 더 해도 좋다고, 그것은 반미가 아니라고. 조국에서 그럴 때에 우리의 위상은 더 올라가는 것이지, 그냥 하는 대로만 하면 우리는 만날 그대로 가는 것뿐이라고요. 그래서 이제 활동을 덜 하는 셈이지만 방금 말한 그런 점에서는 꾸준히 하고 있다고 보아야죠.

요즘은 이슈가 특별히 없으니까 〈Korea2000〉이 하는 일이 아까 이야기 했지만, 일부 주류 학자들한테 한반도의 실정을 많이 알리고, 정책건의를 하고, 그리고 각 단체들을 엮어서 한인사회의 통일 문제 강연회나 심포지엄을 개최하는, 그런 세 가지 역할로 종합을 할 수가 있지요. 그런데 아까도 이야기를 했지만, 아직도 미국 주류사회에 대한 일이 많은데 그 역량이 한계가 있어요. 힘들어요. 그렇다고 해서 무슨 재단에서 돈을 대 주는 것도 아니고.

김하영 그러면 지금 활동은 조금 소강상태에 있다고 볼 수 있겠네요.

오인동 그렇지요. 하지만 이런 생각은 해요. 왜냐하면 우리가 만날 90년도부터 "해외동포의 역할, 특히 재미동포의 역할", "한반도 문제에 깊숙이 관련되어 있는 미국에 살고 있는 우리로서 무슨 역할을 해야 한다" 그래서 몸부림을 치면서 작은 몸짓을 했던 것이 〈Korea2000〉의 노력이고. 그런데 그것이 사실 보면 미미해요. 그러나 소위 말하는 한국문제에 대해서 이러나저러나 하는 사람들한테 〈Korea2000〉의 존재는 상당히 많이 알려져 있고, 제가 언제든지 이메일을 왔다 갔다 하기 때문에 그러한 관계는 유지되고 있고. 그런 것으로 볼 적에 우리의 역할이 거기에 좀 한계가 있어서 참 슬픈데. 그것을 다른 사람들 소위 한인 교수들한테 해 달라고 하고 싶은데 그것도 되지도 않고, 그래서 우리가 한 것이고. 그런데 다행히 어떻게 보면 남북관계가 좋아지니까 우리의 역할이 작아져서 그렇게 된 것이 아닌가 생각하기도 하고. 지금도 상당히 힘이 들어요.

그런데 이제 우리가 실컷 일을 해 놓으면, 여기 있는 그 한국계 학자들이 지원을 해주어야 하는데, 그런 것이 없어요. 없을뿐더러 한국에서 온 학자들이 세미나 하면서 우리가 실컷 이야기 해 놓은 것을 뒤집어버리는 거예요. 그러면 미국 사람들한테는 한국의 현장에 있던 학자들의 이야기가 더 신빙성이 있을 것 아닙니까? 그래서 그런 좌절을 많이 당합니다. 그러니깐 한국서 온 정치학자들이라든가 정책입안자들, 특히 학자들이 와서 적당히 이야기해 놓고 가는 것이에요. 릴리(Liley)하고는 이런 것에서 한번 붙었어요. 그런 사람들은 한국 사람들이 하는 회담에 이제 초청되어서 오지요. 그렇게 오면 우리를 참 얕봐요. 그럴 수밖에 없는 것이, 어느 회담에 가든지 자기가 한마디 일갈하고 그저 친목적인 그런 말만 하면 바로 다 거기에 그렇게 호응하는데. 그 사람이 정말 한번 그런 식으로, 북한이 무엇을 안 지켜서 이렇게 되었다는 식으로 제네바 협정 관련 이야기를 한 거예요. 그러니까 내가 무슨 소리냐고 그러면서 "아직까지 클린턴 정부에서도 그랬고, 북한이 하나도 안 지킨 거 없어. 너희들은 어떻게 그런 이야기를 하냐"고 그래서 내가 정면에서 대들었다고요. 이창준 교수가 하는 UN본부 회담 거기에서 그랬어요. 그러니까 뭐 한국에서 한다 하는 교수들이 왔지만 그 사람들이 뭐 이것을 받을 능력이 있습니까? 그래서 이제 혼자 떠드는데, 그때 마침 이곳의 김 변호사도 앉아 있었고, 이승만 씨도 바로 옆에 앉아 있었어요. 그분들 하고 합세해서 이제 하려고 했더니, 이 친구가 "Oh, this audience is different" 그러더라고요. 그러더니 기가 죽는 거예요. 그러니 그동안 그 사람이 돌아다니면서 얼마나 기고만장 했겠어요. 그런 에피소드는 이루 말할 수도 없어요. 한국의 정책입안자들은 한계가 있겠지만, 그래도 학자들은 와서 미국에 자극을 주는 이야기를 해야죠. 그래야 미국인들이 다시 생각을 할 것 아닙니까? 그런데 그러지를 않아요. 그냥 적당히 하고 가려고 해요.

김하영 예, 오랫동안 여러 가지 이야기를 많이 들었습니다. 감사합니다.

8. 조동설

면담일자: 2007년 10월 24일
장   소: 미국 캘리포니아주 로스앤젤레스
면 담 자: 김하영
구 술 자: 조동설

김하영 먼저 질문 드릴 것은, 어떤 계기로 미국에 건너와서 살게 되셨는지요?

조동설 내 고향이 이북입니다. 평안남도 남포가 내 고향인데, 거기에서 고등학교, 그 당시에는 중학교지요, 그 중학교를 졸업하고 김일성대학에 들어간 것이 1947년도입니다. 1947년도에 들어갔다가 거기에서 남쪽으로 가야 되겠다는 결심을 했어요. 말하자면, 그때까지 내가 정치에 대해서 많이 안다고 할 수는 없지만, 이제 고등학교 졸업하는 그 당시니까, 그렇지만 어쨌든 자연히 남쪽하고 북쪽하고 비교할 때 내가 남쪽에 있어야 하는 것이 좋겠다고 생각하고 내가 남쪽에 왔지요. 그래서 김일성대학을 반년도 못 다니고 남쪽에 1947년도에 왔지요. 남쪽에도 친척들도 있으니까 이럭저럭 되겠지 하고 왔는데 다들 개개인의 생활들이 어려우니까 어떻게 냉랭한지 모르겠어요. 그때 내가 학교 다니다가 내려올 때는 계속 공부하고 싶어서 내려왔는데 그 환경이 싹 바뀌었어요. 그래서 한 1년은 죽을 고생을 했습니다. 그저 닥치는 대로 노동을 하고. 그러면서도 미군부대에 가서도 좀 일을 하고 그랬어요. 그러다가 어떤 아는 사람이 공장 하는 데에 가서 조금 노동도 하고. 그러면서 서울에 있는 국학대학이라고 하는 데를 겨우 등록금을 내고서 그 다음 해에 들어갔어요. 등록금은 내고 그래서 그냥 일을 계속 해야 하니까 학교 공부라는 것을 뭐 제대로 못했죠. 그게 해방 후에 생긴 학교였어요. 그것이 우석대학으로 나중에 합쳤다가 그 후에 또 고려대학교하고 합쳤어요. 국학대학교도 그저 말하자면 6·25 날 때까지 적만 넣어두고, 겨우겨우 시험이나 치고 이러면서 그렇게 6·25까지 갔습니다.

그러니까 6·25 전쟁이 났는데, 그 무렵에 내가 가정교사를 했는데, 가정교사 하는 집에 있다 보니까 피난을 못 갔어요. 6·25 때 우리같이 혼자 있는 사람들은 가기가 쉬웠지만 가정교사 집에 붙어있다 보니깐 그 집하고 같이 짐을 싸가지고 가다 보니까 결국 피난을 못 갔어요. 그러니까 김일성대학 다니다가 도망 와가지고 서울에 있다가 또 서울에서 피난을 못 가고 그런 사정이었기 때문에, 내가 6·25때 고생을 무지하게 했습니다. 그것이 내 인생에 아주 진짜 세상을 사는 출발점이 되었다고 볼 수 있어요. 그런데 3개월 동안 그냥 어떻게 살아남았어요. 의용군에도 끌려갔다가 도망 나왔다가 몇 번 그렇게 하면서. 이제 결국 9·28 뒤 조금 있다가 아마 10월 초에 겨우 서울에 들어왔어요. 그래 들어와서는 친구들 만나면 "북쪽으로 남들도 다 가는데 우리도 고향에 가야 되지 않느냐?" 그랬죠. 그러나 맨손으로 그냥 고향 갈 수도 없고, 그래서 직장을 찾다 보니까 미국 정보기관에 취직을 했어요. 그래서 거기서 휴전될 때까지 정보기관에 있었습니다.

조동설 선생

김하영 그 미국 정보기관에서 주로 어떤 일을 하셨습니까?

조동설 물론 우리가 통역 좀 했지요. 미국 정보기관이니까요. 이름이 극동사령부 한국연락처라고 하는 곳이에요. 그 악명이 높았던 켈로(KLO)라고 하는데 그 단체의 일부입니다. 나는 KLO는 아니었었지만 주로 번역하고, 그러다가 나중에 정보학교에 나가 있기도 했고. 사실 6·25 날 때까지는 내가 영어를 하는 것으로 취직을 해 본

적은 없습니다. 그런데 전쟁이 나를 영어를 하게끔 만들었어요. 기초는 좀 있었으니까. 뭐 정보기관에 나보다 못하는 사람보다는 잘하는 사람이 더 많았지. 나는 그런 사람들 쫓아다니면서 배우면서, 같이 일하면서 3년을 그렇게 지나다 보니까 그 다음에는 그 영어 실력가지고 취직할 수가 있을 수준이 되었나 봐요. 그래서 1954년 초에 미국 대사관에 들어갔어요. 영사과에. 거기에 들어가서 65년까지 있었죠.

그러니까 정보기관에 있으면서, 정보기관 내에 심리전 부서 등이 다 가까운 데에 서로들 있었기 때문에 정치하는 것을 많이 보기 시작해서 "세상이 이렇게 돌아가는구나!" 하는 것을 외국기관에 있으면서 한국의 기상을 보기 시작했습니다. 더군다나 또 미국 대사관의 영사과에 있었기 때문에 다행이지, 그렇지 않고 정치과에 있었으면 국회 쫓아다니면서 밤낮 그것만 봤을텐데, 나는 그저 영사과에 있었기 때문에 미국 행정일을 주로 했고 또 VISA 취급 했고, 이렇게 하면서 있었어요. 내가 거기에 들어가서 한 4년 만에 내가 그 과의 책임자가 되었어요. 그러니까 상당히 중요한 자리에 있었죠. 그러니까 세상 돌아가는 것을, 우리 국내 사람들은 알지 못하는 것을 나는 많이 알고 있었어요. 정치학 공부한 사람들이 와서 가끔 강의할 때 보면, 내가 생각하기에는 너무 초점이 없는 이야기를 많이 해요. 어디 기록에 뭐가 있고, 뭐 그것을 해가지고 많이 봤다는 것만 말하지 말하는 목적을 하나도 말 못하는 그런 정치학자들을 많이 보았는데, 나는 실제로 거기서 일하면서 우리나라가 참 한심한 방향으로 돌아간다는 것밖에 본 게 없어요. 이런 식으로 정치를 보았죠.

김하영 1965년까지 미국 영사관에 계셨고 그 다음에는 어디 계셨습니까?
조동설 내가 남쪽에 내려와 가지고 국학대학에서 국문학을 공부했어요. 그때 마음에는 글이라도 좀 쓰겠다는 그런 욕심으로 선택했는데, 그때는 조금 내 자신이 그것을 하면 그런 능력이 있겠다고 생각해서 했는데, 그 다음에 전쟁이 나고 노동하고 그러다 보니까 이제는 "내가 왜 감히 그런 생각을 했나?"라고 생각이 들었죠. 그동안에는 내가 전공한 것은 상관없이 그저 현재 일자리 잡을 수 있는 것을 찾아다니다 보니까 미국 기관으로만 다니게 된 거예요. 한국에서 졸업할 때도 나이가 많았는데, 이제 "미국 기관에만 밤낮 있겠느냐? 벌써 결혼해서 애들도 커가고 있는데" 그렇게 생각이 들었죠. 또 나는 서울에 기반이 없잖아요. 미국 갔다 오는 사람들 이야기도 많이 들어보니까 "나 같은 놈은 미국 가는 것이 차라리 제일 낫겠다" 생각해서 미국을 가게 되었죠.

미국을 생각하게 된 동기는 내가 가족을 남겨놓고 온 것 때문에 더 북쪽이라고 하는 데를 생각하면서, 또 우리 첫 아이가 소아마비이고 그래서 미국에서는 불구아들의 조건이 좋다고 하는 것도 있었고. 우리 한국에서는 뭐 그렇지 않았고. 내가 영사과에 있었으니까 학교 계통은 내가 아는 사람이 굉장히 많았는데, 우리 딸이 이화여대 사범대학의 부속국민학교 그것에 밤낮 부탁을 해 놓았는데 정작 신청서를 내놓으니깐 딱지 맞았어요. 이런 것을 보고. 또 내가 한 번 참 좋은 직장을 지원했는데 안 됐어요. 내가 한국 정부에 아는 사람이 많았지요. 많이들 오니까. 내 선배로 있던 분하고 알고 내가 잘 도와주고 해서 상당히 가까워졌던 분이 있었는데 재무부 차관을 지냈어요. 그분이 증권거래소를 설립을 했을 때 내가 거기에 신청서를 냈습니다. 그런데 그분이 못 받아주더라고요. 내 이력서 보니까 받아줄 수가 없어. 적어도 그분은 나를 참 인간적으로 대해줬거든. 그런데 받아줄 수는 없고. 그러니까 내가 이런 것을 겪으면서 "나는 한국에서는 안 되겠다" 해서 미국으로 나왔지요. 그때만 해도 내가 미국 가서 공부도 좀 할 생각도 있었습니다. 하지만 우선 우리 애가 벌써 소아마비죠, 여기에 가족들 다 데리고 오려고 하면 참 어렵습니다. 내가 또 미국 대사관에 있으면서 나이 든 사람들 거의 사십 가까운 친구들이 늦게 공부하러 가서 박사학위 가지고 온다고 하고 교통사고로 죽은 사람도 보았고. 돌아와서도 그 늦게 갔다 온 사람들이 젊은 사람들 같이 언어 관계도 그렇고 공부를 젊은 사람들 같이 못하고 와. 그런 것을 내가 늘 봐왔거든. 그러니까 내가 그런 사정을 보고서는 "아니, 나는 공부는 제쳐야겠다. 미국에서 어떻게 해서든지 그저 집안이나 재정적으로 기반을 잡아야겠다." 그러고서 출발할 때부터 나는 학교 갈 생각 안 했어요.

김하영 그러면 미국에 오신 것이 몇 년도였습니까?

조동설 내가 1965년에 그만 두었는데, 그때 미국으로 오기로 했다가 바로 못 왔어요. 그것도 못 온 이유가 있어요. 그때 구호물자가 많이 나오고 그랬는데 〈기독교세계봉사회〉(Church World Service)라고 있었어요. 거기에 내 친구가 총무로 있었어요. 그 양반이 이윤구 박사예요. 그 양반이 WCC에서 혜택을 받아 가지고 한 2년 동안 나가서 봉사를 하게 되었어요. 내가 미국에 간다고 그러니까 나를 붙잡더니 한 2년만 동안만 봉사회에 있어 달라는 거야. 자기가 갔다 오는 동안 지켜달라는 거야. 나는 뭐 구호사업이라는 것은 모른다고 그러니까 "아, 그러니까 이럴 때 좀 배워가지고 미국 들어가면 여러 가지 거기에서도 좋고 그러니깐 그렇게 하라"고 그러더라고. "여기 오면 옛날 대사관에 있는 것보다 여기가 훨씬 나아요." 이래서 우리 집사람 반대하는 것을 무시하고, 대사관 이제 다 그만두게 해 놓고 그쪽으로 들어갔습니다. 그래도 대사관 영사과에 있었다고 하니까 경험이 없지만 그 사람들이 날 또 받아준 것이고, 또 물론 이제 이윤구 박사가 추천을 했고요. 또 거기 교회, 봉사회 사람들이 나 모르는 사람들이 거의 없었으니까 거기에서 인정을 했고.

이래서 거기서 내가 한 2년 가까이 일했어요. 그런데 2년을 기다리라고 했는데 그 양반이 거기 가 가지고 거기에서 다시 박사학위 장학금 받아가지고서 영국에 박사학위 공부하러 가게 되었거든. 한 4~5년 영국 가서 있어야 하니까 나는 "아 이젠 2년 안 채워도 되겠다"고 판단해서 난 이제 나왔죠.

 그게 1967년이거든요. 1967년에 내가 봉사회를 그만두었는데 미국을 가지 않고 월남으로 갔습니다. 뭐 남들은 공부해서 그 전공에 따라서 어떻게 한다고 하는데, 나는 그저 그때그때 기회가 있는 쪽으로 그저 쫓아다닌 거예요. 내가 미국 대사관에 있으면서 알던 미국 회사의 부사장 하던 친구가 왔어요. 그때 월남전쟁을 한창 할 때니까 거기에서 여기 기술자들을 데리러 왔어요. 여기 와서 많은 기술자들을 모집해 놓았는데 이 사람들을 데려가는 수속을 하는데 그것이 그렇게 힘든 거예요. 돈은 많이 들어가고. 그런데 우연히 어느 친구가 와서 "야, 너 친구가 들어와서 사람들을 모집하는데 월남에서 한국 기술자들 월급을 제일 많이 주는 회사에서 왔다고 하더라. 그런데 나도 좀 가게 해 달라"고 부탁을 해 왔어요. 그래서 찾아갔더니 그 친구가 거기에 와 있어요. 그런데 뭐 사람들 몇 백 명이 매일 아침부터 그렇게 모이고 그러더라고요. 그 부탁하러 갔다가 친구 부탁하는 것은 안 받아주면서 나를 보고 "너 미국 가는데 얼마를 가지고 가느냐?" 물어요. 사실 집은 팔았지만 한국에서 그때 집 팔아봐야 달러로 치면 얼마 되지도 않았어요. 우리 애들은 데리고 가지는 못하니깐 대구 처남네에, 아주 못 사는 처남인데 걔네들한테 애를 맡겨놓고 가려니까 거기에다가 돈을 얼마 주고. 또 우리 집사람을 먼저 미국에 좀 보내놓았습니다. 이것을 이 친구도 알잖아요. "너희 마누라는 미국에 있고, 애들은 대구에 내려가 있고, 너더러 내가 월남 가자는 말을 하기 힘든데, 내가 보기에는 네가 월남에 가서 몇 달 있다가 가는 것이 미국 가는 데 좋을 것이다. 너 먼저 마누라한테 편지 해봐라." 이렇게 돼서 편지를 했어요. 그런데 우리 집사람이 6·25 때 피난 와서 장사를 한 사람이에요. 사실은 우리 집사람 때문에 내가 장사를 하게 된 거예요. 그렇지 않았으면 아마 미국 가서도 그저 학교 어디

가서 무엇을 해서라도 가르치는 것을 했을지도 몰라요.

그때 내 철학은 이랬어요. "나는 미국 대사관 끝나면 다음은 난 학교라고 생각을 하니까, 그것이 끝나면 그 다음에 내가 장사를 한다. 당신이 말 안 해도 한다. 그래서 내가 직장 다니면서 이것을 이용해 가지고 돈 버는 것은 내가 절대 못한다." 난 철학이 그것이었어요. 그게 언제부터 심하게 되었냐 하면 함석헌 선생님 쫓아다니면서 퀘이커들 만나면서 그랬어요. 이행우도 퀘이커인데 그 친구들이 제일 초반 퀘이커에요. 퀘이커가 이 세상에서 만난 종교 중에 제일이야. 나는 원래 감리교였는데 퀘이커가 된 것을 정말 좋다고 생각을 해요. 그래도 어쨌든… 내가 이제 무얼 말하다가… 내가 벌써 나이 80이 가까우니까…

김하영 네, 그러니까 이제 월남으로 가게 됐다 이야기를 하셨죠. 그런데 월남 생활 이야기보다는 그 이후 미국으로 오신 이야기를 해 주시죠. 월남에서 있다가 언제 미국으로 오셨습니까?

조동설 그렇게 친구 일 도와주고 해서 월남을 갔는데, 사실 1년만 있으려고 갔지요. 그런데 가서 내가 돈을 좀 벌었어요. 그래서 내가 4년을 있었습니다. 4년을 일해 가지고 내가 한 10여 만 불을 벌었어요. 그래서 1970년 말쯤에 내가 우선 혼자 미국 LA에 들어왔어요. 여기 와 가지고는 한 6개월 쫓아다니다가 라스베가스에 모텔을 하나 샀어요. 그것이 1971년 5월 달. 그 이후에 모텔 사업을 했지요. 그랬는데 그게 1971년이고. 내가 이제 운동을 본격적으로 한 것은 그 뒤입니다. 물론 퀘이커들이 사회활동을 많이 합니다. 그 전에 활동이 있지만 그것은 소극적이죠. 내가 지금 이 운동에 직접 개입이 되었다고 하는 것은 1979년부터입니다.

김하영 이제 활동하신 이야기를 좀 해주십시오.

조동설 1979년에 평양에서 세계탁구선수권대회를 했어요. 그런데 미국의 탁구 선수들 선발대회를 라스베가스에서 했어요. 그때 내가 라스베가스에 있으면서 여기를 팔아가지고 오레곤으로 옮기려는 그런 때인데, 그것을 한다고 그래요. 평양에 가는 미국팀을 지금 라스베가스에서 선발한다고. 나는 그 전에도 평양 가족 생각이 계속 있었어요. 그러니까 내가 그동안 평양에 연락을 하고 싶어도 연락도 못하고 그저 하여간 그 생각이 내 머리에 밤낮 있었어요. 운동이라기보다는 내 가족 문제 때문에. 그러다가 이제 미국에서 간다고 하니까 "이야, 이것이야말로 내가 가야겠다" 생각했죠. 그 전에도 몇 번 일본도 가고 홍콩에도 갔을 때 가면 편지는 보낼 수 있다고 그래요. 그런데 편지만 보낸다고 하는 게 문제가 있어요. 그 다음을 생각하니까. "편지가 평양에 갔다? 갔으면 우리 저쪽에 있는 식구들에게 내가 미국에 있다는 것이 알려지면 하나도 도움이 안 되겠다." 그래서 또 편지도 못하고. 이제 이러다가 이번에 이런 기회를 안 것이에요. "이거 미국 대표단을 쫓아서 가는 것을 내가 안 가면 나는 평생 북한 가는 것을 포기하는 것이 된다." 그래서 내가 결심하고 이것을 쫓아가려고 한 거에요. 그러니까 라스베가스에서 운동하는 곳을 찾아가 책임자를 만나서 "너희들 이제 선발되면 평양에 갈 텐데, 평양에 가는데 너희 통역일 하는 사람들, 단체가 가려고 한다면 지원하는 사람들 필요하지 않느냐?" 물었죠. "어! 많이 필요하다" 그래요. 그래 가지고 "나 좀 같이 하자"고 내가 막 영어로 말을 했죠. 이것이 무슨 정부단체는 아니잖아요. 미국이라는 것은 다 서클이 있어서 이렇게 일을 하는데 우선 평양에 간다고 하니깐 선수 가족들까지도 간다고 하는 사람들이 별로 없어요. 그런데 내가 간다고 하니까 어떻게나 반가워하는지 몰라요. 그리고 내가 또 거기다가 돈을 한 천 불을 내 놓았어요. 그 다음부터는 이 친구는 나를 자기 상관같이 여겨서 거기를 같이 가게 되었어요. 그래서 신문에서도 기사가 났어요. 그런데 내 이름이 신문에 나기를 초이(Choy)로 나왔어요. "윌리엄 초이." 내가 그때 윌리엄이라는 이름은 내가 오레곤에 이사 가면서 처음 쓰기 시작을 했어요. 이제 미국 시민이 되면서 내가 윌리엄이라는 이름을 지었고, 그 전에는 조동설이거든요. 그런데 "윌리엄 초이" 그러니까 누군지 아무도 몰랐어요. 그러니까 아무도 모르게 나는 들어갔어요. 나중에는 남쪽한테 의심을 받아가지고, 내가 스파이같이 그런 오해도 받았지만. 이제 또 닥터(doctor)라고도 해 놓았고, 응, 그러니까 전혀 나를 알지를 못했어요. 거기서 누가 알지를 못했고, 나를 알 만한 사람도 몰랐으니까. 그래서 이제 평양까지 갔지요. 그런데 평양 가서도, 단장이라는 사람이 갈 때마다 나하고 같이 다니니까, 그리고 무슨 일이 있으면 그냥 내 방부터 와가지고 나하고 상의를 하고 그러니까 북의 안내원들은 또 "저게 무슨 CIA에서 같이 온 놈이 아닌가?" 또 이런 의심도 받고 그랬어요.

    왜 내가 이렇게 갔었느냐하면, 내가 혼자 같았으면, 혼자 물론 갔으면 걔네들이 받아주지도 않았겠지만, 갈 때 생각 같아서는 "만일 받아준다고 하더라도 가면 내가 잡히리라" 이렇게 생각했는데, 어쨌든 그때 가서는 그러한 환경은 아니었다는 것을 알았고. 그래서 우리 가족을 찾았어요. 가족 찾는 데도 꽤 애를 먹다가 결국엔 찾았어요. 찾아가지고 만났는데 우리 어머니가 벌써 그때 18년 전에 돌아가셨어요. 나는 누이만 있었어도 안 갔을지도 몰라요. 모험을 하고 내가 간 것은 그저 어머니 때문에 갔지. 그런데 18년 동안 어머니가 돌아가신 것을 모르고 그때까지 "어머니 돌아가시기 전에 내가 오겠다"고 발버둥을 쳤구나 생각하면서 "도대체 이렇게 살아오면서 우리가 어떤 세상에 살고 있었느냐?" 여기에 대해서 굉장히 분노해 가지고 반정부적인 생각이 들기 시작했어요.

김하영 반정부라고 하면 어느 나라에 대한 반정부를 말하시는 겁니까?
조동설 양쪽이죠. 미국까지요. 나는 미국 대사관에 있으면서 사실은 우리 한국이 미국이라면 하느님같이 생각하는 그런 것은 벌써 저는 그때 버렸어요. 사람들이 말한 것을 들어 보면 "저 사람들은 미국을 저렇게 밖에 모르나?" 나는 옛날부터 그렇게 생각했어요. 그렇지만 지금 우리나라가 미국과 등지고 어떻게 살 거예요? 그러니까 내가 말하는 것은 이것이 하느님이고, 우리 아버지이고, 할아버지가 아니라는 것이지. 미워할 이유도 하나도 없는 거예요. 미국이라는 나라가. 왜 미국을 미워해요? 자기는 자기네들의 이권이 있는데, 각자 자기네 이권대로 사는 것인데. 그러나 미국이 그래도 대국이 되어서 남의 나라에 간섭하지 않습니까. 지금 이라크 전쟁 하는 것도 이것이 미국이 미련해서 그렇지, 이게 전세계를 안전하게 하는 것을 꼭 미국이 혼자 뒤집어쓰고 있는 것이에요. 난 미국이 이렇게 하는 것을 잘못이라고 생각하지는 않습니다. 하지만 우리 통일문제에 관한 한 우리들의 생각을 고려 안 한다는 것은 또 사실이거든. 거기에 대해서는 우리가 주장을 내야 된다는 생각이고.

김하영 그런데 그렇게 세계탁구선수권대회로 평양을 다녀 온 이후 여기 돌아오셔서 그 다음에 통일관련 활동을 어떤 식으로 하셨습니까?

조동설 그래서 돌아오자마자 퀘이커를 찾아갔지요. 이행우, 이윤구, 나하고 셋이서 필라델피아에 갔어요. 그 당시에 내가 어디 가서든지 한 3~4년 동안 우리 어머니 이야기하면서 안 울어본 적이 없을 정도예요. 그러니깐 이것은 통일운동이라고 보기보다는 인도주의적인 것이고. 그리고 분단과 연결이 되고 그러니까 정치하고 직결이 되어버린 이야기가 되어버린 거예요. 퀘이커들이 정의(justice)를 위해서 운동한다고 그러는데 "이러한 것을 우리가 여태까지 소홀히 했다." 다들 우리 퀘이커들 정말 그렇게 생각하거든. "우리가 이것을 어떻게 해야 되겠는가?" 지금 벌써 우리 한국전쟁 끝난 게 1953년인데, 이게 1979년 아닙니까? 그러니까 이게 벌써 20년 넘게 되어가잖아요? 한국에서 한국전쟁에 대해서는 전부 다 잊어버렸단 말이야. 그러니까 분단된 것은 미국이 개입되어서 분단되었던 것이고, 또 정치적으로 소련이라는 것이 개입되고 그러니깐 이렇게 된 것이지만, 적어도 이 분단이 미국이라는 나라에 있었더라면 지금까지 이렇게 있었겠느냐는 말이야. 그러니까 이 문제에 여론을 환기해야 한다. 그러기 위해서는 우선 "미국 사회의 관심을 일깨우기 위해서 분단된 한국에 대한 심포지엄부터 시작하자" 그렇게 시작을 하기로 했다고. 우리 퀘이커라는 것이, 전세계의 퀘이커가 한 20만 명밖에 안 돼요. 그러니까 조그만 단체고. 이게 영국에서 시작해서 이제는 미국이 제일 많지만.

김하영 영국에서 시작된 것인가요?

조동설 네, 영국에서 시작되어 미국으로 건너갔어요. 그런데 미국의 펜실베니아주가 퀘이커주입니다. 별명이 지금도 퀘이커 스테이트(Quaker State)라고 그래요. 영국은 옛날에 국교가 있었으니까 영국에서 프로테스탄트들이, 청교도들이 나올 때 퀘이커들도 같이 나왔으니까 영국 정부와는 반대되었거든. 그렇게 나오면서 이 퀘이커 지도자가 자기가 가지고 있던 땅을 영국왕한테 다 주고 받아 가지고 나온 것이 펜실베니아입니다. 그래서 미국 독립 전에 식민지들이 여럿 있는 가운데 펜실베니아가 가장 자리가 잡힌 정부 같은 정부였었어요. 그 사람이 여기 지도자로 되어가지고 와서 퀘이커 정신으로 만들었으니까. 그래서 가장 모범적인 주를 만들었지요. 이렇게 해서 미국이 독립할 적에도 퀘이커들이 결정적으로 역할을 해 준 것입니다. 퀘이커가 자기네들이 잘했다는 자랑을 안 해서 그렇지, 우리 운동에도 퀘이커가 굉장히 운동을 많이 하고 있습니다.

어쨌든 우선 그렇게 이야기를 했더니 우리를 도와주겠다고 해요. 그런데 심포지엄 하자고 하니까 벌써 돈이 많이 들어가잖아요. "너희들이 알다시피 우리가 자금이 그렇게 많지가 않다. 그러니까 우리가 종교단체, 자선단체에다가 편지를 내서 계획서를 써가지고 도움을 구할테니 이것 좀 도와 달라." 또 거기서 이것을 받아가지고서야 심포지엄을 할 수가 있다는 것이에요. 그러면 한 1년이 걸리겠대. 그런데 그때 내가 라스베가스에서 호텔을 참 비싸게 팔았어요. 팔아가지고 오레곤에다가 큰 것을 샀다고요. 그래서 그때 돈으로 5천 불을 내 놓았습니다. 심포지엄을 하는데 제가 5천 불을 보태겠다고 그랬더니 퀘이커들이 "우리는 그렇지 않아도 본부에 계획서 내서 그것을 승인 받으려면 적어도 반년 이상 걸리고 또 준비하다 보면 한 1년 후에나 할 수 있겠다고 생각했는데 적어도 6개월은 단축할 수가 있겠다"고 했어요. 그래서 처음 심포지엄을 시작하게 된 것입니다. 그러니까 퀘이커들에게서 지원받았지만 내가 5천 불 준 것 가지고 착수를 했기 때문에 6개월을 단축했다는 것이지. 이렇게 해서 시작이 되었어요. 그래서 1980년도에 제1차 심포지엄을 했고, 1981년에 2차, 1982년에 3차를 해서 이렇게 해서 세 번을 했습니다.

김하영 심포지엄에 어떤 분들이 참석했습니까?

조동설 심포지엄 세 번 하는데 그때 소위 이쪽에서 통일운동 했던 사람들, 한국 사람들은 거의 빠지지 않고 다 왔죠.

김하영 그런데 그때 주로 민주화운동이었습니까 통일운동이었습니까?

조동설 그런데 통일운동을 하는 사람들이 제일 먼저 왔어요. 민주화운동 했던 사람들은 그때 끼지 않았어요. 말하자면 그때 민주화운동하고 통일운동하고 확실히 다른 것이, 그저 남쪽에서는 통일운동이라고 하면 그것은 북쪽 빨갱이에요. 민주화운동은 반정부운동이지만. 난 내가 여태까지 한 통일운동이 빨갱이라고 생각해 본 적 없이 했고, 그리고 하다 보니까 굉장히 친북이 된 것은 사실이에요. 친북이 되었다고 하지만 북의 시스템 자체에 친한 것은 하나도 없어. 하지만 적어도 나는 이 친구들하고 말할 수가 있는 존재라고 하는 데까지 왔지만, 여기서 그런 상태까지 오려면 아직도 멀었어요. 내가 볼 때에는 지금 여기서 장관까지 했던 사람들까지도 아직도 거리가 있어요. 나는 거리는 없어요. 그렇다고 나하고 그 사람네들이 똑같이 생각한다는 것이 아니라 그래도 같이 일해야 한다고 나는 믿는 사람입니다. 그러니까 그 심포지엄 1차, 2차, 3차 한 다음에 우리가 그것을 가지고 책을 하나 냈는데, 『Two Korea, One Future?』 이런 책을 냈어요. 영어로 내고 우리말로도 내고. 도서관들, 국회도서관에도 들어가 있고 다 있는데. 그렇게 세 번 하면서 그 다음에는 〈퀘이커 AFSC〉(American Friend Service Committee), 〈미국친우봉사단〉이라고, 말하자면 봉사단체가 있는데 거기에 이제 〈Korea Committee〉도 만들고, 거기에 이행우하고 나하고 같이 참여했고. 이 단체가 봉사사업을 하는데 우리 때문에 북한에 가서 하는 운동을 시작을 했지요. 그리고 우리가 거기 위원회 멤버가 돼 가지고 활동했고 또 〈퀘이커 유엔위원회〉가 있어서 거기에도 활동했고. 우리가 거기 가서 활동을 하면서 남북이 그때 동시 가입할 때도 우리가 그 대사들을 우리 모임에 와서 이야기하도록 하고 했어요. 하여간 UN에서 한국문제에 대한 것은 또 우리가 계속해서 참여하고.

나는 이렇게 통일운동이라고 요란하게 정치운동을 한 것이 아니라 한 시민으로 우리나라의 일을 위해서 쫓아다닌 것뿐이에요. 그렇기 때문에 통일운동 했다고 해서 거창하게 말할 필요가 없어. 내가 그래서 여기에 별로 오고 싶은 생각도 사실 없었어요. 난 그러한 것을 이야기 할 것은 없어요. 그런데 지금 그동안에 미국 내에서 한국 문제에 대해서 일하는데 적어도 미국 정부나 이 사회에 영향을 줄 수 있는 운동을 적어도 우리가 누구보다도 더 했다고 생각해서 내가 지금 여기 온 것입니다.

김하영 사실 그런 부분에서 활동하신 이야기를 좀 듣고 싶습니다.

조동설 그러니까 회의하고, 세미나 하고 나서 가만 보면, 도대체 사람들이 세미나에 대해서 이야기 하는지도 모르겠어. 나는 거기에 가면 그 다음에는 "이것을 가지고 무엇을 해야 하느냐", 나는 행동가(activist)예요. 이번에도 내가 30일 워싱턴에 갑니다. 가면 우리는 의회 방문하고 국무성에 가고, 백악관은 이번에 갈 것인지는 모르겠지만.

미국서 운동할 수 있다는 게 무엇입니까? 여기서 친북 하는 사람들, 이 사람들 여기 와서 북쪽 이야기를 『뉴욕타임즈』 같은 곳에 크게 신문에 내는 것, 이것은 도움이 안 됩니다. 미국이 그런 것에 마음이 바뀔 정도의 그런 것이 아니거든요. 우리는 오히려 미국의 시민으로, 또 미국의 친구의 입장으로 "너희들이 우리를 이렇게 오래 갈라놓고서는 너희들이 양심적으로 가책이 안 드느냐" 이런 식으로 앞으로 진행해야지. 자꾸 북쪽 이야기를 하면 자꾸 더 굳어만 갑니다. 또 어떤 책을 보면 그 사람들이 굉장히 운동을 많이 하는 것으로 많이들 나오더라고. 나는 그런 데에 내 이름 들어가는 것이 싫어요. 나는 그런 사람입니다.

김하영 그러면 그때 〈퀘이커 AFSC〉를 통해서 〈Korea Committee〉라든지 〈UN Committee〉 이쪽에서 활동을 하셨는데, 활동하신 게 어떤 형태로 성과가 좀 나타났습니까? 특히 미국 사회에서 인식변화가 있었습니까?

조동설 그러니까 미국 사회의 인식에서 크게 성과가 났다고 하는 것은 별로 없어요. 〈AFSC〉에서 미국 사회에 한국문제를 계속해서 이슈로 살린다는 거예요. 그것 때문에 우리가 활동을 많이 합니다. 특히 〈NAKA〉를 조직할 때 이런 이야기가 있었어요. 한완상 씨가 여기 있다가 통일부 장관이 됐을 때예요. 그래서 우리가 이제 통일이 가까워 오나 보다 생각하고 한완상 씨를 만나 뭐 좀 도울 일이 없는가 하고 물었어요. 그때 나온 말이, 미국에 있는 사람들은 미국 정부에 로비를 해야 한다는 것이었지요. 더군다나 이승만 목사가 〈NCC〉의 회장까지 하고 있는데 이런 사람 앞에 내세워서 로비하면 좀 좋을 거라는 것이었죠. 그래서 아무 소리 안하고 그냥 돌아와서 우리가 1994년에 〈NAKA〉를 조직했습니다. 그래 가지고 이승만 목사를 찾아가서 이야기를 했죠. "좋습니다" 그래서 우리가 따라 나서고. 이승만 목사를 초대 회장으로 추대했어요. 그것 활동할 때 우리는 중간이었어요. 나는 이때까지 중간이고 〈NAKA〉는 내내 중간입니다. "우리는 이 운동에 관한 한 친북도 아니고 친남도 아니다"는 입장이었어요. 그런데 요새는 우리 친남이에요. 왜냐

하면 그전에 북쪽이 너무 못살고 여러 가지 어려웠기 때문에 북의 편을 들었어요. 이제는 북쪽은 아주 질서정연하게 자기네들의 일을 할 수가 있는데 남쪽이 늘 보수 세력 때문에 어려움을 겪고 있어요. 그래서 남쪽하고 더 가깝게 일을 합니다. 그러나 어쨌든 늘 우리는 중간에서, 통일이 되는 방향으로 일하는 것이 우리의 주된 목적이라고 생각하고 지금까지 그저 일을 하고 있는 것입니다.

김하영 그러면 〈NAKA〉는 주로 어떤 식으로 활동을 했습니까?

조동설 처음에는 무슨 기반이 있어요? 집안 기반이 있어요, 뭐가 있어요? 미국 사람들은 일상생활에 개인들이 벌써 정치운동에 몸들이 다 젖어있어요. 특히 이런 퀘이커 같은 사람들, 이 사람들은 하느님 운동이 곧 정치운동이에요. 왜냐하면 이 정치운동이라는 것이 어떤 개인의 정치를 위해서 하는 것이 아니라 사회의 정의를 실현하기 위해서 이렇게 한다고 하는 것인데. 그 사람네들 이렇게 반전운동 하는 데에 우리가 같이 좀 끼어 들어간 것이에요. 이러면서 그렇게 하다가 결국은 1994년에 우리가 전국적인 조직이 겨우 되었어요. 그래서 "극우파, 극좌파는 물러나라"고 했어요. 우리가 "당신네들은 안 돼요!"라는 소리가 아니라, 전국적인 조직을 하려다가 보니까 극우가 들어오면 극좌가 안 들어올 것이고, 극좌가 들어오면 극우파들이 안 들어올 테니까 그 두 쪽은 좀 후퇴하시오." 이래서 양은식 씨도 안 들어왔고, 그 다음에 김상돈 씨 등 우파들도 안 들어왔고, 그래서 이제 중간파들만 모였는데. 나는 이승만 목사를 중간파로 보았거든. 〈미국 NCC〉 회장이 빨갱이일 수가 있느냐 말이에요. 그런데 우리가 이제 투표를 해서 이승만 목사를 회장으로 뽑았단 말이에요. 그랬더니 사람들이 와르르 하고 나가고 또 우파에서도 와르르 나가는 거예요.

김하영 사람들이 와르르 나갔다는 것이 무슨 말씀이신지?

조동설 조직하는 데에서 이승만 목사를 추대했죠. 우리가 극우하고 극좌는 이제 다 나가라고 해 놓고. 나가서 이제 우리는 다 같은 중립이라고 생각했고. 거기에서 이승만 목사를 투표를 했더니 당선이 되었어요. 그러니까 와르르 나간 것은, 이 사람들이 우리하고 같이 운동을 하는지 알았는데 이제 보니까 우리가 우파라고 생각했다는 것이지. 그런데 이제 또 좌파 소리도 들었어요. 그것도 몇 가지 이유가 있지만 아무것도 아닌데. 그러니까 그 다음에는 남쪽에서 우리가 "일본의 조총련과 같은 단체다" 하는 소리를 우리가 들으면서 운동을 한 것입니다. 그런데 우리에게서 갈라져 나온 것이 〈동포연합〉이고, 이제는 또 이 분들이 우리를 우파로 보는 것입니다.

김하영 그러면 〈NAKA〉는 주로 어떤 식으로 활동을 주로 했습니까?

조동설 그러니까 처음에는 어쩔 수 없지요. 그러니까 사무실 없이 그저 주로 뉴욕에서 모이고. 내가 그때 뉴욕에서 살았거든요. 내가 뉴욕에 있었고, 이행우가 필라델피아에 있었고, 또 이승만 목사는 버지니아에 있었고. 그러니까 여기에 가깝게 있기도 해서 여기를 중심으로 모이곤 했지요. 모이지만 뭐 할 일이 없어요. 그래도 미국 사람들이 워싱턴 갈 때는 꼭 같이 따라가서 우리 〈NAKA〉 이름을 가지고 활동하고 했죠. 그러다가 "아무래도 우리 워싱턴에 사무실이 하나 있어야 되겠다" 그래서 사무실을 가지게 되었는데, 세를 낼 돈이 없죠. 이게 지금 모여도 그저 한 10명 내지 15명 이상 모이지도 못해요. 지금 서울에서 여기 오는 데 큰돈이 듭니다. 다들 천 불 이상을 들여야 와요.

김하영 그런데 그 비용을 어떻게들 부담하셨습니까?

조동설 그러니까 우리가 워싱턴에 이것을 하나 마련하는 데도 힘들었어요. 그리고 또 운동하는 사람들 치고서는 돈 있는 사람들이 없어요. 나는 이 퀘이커가 되어가지고 이렇게 미쳤어요. 우리 식구들이 다 나를 정신 나간 사람이라고 그래. 이제는 나이 들어서 은퇴했지만. 그러니까 이승만 목사가 벌써 한 4년 했어요. 그 후에 그 후임을 정하는데, 나도 그때는 지쳤어요. 그때 내가 이미 LA로 이사를 갔을 때에요. 오레곤에 있다가 LA로 이사를 간 후거든요. 나도 이제 좀 지쳤으니깐 맡아서들 하라고 그러고 그때 나는 그저 회계 보고 그랬어요. 이행우 씨하고 또 몇 사람들이 부회장 하고. 그런데 우리가 이사회를 언제 한다고 날짜를 잡아 놓았는데, 한 주일 남겨놓고 이행우 씨한테서 전화가 왔어요. 내가 회장을 맡아줘야겠다는 거예요. 그래서 내가 펄쩍 뛰었지. 그 무렵 우리 아들이 죽어가지고 오레곤 일을 우리 며느리한테 맡겨 놓았는데 사실은 엉망진창이었어요. 대개 여기서 사업하는 사람들이 한인회장 또 뭐 하다가 사실은 집안 망한 사람들 많아요. 어쨌든 그렇게 이행우 씨에게서 연락이 왔어요. 그런데 가만히 생각해 보니까, 아무래도 워싱턴에 사무실이 하나 있어야 되겠는데, 세 얻어가지고는 그것을 유지할 수가 없고. 그런데 그때까지는 그렇지 못했는데, 회장을 시켜준다고 하면 내가 그것 때문이라도 이제 그런 분야에서 하나 공헌을 해야 되겠다는 생각을 했어요. 그래 가지고 내가 공약으로 내놓았지요. "이렇게 회장 하라고 그러는데, 우리가 이 센터 마련하려고 돌아봐야 지금 할 사람이 없는데 어떻게 하든지 내가 임기 중에 마련한다는 것을 생각하고 내가 하겠다. 이승만 목사같이 훌륭한 사람이 하던 것을 뒤에 이어서 내가 제대로 하겠냐만, 내가 그렇게 해 주는 것은 해 줄 수 있다." 그리고 내가 받았지요. 그렇게 하고서 워싱턴에서 회의를 해요. 워싱턴에서 회의를 하니까 이제는 회의를 할 때마다 의회에서 전문요원들을 데려다가 세미나도 시키고. 그게 고정된 근거지가 있어야 되거든요. 우리 같은 경우 사무실이 없으면 누가 우리 문제를 지켜줘요? 물론 〈퀘이커 AFSC〉 사무실을 빌릴 수도 있고 몇 번 이렇게 했죠. 그런데 이제 퀘이커 쪽에서 뭐라고 그러느냐 하면 "이제 우리가 할 만한 것은 다 한 것 같다" 그래요. 그래서 우리가 〈AFSC〉하고 좀 멀어진 것이에요. 그 쪽에서 "이제 무엇을 더 해야 하느냐?" 그래서 "무슨 말이냐? 우리가 지금 갈라져 있는데, 이제 지금 시작이 아니냐?" 그랬죠. 사실 우리 때문에 해체를 못하고 그냥 그것을 가지고 있었지. 그런데 일을 하려고 하니까 이제 돈 들어온 것은 별로 없고. 또 이북에서는 돈을 적게 가지고 가면 상대도 안 해요. 이북은 그렇단 말이에요. 이제 그런 상황인데 우리는 한국 문제를 좀 더 열심히 해야 하니까, 그래서 이제 우리가 나가서 한국 사람들하고 하나 조직하는 수밖에 없다고 생각해서 조직을 하고 양쪽을 다니게 되었지. 다니게 되면 아무래도 이쪽에 더 치우치게 되니까, 그쪽은 조금 멀어졌지만. 그런데 우리는 사실 젊은 사람들이 별로 없어요. 우리가 너무 순수하게 하다 보니까 여기에 있어 가지고 자기네들이 자라날 수가 없을 것 같아 그렇지. 우리가 지금 자금이 많지 않기 때문에, 제대로 하지 못하기 때문에 인턴 같은 것도 지금 생각을 못하고 그렇지요. 하지만 어쨌든 지금 한국에서 와도 워싱턴에 오면 우리 사무실 이제 다 알고, 다 우리 사무실 찾아와서 거기서 연락하고 한두 사람이 오면 거기서 자기도 하고, 이러면서들 왔다 갔다 해요.

김하영 〈NAKA〉 사무실에 온다는 말씀입니까?

조동설 네, 그런데 워싱턴에 〈NAKA〉 사무실이 있는데도 사람들이 잘 몰라. 서울에 가서 물어보면 몰라. 이게 우리 퀘이커 스타일이에요. 아는 사람들은 알지요. 〈민화협〉같은 곳은 알고. 그렇게 지금까지 했고. 또 〈KAPAC〉(Korean American Political Action Committee)이라는 것이 있는데 이게 〈PAC〉(정치행동위원회)입니다. 〈PAC〉는 순전히 선거할 때만 운동하는 조직이에요. 그러니까 〈NAKA〉 가지고는 또 〈PAC〉가 하는 일을 못하는 게 많아요. 〈NAKA〉 하고 〈KAPAC〉 하고 이거 둘이 제대로 기능하게 되면 미국의 한국 세력이 한국 정부보다도 더 강한 세력이 됩니다. 될 수 있습니다. 이거 둘만 확고하게 기능을 하기 시작하면 한국에서 로비 하느라고 왔다 갔다 하는 것하고는 비교가 안 돼요.

김하영 그런데 〈KAPAC〉은 어디에서 조직한 것입니까?

조동설 그것은 우리 〈NAKA〉가 조직했지요. 내가 초대 회장을 했지요. 그것도 초반에 이승만 목사한테 하라고 했는데 자기는 이제

〈NAKA〉 그만둬서 안 한다고 해서 내가 맡았지요. 〈NAKA〉는 지금 이행우 씨가 회장이고, 〈KAPAC〉은 내가 회장인데, 아직 그것을 제대로 못해요. 왜냐하면 지방조직을 만들어야 한다고요. 그런데 우리 한국 사람들이 남 일하는 것을 따라하지 못해요, 즉 남 밑으로는 못 들어가. 절대로. 내가 LA에서 그것을 하려고 조금 노력을 해 보았는데 내가 손들었어요. 그러니까 이름까지 바꿔야한다 그래. 〈PAC〉라 하면 세상이 다 아는 로비조직인데 그 이름까지도 바꾸라고 그래. 그러니까 이 사람들 아직 인식이 부족하구나, 조금 기다려야 되겠다고 생각해서 지금 기다리고 있어요. 그리고 난 지금 북쪽 일 하는 것 때문에 내가 너무 바빠요. 그래서 지금 이것은 어느 정도 쉬고 있는 거예요.

나는 정치하기 위해서 하는 것이 아니기 때문에, 내가 무일푼에서부터 이때까지 커 나온 그 스타일로 운동도 하는 것이에요. 그러니까 "이제 한국이 이북하고 가까워졌으니까, 북쪽을 어떻게 해야 빨리 일어서게 해 주느냐" 이것이 내게는 제일 우선 관심사예요. 남쪽에서는 도와줬다는 그 자체를 강조하지 그것을 해서 혜택이 얼마만큼 가서 어떻게 되었느냐 하는 것은 관심이 별로 없어요. 이것이 가서 어떻게 돼서 어떻게 움직이고 있다는 것을 대개 몰라요. 사실 그것을 내가 해 보지만, "북쪽이 저런 식이니 이쪽에서 일하는 사람들이 용기가 나겠는가" 이런 생각을 하루에도 몇 번씩 하면서 다닙니다.

김하영 1979년에 세계탁구선수권대회 때 북한을 방문하고, 그 이후에 다른 일로 북한을 방문하신 적이 있으십니까?

조동설 그 이후에 거의 매년 갔지요. 이 이야기는 좀 개인적인 것인데, 내 누이가 결혼해서 한 2년 살고 과부가 되었어요. 그래서 혼자 있었으니까 늙은이를 데리고서 피난 다니고 그러다가 어머니 돌아가셔서 다 묻고 다 그랬는데, 나는 무엇을 했느냐는 거예요. 그날 그때 처음 만나고서 "어머니 어떻게 되었느냐"라고 했더니 "어머니가 18년 전에 돌아가셨다"는 거예요. 하여간 그렇게 되니까 어처구니가 없어요. 내가 그때 거기서 약속을 했어요. "누이, 우리나라 풍습이 남자가 집의 주인 아니오? 그런데 나는 다 성장해 가지고 외국에 돌아다니다가 지금 돌아왔는데, 누이는 가족의 그 일을 다 했으니까 이제부터는 내 누이를 내 어머니 모시듯 돌아갈 때까지 모실 테니 그저 그렇게 아시오." 이렇게 약속을 하고 와서 나는 이 것을 지키기 위해서 사실은 열심히 다녔고, 열심히 다니다 보니까 이 운동에 더 열심히 해야 되겠어. 그렇지 않고서는 거기 가기도 힘들어. 그래서 이때까지 다녔어요.

김하영 그러면 북한을 들어가실 때에는 주로 어떤 단체를 통해서 들어가셨습니까?

조동설 나는 주로 유엔대표부를 통했어요, 거기서 심부름 해주니까.

김하영 그런데 북한을 왕래하신 것 때문에 개인적으로 어려움을 당하신 적이 있습니까?

조동설 네, 우리 큰딸아이가 한국에 나가서 결혼을 하려고 했어요. 그래서 먼저 가라고 보내서 약혼을 하기로 결정을 했다고요. 그래서 나보고 나오라고 그래. 그때 내가 오레곤에 있을 때인데 오레곤에는 영사관이 없거든요. 시애틀에 영사관이 있을 때예요. 나도 부랴부랴 수속을 해가지고 나가려고 시애틀 영사관에 갔더니, 북쪽 다녀온 사람들은 서울 본부에다가 조회를 해야 하니까 좀 기다려야 한다고 해요. 그래서 기다렸더니 한참 있다가 다시 2~3일 내로 해결해서 보내드릴테니까 집에 가서 있으라 그래서 왔어요. 하루 있다가 전화하고, 또 하고 또 해도 안 돼요. 그래서 "나 가는 것 포기 했으니깐 여권 보내시오" 그랬다고. 그랬더니 여권이 돌아왔어요. 그래서 딸아이 약혼하는 것을 못 봤어요.

김하영 그것이 몇 년도입니까?

조동설 1981년인가 1982년경일 거예요.

김하영 여기 미국에 있으면서 최근에 북쪽에 대한 지원 활동이라든지 그런 일을 하신 것이 있습니까?

조동설 그런데 내가 돈이 없기 때문에, 그래서 난 지금 생각뿐이에요. 한 번 구호단체에서 한 컨테이너 의료품 얻어가지고 이것을 보내는 데도 1만 불이 넘어 듭디다. 구호단체에서 그것을 보내는데, 거기에서도 부담하는 것 때문에 어쩌구 해서, 이게 원래 비용은 한 5~6천 불밖에 안 든다는데 나는 1만 3천 불이 들었어요. 그래서 갖다 줬어요. 사실은 갖다 주면서 "야, 이거 공짜로 주는 것이다. 이거 미국에서 110만 불어치라고 한다. 이것을 가지고 왔어. 그러면 한 5천 불 정도 운송비 같은 것 좀 내놓지 못하나? 그러면 내가 또 가지고 올 수 있어." 그런데 이것을 못 주는 거야. 그러니까 구호단체나 교회에서 돈 모아가지고 보내는 것하고 나하고는 다르단 말이에요. 나는 내 주머니에서 나가야 한다고, 그것을 계속해서 못하겠더라고.

김하영 그러면 현재 퀘이커 교단 쪽에서는 한반도 통일과 관련해서 관심을 가지고 무슨 활동을 하고 있습니까?

조동설 아직 있습니다. 거기에 지금, 협동농장이라고 말해야 하나 그런 농장을 한 네 개 정도 지원하는 것이 있어요. 농업기술을 가르쳐주고 뭐 하면서 하는 게 있어요. 그러나 우리도 좀 돕고 그래야 하는데, 우리가 재정적으로 못 도우니까.

김하영 그러면 선생님하고 이행우 선생님 말고, 다른 한국인분들이 퀘이커 쪽에 이렇게 해서 통일운동과 관련된 분이 있습니까?

조동설 아니. 우리 서울에서 퀘이커 하던 사람들이 어떻게 된 게 거의 초기의 퀘이커들은 전부 다 두고 왔거든요. 그저 우리 둘이가 지금까지 이렇게 해 온 것입니다. 이윤구는 나중에 퀘이커하고 좀 멀어졌어요.

김하영 네, 여러 가지 말씀 참 많이 들었습니다. 감사합니다.

9. 선우학원

면 담 일: 2007년 10월 18일
장   소: 미국 캘리포니아주 로스앤젤레스
면 담 자: 김하영
구 술 자: 선우학원

김하영 선생님께서는 언제, 미국에 어떤 계기로 건너오시게 되었습니까?
선우학원 미국에 1938년에 왔어요, 일본 유학 중에, 독립운동 지하공장에 관계하고 있다가, 일본경찰의 감시가 심해서 미국으로 도망 나왔는데, 내가 1918년 출생이니까 그때가 20살 때였어요.

선우학원 박사

김하영 미국에 오신 뒤 여기서 학교를 다니셨습니까?
선우학원 처음에는 Pasadena College라고, 지금은 옮겼지만 거기 가서 4년 동안 공부했어요.
김하영 공부하시고 나서 계속 여기 미국에 계셨던 것입니까?
선우학원 계속 있었어요. 한국에 한 번 나갔어요. 1960년대 4·19혁명 후 장면 정권 때 처음으로 나갔어요. 가서 연세대학교에서 1년 동안 교편 잡고, 『대한공론사』 주필을 했고, 그러다가 박정희 쿠데타 후에 다시 미국으로 돌아왔죠.
김하영 『대한공론사』가 지금 『코리아 헤럴드』인가요?
선우학원 예.
김하영 그때 국내에 계시면서 언론활동만 하시고 다른 활동은 안 하셨습니까?
선우학원 안 했어요. 순전히 학술, 문화 방면에만 관심이 있었고 다른 데는 관심도 없었고. 〈한국문화협회〉라는 재단이 있었는데, 그것이 한 500만 달러 재단이었어요. 제가 거기 이사장이 됐어요. 그것을 중심으로 문화운동에 관심이 있었죠.

김하영 한국에서 5·16 이후에 다시 미국으로 들어오셔서는 어떤 활동을 하셨습니까?

선우학원 5·16 이후에 미국 돌아와서는 얼마 동안 『샌프란시스코 크로니클』신문사에서 일을 보다가 수입이 넉넉하지 않아서 그만두고 자영업, 잡화점(grocery)을 했어요.

김하영 그런데 선생님께서 체코에서 학위를 하셨는데 언제 그런 일이 있었습니까?

선우학원 그것은 1949년 체코 국립대학에 가서 박사학위를 얻었고.

김하영 그때 전공은 무엇을 하셨습니까?

선우학원 역사.

김하영 그런데 어떤 계기로 체코로 가셨어요?

선우학원 그때 가기 어려웠죠. 1948년 공산국가가 바로 된 그 다음 해였는데, 체코에서 인권 관련 국제회의에 내가 미국 대표로 갔어요.

김하영 미국대표로 가셨다면, 미국에서 어떤 단체나 기관에 소속이 되어 있어서 가시게 되었던 것인가요?

선우학원 미국에서 내가 그때 인권운동에 열심히 뛰고 있을 때였거든요.

김하영 그렇게 해서 체코에 가셨다가 거기서 공부를 하신 것입니까?

선우학원 체코에서 박사학위 하고, 사실은 거기서 기회가 있으면 북으로 갈 생각이었어요. 북에 대한 관심이 있었기 때문에. 근데 북에 먼저 간 내 동지가, 이영선 목사라고 미국에서 같이 활약한 분인데 미리 갔어요. 가서 편지가 왔는데 "오지 말라" 그래서 다시 미국으로 돌아올 수밖에 없게 됐죠.

김하영 그 당시에는 미국과 체코의 관계가 괜찮았습니까?

선우학원 관계가 있었죠.

김하영 그때는 유럽에서 냉전이 시작되는 그런 시기였는데 체코로 가셨다가 또 미국으로 들어올 수 있었는지 궁금해서 여쭈어 봅니다.

선우학원 그건 자유로 할 수 있었어요. 내가 미국시민권을 가지고 있기 때문에 자유로이 할 수 있었어요.

김하영 그렇게 미국에 돌아오셔서 그러다가 아까 말씀하신 것처럼 한국에 1960년에 들어가서 『자유공론사』에서 활동하시다가, 그 다음에 1961년 5·16쿠데타 이후 다시 미국 들어오신 것이죠?

선우학원 예.

김하영 근래 선생님께서 한반도 통일에 대해서 책을 여러 권 쓰신 것으로 알고 있는데 그렇다면 통일에 대한 관심은 어떤 계기로 시작이 되었습니까?

선우학원 먼저 민주화운동부터 시작됐어요. 김대중 씨가 납치된 다음에 김대중 구출운동을 시작했어요. 그것은 정치운동이 아니고 인권운동이죠. 김대중 씨를 내가 알게 된 것은, 내가 한국에 나가있을 때 만나게 되어서 알게 됐는데. "사람의 생명을 구해야겠다"는 생각으로 했죠. 그런데 근데 그때 내가 뉴욕대학에 초빙교수로 가 있을 때예요. 그래서 몇 사람이 김대중 구출 국제기구를 조직해 가지고 시작이 됐어요. 그래서 구출운동을 10년 동안 했어요. 구출운동을 하면서 보니까 자연히 박정희 정권을 반대하게 됐단 말이에요. 그래서 정치운동으로, 민주화운동으로 들어갔죠.

김하영 그때 구출운동을 구체적으로 어떤 방식으로 하셨습니까?

선우학원 우리가 〈Amnesty International〉에 연락을 해가지고 어떻게 해야 되는가를 우리가 방식을 배웠죠. 그래서 그 사람들이 "어떻게 어떻게 하라" 하고 또 우리가 "미국 국무부(State Department)에 교섭을 하라" 하고. 그런데 국무부에 교섭이 안 되거든요. 그래서 우리 교회를 통해서, 〈NCC〉를 통해서 국무부에 연락을 해서, 국무부에서 다시 CIA에 연락을 해가지고서 김대중 씨를 바다에 던지려는 것을 막고.

김하영 당시 김대중 씨에 대한 구명운동으로 시작이 되어서 민주화운동에 참여하셨는데 그때 활동하신 단체가 있었습니까?

선우학원 예, 있었죠. 〈김대중구출운동위원회〉에 첫째 있었고, 그 다음에는 뉴욕에서 〈민주화연합〉 조직을 했어요. 옛날에 장면 정권 때 UN 대사로 있던 임창영 씨 하고 같이 조직을 해 가지고서 그이가 위원장이 되고, 내가 부위원장이 되고. 그렇게 조직을 해서 그게 민주화운동의 시작이지요. 민주화운동을 하다보니까 통일이 나온다고요. 그래서 1981년에 미국에서 처음으로 워싱턴 D.C.에서 한국통일운동을 위한 국제 심포지엄을 했어요. 그걸 조직할 때에 민주화운동 하면서도 말이 많았어요. "해야 된다 말아야 된다" 하고. 그런데 임창영 씨는 처음 찬성했다가 반대하고 나가고, 그래서 나는 "그럼 혼자라도 한다" 했고. 그런데 경비가 필요한데, 최덕신 장군이 미주리에 있었는데 나를 찾아왔어요. 자기가 민주화운동을 하는데 "잘 되지 않는다, 사람들이 자기를 믿지 않는다" 그래서 내가 그이한테 설득을 했어요. "우리 통일운동 같이 합시다. 지금 통일심포지엄을 하는데 경비가 없는데, 경비 좀 내시오." 그러니까 "내가 만 불 내겠다. 내가 배달민족회의를 하기 위해서 모아둔 돈이 있는데, 만 불 내겠다" 했어요. "아, 그러면 내가 만 불을 내고, 합쳐서 우리 이만 불 들고 합시다" 그래서 워싱턴 D.C.에서 60여 명을 초대해 가지고 심포지엄을 했어요.

김하영 그때 또 다른 어느 분들이 함께 하셨습니까?

선우학원 그때 나하고 함께 한 분들 가운데, 세상 떠난 송석준 교수, 지금 한국에 가 있는 김동수 교수 그 두 분 하고 또 세상 떠난 강공석 교수, 이런 분들이 적극적으로 협력을 했고. 그리고 그 회의가 끝난 후에 십여 명이 모여서 토론을 했어요. "자, 이거 우리가 심포지엄을 한 번 하고 끝났는데 이제 무얼 할 거냐?", "우리 북과 연락을 하자", "그럼 어떻게 연락을 하느냐?", "북과 대화를 시작하자", "그러면 북과 어떻게 연락을 하느냐?" 그래서 나를 대표로 뽑아서 "연락하는 교섭을 북과 해 보시오." 그래서 내가 비엔나 북한

대사관에 갔어요. "우리가 북과 대화를 하고자 하는데 참석하겠느냐"고 문의했죠. "그래 무슨 대화냐?" 해서 "해외 기독교인, 북의 기독교인, 기독교인—기독교인의 대화를 시작하자." 그러니까 "우리가 조국에 알아보겠다" 하고, 나중에 평양에서 "좋다, 하라" 했어요. 그리고 "누가 주관이 되어 가지고 이걸 하려 하느냐?" 해서 "우리는 김재준 목사를 앞세우겠다.", "그러면 김재준 목사를 데리고 이리 오라. 그럼 북에서 손님이 와서 대화를 하자." 그래서 "좋다" 하고 내가 돌아와서 김재준 목사하고 연락을 했어요.

그 전에 기독교인 한 20명이 모여서 토론한 것이 있어요. 등소평이 미국에 왔을 때, 그가 북에서 받아간 사명이 있는데 그것은 북과 미국의 친선교섭을 하는 것이었어요. 등소평이 그것을 미국에 전달했는데. 그래서 우리 20여 명이 모여서 "통일을 우리 민족이 하는 건데, 어떻게 중국이 간섭을 하느냐, 우리가 먼저 봐야 된다." 그래서 결정하기를, "우리 북과 연락을 하자." 그래서 김재준 목사를 단장으로 하고 "북을 만나자" 그렇게 결정이 됐어요. 그래서 김재준 목사가 "그럼 좋다, 내가 간다." 그래서 내가 김재준 목사를 모시고 구라파에 갔거든요. 제네바에 가서, 이북 공사관에 가서 하룻밤 자면서 거기서 온 손님, 동포지원회 부회장 리모 씬가 하는 사람하고 이틀 동안 대화를 했어요. 그러니까 북에서 하는 말이 "김 목사, 북에 오십시오. 환영합니다. 당신의 가족 백여 명이 기다리고 있소. 오시면 우리 김 주석하고 만납니다." 그래서 김재준 목사가 아주 기뻐서 "간다" 약속을 했었죠. 그리고 우리가 미국에 돌아왔어요, 북에 갈 준비를 하고. 그런데 이게 복잡한 문제로 깨졌다고요.

이제 북과 대화하는 데 김재준 목사가 갈 수가 없게 되었어요. 미국에서 가는 사람을 내가 대표로 소집을 해야 되는데, 가려는 사람이 없거든요. 북하고 대화하는 데 누가 가느냐는 문제인데, 목사는 가야 되는데 목사가 한 사람도 갈 사람이 없어요. 내가 17명을 내가 모아놨는데. 목사 한 사람이 꼭 필요한데, "북에 대의명분이 있어야 되지 않느냐." 기독교 대화인데 목사가 한 사람도 없었단 말이에요. 그래서 강민석 교수가 세인트루이스에서 교수하고 있을 때 내가 강민석 교수한테 "당신, 갑시다" 그랬죠. 자기는 "여비가 없다" 해서, "아, 내가 여비 준다, 갑시다" 했죠. 그래서 강민석 목사 한 분 모시고 17명이 미국에서 가서 대화를 했어요. 그 대화가 크게 성공했어요. 왜 성공했느냐 하면, 다 끝난 후에 북에서 온 고길준 목사가 기자회견을 했는데, 그이가 얼토당토않게 발표하기를, "북에 기독교인이 5천 명이 있다. 5백 처소에서 가족 예배를 본다." 그런 말을 했다고. 그러니 그 세계 각지에서 온 기자들이 깜짝 놀라가지고 "북에 기독교가 있는가?" 묻고 "있다" 그래서 우리 기자회견에서 그것이 세계적으로 나가게 됐거든요. 참가했던 사람들도 깜짝 놀라가지고 "북에 가서 가족 예배 보는 걸 우리가 잠깐이라도 보아야겠다" 했죠. 그 증거가 있어야 된단 말이에요. 그러니까 "평양으로 오라" 그래서 그 다음 해에 교수들 몇 사람 조직해가지고 평양에 갔어요. 가서 평양에서 교수 대화를 했다구요. 그것도 쉽지 않았죠. 북에서 대화 나온 사람들하고 우리 처음 들어간 사람들하고 맞질 않죠. 그러나 그렇게 해서 대화가 됐어요. 그것이 북과 대화의 시초라구요. 그것을 우리가 10년 동안 했어요. 10년 동안 제3세계, 그러니까 중립국에서 해야 되는데, 대부분 비엔나, 헬싱키, 그리고 마지막에는 독일 프랑크푸르트에서 해서 끝났다구요. 10년 동안 했다구요. 10년 동안 해서 무슨 결과를 맺었느냐 하면, 북과 신뢰가 가까워졌고 서로 믿게 됐다구요. 저편은 공산주의자고 우리는 기독교인들인데 10년 동안 대화를 하면서 알고 믿게 됐다구요. 그래서 북에서 우리가 주장한 교회를 세 개 설립하게 됐고, 신교 둘 가톨릭 하나. 또 북에 가면 가지고 가는 성경이 있는데, "그거 가지고 오지 말라" 그래서 "왜 그러냐" 하니까, "이남에서 출판된 것을 어떻게 우리 인민들에게 주느냐, 그 안 된다. 우리가 출판하겠다." 그래서 자기네들이 출판했어요. 신약, 구약 성경, 또 찬송가도. 그리고 중요한 것은 자기네들의 박중덕 교수가 우리한테 발표를 했는데, "기쁜 소식이 있습니다. 우리 백과사전에 '종교'에 대한 정의가 바꿔졌습니다" 그래요. "어떻게 바꿔졌느냐" 물으니까 "과거에는 '종교는 아편이다'라고 맑스주의 정의를 그대로 썼는데, 이번에는 '종교도 평화와 자유와 민주주의에 공헌할 수 있다', 이렇게 바꿔졌습니다." 기쁜 소식이죠. 그래서 우리는 깜짝 놀랐죠. 그러니까 우리 생각에는 대화한 보람이 있다 생각했죠. 그리고 우리 계속해서 북에 내왕했구요.

김하영 그 당시 북에 가서서 주로 어디를 방문하시고 또 어떤 사람들을 만났습니까? 기독교인들만 만났습니까 아니면 다른 사람들도 만났습니까?

선우학원 기독교인들은 물론 만났고, 교회에 나갔고, 또 거기 고관들도 만나서 대화하고. 우리가 교수들이 많으니까 김일성대학에 찾아가서 교수들을 만나서 대화하고, 많이 그랬죠.

김하영 그때 북에 가셨을 때, 북쪽의 당국자들이 통일에 관해서 어떤 입장을 가지고 있었는지 기억이 나십니까?

선우학원 그때 남과 북이 대화하면서 북에서는 연방제를 주장했어요. 내가 공부한 역사에 의하면, 1960년대만 해도 김일성 주석이 인도네시아 자카르타에 가서 연설한 것을 내가 볼 때에, "이남에서 민족혁명이 일어나면 우리가 가만히 방관할 수가 없다. 도와줘야 된다" 그랬다구요. 그것은 말하자면 적화통일이에요. 그랬는데 그 후에 1972년 「7·4남북공동성명」이 발표된 뒤에는 그게 바꿔졌다구요. 그래서 연방제 통일이 공식적으로 1980년에 나왔다구요.

김하영 그렇게 활동하실 때 그때 주로 같이 가신 분들은 여기 다 미국 쪽에 계신 동포 분들이었습니까?

선우학원 미국에서 간 사람들이 대부분이고, 또 독일서도 왔지만 독일서 온 사람들은 얼마 안 됐어요. 대부분은 미국에서 나간 교수들이 늘 발표하고 대변했죠.

김하영 그 당시는 아직까지 남북 간의 긴장이나 대립이 상당히 높았던 시기였는데 남한정부 당국이라든지 여기 영사관 쪽에서 어떤 반응이나 대응은 없었습니까?

선우학원 절대 반대죠. 그때는 남한에서는 '통일'이라는 말만 나와도, "친북이다", "빨갱이다" 그렇게 나왔기 때문에 절대 반대 했죠. 그것을 우리가 알면서도 했거든요. 여기 미국에 있는 교수들은 다 소위 친한파 교수들인데, 서울에 초빙해서 가면 남한의 통일 입장을 발표하고 했거든요. 그러니 미국에서 학회가 있을 때 우리 재미교수들은 다 친한파의 통일론을 지지했고, 나는 중립파로서 했기 때문에, 늘 반대라구요. 밖에서는 우리를 친한파로 몰았지만, 우리 자신들은 친한으로 생각 안 했거든요. pro-South도 아니고 pro-Korea였죠. 또 나만 해도 남북이 분열되기 전에 한국을 떠났기 때문에 분열이라는 건 몰랐다구요. 그러니까 합하는 것, one Korea를 유일한 것으로 생각했다구요.

김하영 그 당시 한반도 문제에 관심을 가지는 미국 학자들도 있었을 것이라 생각되는데 주위에서 미국의 학자들은 그런 활동에 관해서 어떤 견해를 보였습니까?

선우학원 미국 학자들 가운데는 남한을 지지하는 학자들이 학회에 나왔어요. 당시 몬트레이에 있는 해군대학에서 가르치던 교수 그분이 나오면 늘 나하고 싸웠다구요. 그분은 친한파로 나오니까 내가 말하는 것은 친북파로 받아들였거든요. "우리는 북하고 대화한다. 북하고 함께 해야 통일이 되지, 따로 가면 그것은 흡수통일이다. 흡수통일 그것은 전쟁이지, 통일이 아니다" 그렇게 주장했거든요.

김하영 당시 미국 정부 즉 국무부라든지 이런 쪽에서는 어떤 반응이 있었습니까?

선우학원 국무부하고는 아무 관계가 없었죠. 우리를 방해하기 위해서 한국 정보부에서 와서 많이 간섭했어요. 간섭해서 우리에게 공갈 하고 그랬거든요. 그래 우리가 FBI에 보고를 했다구요. "이거 왜 외국 에이전트들이 우리 미국 시민에게 간섭을 하느냐?"고. 그래서 미국 FBI가 KCIA를 다 내보냈어요. 그러니까 미국 정부의 도움을 받은 것이라 볼 수 있죠. 심포지엄은 우리가 계속했어요. 계속 심포지엄을 할 때 미국에 있는 교수들, 우리에게 동조하는 사람들을 초빙해서 강연도 하게 했는데 브루스 커밍스, 글렌 페이지, 램지 클락, 존 스윌리 등 그런 사람들이 우리 심포지엄에 와서 많이 강의했어요. 그리고 한국에서 강사를 초빙도 해 왔어요. 홍근수 목사, 박순경 교수, 이삼열 교수 그런 사람들을 우리가 초빙해서 강연을 하게 했어요.

김하영 그때 여기서 심포지엄을 열고 그럴 때 비용 조달은 어떻게 했습니까?

선우학원 그거 내 자비 써야지. 오는 사람도 경비를 우리가 다 내고. 그때 모금은 절대 안 되거든요. 내가 그때 교수를 하면서 벌이를 했고.

김하영 그 당시 교수나 목사 등 지식인 중심으로 북한과 대화를 하신 그런 상황이었는데 일반 교민사회에서의 분위기나 반응은 어땠습니까?

선우학원 교민사회는 움직이지 않았어요. 교민은 다 한국에서 온 이민자들인데, 한국에서 공산주의에 대한 교육을 철저히 다 받고 왔기 때문에, 북은 아예 원수 취급하지 북하고 대화를 한다는 건 염두에 두지도 못했어요. 그러나 우리 심포지엄 할 때 사람들이 백여 명씩 나왔어요.

김하영 그렇게 북한과 대화를 하시면서 구체적으로 "남북의 통일을 어떤 방식으로 추진해야겠다" 하는 어떤 복안이나 방안 그런 것을 가지고 계셨습니까? 아니면, 그냥 일단 대화를 하는 그 수준에서만 일을 하셨습니까?

선우학원 어떤 특별한 조직이 있어서 우리 생각대로 해야 된다는 그런 것은 없었고. 이남에서 말하는 연합체 방안 같은 그런 것도 없었고. 북의 연방제는 우리가 찬성했어요. 상호 제도를 긍정하고, 북은 사회주의 제도로, 남은 자본주의 제도로 그냥 하고. 두 제도 한 국가.

김하영 그런 활동들이 미국 사회 내에서 주류 언론이나 이런 데서 보도가 됐습니까?

선우학원 많이 되지 않았어요. 미국에서 관심이 없었어요.

김하영 그래도 미국은 기본적으로 대한반도 정책 이런 것을 통해서 한반도 문제에는 관심을 가지고 있지 않습니까?

선우학원 그것은, 남쪽을 지지하는 것이 미국정책이니까. 남북이 합한다는 것에 대해서는 미국이 관계 안 했죠.

김하영 오랫동안 활동을 하시면서 특별히 어떤 측면에서 일을 활동하는데 어려웠다고 생각나시는 것이 있습니까?

선우학원 제일 어려웠던 것이 이제 교민사회에서 움직이지 않는 것. 이 민중이 움직여야 되는데 교민사회를 우리가 뚫고 들어가기가 어려웠거든요. 우리가 조직을 해도 조직해야 회원이 백 명이 넘지 않는다구요. 또 우리한테 반대한 것들을 보면, 우리가 북과 대화하는데 사람들이 와서 피켓팅 하고, 정부에서 내보내서 이렇게 하는거. 또 우리가 워싱턴에서 심포지엄 할 적에도 밖에 와서 피켓팅 하면서 보이콧 하는 그런 반대. 그리고 또 특파원들, 『동아일보』, 『조선일보』이 사람들이 와서 우리 활동을 아주 다 비틀어 가지고 사실이 아닌 것을 보도하고. "이거 북에서 자금 받아가지고 한다"고. 북과 아무 관계도 없는 것인데, 그런 보도를 잘못 해주는 거. 우리는 아예 상관을 안 했죠. 보도 역할 하는 특파원들 초청도 안 했어요.

김하영 그 활동 외에 통일과 관련해서 다른 활동을 하신 것이 있습니까?

선우학원 특별히 우리가 활동한 것은 심포지엄에 나온 미국 강사들을 중심으로 해서 〈American Committee on Korea〉를 조직했어요.

김하영 그것이 몇 년도에 조직되었습니까?

선우학원 그게 80년대 중반기인가. 존 스웜리(John Swomly), 세인트폴 신학교 교수인데 평화주의자예요. 캔자스시티에 있어요. 그이를 중심으로 해서 우리가 〈American Committee on Korea〉를 조직했는데 미국 사람들이 37명 들어왔어요. 그 사람들은 다 평화주의자들이거든요. 그 사람들을 중심으로 우리가 대학 캠퍼스, 교회, 또 시민단체들에 다니면서 강연하고 했어요. 그 조직을 통해 조지아주 애틀랜타에 있는 〈Carter Center〉와 연락해서 전 미국 대통령 지미 카터를 설득해서 평양에 보냈어요. "가서 김일성 주석과 만나라"고. 그걸 허락했어. 클린턴 대통령은 반대했지만, "개인 시민으로 가겠다" 그래서 갔어요. 그때 갈 때에 서울에 들러서 김영삼 대통령을 만났어요. 김영삼 대통령한테 "내가 평양에 가서 당신과 김일성 주석이 만나게 하겠다." 그러니까 김영삼 대통령이 "좋다.", "그럼 내가 그러기 위해서 38선을 넘어가겠다.", "좋다, 가라." 그래서 38선을 넘어갔다구요. 그렇게 해서 김일성과 만나서 대화했는데 김일성 주석은, "우리는 미국과 진짜 평화를 원하지 전쟁을 원치 않는다." 그것을 지미 카터에게 설득을 시켰다구요. 지미 카터가 그 얘기를 미국에 돌아와서 클린턴한테 얘기를 해서 클린턴이 정책을 바꿨다고요. 그때가 1994년, 북을 폭격할 준비를 하고 있을 때였거든요. 근데 그걸 포기하고, 다시 이제 북하고 교섭해서 1994년 제네바 합의가 나왔잖아요. 그 다음에 대통령 선거에서 공화당이 이기면서 부시가 나오고, 다 뒤집어엎었죠.

김하영 시간을 좀 거슬러 올라가면, 남한에서 1980년 광주민주항쟁이 일어났을 때 재미동포 사회에서는 어떤 반응이었습니까?

선우학원 광주 사변이 일어난 후에 우리 미국에서는 더 "통일해야 된다. 미국이 우리 민족을 못살게 한다." 그렇게 강하게 나왔죠. "미군은 철수하라" 그게 그때 처음 나왔어요.

김하영 남한이 1987년 6월 항쟁 이후에 정치적으로 민주화를 이루게 되었는데, 그런 변화 이후에 여기에서도 어떤 변화가 있었습니까?

선우학원 더 활기를 낸 거죠. "국내 운동과 우리가 보조를 함께 해야겠다. 지금 민주화운동이 굉장히 활발한데, 우리도 그렇게 해야 된다." 그래서 더 활기를 내서 그때부터는 우리가 교민사회에 더 들어갈 수 있었어요.

김하영 1994년 7월 김일성 주석이 사망했는데 그 이전과 이후를 비교해 볼 때 통일운동과 관련하여 여기서 어떤 변화가 있었습니까?

선우학원 우리 변화는 없었고. 우리도 사망한 후에 평양을 찾아갔죠.

김하영 그러니까 조문을 가셨다는 말씀입니까?

선우학원 예.

김하영 그때 남한에서는 김영삼 정부 시절인데, 남한에서는 조문 문제 때문에 정치적으로 좀 시끄럽고 그랬는데 여기 분위기는 어떠했습니까?

선우학원 남한정부가 조문을 반대하는 것에 대해서 교민사회에서는 별로 반응이 없었죠.

김하영 나중에 2000년 6·15남북정상회담이 있었는데, 그 이전하고 이후를 비교해 볼 때 여기서 활동하시는 것에 변화가 있었습니까?

선우학원 2000년 정상회담 후에 통일운동이 더 활기를 띠어요. 「6·15공동선언」 실천을 위해서 더 활기를 띠어요.

김하영 선생님께서는 1990년대, 2000년대 들어와서도 이렇게 계속 활동하고 계신 겁니까?

선우학원 저도 가담을 하고 있지만 지금 젊은 사람들이 앞장서서 하니까 뒤에서 돕죠.

김하영 미국에서 60년 이상 오래 계셨으니까, 미국의 대한반도 정책에 대한 선생님의 생각, 또 어떤 측면에서 미국의 대한반도 정책이 변해야 한다고 생각을 하신 적이 있는지요?

선우학원 나는 근본적으로 미국의 한반도 정책을 반대했어요. 내가 책도 하나 써 냈죠. 『한미관계 50년사』라고. 한국이 주권국가 행세를 못하고 미국과 주종관계를 가지고 있기 때문에 미국이 하라는 대로 하고, 지금도 마찬가지예요. 김대중 대통령, 노무현 대통령 들어서 큰 변화가 있지만, 아직도 미국에게 순종하는 위치에 있거든요. 그러니까 그것이 깨져야 된다구요. 그래서 진짜 독립국가가 돼야 된다구요.

김하영 미국 사회에서 일반적인 여론은 어떻습니까? 70년대, 80년대 이후에 한인 교민들의 숫자가 늘어났는데, 전반적인 미국 사회 내에서 한반도 통일에 대한 여론은 어떻습니까?

선우학원 지금 미국 사람들 가운데서 "왜 미군이 남한에 주둔해야 되느냐? 왜 그 경비를 많이 들이고 주둔하느냐?"는 질문을 자꾸 합니다. "그것이 필요치 않은데, 지금 전쟁은 없을 것이고, 한국은 강하고 그런데 왜 미군이 필요하느냐? 다 철수해야 된다." 그런 얘기가 지금 공공연히 나오고 있습니다. 그게 또 미국 의회에서도 나오고 있습니다. 미국 의원들 가운데도 그런 얘기가 나오고 있습니다. 그러나 공식적으로 그것이 토론은 되지 않고 있습니다.

김하영 초기에 독일이나 다른 지역의 동포들과 협력해서 북한과 대화도 하고 그렇게 했는데, 미국에서 활동하시는 분들하고 유럽이나 일본 등 다른 지역에서 활동하시는 동포분들의 활동에서 하고 어떤 차이점 또는 공통점을 말씀해 주실 수 있습니까?

선우학원 공통점은 연락을 가지고 있는 것. 우리가 서로 내왕하는 건 별로 없어요. 우리가 일본에 가지만, 그 사람들 찾아가고 그 사람들 하는 일을 우리가 뒷받침하고 동조하지만, 우리한테 오는 것은 없어요. 구라파에도 마찬가지예요. 대개 독일 중심인데 독일에 있는 사람들하고 연락은 있어요. 그러나 특별히 서로 내왕하고 그러는 건 별로 없어요.

김하영 정확하게 들은 것은 아닙니다만, 독일 교민들이 통일과 관련된 활동을 하고 그럴 때 재미동포들로부터 지원을 좀 받았다는 이야기를 들은 적이 있는데 그런 일이 있었습니까?

선우학원 우리가 지원을 한 것은 정신적으로 지원한 것이고, 물질적으로 지원한 건 별로 없고. 초기에는 윤이상 씨가 우리와 함께 했는데, 심포지엄 같은 것 함께 하고, 세미나도 같이 하고, 같이 발표하고. 윤

이상 씨를 미국에 초대도 하는 그 정도로 했지. 크게 한 건 없어요.

김하영 이렇게 오랫동안 활동을 하셨는데, 돌이켜본다면 선생님께서 하신 활동이 어떤 측면에서 성과가 있었다고 이렇게 평가를 할 수 있을까요?

선우학원 우리가 주장한 것은 옳다고 봐요. 처음부터 변함없이 꾸준히 주장해 온 건 옳고. 또 우리가 주로 한 것이 심포지엄을 해서 많이 알리는 것, 또 대화해서 일반적으로 이남에게 영향을 주는 것. 이남에서는 처음 우리가 대화 시작할 적에 "북에서 나온 사람들은 진짜 기독교인들이 아니다" 하면서 반대했거든. 〈NCC〉도 반대하고. 그러나 결국은 우리가 하는 것에 찬성하게 됐다구요. 그래서 공산주의하고 대화할 수 없다는 그 이념은 깨졌어요. 대화를 통해서 그 공헌은 우리가 했다고 봅니다. 그러나 우리가 좀 더 조직적으로 하지 못한 것은 유감으로 생각해요. 재정문제 또 인사문제 그런 것 때문에 힘이 자라질 않았어요.

김하영 그런데 남북대화나 합의는 남북한 사이에서 관계가 진전되어 이루어진 경우가 많은데, 이런 점에서 보면 아무래도 재외동포들은 해외에 계신 분들이기 때문에 직접적으로 남북관계를 진전시키는 역할을 하는 데는 한계가 있었다고 볼 수도 있을 것 같은데 여기에 대해서는 어떻게 생각하십니까?

선우학원 한 가지 특수한 것은, 우리 해외교포 학자들이 발표한 것이 역할이 있었어요. 우리가 이런 말을 일본 교포들한테서 들었어요. "당신네들은 발표를 자유롭게 한다." 그게 말하자면 북에 대한 비판도 한다는 이야기죠. 일본 교포들은 그것을 못한단 말이에요. 〈총련〉에서는 그것 못하거든요. 그런데 우리 미국동포는 한다. 그러니까 우리는 북에서 듣기 싫은 소리도 한다는 말이죠. 우리는 했거든요. 그러니까 우리는 그런 특수한 위치에 있다. 그런 얘기를 우리가 듣고는, 우리도 모르는 사이에 어떤 역할을 했다고 보죠.

김하영 그런데 북에서 듣기 싫은 소리라는 것은 어떤 내용을 말하시는 겁니까?

선우학원 지금은 많이 달라졌지만, 처음에는 소위 수령론, 김일성을 위대한 수령으로 모시는 소위 신화 같은 것을 믿지 않았거든요, 그러나 지금 많이 다니면서 주체사상에 대해서 연구하고 하니까 그게 그렇지 않더라구요. 그게 신화가 아니고 사실은 사람들이 다 그렇게 서로 믿고 있다구요. 그게 종교가 아니고. 그러니까 그 정도는 그 누구나 할 수 있는 거니까 그 받아들일 수 있다. 그래서 주체사상도 다 받을 수 있다. 주체사상과 기독교도 다 연결이 된다. 이렇게 합의가 됐다구요. 처음엔 어림도 없죠. 그래도 우리 『주체사상과 기독교』라는 책도 출판하고 했지만, 그것이 아마 이남에게 어느 정도 좀 영향이 미치지 않나 생각되고. 우리가 처음에 출판한 책이 있는데, 『분단을 뛰어넘어』라고 교수들이 북에 갔다 와서 쓴 책인데 이남에서 많이 팔렸죠. 처음으로 북에 대한 것을 알게 했다구요. 공개적으로. 그런 의미에서 이남의 통일운동에 다소간 영향을 줬다고 봅니다.

김하영 초기에 활동하실 때 여기 교회라든지 기독학자 분들 이런 분들하고 같이 하셨는데, 선생님 활동하시는 데 있어서 여기 미국의 교회로부터는 어떻게 지원을 많이 받으셨습니까?

선우학원 미국 교회의 후원을 많이 받았습니다. 그분들의 후원이 없었다면 우리가 하지 못했죠. 예를 들면, 우리가 북에서 손님들을 많이 초청했는데 우리가 국무성에서 그 사람들 비자를 받아줄 수가 없거든요. 미국 교회를 통해서 비자를 받았다구요. 특별히 연합장로교 이승만 목사를 통해서 연합장로교를 동원해서 그 비자를 받아 가지고서 사람들을 데려왔다구요.

김하영 미국 교회가 그렇게 특별하게 지원을 해준 이유는 어떻게 설명할 수 있습니까?

선우학원 우리가 교회 속에 들어가서 그 교회의 지도자들에게 영향을 준 것이죠. 이승만 목사가 그런 역할을 많이 했죠. 그래서 미국연합장로교, 미국연합감리교 그 전국대회에서 남북평화통일을 위한 공문을 통과시켰다구요. 그거 쉽지 않는 거예요. 그걸 우리가 해냈다구요. 그러니까 연합장로교에서 그걸 할 때, 이남 장로교에서 목사 21명이 찾아와서 울면서, "이거 우리 죽으라고 하는 거냐, 이북이 우리 쳐들어온다" 이렇게 반대했다구요. 반대했지만 그거 소용없었다구요. 통과가 됐다구요.

김하영 그러니까 같은 장로교인데, 미국장로교에서는 지지했는데 한국장로교에서는 그걸 반대했다는 말씀이시죠?

선우학원 그럼, 21명이 찾아왔어요. 그 중에 강신명 목사 같은 내 친구들도 있는데 와서, "이거 무슨 일을 하는 것이냐, 이게 통일이 되느냐 말이야, 공산주의가 다 내려온단 말이야" 하고. 그래서 "그런 건 아니다"고 대답하고 했는데. 또 우리가 처음에 박순경 교수도 초청해 와서 얘기할 때, 그이가 북의 주체사상에 대해서 반대해요. "어떻게 그것이 되느냐" 말이에요. 우리가 밤새 얘기했다구요. "아니 주체사상 이런 얘기와 기독교의 이것이 왜 맞지 않느냐?", "이것이 맞지 않느냐?..." 이렇게 논쟁하고 마지막에는 "그렇구나" 그래서 지금 많이 바뀌어졌죠.

김하영 장공 김재준 목사님이 초기에 활동을 많이 하셨죠?

선우학원 김재준 목사가 처음에는 통일운동에 나섰다가 쑥 들어가서 못 나왔어요. 그래서 통일운동에 참가 못했어요. 처음에는 반공사상 때문에 대화할 생각도 못해요. 그래서 우리가 많이 얘기했어요. 설득을 시켰어요. "공산주의자하고 대화 안 하면 어떻게 대화가 되느냐? 우리가 통일을 하려면 공산주의자하고 대화할 수밖에 없다." 그렇게 마지막에 설득이 돼서 북에 가겠다고 나섰죠.

김하영 북한과 미국과의 관계를 큰 틀에서 흐름을 보시면 대체적으로 어떻게 평가를 하십니까?

선우학원 미국은 본시 북을 원수시 했기 때문에 그 자세를 바꾼다는 것이 대단히 어렵죠. 그런데 그것을 클린턴 때 전쟁이 시작될 것을 막은 것이 지미 카터의 역할이라구요. 우리는 못하죠. 그 자기네끼리 해야지. 지미 카터가 설득을 시켰다구요. 지미 카터는 "He is a man of peace" 전쟁을 반대하고 평화를 주장했으니까 그걸 할 수 있었다구요. 클린턴이 우리 말을 듣지 않죠. 또 카터를 설득시킨 것도 미국 사람들이 했다구요. 우리가 한 게 아니라구요.

김하영 돌이켜 생각해 보신다면, 남한 정부가 미국에 있는 재외동포들의 활동에 대해서 어떤 점에서는 잘못했다, 아니면 남한 정부가 앞으로는 재미동포들에 대한 정책이나 입장을 어떤 식으로 바꾸었으면 좋겠다, 이렇게 생각하신 것이 있습니까?

선우학원 남한 정부가 개방되어야 돼요. 우리 같은 사람이 통일운동하고 그러다 보니까 30년 동안 내가 한국을 가지 못했어요. 비자를 안 주거든요. 그런데 수년 전에 〈민주화기념사업회〉에서 초청 받아 갔는데 정부에서 반대했어요. "선우학원은 안 된다." 그래서 박형규 목사가 설득을 시켰다고. "우리는 그 사람 오는 것 원한다"고. 그래서 설득을 시켰는데, 믿을 수가 없어서 사람 둘을 LA에 보냈어요. 총영사관에 비자를 내 주도록 교섭하라고. 총영사관에서 "본국에서 오케이 했으면 우리도 오케이 한다. 단, 본인이 나와서 신청해야 된다." 그래서 우리가 가서 신청했다구요. 그러니 친절히 잘 도와줘요.

김하영 지금은 남한에 들어가시는 것에 대해서 이렇게 제한이 없습니까?

선우학원 또 모르죠. 그때 한 번 들어간 건데. 지금 또 들어가려면 해 줄런지는 모르죠. 그러나 우리가 지금은 갈 생각이 없으니까.

김하영 미국에 있는 동포들이 한반도 통일을 위해서 앞으로는 어떤 방향으로 역할을 하는 것이 좋겠다고 보십니까?

선우학원 제가 많이 주장하는 것은, 우리 교포들의 사명은, 미국과 북한의 친선관계. 그것이 절대 요구된다, 다른 것은 다 필요치 않다. 그것이 제일 중요하고 우리가 그걸 해야 된다. 그것을 하기 위해서 정치도 하고 운동도 하고. 한반도에서 전쟁이 일어난다는 건 절대 금물입니다. 그건 우리 민족이 망하는 거라고. 한국 전쟁 때 300만 명이 사망했다 그러지만 다음 전쟁은 이거 핵전쟁이 되기 때문에, 절대 안 되죠. 평화가 절대적으로 요구되기 때문에, 우리 가족에서 평화재단을 만들었어요. 그 평화재단에서 해마다 평화운동 하는 단체에게 기증하는 일을 하고 있죠.

김하영   그 평화재단의 전체 이름은 무엇입니까?

선우학원   〈Harold and Sonia Shin Sunoo Peace in Korea Foundation.〉 2년 전에, 2005년에 만들었죠.

김하영   선생님께서 기금을 기부하셔서 만든 것입니까?

선우학원   50만 불을 하려다 못해서 절반 25만 불 했는데, 또 사람들이 좀 기부해서 조금씩 늘어났어요.

김하영   지금 이 재단이 추구하고 있는 목표는 어떤 것입니까?

선우학원   첫째 목적이 미국과 북한의 평화친선관계 증진, 둘째가 남과 북의 평화통일, 셋째가 교포 젊은이들의 평화를 위한 교육사업, 넷째가 세계평화.

김하영   재단은 기금을 가지고 운영할 텐데, 그러면 이 재단을 관리하시는 분들은 여기 재미동포 분들입니까 아니면 다른 분들이 있습니까?

선우학원   여기 큰 재단이 있습니다. 〈California Community Foundation〉 거기서 우리 기금을 관리하고 있어요. 우리가 비용(fee)을 내고 거기서 투자하고 관리하고 있죠.

김하영   재단이 설립되고 난 뒤 첫 해에 실시한 사업은 어떤 것이었습니까?

선우학원   작년이 처음인데, 기금에서 배당금(dividend)이 나와 가지고 그 수입으로 작년에 우리가 두 단체에게 지불했어요. 하나는 〈민족통신〉, 또 하나는 〈One Korea LA Forum〉.

김하영   올해 2007년 제2차 년도에도 지원했습니까?

선우학원   금년에는 〈재미동포전국연합〉에 지원이 됐죠.

김하영 그러면 전반적으로 이 지역 동포사회에서 재단의 활동에 대한 여론은 어떻습니까?

선우학원 별로 알려지지 않았어요. 우리가 프로모션을 안 했기 때문에. 이 통일운동 그룹 안에서 하는 것이기 때문에 다른 동포 전체에게 알릴 필요는 없는 거예요. 이제 조금씩 소문이 나돌겠죠.

김하영 이 동포사회에서 통일운동하시는 분들을 만나서 이야기를 들어 보면, 지금 동포 2세들은 아무래도 통일에 대한 관심이 1세분들보다는 적다는 말을 듣게 되는데요, 이런 활동이 앞으로 동포사회 내에서 어떤 방향으로 지속되는 것이 필요하다고 생각하십니까?

선우학원 박사 내외

선우학원 2세들 교육, 그것이 우리의 큰 과제인데 우리 늙은 사람들은 이제 다 갈 터인데 누가 이걸 맡아서 하느냐 그것을 큰 과제로 삼고 많이 연구들 하고 있죠.

김하영 민족의 통일, 또 통일운동과 관련하여 지금 사람들뿐만 아니라 후대의 우리 동포들도 꼭 염두에 두고 기억해야겠다고 강조하고 싶은 그런 사항들이 있습니까?

선우학원 내가 우리 손자에게도 그런 얘길 많이 하지만, "통일은 되는 것이니까 너는 '코리안이다' 그 의식을 가지고 살아야 된다." 말은 몰라도 "코리안이다" 하는 그 의식, 그것이 가장 중요하다고 봐요. 그래서 2세, 3세들에게 그걸 많이 교육시켜야죠. 중국 사람들 같은 경우는 교육을 중국말로 많이 가르치는데 우리는 그게 많지 않아요. 또 우리말 교육도 필요하지만 그것보다도 우선 그 의식을 가지는 것, 그러기 위해서는 한국을 자주 방문하는 것, 그런 것을 우리가 많이 주선하고 해야죠. 예를 들면, 얼마 전에 하와이에서 한 40대 되는 여자가 찾아왔어요. 그 여자가 와서 고백하는 말이, "자기 아버지는 한국 사람이고 어머니는 백인인데, 아버지는 친일파였기 때문에 코리안에 대해서 가르쳐주지를 않았다. 그런데 지금 와서는 한국에 돌아갔다. 그래서 달라졌다." 자기가 내 책을 보고 하와이에서 전화를 했어요, 나를 직접 만나고 싶어서 오겠다고. 그래서 나를 찾아왔습니다. 와서 얘기를 했는데, 자기는 혼혈이지만 "I am Korean" 그 자각을 가지고 지금 한국어 공부도 하고 또 역사도 공부하고 있다고 그랬어요. 그런 예가 있었어요. 그리고 얼마 전에도, 하버드 대학교에서 박사학위 공부, 역사 전공하는 2세 여자가 있는데, 재미교포에 대한 관심이 있어서 "언제 교포사회에서 진보운동이 시작됐느냐 그것을 연구하려니까 선생님 이름이 책에서 자꾸 나오더라, 그래서 찾아오고 싶다"고 그래서 "난 좋다" 해서 찾아와서 그렇게 얘기하고. 크리스마스 때 다시 오겠다고 그랬어요. 2세들도 젊은 사람들이 우연히 자기네들이 자각을 하고 또 공부하고, 그런 사람들을 우리가 자꾸 도와주고 붙들어서 나가야죠.

김하영 오랜 시간동안 많은 말씀을 해 주셔서 감사합니다.

10. 양은식

면담일자: 2007년 10월 19일 / 10월 23일
장   소: 미국 캘리포니아주 로스앤젤레스
면 담 자: 김하영
구 술 자: 양은식

[2007년 10월 19일]

김하영　먼저 개인적인 질문부터 드리겠습니다. 선생님, 미국에는 언제 어떤 계기로 건너오셨습니까?

양은식　1966년 5월 달에 들어왔습니다. 그때 대학원에, Claremont Graduate School이라고 있는데 거기 Asian Stuides에 입학해서 거기서 공부하게 됐죠.

김하영　그러면 그때 공부 끝나시고 나서 여기 미국에 계속 계신 겁니까?

양은식　그렇죠. 그러니까 작년이 꼭 40년 되고, 금년이 이제 41년째인데, 그때 들어와서 지금까지 있었죠. 제가 어머니를 찾아서 1976년에 평양에, 고향에 갔던 일이 있는데 갔다 온 이래 남한방문이 완전히 차단됐습니다. 비자를 주지 않고 그러기 때문에. 그동안 모교에서, 그밖에 다른 일로 한 서너 번 한국을 방문하려고 했는데 비자가 없어서 들어갈 수가 없고. 또 나를 초청한 그런 기관에서도 비자 문제를 해결하려고 했으나 해결되지 않는다고 그래서 들어갈 것을 포기하고 지내다가 재작년에, 그러니까 2005년인데, 아마 그때가 8·15 60주년, 그래 6·15로 해서 처음으로 한국에 나갔습니다. 그러니까 35년 한 3, 4개월 만에 처음으로 서울로 나가봤죠.

김하영　조금 전 말씀에서 고향이 평양이라 그러셨는데, 그러면 남쪽에는 언제 내려오셨습니까?

양은식　고향은 평양인데, 내 신상에 대한 자세한 이야기를 먼저 하지요. 내가 1934년생이니까, 평양에서 나서, 거기서 국민학교 졸업하고 중학교 졸업하고, 고등학교 1학년을 마친 다음에 6·25가 났어요. 6·25가 난 후에, 국군이 10월 달에 평양에 입성하고, 이렇게 들어왔다가 12월 초에 국군과 유엔군이 다시 후퇴할 때였는데. 그때는 상황이 그랬습니다. 내가 우리 집에서 외아들이라고, 집안에 몇 대 되는 외아들이니까, 어머니가 혼자서 나를 기르면서, "이 전쟁의 와중에 들어가게 되면 양쪽 어느 군대에 끌려가서 전쟁판에서 죽게 된다." 그러면서 "대동강 건너편 고모네 집에 가서 피해 있다가 돌아오라." 해서 어머니의 권유를 받고서 집을 떠났던 걸음인데, 그게 이제 어머님을 완전히 떠나게 되는 것이 됐죠. 그 대동강 건 널 때 우리 그때 추측으로는, 대동강이 양쪽이 대치하는 일종의 방 어선이 되지 않겠는가, 이렇게 생각했는데, 그렇게 되지 않고 계속해서 후퇴하니까, 사람들이 거기까지 갔다가 이제 고모네가 거기 있지 않고 이미 다 어디로 피난 갔는지 없어지고 말아서 거기 혼자 있을 수도 없고, 문은 다 닫아걸었고. 그래서 이제 큰 거리로 나오니까 우리 동네 사람들이 걸어서 내려가면서, "너가 왜 여기 있느냐? 여기 지금 곧 유엔군들이 철수하게 되면 미군 폭격도 심하게 되고 전쟁판이 된다. 여기 있으면 위험하다고 한다. 그러니까 내려가자." 해서 그 동네분들, 어른들이죠, 거기다가 친구 하나가 있었는데, 그 친구네 집안하고 같이 따라서 시작된 그 걸음이 이제 거의 한 달 걸려서 서울로 왔어요, 거의 철길 따라서 한 50리씩 하루에 걸었어요. 그래서 이제 크리스마스 지나서 서울로 들어왔어요. 그렇게 해서 이제 그것이 저 내 16살 때입니다. 1950년도 전쟁 때. 그렇게 들어왔다가 뭐, 전쟁이 끝나지 않고 길어지면서 1953년 휴전이 됐지만 고향으로 돌아갈 수 없는 그런 형편이 되니까. 그냥 나 혼자서 떨어져서 친척도 없이, 거기서 살아가면서 야간 고등학교를 다니고 졸업해서, 다음에, 뭐 그때 우리로서는 실력이든 재정 뒷받침이든 아무것도 없으니까, 그래서 이제 숭실대학, 그때 처음 시작했을 땐데, 거기 가서 학교를 졸업했습니다. 그것도 중간에 군대 한번 갔다 오느라고 5년 걸려서 졸업했죠. 졸업하고 경주에 어떤 고등학교에 내려가서 영어 선생으로 3년 일하고, 다시 서울로 돌아와서, 내가 누구의 소개로 만나서 결혼을 하면서 1년 동안, 그 이름도 이제 잘 생각나지 않는데, 미국의 자선기관인데, 한국에 전쟁고아들이 그때는 많았으니까, 미국에서 아이들이 양부모 만나게 해가지구서 편지 써주고 또 그렇게 하는 그런 기관에서 한 1년 동안 영어편지, 한글편지 쓰는 그런 일을 하다가, "이렇게만 세월을 보낼 수 있느냐" 해서 이제 유학을 결심하고 떠났죠. 그런데 나는 그때 결혼을 해가지구 애기도 하나, 이제 한 살도 못된 애를 두고서, 결심하고서 떠나왔던 겁니다. 그래서 아까 말한 1966년이 그때 미국에 들어온 해입니다.

김하영 아까 말씀하셨듯이, 어머님을 찾아서 북한을 방문한 것이 1976년이었습니까?

양은식 예, 떠나온 지 10년 만인데. 내가 Claremont Graduate School에서 1966년에 시작해서 석사(Master)하고 박사(Ph.D.)가 끝난 게 1971년입니다. 1971년에 Cal State, Long Beach에서 풀타임(full-time) 자리를 얻지 못하고, 파트타임(part-time)으로 가르치는 일(teaching)을 시작했을 땐데, 그때 뭐, 내 친구지만, 지금 이름 말하면 다 알만한 그런 사람인데, 그 친구가 독일, 모스크바 등에서 해외 활동을 많이 그렇게 학자입니다. 그이가 이제 우리 집에 와서 늘 자고 얘기도 많이 하고 이제 그랬는데. 저는 학교 공부도 이미 끝나고 아이들도 그때 셋이나 있었습니다. 그리고 집에서 비즈니스도 조금 하고 그러니까 안정이 됐어요. 그래서 이제 편하게 됐는데, 그 친구에게 "어머니가 살아있는지 죽었는지 그것만 알아보면은 내 원이 별로 없겠다." 그런 말을 했더니 그 친구가 나를 보고, "동독에 동백림에는 북의 대사관이 나와 있질 않나, 그러니까 그 대사관 앞으로 네가 편지를 쓰면, 어머니 좀 찾아달라고 하는 그 편지를 쓰게 되면 아마 그 사람들이 그걸 보고 아마 도와줄 수 있을 것이다." 자기 짐작으로는 그렇게 말을 해서 "그것 좋은 아이디어다. 한번 해보겠다." 이래서 동독에 있는 북한 대사관 주소를 어디서 얻어서, 대사 이름도 모르니까, 아주 장문의 편지를 썼어요. 어머니를 찾아줬으면 고맙겠다는 한 15페이지 가량의 그런 편지를 써서 보냈어요. 그 편지 답장이 한 1년 반 만에 내게로 왔어요. 그때가 1976년 2월인가 3월쯤 됐는데, "어머니를 찾았다. 그러니까 양 선생이 만약에 어머니를 보고 싶으면, 그 전에 아무 때라도 연락하고 찾아오면 어머니 만날 수 있게 우리가 도와줄 수 있다." 그렇게 썼어요. 그래서 내가 거기 감사편지를 하고, 먼저 이런 요구를 했습니다. "내 어머니를 찾았다고 하니 내 편지와 우리 아이들 가족사진을 어머니한테 전해주고, 어머니의 편지를 내가 받아볼 수 있게 해 달라." 했더니, 아마 한 두어 달 만에 그런 편지가 왔습니다. 어머니 사진을 보니까, 어머니가 30대 후반이었는데, 벌써 그때가 헤어진 지 25~26년이 지났습니다. 노인이 다 되신 거죠. 그러나 그 모습은 알 수가 있어서.

김하영 그러니까 처음 떠나오실 때 어머님 연세가 얼마나 되었습니까?

양은식 그때 어머니가 서른여섯인가 아마 서른일곱쯤, 나보다 20살이 많은데. 그래서 그렇게 편지를 받고 너무 가슴이 뛰어서, 26년 만에 어머니 살아있다는 걸 확인하고, 그래서 내가 대사 앞으로 편지를 썼습니다. "내가 지금 학교에서 가르치고 있는데, 여름이 되면 방학이 된다. 그러니까 7월 달이나 8월 달에 어디 중립국에서 어머니를 만날 수 있게 해 달라. 거기 들어가는 모든 비용은 내가 다 지불하겠다" 그랬더니 한 달쯤 후에 다시 답이 왔어요. 그런데 대사 편지같아 보이지는 않고, 대사의 아랫사람의 편지 같은데, "7월 달쯤이 좋다고 하니까 7월 달 아무 때라도 떠나기 전에 연락을 해 달라. 좋다. 그러면 비엔나에서 만나도록 그렇게 하자. 비엔나에 와서 비엔나 대사관에 전화를 해 달라. 비엔나는 중립국이니까 미국에서도 오기가 쉽다." 그렇게 했어요. 그래서 나는 그 말을, 그 사람들이 어머니를 비엔나로 데리고 나오겠다는 그걸로 그렇게 알고 와이프한테는, "비엔나에 가서 어머니를 만나고서 돌아오게 될 것 같으니까 걱정하지 말고 있으라" 하고 7월 달에 그렇게 떠났던 겁니다. 비엔나에 가서 북한대사관에 전화했더니, 누가 내 호텔로 나왔는데, 그 사람들 말로는 "어머니는 이제 이미 노령이기 때문에 비행기 타기가 어지럽고 그럴 것 같다" 그래서 모시고 나오질 못

하고, "양 선생이 이 기회에 평양 들어가겠다면 우리가 들어올 수 있는 길을 알선해 주겠다" 해요. 그러니까 그게 70년대 중반 아닙니까? 내가 듣기로는 그때까지 우리 동포들 중에 평양 방문했다는 얘길 별로 들은 적이 없어요. 그런데 이제 처음 그런 방문을 하는 것이 상당히 모험스럽고 그러니까 좀 걱정이 돼서 집에다 전화를 해서, "내가 이렇게 해서 어머니를 여기서 보질 못했는데, 평양에 들어가면 어머니를 만나게 해주겠다고 하니 좀 걱정이 되기도 하고 그러기 때문에 전화를 한다. 그 나라에 대해서 상당히 무서운 나라라고 그렇게들 알려지고 그러니까, 거기 들어갔다가 뭐 만에 한 번 우리가 기대하지 않던 그런 일이 일어날 수가 있다. 어떻게 생각하나?" 그랬더니, 와이프가 갔다 오래요. 내가 그 문제 때문에 늘 그저 꿈꾸듯이 말하곤 하고 그러던 것이니까 모험해서 갔다 오라구. 그래서 고맙게 생각돼서 와이프보고는 "그럼 아이들 좀 잘 돌봐 달라" 이렇게 하구선 떠났던 겁니다. 떠나서 이제 동독으로 해서, 모스크바로 해서, 모스크바에서 이제 소련 비행기 에어로플로트를 타고서 평양을 갔어요. 그게 7월 중순입니다. 그래서 이제 평양 들어가서, 지금의 순안공항에서, 그때는 순안공항이 새로 만든 공항이라 했던 것인데, 거기서 이제 어머니를 만났어요.

비행기에서 내리는데 한 십여 명이, 다 정복 입은 그런 사람들이 쭉 이렇게 서 있는데, 이 사람들이 보통 사람들은 아닌 것 같고. 내리니까 "이렇게 원로에 조국방문 해 줘서 고맙다"고 하는 인사말을 받고, 누구누구라고 하는데 정부 사람들입니다. 이렇게 해서, VIP대기실로 가서 좀 기다리게 되면 내 짐이랑 다 갖고 와서 준비가 된 다음에 시내 호텔로 들어간다고 그렇게 했는데. 이 양반들 따라 걸어서 VIP룸이라는 데 가서, 문 열어줘서 들어가니까 그 방에 사람들이 꽤 많았어요. 한 30명 정도 서 있는 사람 앉아 있는 사람들이 있었어요. 그래서 내가 들어가는데 어떤 노인 할머니가 막 외마디 소리를 지르면서 나한테 뛰쳐나와서, 내 이름을 부르면서 와서 확 안깁니다. 그래서 나는 이 분이 누군지도 모르겠고, 그래서 얼굴을 볼려고 이제 이렇게 하는데 뭐 그냥 안겨서 울기만 하고, 그러는 장면이 상당히 오랜 시간 그랬어요. 그렇게 하는데 옆에 있는 사람이 "이 분이 양 선생 어머니십니다." 그래서 이제 어머니를 26년 만에 거기서 만났고. 내 여동생이 둘 있었는데 그 아이들도 거기서 만났어요. 여동생이 나보단 두 살 아래니까 14살, 12살 이렇게 됐던 아이들인데. 거기 사람들이 좀 고생해서 그런지 나이가 더 들어 보이잖아요? 나보다 훨씬 더 나이 많아 뵈는 그런 중년부인이 옆에 있어서 누군지를 전혀 모르고 서 있었는데 어머니가 걔네들을 가르키면서, "이거 너의 동생 누구누구 아니냐"고 이름을 말해서 걔네들을 거기서 이제 본 겁니다. 그렇게 말하니까 얘네들도 울면서 나한테 와 안기고. 그렇게 해서 이제 26년 만에 어머니랑 만났어요. 그게 첫 번 방문인데, 그때 기억나는 것은, 호텔로 간 게 아니라 어느 초대소로 가서 2주 동안 거기서 체류했는데, 어머니와 동생들이 다 거기에 가서 같이 밥 먹고 자면서 2주 동안 지냈습니다. 그런데 그때가 어느 땐고 하니, 판문점에서 왜 그 미류나무 사건, 도끼사건 있지 않았어요? 그거 벌어졌을 땝니다. 초대소에서 1주일 꼭 지난 다음에 갑자기 텔레비전에서 나오는데 뭐 상당히 커다란 사건이 벌어진 것처럼 보도하는데, 그 얘깁니다. 그리고 옆에는 청년근위대 무슨 훈련소가 있었는데, 거기에 사람들이 없던 곳인데, 뭐 몇 천 명 되는 사람들이 갑자기 들어와서 그 가까운 데서 총연습들을 하는지 총소리가 밤낮으로 들리고. 그래서 "뭔가?" 그러니까 "지금 전쟁 벌어질지 몰라서 죄다 소집해서 훈련하고 있다"고. 바로 그때입니다. 그때 그렇게 하고, 그러나 어머니하고는 그동안 지낸 얘기를 이렇게 하고. 좀 걱정되기도 하고 그래서, "전쟁이 날 것 같다고 그러는데 지금 어떻게 되갑니까?" 그러니까 "아주 맞서있기 때문에 상황이 어떻게 될지 모르겠다." 등화관제를 다 하고 그렇게 하는데, "전쟁이 일어나게 되면,

외국에서 들어왔던 우리 같은 사람들은 어떻게 됩니까?" 그러니까 그 사람들이 나를 놀리느라고 그러는지 "여기 지금 들어와 있는 외국 분들, 소련 사람 비롯해서 모든 사회주의 국가의 사람들은 우리하고 같이 싸웁니다. 나가질 못하니까 전쟁이 일어나게 되면 다 싸움에 투입됩니다." 그게 지금 생각나는 일화고. 그렇게 하고서 다시 이제 유럽으로 돌아왔어요. 돌아 나올 때는 베를린에서 마치 그 007작전처럼, 동독하고 서독을 이렇게 돌아가는 도로가 있습니다, 거기를 이제 북의 외교관이 날 태워서 갔는데, 들어갈 때 여권을 보이니까, "당신 저 사무실로 가야 된다"고 하면서 데리고 갔는데. 그 북의 외교관이 날 거기에 들어가게 해 놓고서는 어디서 날 보고 있었는지, 내가 안 들어오니까 그 사람이 어떻게 찾아서 그 사무실로 와서, 그 사람이 독일 말을 잘 합디다, 그 경비병한테 말을 하니까 날 풀어줘서 나오고 그랬어요. 그래 가지구서 이제 돌아가는 비행기가 다시 비엔나에서 뜨니까 비엔나로 돌아갔는데.

그때는 미국에서 살다가 갔으면서도 상당히 걱정이 많았어요. 북을 방문했다는 게 어떻게 될지 모르니, 그래서 조금 이유를 만들려고, 비엔나 갔댔다, 독일 갔댔다, 그랬는데. 또 "뭘 보고 왔나" 물으면 얘기할 것도 좀 있어야 되겠고. 그래서 비엔나에서 낮에, 밤에 관광을 하는데 뭐 여러 구경을 하는데. 밤 관광을 했더니 〈Vienna at night〉라고 하는 프로그램을 하는 관광인데 거기서 구경을 하는데, 제일 마지막에 어떤 커다란 홀, 한 200명 들어가는 홀에 이제 테이블도 가운데 있고, 와인을 시음하는 그런 장소예요. 와인을 거기에 오는 사람들한테 거저 주면서 밴드들이 나와서 유쾌한 음악을 연주하고, 춤도 추고, 관광객들한테 그런 걸 서비스하는 건데. 거기서 나로서는 상당히 충격적인 그런 걸 당한 것이, 나는 이거 평양을 갔다 왔는데, 그러니까 세계일주를 해 가지고서 그쪽으로 간 것 아닙니까? 그것도 26년 만에 갔는데, 거기 내 옆에 앉은 사람들하고 같이 테이블에서 얘기를 하게 되는데, 자기네들은 뭐 유고슬라비아에서 왔다, 불가리아에서 왔다, 동쪽에서 온 사람들도 있고, 또 이쪽에서는 뭐 스페인에서 왔다, 파리에서 왔다 이렇게 하는 그런 사람들도 있고. 그래서 이제 서로 얘기를 하고 이렇게 하는데, 동쪽하고 서쪽하고가 만났는데 긴장해 있거나 서로들 노리거나 그러는 게 전혀 없어요. 아주 편안하게, 참, 인간들이 만나서 따뜻한 인사하고 재밌는 얘기하듯이 그렇게들 하고. 내가 뭐 다른 나라 그 사람들 말을 모르니까 모르겠는데, 어떤 사람은 이제 얘기를 하다보니까 영어를 해서 "그 사람하고 무슨 얘기하느냐" 물으니까 그런 이야길 해 주는데. 거기서 이제 그 어떤 사람이 저 헝가리인가 거기에서 오십 몇 년에 자유화 바람이 불었을 때, 그때 강을 헤엄쳐서 갔던 친구가 내 옆에 테이블을 같이 앉았는데, 그 친구가 그때 수영을 해서 건너가지구서 미국에 와서 공부해서 엔지니어로 있다가 자기도 그때 처음으로 아버지, 어머니를 비엔나로 나오게 해가지구서 처음 만나는 길이라 하는 얘기를 해요. 그러면서 뭐, 지금 미국에서 사는 사람이니까 영어를 해서 내가 얘기를 하고 그랬는데. 그러면서 이제 춤도 벌어지고 밴드들이 연주하니까 저쪽에서 일어나서 "너 우리나라 민요 뭘 할 수 있느냐?" 물어서 밴드한테 말하게 되면 그걸 곧 틀어주고, 그러니까 분위기가 너무 좋아요. 너무 평화스럽고. 그러는 걸 보면서 여기 유럽에 있는 사람들끼리는 비자도 없이 마음대로 왔다 갔다 하면서 이렇게 관광한다고 그러는 게 내게 아주 충격적으로 그렇게 들어와요. 그래서 "이 나라들은 이렇게 돼서 서로 왔다 갔다 하는데, 우린 뭔가?" 하는 그런 생각이 들었고. 물론 자기네들은 그 2차 대전을 겪으면서 앞으로는 전쟁을 다시 해서는 안 된다 하는 데 대해서 유럽의 어디 사는 사람이든 다 동의한다는 그런 말도 하고. 그것이 나한테 상당히 충격적이었고.

그 다음에 LA로 돌아와서, 내 어머니를 만났다는 얘기를 기자회견 하는 데서 했는데. 여기에는 그때 일간들이 다 있었습니다. 『중앙일보』는 그때 없었어요. 『한국일보』는 있었고, 그밖에 다른 신문들, 그때 『동아일보』는 있었어요. 그런데 이제 앞 페이지, 뒷 페이지에 사진과 내 이야기로 가득 그것만 나왔습니다. 그러니까 굉장히 많은 전화를 받고 집으로 찾아오고. 그때 교회에 나갔기 때문에 교회 사람들 통해 가지구서 이렇게 하구 그랬는데, "어떻게 하면 자기네 가족도 찾겠느냐, 갔다 온 얘기를 좀 하라, 무섭지 않든가, 뭐 위험하지 않은가" 뭐 그런 질문들을 하고. 그런데 내가 지금도 기억하는 게, 어떤 할머니는 전화를 해가지구서 날 찾는다 그래요, 그래서 내가 받으니까, 대번에 "네가 이번에 평양 갔다 온 놈이냐?", "그렇습니다. 그런데 왜 그러십니까, 할머니?" 그러니까, 목소리로 들어서는 그분이 아마 80여 세 됐겠어요. 그래 그분이 "나는, 참 쓰라리고 쓰라린 그런 아픔을 그저 안고 살아오면서도 이제는 할 수 없다 이렇게 포기하고, 다 잊어먹겠다고 이렇게 했는데, 네가 이런 일을 해가지고 신문에 커다랗게 나서 가족을 봤다 그러니까 하루아침에 내가 가족들을 떠난 것이 서럽고 울음이 복받쳐 며칠 동안 울었다"고 이런 말을 하지 않습니까. 하면서 나한테 아주 뭐, 미워서 욕하는 것보다도, 막 저주하고 욕을 하는 그런 말을 퍼부어요. 그래서 "이산가족 문제가 이렇게 심각하구나" 하고 느끼고. 나도 그런 마음으로 갔겠지만, 그래서 "이산가족 찾아주는 걸 나도 도와야 되겠다." 그렇게 하고, 또 "적어도 우리 조국에서 다시 전쟁 같은 것이 일어나지 않고 이렇게 살아야 되겠다." 이 두 개가 내게 큰 동기가 됐어요. 이것이 이제 통일운동에 이렇게 나서게 된 동기고.

김하영 첫 번째 방문하시고 나서 여기 미국에 계시면서 그 이후 북한을 또 다시 다녀오셨습니까?

양은식 그 이래로 5년 동안은 전혀 거기에 대해서 생각도 안 하고 있었죠. 그러나 이제 우리나라의 현대사, 역사가 어떻게 하다 이렇게 빗나가게 됐느냐 하는 데 대한 그런 생각은 많이 했죠. 내가 특별히 또 아시아를 연구(Asian studies)하다 보니까 아시아의 현대문제 또 한국문제도 나름대로 많이 읽고 생각하면서 이제 그렇게 지내왔고. 이제 그게 상당히 내게 중요한 주제요 이슈로 이렇게 떠올라서 늘 책도 좀 더 많이 보면서 "우리 문제가 풀려야 된다"고 생각하고. 내가 돌아오고 그랬을 때는 70년대였는데, 내가 학교에서 일하고 그러다 보니까 여기서 그때 유신반대 운동도 많고 했지만 거기에는 가담하지 않았습니다.

그랬는데 1978년, 79년 이맘 때 민주화운동이 자꾸만 고조될 때쯤, 아마 지금 기억으로는 한완상 교수가 그때 동쪽에 살면서 연사로 와서 연설을 했던 적이 있는데, 그 자리였는지는 정확하지 않지만, 내가 그런 데 별로 나가지 않았는데, 나보고도 나와서 내 생각을 좀 얘기해 달라고 그래서 갔는데 한 7~8백 명 온 것 같습니다. 거기에서 강연하게 된 다음부터는 나를 자꾸만 불러서 그때부터 나가기 시작하고. 그게 민주화운동인데 그것과 이제 우리 남북관계, 분단된 이런 문제, 지금 일어나는 그 모든 것에 대해서 종합적으로 생각해보고 그렇게 됐는데. 그리됐는데, 여기에서 옛날에 1984년에 『분단을 뛰어넘어』라고 그런 책이 나왔습니다. 그 책은, 1981년에 비엔나하고 헬싱키에서 북과의 대화가 있었습니다. 해외동포와 북과 기독교인의 대화라는 그런 것으로 해서 여러 차례 있었는데, 자꾸만 친구들이 권하고 그래서, 너도 할 말이 있는 사람이니까 그런 데 좀 같이 다니면 좋겠다고 권해서 그래서 거기 대화에 갔댔습니다. 그러면서 북쪽 사람하고는 아마 5년 만에 다시 만났어요. 그렇게 만난 다음에, 선우박사가 조직해 가지고 6명의 한국인 동포 학자들이 북을 방문해서 북의 학자들하고 대화하는 걸 평양에서 하기로 됐으니까 같이 가자고 그래서 나도 거기에 같이 끼었던 게 아마 이제 본격적으로 이런 운동에 뛰어든 계기가 됐는데. 그렇게 갔다가 거기서 나는 그때 한·미·일 3각 군사동맹에 대한 글을 발표했는데. 그래서 이제 그런 것이 주제가 돼 가지고서 북하고 처음 그렇게 세미나를 하게 됐고. 나는 그게 둘째 번 방문이지만, 평양시내는 사실상 처음 갔을 때는 구경 못했습니다. 그 학자들하고 다 같이 갔는데 묘향산도 구경하고, 평양 시내도 여러 곳에 구경 다 하고. 그때 갔던 사람들 중 선우박사는 나보다 1년 전에 한 번 갔다 왔고 그러니까 두 번째고 다른 이들은 다 첫 번째 갔는데. 거기서 이런 말을 했어요. "이번에 와서 보니까 이게 남쪽에서 말하는, 남쪽 교과서에 쓴 것 하고는 엄청나게 다르지 않느냐. 그러니까 우리가 북의 모양을 있는 그대로 한번, 우리가 본 건 이렇다 하는 것을 각자가 써서 북의 이미지를 바꿔놓는 것이 남북화해의 첫 번 길이 될 것이다." 이렇게 말해서 "다들 좋은 생각이다" 그래 가지구서 돌아와서 각자 썼는데. 그때 우리가 북에 대한 쓴 얘기는 한국 쪽에서 나오는 신문에는 그 실어주지 않았습니다. 잡지에도 실을 수가 없고. 그러니까 동포신문, 뭐 코리아에 있는 『뉴코리아타임즈』(New Korea Times)나 또 동부에 있는 『신한민보』 같은 민주화운동 하는 신문 그런 데 실었는데, 글들을 보니까 좋았어요. 감동적인 글들이 나오고 그래서, 내가 제안했습니다. "내가 이걸 좀 모아서 내가 편집해 가지고 이걸 하나의 책으로 내겠다." 그래서 여섯 학자들이 쓴 것 외에 통일운동을 지지하고 그러는 사람들한테 글을 한 편씩 쓰게 해가지고, 그래 가지고 몇 사람을 더 모아서 이제 만든 것이 『분단을 뛰어넘어』라는 그 책입니다.

　거기 갔다 온 교수들이 민주화운동에도 글들을 많이 쓰고, 글들 잘 쓰는 분들입니다. 그분들이 글 쓴 것을 이렇게 모아서 내가 여기서 출판을 하고 여기서 냈는데, 상당히 센세이셔널 했습니다. 이산가족 얘기도 많이 있고. 그래서 이제 그렇게 출판된 다음에, 그게 이제 한국으로 그냥 정상 루트로 들어갈 수 없으니까 한국 들어간다는 사람한테 "이거 가져가서 어느 교수한테 전해 달라" 그렇게 해서 많이 들여보냈어요. 그 이후에 들은 이야기로는, 이용희

교수라고 있는데 그 교수가 그때 동경대학에 교환교수로 나와 있을 때랍니다. 어느 일본 친구가 그 책을 줘서 밤새 읽었는데, "이건 우리 학생들한테 가서 좀 보게 해줘야겠다." 그래서 "주말에 내가 집에 갑자기 무슨 일이 생겨서 내가 집에 좀 나갔다 와야겠다" 그렇게 해서 서울로 돌아와서, 그때 지하운동 하는 학생들, 서클들이 많았고 그러니까 "너희들 이걸 빨리 복사판 만들어서 전부 다 읽게 해라" 그랬다는 얘기를 그 후에 그 양반이 여기에 있을 때 내가 직접 들은 적이 있어요. 서승 씨는 그때 감옥에 있을 땐데, 하루는 이제 누가 신문지를 이렇게 싸 가지구서 그걸 몰래 돌리면서 보더래요. 그래서 자기도 좀 보자고 그래 보니까 바로 그 책인데, 그 양반이 하던 말이 "나도 이런 일을 하려고, 북의 모습이 어떻다 하는 걸 좀 자세하게 써 가지구서 그렇게 하려 했는데, 우리는 못하고서 잡혀 들어왔지만 누가 다른 사람이 이렇게 해 줬구나, 해서 고맙게 생각하고 자기하고 같이 있던 사람들한테 그걸 다 돌려보게 했다"는 그런 얘기도 듣고 그랬어요. 나는 벌써 그 전부터 한국에 못 들어갔지만, 김동수 교수라고, 지금 은퇴하신 분인데, 86년인가 87년에 학생운동이 아주 활발했을 땐데, 그분이 한번은 연세대에 갔더니 연세대 학생들이 쫙 서가지구서 들어가는 사람들을 못 들어가게 검열도 하고 그러는데, 자기가 『분단을 뛰어넘어』의 한 편을 썼던 저자 중의 하나라고 그러니까 뭐, 거기에 있는 학생들이 막 환호를 하고 그러더라고 들었어요. 또 김동수 교수한테 어떤 그 출판사 사람이 한 번 찾아왔더래요. 찾아와서 2천 불을 내면서, 자기네한테 이거 독점권을 달라고. 그래서 자기가 혼자 결정할 수 없고, LA 들어가게 되면 양 박사와 의논해서 그렇게 해보겠다고 그래서 2천 불을 나한테 갖다 주면서, 그 책이 벌써 서너 개 출판사에서 허가 없이 지하출판으로 해서 서점에 나와서 팔리고 있더라고 그러구.

   그런 게 우리가 했던 일이 있고. 그 다음에 그 여섯 사람들이 주축이 돼서 "이젠 우리가 조직화된 그런 통일운동을 하자. 조직 운동을 하자." 그래서 여기에서 좀 진보적인 그런 사람들하고 같이 〈조국통일북미주협회〉라는 이름의 조직을 만들었습니다. 거기에 선우박사를 고문으로 하고 내가 회장이 됐구요. 그밖에 여섯 학자들은 여기 LA에 있지는 않지만 다른 데서 다 한 직책들을 맡아서들 다 이렇게 하고.

김하영 그 협회를 조직한 것이 몇 년도였습니까?

양은식 1986년인가 그럴 겁니다. 1984년에 그 책이 나왔고. 그렇게 그 협회를 만든 다음에 북한바로알기에 대한 그런 활동을 하자 해서 개별적으로 글도 쓰고 여기저기서 대중강연 그런 것도 많이 하고요. 그 다음에는 이제, 북에 가서 "이산가족 만남에 대한 바람이 우리 동포 중에 너무 많다. 남쪽에서는 이산가족이라도 들어갈 수 없겠지만, 미국동포들은 갈 수 있지 않느냐? 그러니까 미국동포들 이산가족 찾아주는 것을 좀 해 달라." 북에다 우리가 찾아가서 협상을 했습니다. "그건 그저 인도적인 차원에서 이렇게 도와줄 뿐만 아니라, 그렇게 되면 북에 대한 이미지도 좋아지겠고, 남북 화해하는 데도 아주 좋으리라고 생각한다. 그러니까 이걸 꼭 해 달라." 그렇게 해서 이제 그쪽에서 "그렇게 합시다." 우리 협회가 그 약칭으로 〈통협〉이라 했는데요, 〈통일협회〉라고, 그 〈통협〉이 그 일을 북에서 맡아서 그 일을 했는데. 그 쪽에서 1991년에 나를 좀 만나자고 그래서 들어갔더니, 자기네가 쭉 지금까지 이산가족 사업을 해온 것을 총괄했더니, 자기네 쪽에서는 상당히 부정적으로 작용이 됐다고 해요. 부정적으로 작용이 됐다는 것은, 여기 미국동포들이 반가워서 그렇겠지만, 이산가족을 찾았다 해서 이제 방문하면서 이민가방과 같은 그런 커다란 가방으로 세 개, 네 개 이렇게 끌고 와서 각자 북의 자기네 가족들한테 주고 돈도 몇 천 불에서 몇 만 불까지 주는 사람이 생기니까, 자기네는 다 그저 평등하게 산다 하는 게 하나의 주의인데, 갑자기 그런 돈 받은 사람이 특수층으로 이렇게 되고 또 거기 동네에서 아주 화합이 깨지더라. 물론 좋은 점들도 많이 있지만 그런 일 때문에 자기네들이 최종적으로는 더 이상 못하고 중단할 수밖에 없다고 이런 말을 들었어요. 내가 이제 그때 〈통협〉의 회장이었으니까, 날 좀 들어와서 의논하자 그래서 갔더니, 그래서 그게 한 5년 하다가 끝나버리고 말았습니다. 내가 그래서 그때 "이산가족을 몇 명이나 찾아줬습니까?" 그랬더니 "약 4천 명 찾아주었다" 해요. 그런데 4천 명 다 방문한 것은 아니고, 찾아는 줬는데 무서워서 방문 못하는 사람들도 있었으니까.

김하영 여기서 찾아주었단 말입니까, 〈통협〉에서?

양은식 그렇죠. 우리가 그걸 신청서를 받아서 신청서에 나와 있는 대로 북에다 보내면, 북에서도 이제 뭐 이사들도 많이 하고 그랬으니까, 몇 달에서 몇 년 걸쳐서 찾았다고 인적사항이 오면, 이쪽에서 편지를 해서 서로 한두 번 왕래한 다음에, 가서 직접 만나보고 싶은 사람은 방문하고. 사람들이 상당히 무서워하는 것을 보고는, "가자. 우리가 그건 알선해서 같이 갈 수 있다. 나도 갔다 온 사람이다. 절대로, 뭐 거기 갔다 잡혀서 못 나온다던가, 어떤 위협적인 심문을 받는다든가 그런 건 없다. 우리가 보증할 테니까 갔다 오려면 갔다 와라." 그렇게 해서 사람들이 몇 백 명씩 나오고 그래서, 한 번에 한 30, 40명 씩 1년에 아마 15차례 정도 해서 데려가서 가족들 만나보고 돌아오고 그랬어요. 우리도 그때는 그런 생각 못했어요. 그 쪽에 좀 가난한 가족들 도와주는 것이 좋다고 이제 그렇게 그런 걸 장려했는데, 그게 이제 북에서는 역작용이 됐습니다. 그러니까 같은 아파트에 사는데 갑자기 이 사람은 외국제 물건들이 갑자기 많아지고 또 돈도 많아서 당에도 갖다 바치는 사람도 있고 그러니까, 이제 상당히 혼란이 생기고. 또 그 중에는 국군이 거기에 들어왔을 때 치안대장이니 이런 것 하던 사람이 있는데, 그러니까 그 사람들 손에 의해서 그쪽에 정부에서 일하던 사람, 이런 사람들이 많이 잡혀 죽었답니다. 그러니까 이제, "누구의 아버지는 치안대장 하던 놈인데, 우리 많이 죽이고 나간 놈인데, 이제 이렇게 들어왔다고 그래서 가족 만나보게 해주고 그러는 일이 타당하냐?" 이렇게 항의들 하고, 그러는 일들이 많이 벌어졌나 봐요.

김하영 그러면 그렇게 활동을 하시는 동안에 그런 활동에 대해서 남한 정부라든지 아니면, 여기가 미국이니까, 이쪽의 남한의 영사관이라든지 대사관 이런 쪽 반응은 어땠습니까?

양은식 내가 처음에 북에 가서 1976년도에 어머니 만나보고 온 다음에 그때 총영사가 날 좀 만나자고 해요. 그때 LA에는 뭐 박사학위 가진 사람이 그리 많지 않고, 내가 그런 사람 중의 하나니까, 어떤 조직에 회장, 부회장, 이사장 뭐 그런 타이틀을 내가 못한다고 해도 갖다 씌워서, 그런 게 한 십여 가지가 됐습니다. 그러니까 기자들도 늘 아침마다 출근하듯이 나한테 전화해서 "무슨 기사 없는가?" 하고 그렇게 해서 커뮤니티에서 하여간 잘 알려진 사람으로 되어서 내 이름이 잘 알려져 있을 땐데, 그런데 이제 신문에 내 기사가, 이북에 가서 어머니 보고 왔다는 소식이 나온 다음에, 곧 총영사가 만나자고 그래서 식당에서 만났습니다. 만났더니 그때 영사 한 사람을 데리고 나왔는데, 나한테 부탁하는 것이, "앞으로 신문이나 어떤 잡지 같은 데 글을 쓰지 말고, 이 문제로 강연도 하지 말고 학교에서까지도 그런 말은 안 해줬으면 좋겠다." 그래서 "그것이 좋은데 왜 그걸 못하게 하느냐" 하니 "양 박사님도 잘 아다시피, 남북관계가 이렇게 군사적 긴장이 이렇게 심할 땐데 자꾸만 그렇게 가게 되면 남한 정부에 문제가 되고 아주 어렵게 된다. 그러니까 그렇게 이제 안 해줬으면 좋겠다" 그래요. "만약 그렇게 안 하면 어떻게 되느냐?" 농담 삼아 이렇게 물었더니, "그렇게 되면 양 선생한테 어떤 압력이 많이 갈 겁니다" 이러면서, 그래서 내가 또 "내가 그렇게 해주면 어떻게 되느냐?" 이런 얘기를 했던 적이 있는데. 그래서 내가 "영사관에서 내가 그렇게 하는 것이 좋겠다면 협조하겠다. 대신에 나한테 대해서, 우리 또 가족에 대해서 뭘 어렵게 하는 일이 절대로 없도록 그렇게 해라." 그때 청와대에서 준 장학금 몇 만 불이 여기에 들어와서 〈남가주장학재단〉이라고 그런 것도 만들고 했는데, 거기도 내가 이사였습니다. 그랬는데, 그렇게 약속한 뒤 얼마 있다 보니까 나하고 단체를 가까이 하던 사람들이 얘기하면서, "양 선생님, 우리 거기서 임원직 그만두는 것이 좋겠습니다. 영사관에서 뭐라 그럽니다." 자꾸만 그러고. 심지어 내가 축구협회 부회장이라는 그런 것도 했는데, 그것까지도 못하게 해서 다 떨어져 나갔습니다. 그래서 상당히 괘씸하게 생각했습니다. 그러면서 나를 고립시키는 겁니다. 내가 교회장로였는데, 내가 영락교회를 나왔는데, 교회에서도 사람들한테서 그렇게 고립시키고 자꾸만 배척을 해요. 아주 괘씸하게. 내가 뭐, 북을 칭찬하고 남을 비판하고 하는 그런 입장을 취한 것은 전혀 아닌데. 이제 그런 것을 겪었고.

그 다음에 이제 내가 책을 발간하고, 또 1980년대에 들어서는 광주사태도 있고 그러니까 어디 강연하는 데 나가게 되면 그것을 비판적으로 말하고, "어디 백성들의 군대가 총을 돌려 쏴서 죽이는 법이 어디 있는가" 이런 얘기들을 하면서 미국에 대한 비판도 하고. 또 내가 노동법하고 국제법을 배웠던 분인데 서울법대 교수하던 분이 있는데 그분이 어느 대학 총장이 됐는데, 대학총장이 미국 방문도 하니까, LA에 오게 되면 꼭 나한테 전화해서 만나서 점심도 같이 먹고 얘기도 하고 그러는데, "야, 너 한번 나와서 학교에서 특강하고 할 수 있으면 반년이나 일 년 동안 학교에서 북과 통일문제에 대한 강의를 좀 했으면 어떻겠는가?" 그래서, "내가 지금 비자를 안 줘서 못 나가는 그런 형편인데, 그걸 풀어주게 되면 내가 나가겠습니다." 그건 자기 학생들이, 법대 출신 학생들이 안기부에 많으니까 그건 뭐, 별로 어렵지 않을 거라고. 그러면서 나올 준비하라고 그래서 "그렇게 되면 나가죠" 그랬는데, 나중에 연락오기를, "우리 양 선생이 상당히 쎈 가봐. 보통 때 웬만하면 다 풀어

줬는데, 이거 안 된다 그래." 그래서 이제 못 나가는 것이 확실히 되고. 또 그 후에도 무슨 일로 하나 그랬고.

또 1994년인가에 문익환 목사가 돌아가셨습니다. 그 전에, 내가 평양에 들어갔다가 문익환 목사가 평양에 들어와 있는 걸 알고, 이승만 목사하고 같이 백화원에 찾아가서 만났어요. 문익환 목사가 김 주석 만나서 얘기했다고 그러는 것, 뭐 낮은 단계의 연방제, 이런 얘기를 했는데 그것이 희망이 있어 뵌다고, 남쪽에 가게 되면 상당히 환영하고 좋아할 거라고 뭐, 그런 얘기를 많이 했습니다. 문익환 목사하고 상당히 의미가 상통했습니다. 문익환 목사는 나보다 좀 연배지만, 내 이름은 알고 있었대요. 그래서 "우리가 앞으로 자주 연락해서 같이 하도록 하자" 이렇게 했는데. 한국 돌아간 다음에, 들어가서 아마 얼마간 갇혀서 살고 나온 다음에, 1991년도에 〈범민련〉을 만드는 운동이 일어나지 않았어요? 내가 해외운동 하는 쪽에는 잘 알려진 사람으로 이렇게 되니까 〈범민련〉 만드는 데 처음부터, 동경에, 베를린에 그 준비회담 하고 그러는 데 참여를 하고 그랬습니다. 그리고 이제 문익환 목사도 〈범민련〉하는데 남측본부 준비위원회에 관계를 하게 되고, 이렇게 됐다가 문익환 목사님이 돌연히 돌아가시지 않았어요? 그래서 이제 그 장례에 임해서 나한테 장례식에 좀 나오라고 연락이 와서, 그래서 갈려고 내가 영사관에 가서 "서울 좀 갔다 오고 싶다"고 그렇게 했더니 비자를 안 줘요. 그리고 "양 박사님 케이스는 본국에 조회해 가지구서 이걸 풀려면 뭐 2주 내지 한 달은 걸릴 겁니다." 그러니까 뭐 장례식을 그렇게 연기할 수도 없을 거고, 그래서 못 갔어요. 못 가고 그래서 한 서너 번 공식으로 해 봤는데 안 되고 그렇게 됐죠. 그래서 나는 서울 못 가는 사람이 됐다는 걸 이제 알았고. 다음에 1990년대에는 쭉 〈범민련 미국위원회〉 의장으로서, 한 10년 동안 내내 그렇게 하니까, 남쪽 정부에서는 아마 미워했겠죠. 미워했을 겁니다. 〈범민련〉이 이게 뭐 반정부단체라 그러니까, 거기에 가담했던 임원이니까 그런 것이 남쪽의 정부에서 나를 미워하는 그런 걸로 이렇게 굳어졌죠.

김하영 그때 활동하실 때 여기 동포사회에서의 반응은 어땠습니까?

양은식 동포사회에서는 1970년대에는 분명히 민주화운동이 주였고, 통일운동은 그저 개인적인 목소리로 작은 것이었고. 1980년대에는 민주화운동하고 통일운동이 서로 이제 2층을 짓고서 갔는데. 1980년대에 들어서면서는 광주 있은 다음에 김대중 선생님은 들어와서 "선민주 후통일"을 주장했습니다. 그런데 이제 선우박사를 비롯해서 우리는, "아니, 지금 남쪽의 문제는 분단되어 있는 그런 상태이기 때문에 남쪽의 민주화도 되지 않는다. 그러니까 분단을 없애버리는 일이 시작될 때 남쪽이나 북쪽이나 민주화가 될 수 있다. 그러니까 선통일이 먼저다. 선통일 후민주다." 그랬어요. 그러니까 김대중 선생님 같은 이들은 거기에 상당히 예민합니다. 우리하고 상대를 안 하려고 그래요. 김대중 선생이 일본에 있다가 납치되어 들어갔을 때, 그때 우리가 석방운동을 했거든요. 석방운동을 하는데, 나는 그때는 젊었지만 그때는 여기 나이 많은 원로들이 많았습니다. 선우선생, 또 서울시장 지낸 김상돈 선생, 또 퀘이커 원로 차상달 선생, 또 숭실대학교 학장 하던 김성낙 박사, 김재준 목사, 임창영 선생 그런 어른들이 다 있었고 우린 뭐 심부름하고 그랬는데. 여기 미주 동포사회에서 그때 갑자기 통일문제가 상당히 강하게 목소리를 내기 시작하고 그러니까, 김대중 선생이 남쪽에서 들어온 사람들하고는 주로 이렇게 만나는데, 우리를 바라보는 눈이 상당히 긴장해 있고 피하는 그런 게 있었습니다. 그 중간에 한완상 선생이나 뭐 이런 이들은 "우리도 좀 만나보라"고 그렇게 권유했다고 그래요. 그런데 만나지 않더라구요. 아마 만났으면 그것도 다 남쪽에 들어가게 된 다음엔 문제가 됐겠지만. 남쪽에서 살면서 아마 그런 문제들을 잘 아니까 그렇게 안 만났을 거라고 생각하는데.

그렇게 미국의 교포사회는 1980년대에는 이중구조를 가졌습니다. 통일하고 민주화운동하고. 이렇게 하면서 여기에 청년들 조직운동이 뚜렷한 것은 우리 〈통협〉이 있었고, 그 다음에 윤한봉 씨의 조직이 있었어요. 그 사람도 광주에서 운동했다가 밀항에서 들어와 가지고서 몰래 숨어살다가 몇 년 지나서 이제 젊은 사람들하고 운동을 시작해서 〈한청〉, 또 〈민족학교〉라는 조직을 해서, 이제 그 사람도 조직을 갖고 있고. 우리 조직하고 그 조직하고 일종의 경쟁이 됐는데, 처음에는 이 사람이 남쪽에서 왔으니까 민주화운동을 하다가, 우리가 이산가족 문제, 남북교류 이런 것을 북의 〈해외동포위원회〉하고 잘 협조하면서 그런 문제를 해나가니까, 그 양반도 조금 욕심이 났던가 봐요. 그 사람들도 북에 사람들을 보내서 그걸 하고 그러니까 우리하고 경쟁이 되고, 그렇게 조직운동 상의 갈등을 좀 빚었던 적이 있습니다. 그러다가 이제 1990년대 들어선 다음에는 통일운동은 범민련운동으로 하나가 되고. 이제 윤한봉 씨의 〈한청〉은, 처음에 민주화운동만 한다 하다가 이제 자기네도 〈범민련〉 한다 그래서 동부에 〈범민련〉 만들어서 우리하고 대항하는 그런 미국의 조직이라고 이렇게 하다가 1년 후에는 자기네 스스로 이제 해산하고.

김하영 그러니까 윤한봉 씨 조직이 해산했다는 말입니까?

양은식 예, 1년 후에 해산했어요. 그래서 우리 조직만이 유일한 〈범민련〉 조직으로 해서, 그 조직으로 지금까지 되고. 내가 한 14, 5년 〈미주 범민련〉 의장을 하다가 여기 배강웅 씨에게 의장일을 넘겼죠. 일본에 배동호 선생이라고 있었는데, 유명한 분인데, 그 배동호 선생이 하던 그 조직에서 김대중 선생을 "같이 하자" 하고 동경에 불렀다가 거기서 이제 김대중 선생이 납치당한 겁니다. 배강웅 씨는 그 배동호 선생 아들인데, 그분도 일본에서 젊은 사람으로서 운동을 하다가 경찰에 잡혀가지고 한국으로 환송한다고 그러는 것을, 자기는 "한국에 안 가겠다." 한국에 들어가면 잡혀서 혼나죠. 그러니까 차라리 브라질로 이민 가겠다 해서 그걸 피해서 이민 왔다가 LA로 돌아와서 우리하고 운동을 같이 했던 사람이죠. 그분한테 그 의장을 넘겨서 이제 한 4년째 의장일을 하고 있고.

김하영 그러면 〈통협〉은 어떻게 되었습니까?

양은식 〈통협〉은 그 후에, 이산가족 하던 문제가 끝나게 되고 그렇게 되면서 내가 〈통협〉 회장을 그만두었죠. 그때가 〈범민련〉이 새로 창설될 땝니다. 그래서 내가 〈범민련〉 의장을 맡으면서, 〈통협〉 사무국장하던 현준기 선생이라고 있어요. 현준기 선생이 회장이 되고. 나는 이제 그만두고. 〈미주 범민련〉 일을 주로 하다가, 그러다가 이제 2년인가 3년 전에 6·15가 창설되잖아요? 그래서 이제 〈6·15미국위원회〉에 참가하는데. 미국위원회는 우리를 친북세력이라고 그럽니다. 친북세력이 주도하게 되면 사람들이 많이 참여하지 않으니까, 이승만 목사하고 문동환 목사 이런 분이 대표가 되는 것이 좋지 않겠냐 해서 우리가 동의해서 문동환 목사가 2년 동안 회장을 하고. 또 규약에 의하면, 2년마다 총회를 하게 돼 있는데, 금년 3월 달이었습니다. 총회를 하는 자리에서 임원선거를 하는데, 나를 상임위원장으로 그렇게 선출하고, 임 목사가 거기 투표에서 나보단 표가 적게 나와서 이렇게 됐는데, 다른 사람들이 반발하고 있어요. 그 남쪽에 가까운 사람들은 우리 쪽에서 음모해서 양 박사를 상임위원장으로 했다고, 또 "양 박사 같은 친북인사가 미국의 6·15위원회 대표가 되는 것은 바람직하지 않다. 그러니까 총회를 인정할 수가 없다. 문동환 목사를 그대로 다시 해야 된다"고 주장하고 있고. 총회에서 15대 2로 내가 표를 더 많이 받았는데도. 그런 상태에서 지금 둘이 다 상임위원장이라고 그러는 상태에 있습니다.

김하영 자세한 건 모르지만 그런 일종의 잡음이 있었다는 뉴스는 봤습니다.

양은식 네, 그렇게 되는 이야깁니다.

김하영 그러면, 〈통협〉을 통해서 이산가족이 만나는 활동이라든지 이런 활동을 하셨는데, 여기 우리 한인 동포들의 반응은 어땠습니까?

양은식 그때는 우리도 민주화운동을 하는데 다 같이 이렇게 섞여서 운동하고 그랬기 때문에, 그때는 집회하면 한 300명 내지 500명은 쉽게 모였습니다. 거기에 나도 강사로서 가서 강연도 하고 그랬던 적이 있었고. 또 1991년에 〈범민련〉을 창설할 때도 약 200명 정도가 모여서 창설을 하고 그랬습니다. 그랬는데 이제 그때 윤한봉 씨네 그룹하고 우리 그룹하고가 맞서서 이렇게 경쟁하고 갈등하고 그런 것 때문에 점점 수가 작아지게 되는 그런 것들이 있었고. 그 다음에 1990년대라는 그러는 것이 〈범민련〉으로써 통일운동은 하나의 종합운동으로 됐다 하지만, 그게 오래 가서 외적인 환경에서 남북회담에서 남북합의서도 나오고 그랬지만, 다시 핵문제로 한반도에서 전쟁이 다시 일어나지 않느냐 하는 그런 위험상태가 이제 있게 되고, 그렇게 더 큰 문제가 있었으니까, 조직운동에 목소리가 작아질 수밖에 없게 되고. 또 남쪽에서는 〈범민련〉과 〈한총련〉 거기에 법적인 제재가 가해지잖아요. 그러니까 〈범민련〉은 이쪽에서 우리가 뭘 행사한다 그래도 신문에 전혀 내주지 않고 이렇게 하게 되니까 이제 점점 교포들이 적어져서, 그저 많아야 한 5, 60명, 적게 모일 때는 한 30명 그런 수준으로 떨어지고 말았습니다. 여기 LA가 그래도 많고, 뉴욕이 그 다음으로 많고, 그런데 거기서도 점점 집회의 대중참여 인원수는 점점 떨어지고.

내가 지금 UCLA에서 Research Associate and Lecturer로 한 15년 일을 했는데, 그때에 여기 『LA타임즈』에서 한국문제 북 리뷰(book review)에 내가 전문 담당자였습니다. 그래서 내가 그것에 근거해서 『LA타임즈』에 기고를 했는데, 안 실어줘요. 안 실어줘요. 그러니까 아마 글쎄, 미국 LA나 미국 언론 이런 데서도 양은식이가 어떤 사람이냐 하는 데 대해서 똑바로들 알지를 못하겠지만. 아직은 남쪽에서도 그런데, "양은식이는 친북이다" 이렇게 하는데, 나는 여운형 선생, 또 김규식 선생, 이런 이들의 남북합작, 또 그런 중도적인 노선, 그래서 양쪽을 다 포용해야 통일이 되지 않느냐 하는 그런 입장에 서서 모든 주장을 해 온 건데, 이게 아무리 그래도 받아주질 않습니다. 받아주질 않는 것이, 1970년, 80년, 90년대에 내가 서울로 들어갈 수가 없게 되고, 이북에 갔다 왔다고 그러는 것 때문에 남쪽의 어떤 언론에서도 내가 어떤 글을 써도 받아주질 않고 그렇게 이제 돼버리고 말았어요. 나는 그래도 내 나름대로 중도적인 입장을 지키면서, 내가 저 여운형 선생에 대한 논문을 한 번 써서 좋은 평가를 받고 그랬던 적이 있거든. 또 그이를 그렇게 좋아하기 때문에 글을 썼던 적도 있는데, 그런 게 통하지 않더라구요. 통하지 않고. 그래서 글을 쓰긴 썼는데, 뭐 발표되는 것이 지금도 그렇습니다. 지금도 여기 『민족통신』, 『통일뉴스』, 그밖에 인터넷 신문들, 뭐 『참말로』니 그런 데나 받아주고 그러지, 여기서 글 수준이 낮다고 그렇게 생각됐는지 나를 이제 저 사람은 접어놓은 사람, 친북인사 그렇게 해 가지구서. 그래서 완전히 이렇게 갇힌 몸이 되고 말았습니다. 여기에 있는 사람들이 조금 양심적인 사람들은, "양 선생은 조금 다르다" 하는 그런 말을 하는데 그게 이제 사회적으로는 수용이 안 되고.

[2007년 10월 23일]

김하영 선생님께서는 활동을 해 오시면서 해외동포들이 통일과 관련하여 어떤 역할을 해야 한다고 생각하고 활동을 해 오셨는지 그 의견을 말씀해 주십시오.

양은식 우선요, 해외동포들이라 하는 이들은 조국을 떠나서 있는 사람들입니다. 조국을 어떤 이유로 떠났든지, 조국을 떠나 있는 사람들이고. 그러나 조국에 대한 그런 생각은 뭐 조국에 있는 이들 못하지 않게 조국의 문제를 생각하고 그러는데요. 그런 의미에서 이제 해외동포들로서는 오히려 양측 조국을 다 되도록이면 공정한 입장에서 둘을 다 동시에 볼 수 있는 그런 점이 있다고 봅니다. 헌데 우리 조국의 특별히 그 현대사를 보면 19세기 중엽부터 왕정이 기울어지면서 제국주의 세력이 아주 한반도를 둘러쌌고, 또 상당히 조여 오는 데도 전혀 거기에 대한 대비를 하지들 않고 이렇게 돼서 결국엔 이렇게 된 것. 우리나라는 지정학적인 위치가, 미국은 뭐 좀 떨어져있다고 하지만 미국은 글로벌한 그런 나라니까 그 영향이 인정이 되니까, 우리는 중국, 일본, 러시아, 미국 이런 국가들 속에 갇혀있다 이렇게 보는데. 마치 이건 고래 네 마리 정도가 아니라 식인상어 같은 그런 게 이 한반도를 둘러싸고 획획 돌아다니는 그런 상황에서, 어떻게 우리 한반도가 조금 길게 보면서 살아남을 수 있고, 이렇게 가야 되겠느냐 하는 것을 우리 해외동포들은 남쪽, 북쪽의 각도에서만 보질 않고 조금 더 넓은 안목에서 그렇게 본다고 말할 수 있습니다. 그렇게 보면 한반도가 무엇보다 먼저, 이제 남쪽과 북쪽이 군사경쟁, 경제경쟁 이런 것을 하기 전에, 먼저 이 양측이 한 동포로서의 통일을 기하는 것이 우선적인 것이라고 그렇게 하게 될 때, 우선 분단이라고 이렇게 된 나라는 자기 힘의 절반도 지금 그 둘레, 주변 강국에 대해서 쓸 수 없는 입장이기 때문에, 둘의 힘을 합치게 되면 분단국이 서로 따로 하는 것보다는 3배, 4배의 힘을 쓰리라 이렇게 보여지고. 합치게 되면 우리 입장에는 8천만의 우리 동포가 되니까 적지 않은 인구라고 이렇게 보고, 이렇게 되게 되면 중국하고 일본이 압력을 넣는다 해서 그렇게 고분고분 따라갈 그런 나라는 아니라 그렇게 보기 때문에, 통일은 그러한 지정학적인 그런 위치에서 살아남으면서 강국으로서 대등한 나라로서 이겨나갈 수 있는 가장 중요한 확실한 포석이라고 그렇게 보는 겁니다. 그렇게 되기 때문에 난 통일이 빨리 돼야 된다고 그렇게 이제 보는 거죠.

김하영 오랫동안 미국에서 사시면서, 연구하시고, 가르치시고 그렇게 활동도 하시고 그랬는데, 그러면 미국에서 활동하는 것을 국내에서 활동하는 것에 비해서 본다면 어떤 다른 점이 있습니까? 어떤 측면에서는 좀 낫다든지, 아니면 어떤 측면에서는 좀 부족하다든지.

양은식 글쎄요, 어떻게 하게 되면 편한 면이 있고 또 불편하고 어려운 면이 있고 그 양면이 다 있다고 볼 수 있습니다. 우선은, 미국 시민이기 때문에, 내가 북에 갔던 것도 아마 남한의 패스포트(passport)를 가지고서 어머니를 찾아서 1976년도에 간다고 하는 일은 그때 생각 못했을는지도 몰라요. 그러니까 미국시민이기 때문에 갈 수 있었다는 것. 그 다음에 "민주가 먼저냐 통일이 먼저냐" 하는 그런 논의가 나왔을 때, 우리는 "통일이 먼저"라고 주장한 것은, 김대중 선생 같은 이들은, 그분들은 남한에 속한 사람이니까 "통일이 먼저"라고 그랬다가는 또 어떤 어려움을 당할지 모른다 하는 정치인으로서의 그런 생각도 고려했을 거라고 봅니다. 우리는 그런 데서 떠나서 사실상 어느 걸 먼저 성취해야 되겠느냐, 둘 다 중요하다고 보면서 또 그렇게 말했는데. 그것은 우리가 미국에 있기 때문에, 그런 것을 조금 남쪽에 있는 이들보다 안전하게 주장할 수 있는 그런 입장이 아닌가 그렇게 생각하고. 또 하나, 우리가 좀 불리한 것은, 여기에서 우리 통일을 주장하는 사람들이 남쪽에서 나온 2백만 명 가량의 우리 동포라 하면 그 중에 아마 99%가 다 남쪽에서 나왔고. 그러니까 남쪽에 속한 사람으로 자기네들은 의식을 가지고 있고, 이런 가운데서 우리와 같이 좀 더 통일을 원대한 미래를 봐서 양쪽을 다 생각하면서 통일을 주장하는 것이 그렇게 받아들여지지 않습니다. 마이너리티(minority)입니다. 그러니까 그게 어려운 점이죠. 거기다가 이제 우리를 가만 보면, 남한 정부의 영사관이라든가 국정원 사람들이 그걸 통제(contain)하려고 그럽니다. 그러니까 우리가 영향력을 넓게 이렇게 하면 남쪽 정부에 어려움이 생길 수 있겠다 이렇게 생각해서 벌써 저 80년대 초기부터 아주 우리를 배척(ostracise)하는 그런 걸 많이 느꼈는데, 그렇게 하니까 동포 신문, 동포 잡지나 동포 언론에 우리의 생각을 전할 길이 없어지고 마는 겁니다. 그런 점들이 이제 상당히 우리가 일하기 어려웠던 점들이죠.

김하영 지금 말씀하셨듯이, 어떤 주장이라든지 생각하시는 바를 동포사회에 전달하는 게 어려웠고 그 통로가 상당히 부족했다면 다른 대안적인 통로, 즉 주류신문이 아니라 여기 운동하시는 분들의 발간물이라든지 그런 식의 노력이 있었을 것 같은데요.

양은식 그런 것이 1970년, 80년대부터 로컬 언론, 그 좀 진보적인 동포들이 하는 조그마한 언론들이 있었습니다. 주간 신문들이 있었는데, 그런 데를 통해서 의사를 발표하는 그런 기회가 있었는데, 그것도 민주화운동에 대한 것은 상당히 좀 받아주고 널리 알릴 수 있었지만, 여기로 보자면 여기에 『신한민보』라고 있었고 또 캐나다 토론토에 『New Korea Times』라고 하는 두 주간신문이 있었는데, 거기에 그런 의사 발표를 조금은 할 수 있었지만 그 독자가 아마 1천 명 내외가 아닌가, 이렇게 보니까 널리 우리 뜻을 말하거나 또 남쪽의 중요한 통일문제 전문가라든가 만나 토론하는 것이 별로 없었습니다. 요 근래 와서는 그런 데에 우리도 초청을 받아서 가서 토론들도 하고 또 거기서 발표자로서 나서서 얘기도 하고 그럴 수 있지만, 1980년대, 90년대 중반부까지도 그런 것이 되지 않았습니다. 우리는 완전히 얘기 그런 걸 할 수 있는 사람으로 인정하지 않았습니다. 그건 우리 동포사회뿐만 아니라 미국신문에서까지 그랬습니다. 내가 UCLA에 있을 때 여기 『LA타임즈』 북리뷰 편집자가 나한테 한국 책 나오는 것에 대해서 북리뷰를 해 달라고 그러는 부탁이 늘 있어서 세 번 북리뷰를 해서 보냈는데, 그 북리뷰가 한 주일에 한 번씩 나오고 그랬는데, 북리뷰는 받아주는데 그 후에 여기 opinion page에 한 번 글을 보냈는데, 뭐 사정없이 자르고 아무런 연락도 없어요. 그래서 우리 같은 사람들의 이름은 여기 FBI, CIA 그런 정보기관에 다 올라가 있고 그러니까 또 거기서는 한국의 국정원하고도 정보를 공유하고 그러니까 서로들 협조하고. 그래서 이제 그런 관계에 있기 때문에 미국 사회에서 나오는 어떤 언론, 신문이나 잡지에도 우리의 글이 이제 오르지 않는 그런 형편이 됐습니다. 그러니까 힘들죠. 그게 가장 큰 어려움이었습니다.

김하영 그렇게 본다면, 활동을 하면서 원래 목표하거나 지향하는 바의 어떤 그런 성과를 달성하기가 상당히 어렵다는 생각이 듭니다. 아무래도 미국 사회에서 활동한다고 그러면 그 성과라고 하는 것이 이 미국의 정책이라든지 여론을 바꾼다든지 하는 그런 것이 있어야 되는데 그런 측면에서는 상당히 한계가 있었을 것 같습니다.

양은식 그렇습니다. 게다가 우리 같은 사람들에게는 돈도 없죠. 그저 호주머니에서 꺼내서 뭘 조금씩 이렇게 하는 그런 정도니까. 이런 운동을 하는 데는 돈과 인적자원, 이런 게 좀 넉넉히 있어야 성과를 볼 수 있는데. 일정시대에도 그랬죠. 독립운동 하는 이들도 어려움이 많았지만. 그러니까 일종의 그저 스스로의 의사로서, 또 뭐라고 할까 하여간 우리 신념을 굽히지 않고, 이게 옳다, 이렇게 해야 우리 민족에게 살길이요 도움이 된다고 신념을 가지고 우리가 해나가자. 우리들끼리 늘 위로하면서 이렇게 해 왔는데. 우리는 처음에 운동에 개입하면서, 사실 우리가 어떻게 보면 학자들이라는 사람들이 현실정치에 대해서는 잘 알지 못하고 너무 순진한 그런 면도 없지 않아서, 1980년대에서는 한국이 그때 아주 요동치고 그래서 10년 길어도 15년이면 통일문제가 끝나지 않겠는가 생각하고. 그러니까 우리는 그저 처음에 이렇게 그 문제를 문제화해서 이렇게 일으킨 사람들로서 그런 깃대만이라도 들고 있으면 이게 나라에 도움이 되는 길이다, 이렇게만 생각을 했던 거죠. 그러면서 1980년대에는 좀 봐 주는데, 1990년대는 더 어려웠습니다. 해외운동을 〈범민련〉을 통해서 다 통합하자 했지만 미국이 더욱 더 북을 바짝 조이면서 통일문제 같은 것은 확산되지 않도록 그렇게 힘쓰는 그런 과정이 1990년대다, 이렇게 보게 될 때, 사실 2001년 6·15 첫 번째 정상회담이 있기 전까지는 참 어려웠죠. 정상회담이 열리면서 우리가 〈한인회〉에 찾아가고 〈평통〉 찾아가고 그래서, "이젠 이렇게 됐으니까 우리들 너무 의심하고 멀리 하려고 하지 말고 우리 다 같이 동포고 우리도 LA의 아들이다. 왜 너희들은 우리를 그렇게 무서워하고 자꾸만 피하려고 그러냐. 그러니까 이젠 다 같이 하자." 그래서 다 같이 그런 운동을 벌이기 시작했습니다. 그래서 6·15 축하대회요, 8·15의 우리 동포대회요 이런 것 하고. 여기 한인회가 한 2백, 3백 개의 단체에게 그런 메일을 내보내게 되면 그 사람들이 많이 나옵니다. 그런 데서 이제 "여기에도 이런 어려운 가운데서 통일운동하는 사람이 있었구나" 하는 것들을 알고 고맙다는 그런 인사도 하고 그러는 사람도 있었습니다.

김하영 그러면 활동하시는 중에서 남한이라든지 북한에 대해서 직접적으로 제시한 주장들이 좀 수용되어진 어떤 것들이 있습니까?

양은식 지난번에 말했지만 우리 그 『분단을 뛰어넘어』라고 그러는 책. 이제 남쪽의 교과서, 일반 책으로는 북에 대해 그저 머리에 뿔 난 사람들, 인간이 사는 사회가 아닌 것처럼 이제 그렇게 인식되는데 우리들로서는 "우리가 본 모습을 그대로 좀 전하자" 이렇게 해서 썼던 책이니까 처음에는 그게 상당히 센세이셔널하게 그렇게 됐었습니다. 그리고 그것 때문에 두 번째 책도 써 달라는 그런 부탁도 많이 받고 그랬는데, 그것이 남쪽에서 80년대 중반까지 북한바로알기운동에 일종의 어떤 도화선이 된 그런 것이 아니었는가. 그런 면에서는 남쪽에 영향을 줬다 그렇게 볼 수 있는데. 그 다음에 북쪽에 대해서는, 같이 이제 통일운동을 하는 동포들이라 하니까 그쪽에서는 자기편이라고 그렇게 보고. 일본의 〈총련〉같은 데는 이북의 공민이지만, 우리는 미국 시민인데 그 사람들하고는 다릅니다. "우리는 미국 시민들로서 우리가 해외에서 통일운동하는 사람이지 당신네들에게 종속적인 그런 입장도 아니고, 우리는 독자적인 입장을 가지고서 하는 사람들이다." 하는 것을 그 쪽하고 가서 토론해 가지고 "그걸 인정한다면 우리가 여기 방문도 하고 이렇게 하겠다." 그런 입장에서 이산가족 찾아주기도 하고 그랬던 겁니다. 그랬고. 그 쪽에서 우리 단체에 대해서 뭘 간섭하고, "이것 이렇게 하면 좋지 않겠냐, 저렇게 하면 좋지 않겠는가" 하는 것에 대해서, "그건 당신네들은 당신네 일이나 하지 우리의 일에 대해서 어떤 관여를 하지 말라." 이렇게 단호하게 하고 그랬는데, 요새 보면 조금 그렇지 않은 경향이 있어서 못마땅하게 우리가 생각합니다. 초기에 우리가 할 때는 그렇게 안 했어요.

김하영 여기에는 일찍부터 활동하신 분들도 있고 최근에 활동하신 분도 있는데, 통일운동 하시는 분들 사이에 의견 차이나 대립이 나타나는 것으로 들었는데 그런 것은 어떤 배경에서 발생하는 겁니까? 크게 작용하는 것이 이념상의 차이, 추진방식의 차이, 아니면 어떤 다른 이유가 있습니까?

양은식 이념상의 차이도 있었어요. 사실 선배들이 나보다 한 7~8년, 또 15년 앞선 그런 선배도 있으니까 선배들 의견도 많이 따라가고 그랬지만, 나는 누구라고 밝히질 않겠습니다만, 이분들 중에는 북의 노선이 옳다는 그런 주장을 하고, 북하고 우리가 독자인 노선을 걸을 게 아니라 북하고 힘을 합해서 그렇게 일하는 것이 옳다고 하는 주장들이 그분들한테 있었는데. 나보다 조금 젊은 세대들은 이제 그걸 받아들이는 입장들이 아니었습니다. 그래서 우리는 "해외동포로서 통일운동 할 때 남도 북도 같은 조국으로 이렇게 받아들이고서 하자. 이것이 우리의 가장 근본적인 우리의 입장이라는 건 선명하게 하고서 하자." 이렇게 주장했던 것이 차이가 있고. 그 다음에, 앞서도 내가 말했던 것 같은데, 〈민족학교〉 하던 윤한봉 같은 사람은 우리가 보기에는 어떤 의미에서 이상주의자들입니다. 윤한봉 같은 사람은 우리보다 상당히 한 10여 년이 젊은 사람인데도 이 사람은 상당히 정치에 능한 사람이에요. 그래서 어떻게 정치적인 고지를 먼저 점하느냐, 그리고 패권을 어떻게 이끌어 가느냐 그런 데 대해서 생각을 많이 한 사람이에요. 그래서 우리가 윤한봉이한테 한 번 물은 적이 있습니다. "너는 우리보다 상당히 후배인데, 정치에 상당히 밝고, 모든 일을 할 때 정치적인 수를 먼저 가지고서 자기가 고지를 차지하는 것에 대한 생각을 먼저하고서 운동을 하는 것 같은데, 그런 정치수법은 어디서 배웠나?" 그렇게 물어보고 그랬더니, 자기가 감옥에 들어가 있을 때 장기수하고 한 방에서 지낸 적이 있답니다. 남로당을 오래 하던 사람인데, 그 사람이 "운동이라 하는 것은 이념, 자기의 신념 이런 것을 세상에 펴나가는 것인데, 그것을 아주 논리적으로 기초를 단단히 해야 되는 한편, 또 현실적으로 그것이 다른 사람들에게 먹혀들어갈 수 있게끔 그렇게 하는 데는 정치싸움이다. 그러니까 그런 것도 익혀나가야 된다." 하는 그런 말을 했다 그래서 과연 "너희들이 우리보다 앞서 있다." 우리는 그런 걸 모르고, 우리는 학자로서 학적인 그런 의미에서, 또 우리는 어릴 때부터 교회를 쭉 많이 다녔는데 교인으로서 현실적인 것은 잘 모르는 이상주의자들에 불과했어요. 우리는 그런 점들이 좀 많으니까 그 스타일에 있어서는 좀 약점 잡힐 수가 있겠죠.

김하영 선생님께서는 예전에 여기서 서정균 선생님하고 같이 활동하신 적이 있습니까? 그분은 이미 돌아가신 것으로 알고 있습니다.

양은식 그 사람이 본래는 동아일보 기자하다가 월남특파원으로 갔다가 그만 두고서 뉴욕에 와서 뉴욕대학교 다니다가 그만뒀는데, 이 사람이 서울대 문리대 정치학과 출신이거든요. 정치학과 출신이면서 그때 아마 사회주의 써클 이런 데 속해 있으면서 사회주의에 대한 책 같은 것을 많이 보았던 것 같아요. 그래서 이제 뉴욕에 있는 동안 『해외한민보』라는 신문을 발간했습니다. 처음에는 월간신문인가 뭐 이렇게 하다가 조금 더 자주 나오는 그런 것을 하면서, 뭐 그 사람도 혼자서 와이프가 돈 버는 것을 거기다 써 가면서 그렇게 했어요. 그러다가 너무 힘드니까 못 하겠다 하고서 쉬고 있을 때였는데. 우리가 여기서 〈통협〉이라고 그러는 것을 창설하면서 우리도 내부적으로 잡지 같은 걸 만들자 하고. 신문은 그저 아주 단편의 글들을 싣지만 잡지는 그래도 논문 같은 것 5페이지, 10페이지라도 싣게 되니까, 그런 글을 실을 수 있는 그런 미디어가 필요하다 생각해 가지고서 "우리가 잡지를 만들자. 그래서 당신 LA로 내려오시오. 편집장 책임을 맡아 가지고 나하고 같이 일합시다." 그래서 내려와 줬습니다. 고마운 일이죠. 부인은 간호원이었는데 여기서 간호원 밤일까지 하면서 생활은 부인이 하고 또 우리 운동도 지원하고 그러면서, 이제 서정균 씨 하고 나하고 그 잡지를 발간하는 데 『조국』이라는 이름으로 해서 한 100여 페이지, 120페이지까지 그렇게 발간하고. 뭐 서 선생도 글 쓰고 나도 글 쓰고 다른 이들도 초청해서 글을 쓰고 그래서 지금 한 3~4년 했는지 상당히 힘들게 그렇게 하다가 손들고 말았습니다.

김하영 그 잡지도 사실 발행해서 크게 돈이 되는 활동은 아니었을 것 아닙니까?

양은식 돈은 별로 안 되죠.

김하영 그러면 발간비용 같은 것은 어떻게 조달했습니까?

양은식 서 선생이 이제 식자를 직접 이렇게 했습니다. 인쇄한 것도 아니고, 초기 컴퓨터 프린터 같은 것들이 나오고 이제 그럴 땐데, 그 프린터 기계를 사다가 그걸로 불러가지고 뭐 가운데 째서 이렇게 해가지고서 사람들이 다 달라붙어 뒤에 이제 풀칠을 하고. 뚜껑은 어디 가서 칼라로 찍어달라고 하고 그랬는데. 그러니까 돈이 크게 들진 않았죠. 그걸 이제 우리가 3~4년 하다가 너무 힘들어 못 하겠다 그래서 이제 그걸 중단하게 됐고. 그래도 그거 처음에 할 때는 한 100부 내보내다가 많을 때는 한 500부까지 나갔습니다. 그렇게 하고 그래서 좀 진보적인 사람들은 돈도 조금씩 후원해주고 또 1년 구독료도 이제 보내주고, 또 글들도 보내주고 그래서 많이 사랑받았어요. 그런 일들도 우리가 했던 적이 있죠.

김하영 서정균 선생님이 여기 LA에 와서는 활동을 하였습니까?

양은식 LA에 와서는 우리 『조국』 잡지 편집인으로서 일한 게 뚜렷한 거고, 그 끝난 다음에 뉴욕인가 갔다가 그 부인이 자동차 사고로 돌아가셨어요. 그래 혼자 살다가 나중에 다른 분을 만나서 결혼하게 되구선 다시 LA로 내려왔습니다. 서 선생이 몸이 약한 사람이에요. 이 사람이 아마 건강상 여러 문제로 잘 걸을 수 없을 만큼 그렇게 되니까 활동을 잘 못하고. 글 좀 쓰라 그래도 글도 못 쓰고. 그저 그렇게 지내면서 그래도 우리 운동하는 데 뒤에 나와서 앉아서 참여는 했는데. 그래서 이렇게 뒤에 앉았다가 우리 회의할 때 좋은 생각 같은 것 있으면 논평도 하고 그렇게 지내왔죠.

김하영 이야기를 바꾸어서, 앞서 잠시 언급하셨지만, 미국 내에서 활동하시다 보면 아무래도 북한을 왕래하는 분들에게 FBI라든지 CIA 이런 데서 이제 어떤 간섭이나 통제가 있었으리라 생각됩니다. 그것과 관련하여 생각나시는 어떤 일화 같은 것이 있습니까?

양은식 우리 같은 사람도요, 내가 〈통협〉의 회장하고 그 다음에 〈범민련〉 회장을 하니까, 내내 조직운동에서 장(長)을 하니까, 그 사람들이 나를 상당히 주목했던 것 같습니다. 북에 갔다 온 것을 어떻게 아는지, 알고서는 집으로 찾아오거나 전화를 해서 "좀 만나자." 그래서 처음에는 "말할 것 없다" 이렇게 하는데, 그게 우리 운동을 뒤에서 아주 묘하게 분열시키고 괴롭히는 것이었다고 느꼈습니다. 그래서 "이거 너희들한테 나쁘게 하는 건 전혀 없는데, 되도록이면 북하고 너희하고도 관계 개선을 해야 된다 하는 그런 입장인데, 물론 미국 정부는 그것에 대해서 반대하지만 그렇게 해서 손해 볼 건 없다 이렇게 보는 건데 왜 이렇게 하나?" 그러니까, "왜 당신은 우리한테 협조를 안 하냐?" 뭐 이런 말을 노골적으로 하고 그래요. 그래서 "뭘 알고 싶나?" 그러니까 "가서 무슨 얘기를 하고 그러는지 대강이라도 알려주면 당신네들한테 이제 괴롭게 안 하겠다." 그래서 그걸 내가 총대를 맸습니다. 그래서 그 사람들한테 그런 얘기 좀 해주고, 자세한 얘기는 물론 안 하고 그저 거기서 중요한 주제가 되는 그런 것들을 조금씩 얘기해주고 그런 적이 있었는데. 최근에 와서 말하는 것 들어 보면, 그때는 이제 FBI를 만나는 것이 기분도 나쁘고 무섭고 그렇죠. 언제 집에 들이닥쳐서 "가자!" 할런지도 모르니까 만나면서도 만난다는 말을 나한테 하지 않고 있었습니다. 사람들이.

김하영 다른 분들이 말을 하지 않았다고요?

양은식 예, 다른 사람들이. 내가 그 후에 보니까 그 FBI들이 다 이렇게 많이 찾아갔고, 그렇게 해서 우리가 어떤 활동을 하고 있는지 같은 걸 알고 우리들한테 상당히 위협을 주는 그런 일들을 해왔습니다. 그때 왜 그랬는지. 내가 이제 〈범민련〉하다가 지금은 〈동포연합〉을 주목을 많이 하는 것 같아요. 〈동포연합〉에는 내가 관계가 없고, 또 사람들은 보통 나에 대해서 "완전히 100% 친북은 아니다. 저 사람은 조금 입장이 다른 것 같다." 이렇게 생각을 하니까. 내가 미국도 비판하고, 어떤 때는 북도 비판하고 남에 대해서도 비판하고. 그러나 이제 이건 이렇게 되는 거예요. "우리는 미국 시민으로서 우리 아이들이 여기에 상당히 많은데 이 아이들이 다 자라나고 살아갈 곳이 미국이다. 미국이 한반도, 동아시아에서도 잘 지내고 그랬으면 좋겠다. 거기서 너희들이 전쟁을 일으키고 군사긴장을 일으키고 그러는 것은 미국의 어떤 이익만을 이렇게 보지만 길게 봐서는 좋은 방법이 아니다." 하는 그런 말을 이제 내가 강하게 하곤 했으니까.

김하영 그러면, 남한의 정부는 당연히 그랬으리라 짐작되지만, 남한의 학계나 언론 쪽에서는 선생님을 중심으로 한 그런 활동에 대해서 어떤 식으로 대하고 있었는지 특별히 느끼신 것이 있습니까?

양은식 2000년도 전까지는요, 남한 언론이나 학자들, 아는 사람들까지도 우리한테 접촉하기를 좀 꺼리는 그런 걸 강하게 느꼈구요. 여기에 같은 학교 다닌 사람들도 있고 더러 여기서 가르치다가 한국 나간 사람도 있고 그러는데, 그 사람들이 LA에 왔는데도 나한테는 전화를 자주 안 하고 그러는 것을 많이 보고 그랬구요. 그 후에 다른 친구가 "누가 왔다 갔다" 그래서 "나한테는 전화도 없더라." 그러니까 "뭐, 그럴 수밖에 없지 않겠느냐? 그러니까 이해해야 된다." 이런 말도 있었고. 그래도 좀 가깝게 생각했던 녀석이 그러는 건 아주 괘씸해서 욕을 좀 하고 그랬는데, 그런 점들이 있었구요. 그러니까 남쪽의 학계에서 뭐 세미나를 한다든가 토론회를 한다든가, 잡지 같은 데 글을 좀 써 보내달라고 그렇게 요구한다든가 같은 건 전혀 받질 못했습니다. 그러다가 2000년 후에는 여기 LA에 조금 큰 세미나들이 있었어요. 여기서 활동하다가 또 워싱턴 가서 활동하다가 해외에 뭐하고 그러는 사람이 있는데, 이름을 잊었는데요, 하여간 그 양반이 남쪽의 어떤 단체 같은 데서 도움을 받아 가지고 세미나를 하곤 했습니다. 세미나를 LA에서도 몇 번하고, 워싱턴이나 그런 다른 도시들에서도, 또 뭐 소련이나 독일 같은 그런 데서도 하고 그랬는데. 그런데 이제 LA에서 할 때는 한국에 있는 학자들을 많이 부르곤 했습니다. 그리고 여기 있는 사람들을 몇 부를 때 우리 같은 사람한테도 도와달라고 하고. 그래서 처음에는 발표자보다도 토론 정도 하고. 지금 생각나는 건 노무현 대통령이 된 다음에 첫 번 외무장관 하던 양반이 발표를 했는데 내가 토론을 하라고 해서 상당히 심하게 비판을 했던 적이 있어요. 그러니까 그분이 아주 기분 나빠서 반발하고 그랬던 일이 하나 생각나는 게 있고. 그래서 "왜 저 사람들은, 학자들은 있는 그대로를 보고 이걸 어떻게 풀어야 되겠는가를 생각하지 않고 그저 살짝살짝 넘어가면서 그렇게 한다"는 그런 인상을 받고 아주 못마땅했습니다. 또 하나 생각나는 것이, 지금 서울에서 대학교수로 있는 사람이 발표할 때는 나도 발표자였는데, 같은 패널에서 이렇게 하고 그랬는데. 그 사람이 발표자고 나도 발표자고 그러니까 뭘 우리 입장에 대해서 얘기할 것은 없는데도, 그 양반이 주로 1차 정상회담 있은 다음에 거기 갔다 온 얘기를 말을 참 잘합디다. 청산유수더군요. 그래서 쫙 이렇게 하고 그래서 내가, "당신네들 미국을 보는 관이 그래 가지고 통일이 되겠나? 미국을 좀 더 냉정하게 보고 그런 위에서 통일정책 같은 걸 세우고 그래야 할 텐데, 미국은 뭐 할 수 없다 그렇게 받아들이자고 그러는 입장을 취하면 되겠나?" 하면서 이제 비판하고 그랬더니 어떻게 빠져나가는지 말을 참 잘해요. 그래서 "저런 사람들은 아마 학자보다도 정책 그런 레벨에서 일하면 잘 하겠구나" 그런 생각을 했던 적이 있어요. 그런 것도 이제 했는데.

또 1990년대 말쯤 되지 않는가 생각되는데, 여기 〈평통〉에서 나를 토론자로 불러서 그렇게 했는데, 그때 한완상 씨가 통일원 장관 했을 땝니다. 여기서 세미나를 조직하는 사람이 한국에 나갔다 한완상 씨하고 얘기를 했던 모양이에요. 한완상 교수하고는 내가 전에 다른 데서 같이 발표도 하고 그랬던 적이 있습니다. 이채진 교수도 같이 그렇게 했던 적이 있는데, 그러니까 한완상 씨하고는 서로들 좋게 잘 지내고 그러는 편인데, 한완상 씨가 그러더라 그래요. "이렇게 하려면 좀 입장을 달리하는 사람도 끌어다가 얘기도 좀 시키고 그래야 좋지 않으냐?", "어떤 사람이 좋겠느냐?", "그 양 박사 같은 사람 뭐 괜찮아 보인다." 그렇게 돼서 나보고 나와서 토론하라고 그래서 토론을 했는데. 다른 사람이 발표를 했는데 그걸 조금 비판적으로 논평을 하는 얘기를 했는데, 얘기하는 도중에 여기 보수적 단체 뭐라는 친구가 뒤에 앉았다가 쫓아 앞으로 나오면서 "양 동무, 나하고 좀 토론합시다." 그래요. 사람들이 한 몇 백 명 모여 있는데 이런 식으로 하고 그래서, 소란이 일어났죠. "무슨 토론이요?" 나는 아직 내 논평이 다 끝나질 않아서 그렇게 하는데 그렇게 뛰쳐나와서 그러고. 내가 심한 말을 한 것도 없는데, 그런 사람들은 나를 친북인사로 이렇게 찍어놓고 있어서 내가 그런 데 나와서 말하는 것이 못마땅하다 이렇게 해서 뛰쳐나오고. 그런 상황이었으니까 우리가 참 진지하게 서로들 냉정하고 공평한 그런 토론들을 하고 서로 생각들을 나눈다든가 하는 이런 것들이 전혀 동포사회에서 되지 않았습니다. 그러니까 남쪽에서 온 사람들 발표 논평이나 하라고 그런 정도인데. 그런 사람들하고는 좀 앉아서 뭐 대담을 한다든가 그런 얘기를 했으면 좋겠는데.

김하영 동포사회 내에서 통일운동을 하신 분들은 원로분들이 많지 않습니까? 최근에 여기 동포사회 내 1.5세나 2세들도 활동을 조금 하는 것으로 이렇게 알려져 있는데 그러면 1세 운동가들의 활동과 2세들의 활동이 어떤 식으로 연결이 잘 되고 있습니까?

양은식 2세라고 하는 사람들은 한때 좀 나왔는데, 그 후에 이제 왜 그런지 정말 리더십의 문제도 있겠죠. 재미가 없다고들 해서. 조직했던 단체가 정식으로 해산된 것도 아닌데 흐지부지 돼버리고 말았구요. 그 다음에 이제 1.5세들은 남아 있습니다. 1.5세들은 이제 있는데, 1.5세들은 통일운동 열심히 했는데 그것도 6·15 총회문제 때문에 조금 이렇게 됐습니다. 그것도 그렇고 또 그 와중에 내가 있으니. 내가 위궤양이 좀 있는데 근래 다시 나타나요. 또 내가 혈압이 높지 않았는데 요새 바짝 혈압이 상당히 높다고 그렇게 하면서 약을 엄격하게 먹고 또 짠 거 뭐 모든 거 스트레스 되도록 피하고 이렇게 주의를 줘요. 요새 하여간 그런 것들이 자꾸만 신경을 쓰게 합니다.

김하영 오랜 시간 동안 여러 말씀 많이 해 주서서 감사합니다.

11. 김운하, 김충자

면담일자: 2007년 10월 23일
장   소: 미국 캘리포니아주 로스앤젤레스
면 담 자: 김하영
구 술 자: 김운하, 김충자

김하영 먼저 재미동포 사회에서의 민주화운동의 역사적 뿌리와 그 배경에 대해서 말씀을 해 주십시오.

김운하 우리가 세칭 말할 때는 민주화운동부터 시작이 되어 그 다음에 통일운동으로 나아가는 것으로 얘기를 하고 있는데, 나는 관점을 달리하고 있는 것이, 민주화운동 전에 벌써 민족통일운동이라 하는 것이 있었다는 것. 그것이 아마 미주 통일운동사를 정리하는 데 있어서는 굉장히 중요한 포인트가 아니겠는가 생각되고, 특별히 우리 민족의 독립운동이라든지 또는 통일운동의 근원, 그 근원에 대한 뿌리적인 인식이 있어야 문제를 해결하기가 훨씬 각도가 넓고 깊고 그렇게 나아갈 수가 있다, 나는 그렇게 생각해요. 그래서 나는 먼저 미주통일운동의 뿌리에 대해서 얘기를 좀 하고, 나머지 시간은 내가 중점적으로 해왔던 어떤 언론에 대한 문제를 얘기하고 그 다음에 통일운동과 결부된 그런 여성운동이라든지 문화·예술운동, 또 경제교류운동, 이런 그 부분적이면서도 그러나 떼놓을 수 없는 그런 부분들을 좀 터치를 해서 얘기할까 합니다.

우리 집안이 미주통일운동의 그 출발지라고나 할까, 그런 어떤 역사적인 조건을 가지고 있습니다. 뭐냐 하면 우리 할아버지가 김형순, 영어 이름은 Harry S. Kim인데, 여기 미국 이민사회에는 하와이 이민 통역관 중 한 사람으로 1903년 오셔가지고 사업에 성공을 하셔 가지고, 여기 중가주(Central California) Reedley에 Reedley Nursery Company, 또 Kim Brother's Packing Company 그 두 개를 가지고 미주에서 최초의 한인 백만장자가 되는 바람에 돈이 많게 됐단 말이에요.

그런데 여기에 한서 김호 선생이라고 계셨어요. 한국 독립운동가로 표창장 받으시고 했는데, 이 김호 선생님이 〈대한인국민회〉 총회장을 여러 번 하셨고, 또 영어 이름은 Charles Ho Kim이라고 하는데, 우리 한국 이름은 김호, 호는 한서. 그런데 이분이 〈대한인국민회〉 총회장을 세 번 지내시고, 또 1941년에 조직된 미주와

중경임시정부를 다 합쳐 가지고 〈해외한족연합위원회〉 거기에 위원장을 하셔서 미주에서 독립운동을 쭉 이끄신 분이에요. 아직 내가 이분에 대해서 조사를 하고 있습니다만, 이분이 미국에 1916년에 오셔 가지고 〈미주고려공산당후원회〉란 걸 조직했단 말이에요. 진보적인 분이지. 이것이 이제 우리가 통일운동 하게 되는 여러 가지 큰 시초적인 것이 되는 거예요. 그런데 이분이 1911년에 한국에서 이화학당에 교수로 있다가 또 숭실학교 교수로 있다가 상해로 독립운동 하러 1911년 나갔다가, 그때에 여운형 선생, 조소앙 선생 이런 진보적인 분들하고 교류가 깊었다가, 1916년에 미국으로 오셨단 말이에요. 와 가지고 콜로라도의 푸에블로 광산 같은 데에서 광산노동자 운동을 했어요, 우리 한국 노동자들을. 그러다가 이제 샌프란시스코로 오셔 가지고 "이제는 독립운동을 좀 크게 해야 되겠다" 해서 〈미주고려공산당후원회〉를 조직을 했는데. 그때는 그 쪽에는 도산 안창호 선생이 자리 잡고 있고, 홍은, 최진하 이런 기독교 민족주의자들이 진을 치고 있던 데가 되어서 이제 그 단체를 없앴어요. 그리고 이제 "아, 이거 더 민중적으로 해야 되겠다" 하고 있을 때 1919년에 우리 할아버지하고 동업을 하게 됐어요. 그러니까 그때 1919년에 할아버지하고 동업자가 된 이래 평생 돌아가실 때까지 두 분이 동업관계를 유지하고 또 사돈지간, 김호 선생의 외아들 김경한 씨하고 우리 작은 고모, 루즈 킴이라고 작은 고모하고 결혼을 해 가지고 사돈지간이 되고 했는데, 이 두 분이 "사업은 김형순이가 맡는다. 정치와 독립운동은 김호가 맡는다" 그걸 평생 지켰어요. 그리고 김호 선생이 한인사회나 독립운동 단체의 의장이 되면 우리 할아버지는 Kim Brother's Company 사장으로서 Reedley Nursery Company 사장으로서 쭉 오고. 이제 정치운동에 뛰어드는 것은 1938년에 〈대한인국민회〉 중앙집행위원으로 되어 가지고 해방까지 매번 13사람, 15사람 중 집행위원으로 계시다가 1950년에 〈대한인국민회〉 총회장이 되셔 가지고 10년 동안 1960년까지 총회장으로 계시다가 은퇴해서 돌아가셨어요.

그런데 임시정부의 조소앙 선생이라고 있어요. 한국최초의 사회당 당수를 했는데, 조소앙 선생이 〈임정파리대표부〉의 대표위원으로 일을 할 때, 각 나라의 정당 단체나 이런 데 무얼 내려고 그러면 "당신이 정당의 파견자가 되어야 된다" 그랬어요. 그런데 상해임시정부는 그때 당시에 "정당이 아니다" 이래 되어서 그런 것을 못 내주니까, 상해임정 요원으로 있던 자기 조카 조항섭이란 사람을 미국에 보내 가지고 자기 친구인 김호 선생한테 "정당을 하나 만들어야 되겠다" 하니까, 이분이 미주 최초의 사회민주주의정당인 〈한국노동근로개진당〉이라는 것을 만들었어요. 그렇게 〈한국노동근로개진당〉을 만들어 가지고 이제 당수는 이살음 목사, 사무총장은 김호 선생이 하고. 그래서 그 〈한국근로노동개진당〉의 주의주장은 조소앙 선생의 '삼균주의'를 거의 가지고 만든 거예요. 그러니까 "교육의 균등을 해야 된다, 경제의 균등을 해야 된다. 정치의 균등을 해야 된다"는 삼균주의를. 이것을 나중에 김호 선생하고 우리 집안에서는 '삼조선주의'라고 바꾸게 되는 거예요. 그렇게 되어 가지고 조소앙 선생을 〈한국근로노동개진당〉 국제외교특명전권대사로 임명을 해요.

그러니까 이제 진보주의자들하고 관계가 또 깊어지지 않습니까? 그러다가 중국에서 1930년대에 좌우익이 전체가 연합해 가지고 운동을 하자, 그러니까 김규식 박사, 김구 선생, 김두봉 장군, 이런 좌우익이 모두 합쳐서 대통일전선을 구성해 가지고 나가자 할 때, 그때는 미국에서는 도산 안창호 선생이 미국을 떠난 지 오래되고, 박용만 선생은 북경에서 암살당하시고, 이승만 대통령은 하와이에 칩거해 가지고 계실 때니까 이 중앙내륙에 지도자가 없었어요. 그래서 〈대한인국민회〉가 기울게 되니까 김호 선생하고 우리 집안에서, 그때 당시에는 콜롬비아 대학 졸업하고 USC에 와서 박사학위를 하던 우리 큰 고모부, 김용중이라는 사람이 나타난 거죠. 그 김용중 선생이 합류해 가지고 소위 'Reedley 3김 시대'를 이룩하는 거예요. 그러니까 김호, 김형순, 김용중이가 〈근로개진당〉을 〈대한독립당〉으로 개편해요. 〈대한독립당〉으로 개편해 가지고 거기 당수가 김호 선생이 되요. 그 다음에 전 미주의 좌우통일전선을 부르짖게 돼요. 부르짖게 되는데, 그러면 〈대한독립당〉으로 통일전선을 이루어갈 것이냐, 기존을 잇는 도산 안창호 선생이 만든 〈대한인국민회〉를 중심으로 해서 만들 것이냐 해서, 우리 가정에서는 "대한인국민회 전통을 살리자" 해가지고 1937년에 대통일전선총회를 열어가지고 〈대한독립당〉을 해체하고 〈대한인국민회〉와 합류할 때에, 여기 유학생들로 조직된 좌익청년단체 연구회 〈시카고 사회주의연구회〉 그것도 포섭하고, 또 하와이에서 노동운동, 진보적 운동을 하던 김현구 파들도 넣고 했어요. 김현구는 헨리 김이라고. 그 다음에 그러니까 피터 황, 헨리 김 하는 그런 젊은 그룹들도 넣고. 그때는 민족주의자로서는 김영옥이라고 하는 사람도 있는데. 그래서 하와이 그룹을 넣고 시카고 그룹을 넣고 뉴욕에서 활동하던 박상엽이라고, 아주 굉장한 좌익진보주의자인 박상엽 그룹, 모두 다 해가지고 민족주의 좌파대연합을 이룩하고. 그래 가지고 거기에 〈대한인국민회〉 총회장으로 김호 선생이 들어서고 그 다음에는 김용중 우리 큰고모부하고 우리 할아버지가 13명 중앙집행위원으로 들어가서 미주의 3김이 이끄는 독립운동이 1945년 해방 때까지 가는 거예요.

그렇게 가다가 해방이 되었습니다. 그래서 김호 선생이 김용중 큰고모부하고 들어가니까 뭐 굉장히 어지럽단 말이에요. 그래서 김호 선생이 〈신진당〉이라는 걸 만들어가지고 삼십여 개 정당을 모아서, "좌우합작 연합정권을 하자, 신탁통치를 지지하자, 남북연합정권을 수립하자" 이 세 가지가 우리 집안에서 내놓은 강령이에요. "좌우합작하자. 남북연합정권 수립하자. 그렇게 하지 않으면 우리가 갈리기 때문에 신탁통치 받아들이자" 이렇게 됐는데 거기에 찬성하는 사람들은 여운형, 인민당, 허헌, 그 여운형 건준 하고 허헌 인민당하고 이 좌쪽의 정당이 많이 가담을 했단 말이에요. 거기다가 이제 우리 집안에서 그렇게 부르짖고 하니까 이승만 〈대한독립촉성위원회〉 쪽하고는 반대가 돼가지고, 송진우, 김구, 장덕수가 죽고, 그 다음에는 김호, 김용중 죽인다 하니까 이제 하지 장군한테 얘기해 가지고 비행기를 내줘서, 군정 비행기를 타고 요코하마로까지 망명을 하고, 요코하마에서 미국 상선 타고 미국으로 다시 돌아왔단 말이에요.

김하영 그러니까 해방 이후에는 한국으로 다시 들어가신 겁니까?

김운하 그렇죠. 그리고 초대 입법위원회, 하지 장군이 하던 〈미군정 입법위원회〉에 입법위원들이 다 되셨지. 우리 할아버지는 과수원하고 packing house하고 묘목상이랑 팔고 간다고 하는데 김호 선생 이 분들이 다시 1년 남짓 후 미국에 쫓겨 들어오시니까 못 들어갔지. 그러나 미국에 들어와 가지고 미국에서 여전히 그『신한민보』를 통해 가지고 "우리는 통일해야 된다, 남북연합정권 세워야 된다"고 여전히 그 세 가지를 주장했는데. 그러다 6·25가 뺑 터졌단 말이에요. 그래 6·25가 터지니까 "즉시 종전해라"고, 즉시 종전운동과 평화조약운동을 하고. 그러다가 그 다음에는 휴전이 돼가지고 이승만 박사 독재로 굳어지고 북은 또 김일성 씨 그런 강력정치로 굳어지고 하니까, 그때는 김호 선생이나 우리 할아버지가 나이가 많게 되니까, 1950년 김호 선생이 2선으로 물러서면서 우리 할아버지가 〈대한인국민회〉 총회장이 되고『신한민보』사장이 되고, 그리고 우리 큰고모부는 워싱턴에서 〈한국문제연구소〉(Korean Affairs Institute) 소장을 하고, 그리고『Voice of Korea』영자지를 내고, 〈Voice of Korea〉라는 방송을 내고. 거기에서 이제 뭐냐 하면 1950년에 우리 할아버지가 1월 달에 〈대한인국민회〉 중앙총회장으로 되면서 〈대한인국민회〉 5대 강령 중에, 제일 첫째 강령에, "대한인국민은 앞으로 통일운동에 진력한다" 그 강령을 넣었어요.

그 다음에 워싱턴의 우리 큰 고모부는 "제3노선에 의한 통일"을 주장했다구요. 그러니까 민주주의도 아니고 공산주의도 아니고, 우리 민족에게 맞는 "제3노선에 의한 영세중립화 통일방안"을 내놨다구요. 그렇게 되니까 이제 이승만 박사 쪽에서 "빨갱이다!" 했어요. 그래서 우리가 4·19혁명 나기 전까지 우리는 요시찰인물이 되어 가지고 편지도 못 받고, 해외도 못 나가고, 한국에서는 요시찰 가정으로 꼼짝달싹을 못했어요. 그렇게 되니까 우리 아버님은 오히려 그 반공주의 노선을 가지고 있는 지청천 장군이 만들었던 〈대동청년단〉에 마산지국 지회장이 되어 가지고 반공적인 활동을 하고. 그래야 살아나갔으니까. 이런 마당에서 보다가 1960년대에 김일성 주석이, 고려연방제가 아니고, 그냥 제일 최초로 남조선적화통일론이 아닌 '연방제통일방안'을 내놨단 말이에요. 그때 연방제통일방안을 내놓았을 때 해외에서 제일 먼저 지지, 찬성을 한 사람이 김용중 우리 고모부예요. 워싱턴에서 기자회견을 열어 가지고. 그래서 김일성 주석하고 김용중 고모부 간에 통일을 위해서 서로 나눈 편지가 이북에서 출판이 됐습니다. 그때 그 편지를 평양에 가서 전달하고 또 김 주석 편지를 받아오고 한 사람이 누구냐 하면 워싱턴 초대 〈한인회〉 회장 하던 노강욱 박사가 있어요. 그러니까 노강욱 박사 아버지가 노정일 박사라고, 바를 정(正)자 하고 날 일(日)자를 쓰는데, 그 한국 최초로 드루 대학 박사, 소르본느 대학, 런던, 하버드, 옥스포드 이렇게 공부해 가지고 돌아와서 연세대학교에서 철학교수가 되신 분인데 그분이 내놓은 게 Golden Measure Rule, 황금자 법칙. 그러니까 공산주의와 민주주의를 혼합한 사상이에요. 그 혼합한 사상을 아무데나 적용해도 다 들어맞는 원리원칙이 될 수 있다는 거죠. 그래 이분이, 이승만 박사님이 너무 반공을 외치니까 대통령에 출마를 했어요. 그래서 고초를 좀 받았어요. 그러니 노강욱 박사가 살 수가 없어 미국으로 가니까, 노정일 박사가 "미국에 가면 김용중이라는 내 친구가 있는데 네가 가서 아버지로 모셔라" 그렇게 해서 노강욱 박사가 우리 큰 고모부의 첫째 양아들이에요. 그런데 둘째 양아들은 누구냐 하면, 필라델피아의 정신과 의사하던 최도식 박사가 있는데, 이 최도식 박사는, 대구에 『대구매일신문』이 있는데 그 신문에는 해방 이후에 통일국이라는 게 있었어요. 그 통일국 국장을 하던 분이에요. 하다가 나중에 감옥소 가고 한참 혼이 나고 난 다음에는 "내 그런 일 안 하겠다" 해 가지고 청구대학 설립자 겸 학장이 된 분인데. 이분이 자기 자식보고는 "미국에 가서 내 친구 김용중이를 찾아가서 양아들 노릇하면서 미국에서 통일운동을 하라" 하니까 와서 양아들 됐다구요. 그 두 양아들이 김용중 씨의 심부름을 했어요.

그러니까 소식을 내놓지 않는 조직으로 1960년대부터 미국에 연방제적인 제3노선에 의한 통일운동이 있어야 되겠다 해서 사람들이 모였는데, 누구냐 하면 유엔대사 하던 임창영, 뉴욕의 주불공사 하던 한승인, 샌프란시스코의 총영사 하던 주요한, 그 다음에 뉴저지 공과대학의 교수하던 강범석 박사, 그 다음에 지금도 살아계셔서 이름을 들먹이기가 그런데 롱아일랜드대학에 교수로 오래 있던 지창보 박사, 그 다음에 노강욱 박사, 최도식 박사, 그 다음에는 불란서대사 하던 정규홍 박사. 그 다음에 우리 언론인으로 서정균, 그 서정균은 그 후에 들어가지요. 서정균은 1년 후인가 2년 후에 들어가고. 그 사람들이 모여서 통일운동 하자 하자 그러고 있다가 공식으로 발표한 것은 1971년, 〈워싱턴 한국자주와통일위원회〉. 이게 이제 미주 최초의 통일운동 단체로 나선 거죠. 그래서 초대 위원장으로 김용중 우리 큰고모부를 위원장으로 초대하고 나머지 분들은 중앙위원이 됐어요. 그래 이제 2대 회장이 노강욱 박사죠.

전에 내가 『기자협회보』에 썼던 그런 얘기 가운데 언론부분과 관계되지만, 그 『기자협회보』에 내가 썼던 것 중에 하나가 독립신문파들이 있습니다. 『The Independent』라는 독립신문을 낸 사람들이 있어요. 김강(다이아몬드 김) 전도사, 이경선 목사, 여기 메카시 선풍 때 다 잡혀가지고 이북으로 추방당한 이경선 목사. 그분들은 공산주의자가 아니고 1910년대, 20년대 미국을 풍미했던 기독교사회복음주의란 게 있어요. 월터 라우센부슈라든지 신학자 틸리히라든지, 신문 만들던 스톤(I. F. Stone)같은 사람, 이런 사람들이 사회민주주의 내지 기독교 민주주의에 영향을 받았던 사람들인데. 우리 김호 선생이 중심이 되어가지고 나가던 로스앤젤레스 로버슨 한인장로교회에 다 모여 있었단 말이에요. 다 모여 가지고 김호 선생의 영향을 많이 받고 그랬어요. 그래서 그분들이 언제든지 좌우합작, 연합전선, 너무 미국의 그런 보수적인 또는 근본주의적인(fundamental) 기독교 이런 데 빠져 있으면 우리 민족의 장래가 없다는 것을 많이 얘기했는데, 그럴 때마다 다른 사람들은 "저 사람들 빨갱이들이다" 이렇게 됐단 말이에요. 그러니까 그 언론인들하고의 관계 이것도 내가 한번 이야기를 풀어야 되는데 시간이 없으니까 그건 좀 접어두고.

이런 김용중 이후의 그런 통일전통을 받은 사람 가운데 가장 중도 쪽에서 좌쪽으로 밀치지 않고 중도 쪽에서 가려고 많이 애쓴 사람 가운데 지금 살아계신 산 증인이 선우학원 박사죠. 선우학원 박사도 뭐냐 하면 그러니까 우리하고도 또 사돈이 됐는데. 우리 할아버지 이종 여동생이 있는데, 그 여동생 형제의 사위가 선우학원 박사예요. 그래서 이분이 1941년에 미국에 오셔서 김호 선생 밑에 가서 많이 교육을 받았어요. 그래서 사실은 나도 그런 입장에서 통일운동에 이제 뛰어들게 됐구요.

그러한 배경 하에서 그 김용중 고모부님이 돌아가셨는데, 이제 그렇게 되니까 노강욱 박사, 최도식 박사, 지창보, 강범석, 임창영 다 "이제 조카인 김운하가 가문의 통일운동을 물려받아라. 그리고 당신네 가문은 온갖 어려운 욕을 들어먹으면서도 민족의 독립운동 때 대동단합, 분단 시대에 대동단합, 통일을 향해가는 데 있어서도 대동단합을 하는 그런 역할을 맡아야 될 것이 아닌가." 이러고 있는데 북쪽 평양 쪽에서 "가족의 대를 이어서 우정을, 민족적인 정을 유지하고 싶다. 그러니까 김 사장이 한번 평양을 방문해 달라" 하는 이런 초청들이 오게 됐지요. 그런데 그때 당시에 우리가 한국하고 민주화운동 이런 걸 많이 연결하고 있었기 때문에 내가 훌렁 들어갔다 나오고 그러게 되면 나와 연결하고 있는 한국에 있는 운동가들 이런 사람들이 다 야단법석이 될 거 아닙니까? 또 우리 친척들도 많은데. 그래서 북한 방문을 못했어요.

그러나 "통일운동은 해야 되겠다" 해가지고 언론을 통한 운동을 시작했는데, 나는 지금은 이제 조금 한 단계 달라진 그런 생각을 갖고 있지만, 내가 가지고 있는 언론관은 '총체적 언론' 이라고 하는 것. 내가 한국에서 10년 동안 『조선일보』 정치부, 사회부, 또 기자협회 수석부회장, 회장 직무대행, 윤리위원회 위원 뭐 다 이렇게 지내다가 미국에 와서 공부도 USC에서 대학원에서 언론학을 전공하고 했는데. 내가 이제 결론내린 것은 총체적 언론. 총체적 언론이라고 하는 것은 뭐냐 하면, "민족이나 사회가 어려움에 처했을 때는 기자는, 언론인이라고 하는 것은 쓰는 것만 아니다. 쓰고, 말하고, 뛰고, 혁명도 하고, 총체적으로 들어가는 것이 이게 총체적 언론이다." 그런데 이제 이런 것이 내가 처음 만들어 낸 거냐? 아니에요. 가만히 보면 우리 독립운동사에 단재 신채호 선생이라든지 또 임정 초대 대통령 했던 박은식 선생이라든지 이런 많은 분들이 신문도 만들고, 글도 쓰고, 독립투쟁도 하고. 또 단재 신채호 선생 같은 분은 아나키스트로서 그냥 폭탄도 터뜨리자 하던 그런 분들 아닙니까? 그런데 우리가 오랫동안 군사정권 하에서 시달림을 받았고, 또 통일이라고 하는 이런 민족적인 문제가 있는데, 남한에서 이산가족이 1천만 명, 북한에서 이산가족이 7백만 명, 근 2천만 명이 분단으로 고생하는 이러한 것을 두고 "뭐 객관보도? 사실보도? 또 목탁의 역할? 거울의 역할? 이런 것 가지고 언론의 사명 이것 안 되는 거다. 우리도 그럼 들어가야 되겠다." 그래서 내

자신이 언론의 기자의 보수적인 개념을 고집하다가 통일운동에 끼어들고, 민주화운동에 끼어들고, 데모에 나가고, 강연하고 다 해요. 하여간 "통일이 될 때까지 이걸 바쳐야겠다" 그런 정신으로 하기 때문에 『신한민보』가 그렇게 돼서 나왔고. 해서 1974년 8월에 내가 『신한민보』를 완전히 내 소유권으로 인수받아 가지고 이것을 민주화 언론으로 처음에 출발을 시켰어요. 그 배경은, 1974년에 긴급조치가 나오지 않았습니까? 그래서 내가 있던 『조선일보』에서 33명이 해직되고, 내가 기자협회에 있을 때 다 동료적인 입장에 있던 『동아일보』 기자들이 팔십 몇 명인가 해직됐고. 그 사람들이 그냥 사방에서 전화가 오는 거예요. "김형, 김 선배, 해외에서 소리라도 좀 질러주시오." 그래서 그때 소리를 지르면 긴급조치 4호 위반으로 한국 못 들어가고 15년 징역을 받거나 이래 되는데, 그때 내가 그것을 결심할 때의 내 심정은 "하, 참 내가 이제는 한국에 영원히 못 들어가는구나" 그랬어요.

김하영 그러면 선생님께서 미국에 오신 것은 몇 년도입니까?

김운하 1972년 6월 달에. 한국에서 1971년에 기자협회 수석부회장 겸 회장직무대행을 맡았는데 그때 박대통령 정부가 유신헌법을 통과시키기 위해서 '언론법'이라는 걸 내놓고 통과시키려고 그랬어요. 그래서 우리가 선봉을 서서 막았죠. 그러니까 그 다음부터는 중앙정보부에서 자동차가 와서 나를 데리고 가서 지금 광화문 정부청사 20층에 정치담당 차장 방이 있었는데 거기에 아침에 데려다 놓고 오후 5시 돼야 내보내줘요. 그걸 한 석 달 하고 나니까, 이거 모가지도 안 자르고, 잡아가지도 않고, 출근을 중앙정보부로 시키고, 차장 방에 보좌관들하고 놀아라 하고 오후 5시에 퇴근하고. 그리고 『조선일보』에게는 "모가지 잘라라" 하니까 어떻게 자를 수가 있어요? 안 자르니까 그 다음에는 탈세조사가 나와 가지고 아카데미 극장, 프린스 호텔, 뭐 이렇게 탈세조사를 하니까, "김운하 목을 자르지 않으면 탈세 물어서 잡아 넣겠다" 하니까 이제 회사에서도 이 궁리 저 궁리 내고 나도 한 6개월 동안 견디다가 자의 반 타의 반으로 나온 것이 로스앤젤레스 특파원으로 나온 거예요.

김하영 그러면 그렇게 오셔서 완전히 미국에 정착하신 겁니까?

김운하 이제 로스앤젤레스 특파원으로 왔는데, 1년도 안 돼서 유신이 강화되면서 프레스카드 제도가 시행되어 '일사일국 특파원주의'라 해서 워싱턴 특파원만 놔두고 뉴욕 특파원, 로스앤젤레스 특파원은 귀국을 시키든지 하라 해서, 나를 보고 귀국을 하라는 거예요. 그런데 들어가서 뭐해요? 감옥에 넣으면 감옥소라도 들어갈 텐데, 감옥에도 안 넣고 아침에 나와서 잡혀 들어가서 나왔다가 이걸 또 생활하라 하면. 그래서 내가 "안 들어가겠다" 하니까 회사에서는 "그러면 월급을 더 이상 못 주고 특파원 더 이상 못한다" 해서 내가 여기 『미주 동아일보』에 총무국장으로 들어갔죠. 가서 그 이후에 곧 편집국장이 돼 가지고 1년 동안 일을 하고 있는데 1974년에 『신한민보』에서 "자네 할아버지가 하던 신문을 인수받아 가지고 신문을 살려 달라" 그래서 내가 그걸 인수받아 가지고 민주화 신문으로 바꿔버렸죠.

김하영 이제 『신한민보』이야기를 중점적으로 좀 해 주십시오.

김운하 그래서 『신한민보』가 민주화운동을 부르짖기 시작하니까 뭐 광고주 다 떨어지고 탄압이 심했어요. 여기에서 로스앤젤레스 총영사관에 중앙정보부 요원이 처음에는 두 사람 나와 있었는데 그 두 사람이 다 컨트롤했어요. 그래도 이제 나한테 응원자들이 생기고 이래서 신문이 죽지 않고, 광고가 다 백지가 됐는데도 만들어 나가니까, 또 그래도 몰래몰래 광고를 주는 사람들이 있고 이러니까, 총영사관 안에 약 삼십여 명으로 구성되는 〈미주언론대책위원회〉라는 것을 나성 사회의 유지들로 만들어 가지고 일주일에 한 번씩 모이면서 『신한민보』 죽이는 일만 의논하는 거예요. 그래서 제가 그걸 살아나가기 위해서 장사 뭐 안 한 게 없어요. 냄비장사도 하고, 온갖 모금운동도 하고, 인쇄소도 하고, 돈을 벌 수 있는 온갖 장사를 하고 이러면서 굴려나간 겁니다. 그래서 최옥명 권사 같은 분은 자기가 가지고 있던 금가락지, 반지, 또 김상돈 선생 사모님 같은 분도 반지다 가락다 하여간 온갖 것 다 팔고. 김강옥 장로님은, 한국 유명한 서예가 겸 목각 조각가인데 안과 의사를 했죠. 이 분이 소장했던 미술품들을 다 내 줘 가지고 그걸 팔아가지고 출판자금을 대고. 그 다음에 함석헌 선생이 왔을 때, 선생님 글 좀 써 달라 해가지고 함석헌 선생님이 붓글씨를 써줘서 그걸 또 팔아 가지고 신문자금을 만들고, 뭐 온갖 일을 다 했어요. 그렇게 이끌고 나가다가, 제가 아까도 얘기했듯이, 총체적 언론을 하기 위해서는 정치조직에도 들어가야 된다 해서 1975년에 여기 김대중 선생이 미국 와서 처음 만들었던 〈한국민주민족통일운동 미주본부〉, 그 〈민통연합〉이라 그러죠, 그 〈민통연합〉에 가입을 해서 제가 이제 중앙상임위원이 됐어요. 그런데 김대중 선생이 일본에 돌아가자마자, 여기서 3월 달에 조직하고 일본에 가서 8월 달에 납치당하지 않았습니까? 그때부터는 김대중 구출 세계운동에 참여해 가지고 활동하고. 그리고 1975년에 〈민통연합〉에 중앙위원이 되면서 〈조국민주회복남가주국민회의〉에 운영위원으로 가입을 했지요.

김하영 『신한민보』가 당시 발행부수가 얼마나 됐습니까?

김운하 발행부수가 처음에는 5천 부 발행하다가 그 뒤에는 3천 부를 쭉 유지했죠. 처음에는 지금의 오리지날 사이즈로 가다가 영문판까지 내다가 나중에 타블로이드로 바꾸었죠. 그리고 언론활동에서 또 하나 중요한 것은, 1979년까지는 민주화에 역점을 두었단 말이에요. 민주화에 역점을 두는데 1977년에 내가 갈릴리교회라는 걸 창설을 했어요. 이 갈릴리교회는 혁신적인 교회를 만들자 해서 나왔는데. 거기에 당시 민주화 언론에서 미국에서 명성을 날리던 사람들인데 김상일 박사, 신유길 목사, 김현환 박사, 그 다음에 지금 한국 돌아가서 목사 노릇 잘하는 박승환 목사, 또 미주통일운동의 선구자 중 한 사람인 노희승 목사하고. 내가 그때 당시에 〈미국남

가주한인장로협의회〉 수석부회장을 할 때예요. 그리고 그런 기독교 개혁을 부르짖고 하니까 목사님들이 와서, "김장로 같이 교회를 하자" 해서 내가 차린 교회에 그분들이 들어왔어요. 신유길 목사, 김현환 목사 이분들이, 그때는 목사가 아니고 박사학위, 석사학위를 공부하고 있던 학생들인데, 그분들이 해방신학을 모두 중요하게 여기고 있었어요. 그래서 해방신학을 우리가 같이 공부하다 보니까 통일문제가 우리 앞에 놓여지게 된 거예요. 그래서 교회 안에서 통일신학강좌를 개최했습니다. 그러다가 1978년 겨울에 "우리만 할 게 아니라 통일운동은 청년들을 길러야 된다" 해서 시카고, 샌프란시스코, 로스앤젤레스에 있는 청년들을 불러 모아서 산에 가서 기독교수양관을 빌려 '제1회 통일청년강좌'를 열었어요. 1979년에 2차 때에 여름방학 때보다 확대해 가지고 뉴욕, 로스앤젤레스, 시카고, 오레곤, 샌프란시스코, 이렇게 전국의 청년들을 모아서 통일강좌를 열고 〈통일맥운동회〉라는 걸 조직했어요, 청년들로. 그렇게 돼서 우리는 상당히 통일기운이 높아있을 때, 그때 당시 한국 민주화운동 계열에서는 통일 '통'자도 못 꺼낼 때니까. 그때 우리가 신유길, 김현환, 김상일 이 세 박사학위 후보자들하고 나하고 모여서, "한국에서 민주화와 통일을 외치다가 가신 분이 장준하 선생인데, 장준하 선생이 민주화는 상당히 강하게 표현을 했지만 통일사상은 그렇게 못 펴고 갔다. 그래서 우리가 미국에서『사상계』를 복간하자. 복간하는데 우리는 한 제네레이션 뒤니까 통일을 전적으로 주장하자." 그래서『해외사상계』라는 것을 복간했어요. 1980년 1월 신년 사설에 "『신한민보』는 이제 민주화와 통일은 하나로 보고 통일운동을 시작한다"고 선포를 하고, 3월 1일부로 내가 발행인이 되고 신유길, 김현환, 김상일 이 세 사람이 편집위원이 돼가지고『해외사상계』를 복간했어요.『사상계』를 복간하는데 이름을『해외사상계』라 하고. 그래서 한 달에 한 번씩 내놓는『해외사상계』를 통해 가지고 완전히 그냥 통일논단으로 꾸렸죠. 그러니까 그때 내가 비로소 완전히 '빨갱이'가 돼버린 거예요.

김하영 그렇게 『해외사상계』를 복간하셨는데 그것은 어떻게 성공적으로 일이 진행이 됐습니까?

김운하 뭐, 민주화운동계에서도 완전히 갈라지는 거예요. 그러니까 그때 〈민통연합〉에서 "선민주 후통일파"와 "선통일 후민주파" 이 두 파로 갈라졌어요. 우리는 "동전의 양면이다, 함께 가야 된다" 했는데. 그래서 토론을 많이 했어요. 토론을 많이 했는데, 그때 그 가르는 분수령이 뭐냐 하면, "선민주 후통일의 민통연합에 남으려면 김일성 정권을 공개비판을 하라. 공개비판을 하지 않으면 우리한테서 나가 달라." 그 사건 이후로 김대중 선생하고 나하고도 자유롭게 못 만나게 되는 입장이 돼 버렸는데. 그런데 그때 〈민통연합〉에도 보수만 모인 게 아니고 상당히 좋은 분들이 많이 있었어요. 남한과의 어떤 관계라든지 여러 가지 관계 때문에 〈민통연합〉에 남은 사람들이 많은데. 우리는 그때도 좀 급진적이고 그래서 차상달, 김성낙, 한승인, 김운하, 홍동근, 국영길 이런 사람들은 "그럼 우리가 민통연합에서 나가겠다" 해서 나와서 〈민주통일운동 북미주본부〉를 내어놨죠. 그래서 〈북미주본부〉하고 〈민통연합〉하고 두 갈래로 쭉 통일운동이 진행이 되어 갔는데, 이제 그렇게 되니까 『해외사상계』도 그 독자나 지지층이 또 반으로 줄어들었습니다. 그래서 『해외사상계』는 2년인가, 3년인가 내다가 그만 중단을 하게 됐어요. 근데 『신한민보는』 쭉 계속 나갔고. 그러다가 1990년에 미국에서 이제 대폭 바람이 분 것이 〈범민족연합〉이라는 바람이 불게 됐단 말이에요. 그래서 〈범민족연합〉이라는 바람이 불면서 미국에서도 〈범민족연합〉이 탄생이 되고, 나도 홍보국장 하고 내 아내도 중앙위원 했는데. 그때 뭐가 필요했냐면, 미주에 북한을 알리고 또 미국 주류 미디어에도 북한을 알리고. 남한에서 그때는 노태우 대통령 정부 말기인데 김영삼 후보가 곧 대통령으로 되고 그러면 민주적인 요소가 더 강해질 것이다, 이래 가지고 제가 8월 달에 평양

'범민족대회'로 갔어요. 가서 평양 당국하고 의논한 게 뭐냐 하면, "평양에서 나오는 중앙통신을 미국에서 발행하게 해 달라. 내가 와이어 서비스를 하겠다. 미국 주류에도 팔고, 한국에도 팔고, 그 경비를 만들어서 운영도 하고 하겠다." 이렇게 해서 이제 1990년 9월인가 10월에 창립한 것이 〈미주조선통신사〉. 이 〈미주조선통신사〉를 만들어서 북한 『조선통신』을 여기 미국 뉴스하고 합쳐가지고 발행을 하기 시작했죠. 이제 미국 주류에서도 연락이 오고, 한국 신문사들에서도 연락이 오고 그랬는데, 한국 중정에서도 "아직 하지 마라", 또 미국 관계 기관에서도 "아직 하지 마라" 이래 되니까, 그냥 미국 내에 있는 일부 진보적인 언론사들, 그러니까 주로 사회주의나 진보계열 이런 단체나 신문사, 잡지사 이런 데 해서 한 이백오십 군데 나갔어요.

김하영 그러면 어떤 발간물이 있었습니까?

김운하 그렇죠. 1호, 2호 프린트를 해서 프린트한 것을 접어서 봉투에 넣어가지고 보내고. 한국에도 그냥 신청 안 했는데도 우리가 발송했어요.

김하영 그때 발송한 프린트 자료의 제호는 무엇이었습니까?

김운하 제호는 『미주조선통신』. 그것도 2년인가 3년인가 냈나? 한 3년 될 거요. 1994년까지 냈어요.

김하영 그러면 그것도 재정적으로 상당히 꾸려나가기가 어려웠을 것 같습니다.

김운하 집을 세 채나 팔았고, 우리 할아버지한테 받은 유산도 다 쓰고 또 지금은 돌아가셨지만, 한국에 계셨던 우리 어머니가 이래저래 몰래 돈을 만들어 보내주고, 또 달러를 모아가지고 나한테 보내주다가 법에 걸려가지고 우리 어머님이 구속도 되고 했어요. 그러니까 언론활동은 주로 그렇게 하면서, 중요한 언론매체는 내가 아까 얘기했듯이, 『신한민보』, 『해외사상계』, 『미주조선통신』 이것을 발행하면서 한결같이 외친 것은 "남과 북은 하나의 조국이라는 것," 그리고 "우리는 평화적으로 통일을 해야 된다는 것." 그래서 그렇게 되다 보니까 언론출판 활동에 부수적인 것으로서 북한서적을 또 보급을 해야 되겠다 해서 북한의 〈조선출판물수출입회사 미주대리점〉 그래 가지고 북한 책들을 정식으로 수입했어요. 미국정부에 허가 다 얻고.

김운하 · 김충자 선생 내외

김충자(부인) USC하고, UC버클리하고 두 번, 1991년도에 북한바로알기 운동 그래 가지고 '북한 미술 · 도서 · 사진 전시회'를 『신한민보』 주최 USC하고 공동으로 USC도서관에서 2주간 했고. 그 다음에 같은 물건을 가지고 UC버클리 동아시아연구소하고 같이 공동으로 1주일간 UC버클리 대학 안에서 전시회를 했고. 그 전시회 할 때 미국 정부 허락 다 받아서 했기 때문에, 미국 정부에서 그 일을 위해서 북한 사람이 오는 것, 초청하는 것을 허락한다 해서 그때 〈조선출판물교류협회〉 회장이 단장으로 미술계통, 도서계통 이렇게 해서 다섯 명이 정식으로 국무성 비자 받아서 와서 우리하고 같이 다니면서 전시회를 했어요. 그게 1991년도. 그게 처음으로 모든 것을 공식적으로 미국 국무성 허락을 받고, 북한 허락을 받고 그렇게 교포사회에 북한 미술 · 도서 · 사진 전시회 그렇게 했는데. USC대학에서 미국 교수들 불러서 리셉션 해주고, 강연도 하고. UC버클리에서도 북한 사람들이 강연할 수 있는 시간도 주고. 그때 공식적으로 우리 한인단체에서도 전혀 거부감 없이, 그때 잠깐 남한에도 자유가 조금 있을 때였거든요, 1990년도. 그때 당시 분위기가, USC에서 리셉션 할 때 5백 명이나 와서 식사가 모자라고 그랬는데. 그때가 노태우 정권 말기. 그래서 우리 재미교포들은 굉장히 그때 분위기가 좋았어요. 그때 제가 북한 비디오, 문화적인 것, 우리하고 같은 것, 뭐 임꺽정, 춘향전 이런 비디오 대여도 하고 보여주기도 하고 그랬어요.

김운하 또 이제 〈조선영화수출입회사〉가 있어요. 거기하고 또 미주대리점을 계약을 맺어가지고 비디오 이런 것을 미국 동포들, 미국 사람들한테 소개하고. 그래서 북한을 많이 알려서 평화를 도모하고 그 평화로 인해서 통일이 되도록 하자, 그런 한결같은 입장. 그리고 한두 가지 더 조직적인 것과 관련해서 얘기하고 싶은 것은 1994년 김영삼 대통령 말기로 들어갈 때, 그 북한하고 영변 핵사건 이런 것 때문에 전쟁 일보직전으로 위기가 들어갔을 때예요. 김영삼 대통령과 우리 한국 정부는 평화를 바라고, 미국에서는 이제 매파들이 북을 공격해야 된다 이럴 때에 "우리가 미국하고 북한하고 본격적인 교류를 만드는 운동을 해야 되겠다. 서로 알아야 될 것 아니냐?" 그래서 1994년에 우리가 워싱턴에서 백악관 바로 뒤에 있는 호텔에서 〈조미친선협회〉를 만들었어요. 그때 우리가 외친 건 뭐냐 하면, 미국에 살고 있는 재미동포 중 40%가 이북 출신들이에요. 그러면 2백만의 40%면 약 70, 80만이란 말이야. 약 70, 80만이 고향이 이북이고, 이북에 가족들을 두고 있는 이산가족들이고. 그러면 북에 친척들 형제들이 다 있고 북도 조국이다. 어떤 이데올로기적인 그런 시각에서 북을 보지 말라. 전쟁이 일어나면 남도 죽고 북도 다 죽는다. 그러면 우리가 북조국과 남조국의 희생을 막고 미국에 살고 있는 우리 동포들이 만약 미국하고 북한이 전쟁이 붙을 때 우리도 위치가 이상해지는 거 아니냐. 그러니까 전쟁

방지 평화운동을 일으켜야 된다 해서 이제 〈조미친선협회〉를 만들었는데, 그런데 이것을 여기 교포사회의 각 신문에서 뭐 미국 조총련 판이라고 엄청 쓰고.

김충자 그러면 한국에서는 그것을 받아가지고 미국에서 그랬다고 난리고.

김운하 그리고 우리가 청년사업을 했는데. 지금 여기에 있는 모든 통일조직이 우리가 키운 조직들인데, 우리가 1979년 통일맥운동을 일으켜서 통일맥 조직을, 〈나성 통일맥〉, 〈샌프란시스코 통일맥〉, 〈시카고 통일맥〉, 〈뉴욕 통일맥〉, 그 청년조직을 만들었습니다. 그 다음에는 나성에서 〈조국자주통일미주청년협의회〉를 만들고, 그것이 지금 여기 다른 청년조직으로 발전해 이름을 유지하고 있는데. 그래서 이러한 청년들이 샌프란시스코에 올라가서는 〈상항애국청년회〉를 만들어 가지고 '한반도평화통일포럼'을 UC버클리대학에서 쭉 몇 년간 해서 미국 주류에 통일을 인식시키고. 여기에서는 〈나성민주청년회〉라는 이름으로 각종 청년통일운동을 벌이게 됐죠. 그리고 또 하나를 더 첨부하면, 우리가 〈전금관광여행사〉라는 것을 만들어 내 아내가 사장으로 수고를 했는데, 거기에서 최초로 재미동포들과 미국 사람들을 북한과 관광교류를 하는 사업을 시작을 했어요. 그리고 이산가족찾아주기 운동을 해서 우리 여행사를 통해 한 1,500여 명에게 가족들의 소식을 전달해줬어요.

김하영 시간을 약간 거슬러 올라가서 질문을 드리면, 아까 앞서 이야기 중에 잠깐 언급하셨는데 1950년대 초 미국에서 메카시 선풍이 불 때 한인들도 피해를 보신 분들이 있지 않습니까? 그것에 대해서 조금 더 말씀해 주십시오.

김운하 아까도 얘기했지마는, 〈대한인국민회〉가 일제시대에 김호 선생, 김용중 선생, 김형순 우리 조부님 이런 분들이 좌우통일전선을 형성해 나가던 그때 젊은이들 가운데 인재들이 있었는데, 〈시카고 사회주의연구회〉를 이끌던 변준호, 〈뉴욕 사회주의연구회〉를 이끌

던 박상엽, 로스앤젤레스의 최능익, 나성 로버슨 한인연합감리교회
를 이끌던 이경선 목사, 또 흥사단의 이사장을 지내고 하던, 그러
니까 도산의 좌파 사람들인데, 흥사단이 우파 사람하고 좌파 사람
들이 있었어요, 그런 분들 가운데 황사선 목사. 이런 분들이 해방 전
에도 그런 진보적 운동을, 〈대한인국민회〉에서 통일전선을 구성하
고 하면서도 자기네들 나름대로 진보적인 운동을 했어요. 그러다가
〈대한인국민회〉 보수파들하고 큰 싸움이 붙어서 일부가 떨어져
나갔어요. 떨어져 나간 사람들이 『The Independent』를 만들었는
데 이 〈독립신문파〉에 변준호, 박상엽, 최능익 이런 분들이 사회민
주주의를 부르짖던 필진들이 있어요. 당시에는 최고 지성인이라고
하는 사람들, 아까 얘기했던 김강 목사, 이경선 목사 이런 사람들
이. 이분들이 독립운동 때까지는 서로 내부적 갈등이 있었지만 독
립운동은 같이 했단 말이에요. 그런데 해방이 되고 나서 남북이
갈라지니까 이쪽 보수파들은 진보파들에게 "너희들 왜 미국에 사
느냐? 북으로 가라" 그러고. 진보파는 "왜 우리가 북으로 가냐? 우
리는 미국에 사는데." 이렇게 티격태격 싸웠어요. 그런데 역시 진
보파들이 활동능력은 많으니까 그 전에 『신한민보』 자체를 진보파
들이 다 장악했어요. 그런데 하다가 보니까 1944년에 여기 보수파
들이 그 신문을 장악하고 있던 진보파들을 몰아냈어요. 그래서 지
금 1941년부터 44년 초까지의 『신한민보』가 없어요. 진보파들이
만든 진보적 논설이다 해서 보수파들이 다 신문을 없애버렸어요.
그러다가 한 7, 8년 전에 진보파의 자손이 자기 집에 보관하고 있
던 신문을 여기 USC 한국학도서관에 기부를 했어요. 그래서 좀 새
로 발견이 되고 했는데. 어쨌든 이 사람들이 1944년에 따로 나와
가지고 메카시 선풍 전까지 맹렬한 좌경적 언론활동을 했단 말이
에요. 혁명을 부르짖고 또 무산자들의 권익을 부르짖고. 그렇게 되
니까 이제 메카시즘 선풍이 불 때 그분들이 다 잡혀들어 갔어요.
그러니까 박상엽, 김강, 이경선, 최능익, 내 서류들을 들춰보면 나

오는데, 대충 그분들이 제일 유명한 분들이니까, 그렇게 잡혀 들어가고. 다 잡혀가서 어떤 분은 풀려나오고 어떤 분은 재판을 정식으로 받았어요. 그 대표적인 사람이 이경선 목사, 다이아몬드 김(김강), 피터 현 이런 분들이 추방을 당하고. 그런데 피터 현은 부인이 미국 사람이니까 "나는 멕시코로 가겠다" 해서 멕시코로 망명을 갔고, 이경선 목사하고 다이아몬드 김 이런 분들은 평양으로 갔단 말이에요. 또 어떤 분은, "내 잘못했다"고 시인하고 나와서 지금은 국립묘지에 묻혀있는 사람도 있습니다. 어떤 사람은 무사하게 나왔는데 동지들의 명단을 주고 나왔다는 이런 말이 들리는 사람도 있고. 어떤 사람은 나와 가지고 추방을 안 당했어요. 아주 거물급인데 그분은 우리가 만나려고 수차 노력했는데 만나지도 않고 일체 두문불출하다가 돌아가셨어요.

이제 뭐냐 하면, 미국 의회에 보면 Hearing on Un-American Activities, 그러니까 '비미국활동조사청문회'의 보고서, 그 메카시가 불러 가지고 한 것, 그때 문서가 쭉 시리즈가 있어요. 거기 보면 한국 사람들 이름도 나와요. 그런데 하나 이제 아쉬운 거는, 나도 그것을 좀 연구하려고 늘 마음을 먹으면서도 시간이 없고 하다가 보니까 못하고. 그 자료들은 어디어디 있다는 것은 얘기를 들었는데 그걸 아직 들추질 못했어요. 그걸 들추면 미주 진보언론사의 자세한 맥락을 알게 되는데, 그것을 내가 아직 구체적으로 조사를 못하고 있는 거죠.

김충자 『신한민보』도 1948년도 부분은 없어요. 한국의 미군정이나 자유당 정부가 볼 때 너무 좌익적인 식으로 신문을 만들었다 해가지고. 지금 신문철이 다 있는데 아마 그게 제가 알기로는 의회도서관에 한 부도 안 빠지고 신문철 갖고 있는 데는 의회도서관이거든요, 그 다음에 하버드 대학 옌칭도서관, 거기 가면 그 신문이 있을 거라는데 우리도 지금 안 갖고 있거든요. 1948년도 『신한민보』가 6개월인가 없어요, 신문철이 없어요. 우리가 듣기로는 그때 독립운동하던, 또 상해에서 활동하던 이런 분들이 미주에 와서 해방이 되니까 단독정부를 수립하기 위해서 굉장히 활동했고, 남쪽 정부에서 말하는 좌익들의 언론활동이 그때 신문에 많이 있다는데 우리도 지금 거기는 모르고 있어요.

김하영 『신한민보』는 언제까지 발간했습니까?

김충자 지금 저희들이 신한민보를 1997년까지 냈는데. 언론탄압에 대한 얘기는 전에 MBC에선가 '그것이 알고 싶다'에서 한 10년 전에 취재해 간 게 있어요. 그것도 뭐 조금 나왔다 그러는데. 그것 외에, 장준하 선생 돌아가시자마자 우리가 제일 먼저 '타살'이라고 기사를 탑(top)으로 쓰고 추도식 하고 했거든요. 그런데 이제 그게 사실로 나왔고. 사실 우리가 그 장준하 선생 죽음을 타살이라고 보도했다고 한국 중정으로부터 핍박을 많이 받았거든요. 제가 여기 오기 전 유럽에 있을 때 〈과거사진상위원회〉에서 우리에 대해서 뭘 좀 묻는 전화가 왔어요. 그런데 그런 것을 얘기하면서 제가 그랬어요, "지금 내가 연도별로 다 기억을 못하니까, 자료도 다 LA에 있고 하니까, 선생님 죄송하지만 〈과거사진상위원회〉에서 한국에 있는 우리 『신한민보』 철을 좀 봐주십시오. 그때 민주화운동은 아무 신문에도 써주지 않았기 때문에 『신한민보』가 민주화운동의 핵심입니다." 그렇게 얘기를 했더니 그분 얘기가, 찾아봤는데 1972년까지밖에 우리 신문이 없대요. 그래서 제가, "신문이 쭉 중정에도 들어갔고 하니까 국회도서관에 가보든지 서울대학교 도서관에 가보라"고 그랬더니 거기 가도 없대요. 그래서 내가 그분한테 그렇게 말했어요. "우리는 1997년까지 민주화, 통일운동을 목숨 걸고 했으니까 우리 기록은 신문에 다 있습니다. 거기 활동한 분, 당한 분, 그런 것, 전 세계에서 들어오는 성명서 우리가 다 보도해줬으니까." 그렇게 얘길 했더니, 자기들은 구할 수가 없다 해서, 그러면 미국에 누구 아는 사람이 있으면 미국의 국회도서관이나 하버드대학교 옌칭도서관에 가서 찾아보라 했어요. 거기는 다 갖고 있는 걸 내가 아는 것이, 한 부만 빠지면 틀림없이 "보내달라"고 하기 때문에 거기는 다 갖고 있어요. 그런데 우리는 없다니, 신문이 다 들어간 게 어디로 갔는지, 버렸는지. 갖고 있어야 되는 것 아니에요?

김운하 내가 한국에서 통일 연구를 하시는 분들한테 말씀드리고 싶은 것은, 우리가 통일운동이라고 하는 것이, 앞으로도 그렇지만, 어떤 이데올로기적인 이런 면에만 집중할 게 아니라 그 문화적인 경제적인 교류, 나는 이게 참 중요하다고 봐요. 그런데 우리가 미국에서 오래 살아서 그런지, 사람들이 장사를 같이 하면서 서로 싸우고 서로 갈등하던 사람들도 "장사를 해보자" 해서 내가 1달러라도 저 사람에게 덕을 보게 해주고 또 저 사람이 나한테 1달러라도 덕을 보게 해주면 바로 그냥 악수하게 되더라구요. 그래서 우리 동지들이 강조했던 것은, "남과 북이 경제교류를 하게 하고, 미국과 북이 경제교류를 하게 해야 된다." 그래서 한번은 제가 워싱턴에 재무성하고 상무성에 찾아갔어요. 처음에 상무성에 가니까 "왜 왔느냐" 그러더라구요. 그래서 "내가 북한하고 무역도 하고 장사를 하고 싶어서 왔는데 미국 상무성에서 나한테 건의할 게 없느냐? 뭐 법률이 금지하는 법이 있다면 법을 보여주고, 정책이 있다면 정책을 보여주고, 금지한다면 왜 금지하는가, 이런 설명을 좀 듣고 나도 공부를 하러 왔다" 하니까, "Hey, are you okay? Aren't you crazy?" 딱 그렇게 나오더라고. 그래서 내가 고함을 꽥 지르면서, "Hey, 너가 말이야 만약 『뉴욕타임즈』나 『워싱턴포스트』의 편집자(editor)나 출판인(publisher)이 와서 이렇게 질문을 할 때, 너 나한테 이렇게 하겠느냐? 나는 지금 그래도 『신한민보』 발행인 겸 편집인이다. 나는 미국 시민(American citizen)이다. 나는 미국을 위해서 내가 지금 온 것이다. 그리고 너는 지금 어디서 왔느냐? 너의 조상은 어디서 왔느냐? 영국이나 불란서나 이태리나 라틴 아메리카에서 왔을 거 아니냐? 그러면 우리 미국하고 너희 나라가 이렇게 불화가 되어지고 전쟁이 나고 그렇게 된다면 너는 너희 조국도 유익하고 미국도 유익한 방법을 택하겠느냐, 너희 조국이 다 쓰러지는 그런 길을 택하겠느냐?" 이렇게 딱 얘기하니까, "오, 미스터 김. 내가 큰 말실수를 했다." 그러면서 "우리가 지금 베트남하고 대화하고, 또 소련과 중국 공산주의 국가들하고 대화할 때 진행했던 그런 자료들 뭐 다 줄 테니까 대북한교류에 관심이 있다면 해 보라." 그래서 내가, "우리는 빨갱이다 뭐다, 간첩이다 이런 입장을 떠나서 정정당당하게 미국에 살고 있는 2백 만 우리 코리안들과 아메리카 전체를 위해서, 그리고 우리가 두고 온 남한의 4천 5백만, 북한의 2천 3백만 그 우리 동족을 위해서 나는 아이디어를 내려고 온 거다. 그걸 알아라." 그래서 내가 돌아와서 베버리힐즈에서 제일 유명한 변호사 둘을 택해서 최초로 미국 내에 있는 대북한 무역경제 컨설팅 회사를 등록했어요. "뭐, 빨갱이라 하든 뭐라 하든 해 봐라, 나는 미국의 법에 어긋나는 일은 안하겠다." 그렇게 이제 경제교류를 시작했어요. 또 거기에 앞장 서 하신 분이 정무 회장님이시죠. 정무 회장님은 1994년에 워싱턴에서 〈미주고려상공인연합회〉를 창립했습니다.

김충자 제가 이런 이야기를 할 때마다 언제든지 제일 불만을 많이 느껴서 하는 얘긴데, 한국도 마찬가지고 독립운동 할 때도 마찬가지고, 통일운동 할 때도 반 이상을 여성이 부담을 했어요. 그런데 기록은 항상 남성 위주로, 남성이 만든 단체, 남성이 만든 모임, 이런 것만 소개를 해요. 그러니까 미주통일운동 연구에서 여성의 역할도 한번 다루어야 된다고 생각합니다.

김운하 내가 생각할 때는, 아마 한국도 그렇겠지만, 미주 통일운동가들이 과연 사상적으로 어떤 생각을 가지고 있었던가? 가령 어떤 공산주의자로서 또는 주체사상가로서 또는 민주주의자로서 또는 어떤 기독교신앙주의의 입장에서, 뭐 여러 가지가 있을 수가 있어요. 그리고 또 행위에 있어서, 지금 미국에는 잘 아시겠지만 '적국법'이라는 게 있습니다. Enemy Act라고 적국법이 있는데, 미주의 통일운동에 대해서 미국이 어떤 '적국법'적으로 다루게 된다든지 이런 게 문제가 된다면 참 복잡한 문제가 생긴단 말이에요. 그런데 미국의 전통적인 법 정신은 그런 사상이라든지 조직이라든지 이런 활동을 용인하는, 허용하는, 보호하는 이런 입장이기 때문에, 어떤 진보주의 단체가 폭력적인 모의를 하거나 그 폭력을 실천에 옮기거나 하기 전에는 거의 터치를 안 하고 있는 것이 미국의 관례로 저희들은 알고 있어요. 그러나 어떤 명목상으로 법 명문상으로 정해져 있는 것은 있단 말예요. 그러니까 가령 통일운동을 위해서 북한을 오고 가고 할 때 비밀로 왔다 갔다든지, 또는 어떤 경제적 문제, 자금 문제라든지 뭐 여러 가지로 있을 수가 있습니다. 그러니까 미국에는 아직까지도 이데올로기적인, 법적인 문제가 사회 간섭으로는 남아있기 때문에, 그 통일운동의 내막을 또는 어떤 통일운동의 실질적인 면은 공개해서 말 못하는 입장이 많단 말이에요. 그러니까 자칫 잘못하면 이제 미주의 통일운동이 미국의 Enemy Act 적인 영향을 받을 수 있고, 또 한국도 아직 국가보안법이 남아있으니까 그 국가보안법적인 어떤 영향을 받을 거고 이러기 때문에, 사실 통일운동의 깊은 이데올로기적인, 동기적인, 어떤 행위적인 이런 것을 일일이 파악하기는 참 어려울 거예요. 어려운데, 이제 그런 것까지 감안하면서 연구자료를 수집하고 또 최대한도로 저술에 그렇게 반영해야 할 것이 아니겠는가? 제가 볼 때는 좀 전향적으로 나아가자는 것. 가령 이제 한국적인 어떤 국가보안법적인 입장에서 볼 때에는, "어, 그 김운하 같은 사람이 가문이 진보적이고, 김일성 주석하고도 큰고모부가 편지연락을 하고 그 사람 뭐 빨갱이 아니냐." 뭐 어떤 이런 판단을 하기 쉽다구요. 그러나 우리가 지나간 생애를 이렇게 보면 "참 그 민족분단의 아픔을 극복하기 위해서, 그 정말 애통한 그것 때문에 우리는 전재산과 명예와 생명을 바쳐가지고 지내온 거거든요." 그러니까 뭐 그것이 진보든 보수든 뭐든 간에 "통일을 위해서는 이 일이 제일 중요하다, 민주화를 위해서는 이 일이 제일 중요하다" 하면 뛰어들었던 거예요. 뛰어들었는데 그것을 이제 아직까지도 어떤 그 국가보안법적인 그런 자로 잰다 할 것 같으면, 그것같이 서러운 게 없다 이 말이죠. 이제 잘 아시겠지만, 내가 왜 이런 얘기를 하느냐 하면, 한국에도 민주화가 많이 진행이 되어서 〈민주화운동기념사업회〉 이런 데에서 민주화운동자, 통일운동자를 서울에 초청하는데 우리 몇 사람 명단은 빠져있다구요. 그 이유는 뭐냐 하면, "저 사람들은 너무 친북이었다." 이런 말을 듣는 모양이에요. 그런데 김 박사 이걸 들어보세요, 내가 통일운동에 접어들 때 나는 나성장로교회를 설립을 하고, 또 갈릴리교회를 설립을 하고, 그리고 〈남가주장로교협의회〉 수석부회장으로 있었어요. 그때 한국에 〈기독교협의회〉에 회장 격으로 김관석 목사라고 있습니다. 김관석 목사님이 1978년 나성을 다녀가시면서, 김상돈, 차상달, 홍동근 목사, 나 이런 사람들 모아놓고 그때 우리가 잘 가던 식당에서 "잘 아시겠지만 우리는 이제 통일과 민주는 한 면입니다. 통일 없이 민주가 없고 민주 없이 통일이 없습니다. 이것 조금 우리가 나가면 다 용공으로 몰아 때리고 하니까 미국에 있는 여러분들이, 특히 기독교를 양심적으로 대표하고 있는 분들이 38장벽을 뚫어주세요." 얼마 있다가 김용복 목사가 왔어요. 그분은 전두환 장군이 정권 잡고 난 뒤에 삼일사건인가 뭔가 해서 잡혀 들어가서 죽도록 고생한 사람인데, 우리가 LA공항 매리엇 호텔 식당에서 차상달, 김운하, 홍동근 이 세 사람이 만났는데, "미국, 한국에 있는 모든 기독교 민주운동가들이 인제는 우리가 가슴을 열고 38장벽을 뚫어야 된다. 부닥쳐 가지고 빨갱이 소리를 들은 순교자적인 각오를 가지고 나가지 않으면 우리가 안 됩니다. 나서 주세요!" 그래서 우리가 퀘이커 대표 차상달, 기독교 대표 홍동근, 장로 대표 김운하 해서 "38 넘읍시다! 38장벽 뚫읍시다!" 그 무렵에 또 박형규 목사가, 마산 사람인데 나하고 고향이 같은데, 박형규 목사가 친척을 통해서 편지를 나한테 전해줬어요. "김운하 사장, 38장벽을 뚫어보시오." 그래서 "뚫자!" 해가지고 우리가 '제1차 북과 남 해외동포 기독자 대화'를 비엔나에서 1980년 10월인가 11월인가 했어요. 그래서 내가 전 미주 1천여 개 교회에 "우리가 일어나야 된다. 북과 트자. 만나고 38선을 넘고, 평양을 방문하고, 우리가 초청하고 만나자" 그래서 대표단을 모집했어요. 그때 하려니까 유럽에서 이화선 목사가 또 그렇게 들고 일어나서, 이화선 목사한테 내가 찾아가서, "유럽하고 미국하고 합칩시다" 해서 내가 미국으로 모셔와 우리 집에 머물게 하면서 그걸 짰단 말이에요. 짜 가지고 미국 대표단을 이끌고 선우학원 선생님 모시고. 목사가 없어서, 홍동근 목사가 가기로 되어 있었는데 그때 당시 영주권이 안 나오고 그래서, 아이오와에 있는 강위조 목사 그분한테 사정얘기를 선우박사가 하니까 간다고 했어요. 그 강위조 목사가 유일한 목사란 말이에요. 장로는 내가 대표하고. 이래서 비엔나에서 모였는데. 그때 말예요, 한국 중앙정보부에서 전 유럽에 있는 유학생들하고 기독교인들 한 3백 명을 모집해서 현판을 들고 나왔는데, "김일성 앞잡이들 물러가라", "사이비 기독교인들 물러가라" 데모를 하고. 그래서 내가 쫓아가 가지고 "나 말이야 나 성교회 장론데, 누가 사이비 교인이란 말이야, 너희들 어디서 왔냐?" 아, 뭐 차비 받고 다 왔대. "야, 너희 같은 기독교인들이 있어서는 안 된다" 하고 우리가 싸움도 하고 그랬는데. 그렇게 열심히 해서 죽자 살자 뛰었는데, "너무 친북이다", "제외됐다" 이렇게 되니까 우리가 사실 지금도 참 한탄스러운 거예요.

이제 내가 통일운동권에서 조용히 뒤에 물러서 있는 것은 지금 한 8, 9년째 됩니다. 조용히 물러가 있으면서 뭐라고 얘기하고 있느냐 하면, 사람에게는 잘못이 있을 수가 있는데, 나는 우리 집안에서부터 대통일전선파요, 연합전선파요, 남북합작파요, 제3노선에 의한 통일노선파요 다 이랬는데, 내가 과거에 너무 총 나간다 칼 나간다 했다면 이제는 그렇게 우리가 노력한 덕으로 남북이 오고 가고 만나고 하니까 나는 조금 뒤로 물러서겠다. 물러서서 한 차원 더 높은 어떤 통일사업을 해야 되겠다. 그러면 남에서 나를 "너무 친북이다" 해가지고 못 들어오게 한다든지 이렇게 괄시를 하면 그럼 들어가게 해야 되겠다. 그러면 북도 좋아하고 남도 좋아하는 사람으로 내 자신을 변화시켜야 되겠다. 그래서 남쪽에 내가 얘기를 했어요. 여보시오, 1991년에 내 어머님이 돌아가셨을 때, 그때도 들어오면 잡아 죽인다 뭐 한다 하는데 다 갔단 말이에요. 아내하고 아이들 다 데리고. 김포공항에서부터, "나를 잡아넣을라면 잡아넣어라. 나는 해외에서 민주화운동, 통일운동밖에 한 게 없는데 남쪽에서는 박 대통령 정부에서부터 반국가로 몰고, 북쪽에서는 애국자로 환영을 하니까 북쪽하고 친한 거지. 너희 그러면 잡아가라." 하니까 정부 고위당국자들이 모여가지고 "김운하가 김포공항에 왔는데 잡아넣을까요 어떡할까요?", "에이, 놓아줍시다" 그래서 들어갔다가 나왔는데. 한 7, 8년 전에 "내가 조용히 새로운 한 단계 높은 통일운동을 하겠다" 해가지고 "남한에서도 이쁘게 봐 달라" 하니까, 들려오는 얘기들이, 아주 극단적으로 통일운동을 하던 사람들이 들어오려고 하면 통과의례가 있는데, 잘못했다는 각서를 써야 된대요. 내가 잘못한 게 뭐 있어요? 내가 평생을 민족과 조국을 위해서 살아온 것이 잘못했다는 각서를 써야 될 판이면 그건 내가 좀 생각해보겠다. 그러면 내가 조용히 기다리고 있겠다 했더니만, 막 "들어오시오, 들어오시오" 하는데 "아, 이제는 선생님은 각서 안 써도 됩니다" 이런 말까지 하면서 들어오라 들어오라 하는데. 송두율 씨 케이스 보면 이거 글쎄… 내가 한국에 들어가겠다 하는 것은 애국운동을 한 차원 높이는 입장에서, 내가 가지고 있던 그런 통일운동에 대한 경험이나 이런 것을 한 차원 더 높게 남북 양쪽을 위해서 다 이제 공헌하겠다는 입장에서, 한쪽에 치우쳐 있는 운동가로서보다도 이제는 양쪽을 동시적으로 보는, 자타가 공인할 수 있게끔, 또 미국적인 입장에서도 보고, 남한의 입장,

북한의 입장에서도 보고 이런 사람이 한국에는 필요하다, 그런 입장에서 한 차원 더 높은 일을 하기 위해서 들어가겠다는데 자꾸 문제를 삼겠다면 뭐 기다릴 수밖에 없지 않느냐... 지금 그런 입장이에요.

그리고 내 처는 정말 미국 땅에 발 내린 날부터 지금까지 고생했어요. 저 사람은 73년에 미국에 왔거든요. 한국에 있을 때는 "언론자유 수호하자" 해서 고생하는 남편 따라서 고생하고, 미국 와서는 민주화운동, 통일운동 한평생 똑같이 고생을 했는데. 그래서 〈대한여자애국단〉 단장으로서 활동을 하고, 〈미주여성상공인회〉를 조직해 거기 공동의장으로서 활동을 하고, 또 〈아세아여성연합회〉 조직위원으로서 남북교류를 시키고. 그래서 미국에서 여성들의 이런 통일노력, 이런 것도 꼭 연구에 반영을 시켜야 되는 것 아니냐. 그리고 예술가들이 많이 있는데, 우리 정무 선생이 〈미주민족예술가협의회〉를 이끌고 가면서 시인, 소설가, 음악가 이런 분들이 북·남·해외의 통일적 문학을 조성하기 위해서, 예술을 조성하기 위해서 참 피눈물 나는 노력을 많이 했어요. 그러니까 미주통일운동사를 캐면 이런저런 얘기가 무궁무진한 것이 많이 있습니다.

김하영 예, 선생님의 집안 내력을 포함해서 선생님의 언론활동 및 통일운동에 대한 말씀, 그리고 재미동포 사회 여러 분들의 초기활동에 대하여 많은 말씀을 해 주셔서 감사합니다.

12. 노길남

면담일자: 2007년 10월 17일
장   소: 미국 캘리포니아주 로스앤젤레스
면 담 자: 김하영
구 술 자: 노길남

김하영 선생님께서는 미국에는 언제 건너오셨습니까?

노길남 1974년 11월에 왔습니다. 지금으로부터 한 33년 됐죠.

김하영 그러면 고향은 어딥니까?

노길남 예, 1944년에 강원도 강릉에서 출생했습니다.

김하영 선생님께서는 지금 통일운동가로 상당히 오래 활동하신 걸로 이렇게 알려졌는데, 어떤 계기로 통일문제에 관심을 가지고 적극적으로 활동하시게 된 것입니까?

노길남 처음에는 뭐 통일운동을 시작한 건 아니구요. 제가 고등학교를 대광을 나왔는데, 연대 가기 전 대광 다닐 때 4·19가 일어났어요. 그 4·19를 1학년 때 보면서 고려대학교 학생들 막 뛰쳐나가는데, 우리가 고등학교 1학년인데 담을 넘어가지고 같이 따라갔죠. 시청까지. 그래서 뭐 총을 쏘고 맞아가지고 서울대 학생들 와이셔츠에 붉은 피가 묻은 장면을 보면서 "아, 이게 장난이 아니구나" 이런 걸 그때 어린 나이에 느꼈고. 그 다음에 이제 대학을 가니까 그때 한일국교정상화 반대 데모가 막 시작되더라구요. 데모를 시작하면서 사회정의라 할까 그런 것을 느꼈는데요, 통일운동으로 막바로 들어간 게 아니라 사회정의운동에 가담을 하다보니까 통일로 연결이 됐는데. 시작은 〈한국문제연구회〉라고 연세대학교에 서클활동이 있었어요. 고려대학에는 〈한국사상문제연구회〉, 서울대학은 〈민족비판연구회〉. 그 세 개 단체가 서클활동을 하면서 조국문제를 고민했는데. 그때는 통일에 대한 그게 별로 없었고 군사독재 반대 그걸로 시작되다가 통일로 연결이 됐죠.

김하영 예. 알겠습니다. 그런데 그것은 젊었을 때 학교에서 활동하신 것이고, 그러면 미국에서는 어떤 계기로 통일운동 쪽에 참여를 하시게 되었습니까?

노길남 미국에는 74년에 왔는데 저는 유학생으로 왔어요. 솔직히 말해서 도망성 유학을 왔습니다. 너무나 이 한국이 어둡고 박정희 독재정권 때 깜깜하고. 그래서 텍사스에서 공부를 하다가, 언제 다시 우리 조국의 문제가 연결이 됐냐하면 79년 부마가 일어나면서였어요. 그 전까지는 공부만 하고 이랬는데, 79년에 부마사태가 일어나더라구요. 그 다음에 조금 있다가 그 박정희 군사독재가 죽고, 그러고 그런 소용돌이 속에서 다시 인생이 전환이 됐냐하면, 80년 광주였어요. 그러니까 맥길 대학에서 나온 광주 관련 비디오도 보고 뉴스위크 이런 걸 봄으로써, "아 이거 내가 이렇게 편안하게 있을 것이 아니구나"라는 걸 깨닫게 되어가지고, 그때부터 사실 민주화운동에 본격적으로 나섰습니다. 뭐 군사독재 반대, 그때 그거죠. 그걸로 주로 시작이 되고, 통일운동은 아마 1990년을 기점으로 해가지고 제가 통일운동으로 전환해 가지고 바로 시작을 했고. 그때 아마 제가 〈범민련〉 준비하러 남쪽에 갔었고, 북쪽에도 갔었고 그랬습니다. 그렇게 연결이 됐죠.

김하영 그러면 처음에 어떤 단체에 가입하시거나 아니면 어떤 단체를 조직을 해서 그렇게 활동하셨습니까?

노길남 1980년 광주 일어나고서는 처음에는 협의체가 조직됐어요. 그때 33개 단체가 뭐, 1세, 2세, 학계 구분 없이 33개 단체가 동원이 됐거든요. 그래서 광주사태 일어나고 나서는. 여기 부르지도 않았는데 사람들이 8백 명, 9백 명씩 모이고 그랬어요. 그래서 그때 제가 그 33개 단체의 협의체 총무를 했습니다. 그 총무를 하면서 〈월요논단〉이라는 것도 만들고, 말하자면 조직화를 하기 시작했고. 그 다음에 제가 〈한민족연구회〉라고 단체를 하나 만들었습니다, 하나의 민족이란 뜻으로 〈한민족연구회〉라는 걸 만들었죠.

김하영 그것이 몇 년도였습니까?

노길남 그것 만든 것은 사실은 1987년도죠. 그 전까지는 개인적으로, 협의체 성격으로 조직해가지고 참여를 했죠.

김하영 그런 단체를 했을 때 회원 수가 많았습니까?

노길남 회원이 처음에는 많았죠. 처음에는 많았지만, 큰 사태가 일어나고 또 이렇게 시간이 가면 또 이렇게 줄어들어요. 그래서 또 소수가 되고. 소수가 되다 또 계기가 오면 늘어나고. 네, 대개 그렇게 되더라구요.

노길남 선생

김하영 그러면 주로 어떤 식으로 활동하셨습니까? 예를 들어서, 여러 가지 언론발표도 있을 수 있고, 집단행동도 있을 수도 있고, 아니면 언론기고라든지 정부에 대한 청원이라든지 뭐, 그런 여러 가지가 있을 수 있는데요.

노길남 대개 뭐 활동이라는 것이 성명서 발표하는 것, 시위하는 것, 뭐 편지보내기. 그 다음에 기고하기 이렇게 하는데, 대한민국 정부와 언론과의 관계도 그렇지만, 해외언론이라고 동포사회라는 것이 자율적으로 구성되지 못했어요. 결국은 한국의 구조가 역수출됐다, 이렇게 보시면 되죠. 여기 있는 한인사회 자체도 결국은 지금까지는 관(官)이 주도를 했죠. 그러다가 요즘에 와서는 관이 주도는 안하는데. 언론이라고 하는 것이 족벌언론화 돼 가지고, 뭐『조선일보』,『중앙일보』,『동아일보』 모양으로 여기도 보수지향 언론들이기 때문에 오히려 통일운동이나 이런 데 지금 역작용을 하고 있다 이렇게 볼 수가 있는 거죠. 그래서 그러니까 인터넷을 대한언론으로서 개발을 안 할 수가 없어서 제가『민족통신』을 제가 만들게 된 거죠.

김하영 그러면 『민족통신』은 언제 시작하였습니까?

노길남 1999년 5월부터. 인터넷은 비교적 우리가 일찍 시작한 셈이죠.

김하영 아까 전에 말씀하신 활동을 하실 때 미국 내에서 선생님께서는 주로 어떤 지역 범위에서 활동을 하셨습니까?

노길남 그때는 미국만 하는 게 아니라 일본에 있는 분들하고도 유기적인 관계가 있었고, 또 일본에서 초청도 하고 우리가 가기도 하고, 특히 90년대는 그런 게 많았어요. 그리고 〈한통련〉이라고 있죠, 또 돌아가신 배동호 선생님이 〈한민련〉이라고 만들었다구요. 김대중 선생 때문에 만든 거죠. 그게 유럽, 미국, 일본을 연결해주는 그런 역할을 하죠. 그래서 주로 유럽, 일본, 미국 이 3개 지역이 주로 활동을 한 셈이죠.

김하영 그런데 사실 어떤 조직이나 단체가 활동을 하려면 어떤 경제적인 자원이 필요하잖습니까? 그런 것은 어떻게 해결하셨습니까?

노길남 경제적인 것은, 뭐, 지역별로... 그러니까 운동하는 사람들이 다 어려움을 겪은 거죠. 그러니까 저도 미국 생활 지금 삼십 몇 년 했지만, 저는 돈을 벌 수 있는 능력이 있다는 걸 스스로 내가 검증을 해봤는데, 월드북이라고 그 백과사전(encyclopedia) 있죠? 거기서 3년간 내가 일을 하면서 1등을 두 번 했거든요. 그건 내가 돈을 벌 수 있다는 것이거든요. 그럼에도 불구하고 33년간에 마흔다섯 번 직업을 바꿔야 했어요. 이런 운동이라는 것 때문에. 그러니까, 그럼에도 불구하고 바꿔야 됐기 때문에 그것이 초래하는 가정적인 어려움이 얼마나 많겠어요? 그러니까 다른 집 아이들은 돈 들여서 동부의 대학교에 유학도 보내고 그러지만, 저는 아이들을 18세까지만 딱 지원하고, "너희들이 공부하고 싶으면 하고 원치 않으면 직장생활 해라" 이렇게 하는 바람에 우리 아이들은 완전히 한 푼 부모한테 보조를 못 받고 대학교 1학년 때부터 자기가 벌어서 다니게 됐죠. 예, 그러니까 그런 어려움이 있기 때문에 제가 〈한민족연구회〉를 만든 것이죠. 그 전에는 노인네들 주머니 쌈짓돈, 20불,

30불 이것 모아 가지고는 광고를 못 내잖아요, 그래서 〈한민족연구회〉를 만든 건, 그 당시 33명의 중소기업인들을 조직을 해가지고 만들었어요. 그래서 우리뿐만 아니고 유럽도 그렇고, 다 자기 주머니에서 하게 되니까 운동이 크지를 못하고 대개 소수의 운동에 머무를 수밖에 없고. 또 하나 이유는 언론이 이 운동하는 것을 격려하는 것이 아니라 방해를 하기 때문이기도 하고.

김하영 교포언론을 말씀하시는 것입니까?

노길남 뭐, 교포언론이라는 것이 한국 언론이 여기에 와 가지고 장악을 했다 이렇게 보시면 돼요. 『한국일보』나 『중앙일보』 여기 와서 전부 99% 장악을 한 셈이죠. 그러니까 내가 볼 때는, 교포의 언론은 없다고 보셔도 과언이 아닙니다.

김하영 통일과 관련해서 통일의 방향이니 방식 등에서 분명히 주장하시는 바가 있습니까?

노길남 분명하죠, 뭐. 예, 너무나 분명한 것은 남북 당사자들이 만나가지고 약속한 것이 1972년 「7·4남북공동성명」 아니겠어요? 그것이 "자주적으로 하자, 평화통일을 하자, 그 다음에 민족의 대단결로 하자" 아닙니까? 결국은 그것이 확실한 원칙이고 그런 지침 하에서 운동을 해야 되고, 또 그렇게 해왔고. 그러니까 이 자주적인 면이라는 것은 외세의 간섭을 배격하자는 것 아니겠어요? 그러면 평화통일이라는 것은, 더 이상 전쟁을 통해서가 아니라 평화적으로 하자고 하는 거니까, 그 방법은 남쪽 북쪽이 서로 인정하는 기초 위에서 할 수밖에 없잖아요. 그렇지 않으면 흡수통일을 한다든지, 아니면 적화통일을 해야 된다든지 하는데, 둘 다 그것은 자멸이니까 배격을 해야 되고. 평화적인 방법이니까 양쪽의 주어진 체제를 인정하지 않을 수가 없잖아요? 싫어도 좋아도. 그러니까 이 연합, 연방제 그런 것처럼 김대중 대통령도 그렇게 할 수밖에 없었죠.

김하영 재미동포 사회에서의 초기 통일운동을 보면, 남북관계가 지금처럼 진전되기 전에 여러 동포분들이 북한을 방문하고 그랬는데, 그래서 일부는 동포 사회에서 소위 친북인사라고 지칭되거나 따돌림을 당하고 그랬는데, 선생님께서는 북한을 방문하신 적이 있으십니까?

노길남 방문한 적이 있는 정도가 아니라, 한 서른여섯, 일곱 번 정도 갔는데 자주 갔었죠.

김하영 거기 가서 주로 활동하신 것은 무엇이었습니까?

노길남 활동한 건 대개 행사죠. 8·15다 6·15다 뭐 행사들. 재작년 같은 경우에는 제가 1년에 일곱 번 정도를 갔다 왔을 거예요. 평양 갔다 올 때 또 서울 들리고. 그런데 지금도 겉으로는 대한민국 정부가 통일 어쩌구저쩌구 하지만 제가 볼 때는 정부 내부에 수구세력들, 정부 내부에 통일을 원하지 않는 세력들이 여전히 활동하고 있고. 저를 사찰하는 경우도 있었는데 최근에 작년인가 사진 찍어준 놈들도 제가 붙들어 가지고 나한테 한번 혼난 적이 있지만, 그런 놈들이 아직까지 작용을 하기 때문에. 그리고 솔직히 얘기해서, 통일부 내부에도 이러저러한 세력들이 있고, 또 국방부, 외통부, 특별히 그 세 개 부서에는 6·15정신보다는 반6·15정신으로 활동하는 그런 세력들이 여전히 활동하고 있다고 까놓고 얘기할 수 있는 거죠.

김하영 최초에 북한을 방문하신 건 몇 년도였습니까?

노길남 1990년. 1990년 8·15 범민족대회를 준비한 위원 중에 한 사람이었고. 노태우 대통령이 예스 해놓고 반대했잖아요. 그때 다시 평양에 가서 회의를 해서 범민족대회를 성사시켰고, 그리고 〈범민련〉이 만들어지는 데 기여를 했죠.

김하영 그러면 여기 미국 사회에서 통일 관련 활동을 하시면서 남한 정부로부터는 어떤 지원을 받지는 못했겠군요?

노길남 탄압을 받았죠. 대단한 탄압을 받아왔죠.

김하영 그러면 1990년대 초와 지금의 상황을 비교하면 어떻습니까?

노길남 지금은 많이 달라졌죠. 역사가 뭐, 50, 60, 70, 80년대 지나면서 느슨하지만 상승곡선을 그려온 것은 사실이고, 많이 달라졌는데. 아까 제가 지적한 대로 지금도 노무현 정부 내부에 아마 포지션이 다른 사람들이 섞여 있을 겁니다. 그건 틀림없을 겁니다. 뭐, 연합뉴스 안에도 마찬가지고. 그런 게 여전히 있기 때문에, 그런 걸 어떻게 극복해 나가느냐는 것도 앞으로 통일문제의 숙제가 되겠죠.

김하영 그럼 이제 약간 다른 방향의 질문을 드리겠습니다. 선생님께서는 어차피 미국이란 사회 내에서 활동을 하시잖습니까? 그러면 미국 정부라든지 일반 미국 사회 내의 여론은 선생님이 활동하시는 데 대해 어떤 반응이 있었다고 판단할 수 있습니까?

노길남 미국의 여론에서는, 한국 정부가 민주주의적이고 어쩌고저쩌고 하지만, 미국의 양심세력들한테는 우리가 그렇지 않다는 걸 많이 비춰줬다고 볼 수 있는 거죠. 그건 왜 그러냐면, 이라크에 군대를 보낸다든지, 아프가니스탄에 동참을 한다든지, 이 못된 부시 정부한테 협조를 한다든지, 이것은 자발성이라는 것보다는 강제성에 의해서 한다는 여론을 우리가 많이 불러일으켰고. 또 미국 진보운동, 평화운동 하는 세력들은 이것을 압니다. 우리들이 관계하면서, 한국정부의 실체가 이렇다는 것, 그러니까 "지금 하고 싶어도 못하고 끌려다닌다"는 것. 그리고 또 특히 FTA 문제 관련해 가지고는 한국 정부가 결국은 민중의 편에 서는 것이 아니라 오히려 가진 자의 편에 서기 때문에. 이런 측면에서 볼 때 권영길 씨도 그런 얘기를 했지마는, 이 통일문제는 기여를 했지만 민중의 문제에 있어서는 과연 올바른 길을 걸어왔느냐 우리가 질문할 수가 있죠. 그걸 또 미국 주류사회에서도 알고 있어요. 다 아는 것이 아니라 평화운동, 진보운동 하는 세력 가운데 알고 있다는 것이죠.

김하영 선생님이 본격적으로 활동하신 90년대 이후, 미국의 한반도 정책도 큰 틀에서는 변하지 않았겠지만 조금씩은 변해왔다고 봅니다. 그런 측면과 선생님이 활동하신 것과 연관을 시켜서 말씀해 주실 수 있습니까?

노길남 네, 미국, 특히 부시정부 들어와서 대외정책 전반이 흔들리기 시작했죠. 그게 소위 말해서 신뢰(credibility) 문제, 즉 신용과 위상이 낙추되니까, 대 중동정책뿐만 아니라 대동북아 정책에서 모두 전반적으로 부시 정책이 옳지 않다는 쪽으로 되니까, 한반도 정책도 옳지 않고. 그 다음에 아시다시피, 클린턴 때 올브라이트가 북한에 갔고, 예를 들어서 고어가 됐으면 또 가는 것 아닙니까? 그게 뒤집혔잖아요. 그리고 미국이 적대시 정책을 더 강화시켰고. 강화시키니까 민주당에서조차 "그렇게 하면 안 된다" 하고, 우리가 원하는 목소리를 그 사람들이 내더라구요. 그런 걸로 바뀌었기 때문에 지금에 와서는 그런 방향으로 가지 않나, 클린턴 시대의 그런 방향으로 가고 있다고 봅니다.

김하영 아까 말씀하신 것과 관련이 되겠지만, 여기 미국 사회 내에서 한반도문제나 한민족 통일을 위해 활동하시는 데 어떤 어려움이 있는지, 또 국내에서 활동하는 것보다 좋은 점이나 좋지 않은 점에 대해서 어떻게 말씀을 하실 수가 있습니까?

노길남 어려운 점이라는 게, 아까 경제적인 질문을 했는데 경제적으로 제일 어렵죠. 사실 통일운동을 한다고 하는 것은 자기희생 없이는 하지 못하기 때문에, 질적으로는 굉장히 성장했다고 보지만, 양적인 면에서는 희생이 요구되니까 대중화가 어렵죠. 그 다음에, 한인 사회라는 게 보수적이고 족벌언론들이 장악을 하고 있는 상태에서, 좋은 일을 하면서도 좋게 평가를 받는 것이 아니라 부정적인 시각으로 평가되고, 또 언론들이 우리 활동에 대해서 숫제 취재나 보도 이런 걸 회피하죠. 남쪽에서는 그래도 대안매체들도 많이 생겼고, 제가 볼 때는, 진보는 아니지만 개혁이라고 하는 중간세력들이, 보수지만 중간세력들이 약간 진보 쪽하고 유대가 좀 있는 것 같아요. 그런데 여기는 그것이 많지가 않죠. 그래서 남쪽에는 운동에 상근자들이 상당히 꽤 있더라구요. 거기에서는 상근자들이 많이 있는데 여기는 상근자들이 참 별로 없습니다.

김하영 그것은 재정적인 이유 때문이라 볼 수 있습니까?

노길남 재정적인 이유도 있고, 구조적인 면도 있고. 지금 NGO라고 그래서 남쪽 NGO를 보니까 정부의 기금을 받더라구요. 그런데 여기는 그런 게 없잖아요. 우린 뭐 미국 정부에서 기금 받는 것도 없고 완전히 자비 주도이니까.

김하영 자비 지원 말고 다른 어디 외부에서의 지원 같은 것은 없습니까?

노길남 외부에서 있다면, 남쪽에는 호텔비 정도 보조를 받는다든지, 북쪽에서는 정부 큰 행사, 8·15 행사 같은 경우 호텔비 정도, 그 외의 보조라는 게 있을 수가 없죠. 보조를 받는다는 건 비밀리에 공작금 받는 사람들이 있을지 모르지만 운동단체에서 그런 건 없죠.

김하영 그러면, 통일을 위해서 한 20년 가까이 활동하시면서 어떤 측면에서 성과가 있었다고, 아니면 어떤 측면에서 노력이 부족했다든지 이렇게 자평을 하신다면 어떻게 말씀하실 수 있습니까?

노길남 성과가 있다고 하는 것은, 분단 반세기 이상 동안 북을 뿔 달린 사람들로 만들어 놨잖아요, 남쪽 언론도 그렇고 지식인도 그렇고 정치인들이 합세해 가지고 그랬죠. 북을 뿔 달린 사람으로 생각했는데 거기도 보통 사람들이다, 사람들이 살고 있다는 걸 인식시켜줬고. 그 다음에 두 번째로, 뿔 달리고 망나니로 생각했는데, 제3세계에서의 지위와 역할이 선두를 달리고 있다고 하는 것을 깨우쳐줬다는 것. 그건 무슨 말인고 하니, 북이 망나니가 아니라, 주권을 잃어버리고 미국한테 질질 끌려가고 툭하면 침략을 받아왔던 약소국가 세력들이 북에 의해서 자기 주권을 찾아야 된다고 하는 인식을 하게 한 것. 그런 면에서는 북의 선군정치, 북의 미사일 보유, 나아가서는 미국에 의해서 불가피하게 핵무기를 만들지 않을 수 없는 지경으로 되어 와서 지금 핵보유국이 됐다는 것. 이것 때문에 결국은 북은 주권을 가지고 있고, 북을 중심으로 한 제3세계들이 북을 바라보면서 "주권을 지키기 위해서 우리도 자위력을 가져야 되겠다" 하는 인식을 하게 했다는 그런 면에서 나는 북이 크게 기여를 했다 보는 거예요.

　성과가 부족했던 것은, 또 그렇게 될 수밖에 없었던 것이 뭐냐 하면, 한국 정부나 박사학위 받았다고 하는 학자들이 모두가 제 머리로 사고하지 못하고 그저 강대국에 의해서, 그저 무슨 큰 신문에 나는 내용에 따라서 움직이는 그런 부족함 때문에, 배우지 못한 우리 일반 국민들이 고생을 할 수밖에 없었다는 것이죠. 그건 언론에도 관련되고 또 학자들한테 제가 하고 싶은 얘기고. 학자들은 굉장히 많은데 제 구실을 못했잖습니까? 그게 언론에 들어가 있고 학계에 들어가 있고 하는데 전부 눈치보고 하니까 결국은 우리 국민들이 투쟁을 하지 않으면 안 되었다고 하는 것. 그런 것 때문에 결국 우리가 고생을 하는 거죠. 그런 아쉬움이 있는데 그 아쉬움은 제가 볼 때는 극복이 되어 나가리라고 봅니다.

김하영　지금 현재 인터넷을 통해 하고 계시는 『민족통신』 이것도 방금 말씀하신 것과 관련이 있습니까? 다른 형태의 활동이 아니라 이렇게 인터넷을 통해서 활동하시는 것이 다른 방법보다 더 효율적이거나 더 성과가 있어서 하시는 것입니까?

노길남　그러니까 『민족통신』 자체는 홍보 아닙니까? 홍보적인 면에서 『한국일보』나 『중앙일보』, 『조선일보』가 실어주지 않으니까, 오히려 좋은 일을 해도 외면하니까, 우리가 알릴 수 있는 방법으로 우리 매체가 있어야 되고 그러니까 『민족통신』이 생겼고. 남쪽에서 『민중의 소리』라든지, 『참말로』라든지, 『통일뉴스』라든지, 『자주민보』라든지 이런 매체들은 바로 족벌언론들의 횡포에 대한 대안매체로서 생겨났죠. 그래서 이제는 『조선일보』, 『중앙일보』, 『동아일보』가 외면해도 이제 미국에서 일어나는 조그만 일도 남쪽에 알려지고 북쪽에 알려지고 다른 해외지역에 알려지기 때문에 하나의 그런 대안매체로서 이것이 생겨나게 된 거죠.

김하영　어떤 분들은, 선생님 같은 분의 생각에 대해서, "북한의 입장에 대해서만 잘 안다", "남한이 잘하는 것도 있는데 남한에 대해서는 비판만 하고 북한은 왜 비판하지 않느냐" 그렇게 말씀하시는 분들도 있어요.

노길남 예. 있죠. 그런데 뭐 구조적으로 그런 얘기를 들을 수밖에 없는 거죠. 제가 학자라는 얘기도 그렇겠지만, 우리가 배운 사람이라면 어떤 사물을 진단하고 판단해나갈 때 우리가 본질적으로도 분석을 해야 되고, 내용적으로도 분석을 해야 되고, 형태적으로도 분석을 해야 되고, 그 성격도 분석을 해야 되고, 그 역사의 지나온 발자취도 분석하고 해서 입체적으로 연구를 해야지 거기서 그 실태를, 현주소를 제대로 볼 수 있잖아요? 그런데 학자들이 자기 논문은 학자인지 모르겠는데, 제가 볼 땐 심하게 말해서 좀 맹꽁이 박사들이 많더라구요. 그러니까 하나는 보고 둘을 못 보는 거예요. 입체를 못 보는 거예요. 신문에 나는 걸 보면, 북한전문가, 학자라고 하는 사람들이 쓴 글들을 보면 북을 제대로 아는 사람을 거의 찾아볼 수 없는 지경이에요. 그러니까 저는 북을 제대로 보는 것도 통일의 한 방법이라고 보는 거예요. 북을 제대로 볼 수 있을 때 통일로 접근하는 데 한 발짝 더 다가가는데, 오히려 북한전문가라는 사람들이 신문에 쓰는 글들은 북을 왜곡시키는 데 더 앞장을 서 왔다고 볼 수 있는 거죠. 그런 의미에서 볼 때, 초기에는 "친북"이다 뭐다 하는 얘기를 들었을 때 "아니다"라고 변명도 하고 두려움도 있었는데, 지금은 당당하게 "친북언론입니다" 이렇게 얘기합니다. 그 얘기는 뭐냐 하면, 북에 대해서 친숙해지거나 북을 이해하지 않고서는, 즉 지북, 친북을 하지 않고서는 우리가 통일로 한발자국도 옮기기 어렵다고 봅니다. 지북, 친북 뭐 전 다 같이 취급을 하는데.

그 다음에, 남쪽은 왜 비판하는가? 남쪽은 이렇게 봐도 비판받아야 되고, 저렇게 봐도 비판받아야 되는데, 왜냐하면 적어도 통일운동을 하는 사람의 3대 원칙이 "자주적으로 해야 된다, 평화적으로 해야 된다, 민주적으로 해야 된다"는 것입니다. 자주적인 면에서, 대한민국 정부가 자주적인가? 제가 구태여 전시작전권 얘기를 꺼

내지 않더라도, 또 SOFA 내용을 하나하나 들춰내지 않더라도 정말 당당하게 자주적이라고 대답할 수 있는가? 그럼 북쪽을 향해서 "당신들 자주적이요?" 하고 묻는다면, 오히려 여기는 너무 자주적이기 때문에, '너무'라는 얘기가 들어가기 때문에 문제가 될 수 있다고 지적하는 사람이 있을지도 모르지만, "넘치는 자주국가"란 말이에요. 그런 면에서 당연히 대한민국 정부는 비판받아야죠. 나머지에서는 칭찬할 것도 많죠. IT산업이라든지, 그 적은 자원으로 지금까지 해서 경제적으로 십 몇 개 국가에 들어가고, 또 삼성이다 뭐다 여기서 선전하는 것 보면, Korea라는 레떼르를 가진 사람으로서 긍지를 안 갖는 사람이 어디 있겠어요? 사상과 이념을 초월해 가지고. 그런 면에서 발달한 건 사실이지만, 그러나 사람이 그것만으로는 살 수가 없잖아요? 벌써 우리가 분단된 지 몇 년입니까? 그런 면에서 비판하는 대목에 있어서는, "통일문제와 관련해서 대한민국 정부가 지금 옳게 서 있는가? 또 그 정치인들, 학자들, 지식인들이 제대로 구실을 하고 있는가?" 이런 질문을 받았을 때, 내가 볼 때는 "예스"라고 대답할 수 있는 사람이 별로 없을 거라고 생각해요. 양심을 가진 지식인들이라면 그렇게 하지 못했다고 하는 반성을 전체적으로 갖고 있지 않을까 그렇게 생각합니다.

김하영 어떤 분들은, 남북한 경제 격차도 크게 나고, 북한이 경제적으로 아주 어렵고 그래서 북한 체제가 실패했다는 얘기도 하고, 그런 점에서 북한이 자주를 내세워서 무슨 의미가 있느냐는 의견을 제시하기도 합니다.

노길남 그게 특히 사대주의 지향 학자들이라든지 사대주의 사관을 가진 지식인들이 하는 얘기입니다. 공통적으로 하는 얘기입니다. 그것은 북을 몰라도 너무 몰라서 나오는 얘기예요. 북이 남쪽의 사대주의식으로 바꾸기만 하면 10년 안에, 5년 안에 남쪽 이상으로 될 수 있어요. 저 사람들이 반세기 이상 자주, 주권이라고 하는 것을 지키면서 미국이 펼치는 대북적대시 정책에 맞서서 해 왔기 때문에, 아까 미사일, 핵무기까지 보유했다고 말했지만, 만약에 저분들이 주권이라든지 이런 걸 생각을 안 하고 했으면 남쪽 이상으로 발달하고도 남죠. 바로 그 점 때문에, 내가 북에 서른 몇 번을 가면서 뼈저리게 저 사람들의 속내를 알게 된 건 뭐냐 하면, 우리가 일제 40년 분단 60년, 한 세기를 돌아봤을 때, 저분들이 하나같이, 학생도 공무원도 학자도 당일꾼들까지도 얘기를 들어보면, "이제는 다시는 큰 나라의 노예가 되지 않겠다, 다시는 강대국의 하수인의 처지가 되지 않겠다"고 하는 일념이 학자뿐만 아니라 각계각층에 있다는 것을, 언론인으로서 제가 그걸 아주 뼈저리게 느꼈어요. 그리고 작품을 봐도 마찬가지에요. 작품 하나를 봐도 그것에 면밀히 흐르는 것은 주권(sovereignty)이 기초가 되는 거예요. 그걸 떠나서는 저 사람들이 다른 걸 생각을 못해요. 그래서 생각해 보십시오. 저분들이 확실한 국가예산과 군사예산이 얼마나 되는지 모르지만, 내가 볼 때는 군사예산이 뭐 남쪽 언론에서 발표하는 군사예산보다는 훨씬 많지 않겠나. 그것은 지금 내가 말씀드린 대로, 주권을 갖기 위해서는 희생을 감수해왔다는 것이죠. 그래서 요즘에 와서는 저분들이 말이 많이 달라졌죠. 이제는 미사일을 만들었고, 핵무기를 만들었기 때문에, "이제부터는 경제관철이다." 이제는 미국이 마음대로 침략하지 못하는 기초를 마련했으니까 경제건설에 힘을 기울여야 된다는 이런 말을 하죠. 그리고 지금까지 사람 굶어죽이고 어쩌고저쩌고 했다는 말을 하는 사람들 많아요, 왜 그렇게 했냐 하는 것은, 지금 얘기했지만, 나라의 주권을 바로 지키려고 하다 보니까 초강대국 미국과 맞서서 싸워야 되어서. 그래서 한 번도 굴복하지 않은 것 보십시오, 1968년 푸에블로호 사건 때 미국 존슨 대통령이 역사적으로 미국 건국 이후에 최초로 조그마한 나라에 사죄문을 썼습니다. 그리고 소련이 옆에서 어쩌구저쩌구 우려했는데 그거 다 물리쳤죠. 제 얘기는, 그렇게 민족의 존엄성을 위해서 당당하게 외교적으로 펼쳐왔다는 점은 우리가 점수를 줘야 한다는 얘기입니다. 그런 것 때문에 그 어려움을 감수하고 이 남쪽처럼 경제적인 면에서 잘 하지 못하는 것이지, 저분들이 뭐가 모자라서 아니면 부족해서라고 지적하는 것은 제가 보기에는 북에 대해서 너무 모르는 데에서 나오는 소치가 아닌가 생각합니다. 굉장히 친북이죠, 제가? (웃음)

김하영 선생님을 그렇게 판단하실 분들이 남쪽에는 많습니다.

노길남 뭐, 친북이라고 해도 좋고.

김하영 선생님은 글을 오랫동안 쓰셨기 때문에 선생님의 입장은 이미 많이 알려져 있습니다.

노길남 예, 많이 알려져 있겠죠.

김하영 이제 다른 질문을 드리겠습니다. 아까 동포사회 말씀도 하셨는데 아무래도 한인들이 많이 사는 동포사회가 지역적으로 동부와 서부로 크게 나눠지지 않습니까? 그러면 동부와 서부에서의 통일운동의 활동상이랄까 아니면 전개방식에 각각 어떤 특징적인 점이 있습니까?

노길남 뭐, 제가 볼 땐 별로 없다고 생각해요. 다 비슷하다고 생각해요.

김하영 서로 인적인 교류도 있습니까?

노길남 예, 그럼요. 다 비슷비슷한데. 전체 구조는, 아까 내가 미주 동포사회라고 하는 것이 한국의 구조가 역수출됐다는 표현을 아까 처음에 했듯이, 전체 구조가 그렇게 되어 있고. 그 다음에 통일운동권 내부에도 지금 그런 현상이 생기고 있어요. 남쪽의 단체에서 해외운동을 분리시키는 공작을 해왔어요. 그 단체가 정치적 배경도 갖고 있으니까 돈도 많이 뿌리고 있고. 그러면 그들이 왜 그런 짓을 하는가 그걸 분석을 해보면, 그것도 결국은 통일운동권을 친남화하려고 그러는 거예요.

김하영 그러니까 동포사회의 통일운동권을 '친남한화' 시킨다는 이야기입니까?

노길남 그렇죠. 친남화한다는 것은 뒤집어서 얘기하게 되면, 아까 제가 얘기했잖아요. 통일운동은 친북, 친남이 없이 자주적으로 우리가 쟁취해야 되고, 평화적으로 해야 되고, 민족대단결 해야 되고 그런 것이 원칙인데. 그런데 친남화하려는 그런 사람들은 6·15운동을 하면서 하나같이 그랬던 게 '자주'자를 제일 싫어하는 사람들예요. '자주'라는 단어 하나를 가지고 하루 진종일 회의를 골탕 먹이고 이랬던 사람들이에요. 그런 것이 결국은, 얘기를 잠깐 드렸지만, 민족통일운동을 분열시키는 데 기여도 하고.

김하영 그것은 최근 이야기입니까?

노길남 6·15조직이 생긴 게 언젭니까? 6·15조직이 생기면서부터라고 보면 됩니다.

김하영 그러면 〈민주평통〉에 대해서는 어떻게 보십니까? 〈민주평통〉은 실질적으로 남한 정부에서 임명되는 사람들인데.

노길남 해외동포사회의 경우에 〈민주평통〉에 있는 인맥들은 그저 여기 동포사회의 유지들이 포함이 되어 있다고 이렇게 보는데. 유지라는 걸 분석을 해보게 되면, 뭐 여기 좀 돈도 있는 그런 분들이 참여하는데. 그 전에는 몰랐는데 그래도 요즘에는 〈민주평통〉이라는 게 김대중 정부하고 노무현 정부가 들어와서 좀 변화도 있었고. 그전엔 뭐 〈평통〉 인정도 안 해줬죠. 그런데 지금은 이게 좀 변화됐으면서 중간에 중화적인 역할을 하고 있는데, 그러나 저는 기본적으로는 〈평통〉이다 〈민화협〉이다 이런 것이 여기에 지부 설치하는 것을 저는 반대합니다. 북쪽에서 여기 지부를 앞으로 설치하는 것도 저는 반대하고. 북과는 국교정상화가 없으니까 지부 설치도 할 수도 없고. 뭐 친북단체들이 심부름해서 설치했다 이렇게 주장을 하는데, 제가 볼 때는 그렇게 보질 않는단 말예요. 하다 보니까 북쪽이 좀 우호적으로 이렇게 하는 것이지, 저는 남이나 북의 정부가 관련되는 그런 영향력으로 해외에다가 설치하는 그 자체를 저는 반대하는 게 뭐냐면, 해외는 해외 나름대로의 제3의 주체적 시각이 있어요. 저는 〈평통〉이나 뭐 이런 관변단체들이 여기 만들어지는 걸 바람직하지 않게 생각하는 사람이에요.

김하영 활동하시는 걸 중심으로 질문을 드리고 싶은데, 전반적으로 볼 때 여기 재미동포 사회에서의 통일에 대한 이런 노력들이 실제로 미국정부의 정책, 한반도 정책이랄까 대북정책에 어떤 식으로 영향을 미쳤다 이렇게 볼 수 있습니까?

노길남 뭐, 전반적으로 어떤 영향을 미쳤느냐 하는 것은 토론의 여지가 있지만, 부분적으로, 또 시기적으로 상당한 영향을 미쳐왔죠. 이승만 목사님 만났으면 아마 카터 대통령 얘기가 나왔을 거예요. 그것도 결국은 민주운동, 통일운동 하시는 분들의 역량이었고, 물론 미국 내에는 보수 인물들에 의해서 북을 목 조르고 한반도 긴장을 조성하는데 우리 동포 인맥들이 많이 동원되기도 했지만, 반면에 우리같이 이런 평화운동과 양심운동 하는 사람들의 소리라든지 이런 것이 정부에 반영되는 경우도 있단 말이에요. 이쪽 정부에 FBI도 있고 정보부도 있고 해서 그 사람들이 꾸준히 지역별로 있는 사람들을 만나는 것 같아요. 그래서 "어떻게 지내십니까? 도움이 필요하십니까?" 어쩌구저쩌구 하면서 결국은 정보를 끌어내는 거예요. 그들이 그렇게 하는 것이 "우리 한국 동포들에게 이런 정서가 있구나"하고 그게 다 정치에 반영되는 거죠. 공식이라기보다 비공식 채널을 통해서. 또 미국 정부에서도, 구조적으로 여기 동포사회에서 다 『한국일보』, 『조선일보』 이런 것이 여기 언론을 장악하고 있다 이런 것도 다 알고 있고. 그리고 또 제가 말하는 것이 나 혼자만의 소리가 아니라, 표현의 방법은 다를 수가 있겠습니다만 여기 운동에 참여하는 사람들의 대부분의 소리를 통칭해서 정리해서 말씀드렸다고 볼 수 있고요.

김하영 지난 2000년에 1차 남북정상회담이 있었고, 지난 10월에 또 2차 남북정상회담이 있었는데, 그것과 관련해서 제2차 남북정상회담이 가지는 의미를 어떻게 보시는지 간단하게 이야기 해주시고, 또 향후 남북관계는 어떻게 전개되어야 하는가에 대해 선생님 나름대로의 생각을 말씀해 주십시오.

노길남 제2차 정상회담은 1차 정상회담을 한 단계 높였다 하는 것을 많은 사람들이 이야기를 해서 공감하는 것이고. 그러나 7년이 지난 시점에서 2항에 밝힌 연합이라든지 느슨한 연방이든지 그것을 위한 어떤 조치, 예를 들자면 통일기구를 발족시켜서 그걸로 해서 통일헌법기초위원회를 결성을 한다든지, 이러한 단계까지 가지 못하는 아쉬움이 있지만 일단은 지난 1차에 비해서 한 단계 높였다 보는 것이고. 다행스러운 것은 적당히 마치지 않고 11월로 또 연결해서 평양에서, 서울에서 또 국방장관, 국무총리회담으로 이런 것으로 연결이 되는 거니까 그것이 또 우리가 좀 미흡했던 점을 보충시키는 기회가 되지 않을까 기대를 해보는 거죠.

그 다음에 향후 이래야 된다 저래야 된다 하는 거는 뭐 예나 지금이나 똑같은 얘긴데, 남쪽 정부가 이제는 좀 자기 지위와 역할을 해야 된다는 것. 남쪽 정부라는 것을 좀 다르게 표현하면, 다른 면에서는 남쪽의 지식인들, 남쪽의 최소한도 고등학교 졸업한 사람들은 이제는 민족문제에서 어떻게 가야 된다고 하는 기초적인 자세를 가지는 것. 우리가 아직까지도 큰 나라한테 질질 끌려서 가겠느냐, 이제는 자기 운명을 자기가 개척하는 이런 시대로 접어들어야 되지 않겠느냐 하는 말이죠.

두 번째로는, 이제는 미국하고도 우리가 가깝게 지내야 되겠지만 형제자매인 북하고도 우리가 가까이 지내야 되고, 중국하고도 가까이 지내야 되고, 일본하고도 가까이 지내야 되고, 이제는 그렇게 돼야 된다. 그러나 지금 알다시피, 지금 미국은 남북관계를 계속 방해하고 있고, 또 중국하고 친해지는 것도 방해하고 있고. 그러니까 일본이 그 냉전시대에 해왔던 자세를 우리가 알잖아요. 그 어려웠던 시기에도 일본은 자기 속차림을 했잖아요. 그런 걸 대한민국 정부 지식인들이나 이 정치인들이 배워야 된다 하는 얘기죠. 그런데 분단되기 이전에 완전히 자기 형제자매였는데 그걸 지금 완전히 이질화시켜 가지고 강대국에서 원하는 짓거리를 우리들이 하고 있으니, 이게 얼마나 한심한 일인가 그렇죠. 이건 우리가 당연히 나가야 될 길이라는 것은 역사의 발자취에서 얼마든지 찾아볼 수 있지 않습니까? 기본적인 것을 하게 되면 대한민국은 희망이 있는 거고, 그렇지 못한다면 그건 또 당분간 준식민지 처지에서, 결국은 아까도 얘기했지만 하수인 처지에서 맴돌지 않겠는가, 전 그렇게 봅니다.

김하영 이제 여기 2세들의 통일문제 인식에 대해 질문을 드릴까 합니다. 제가 다른 분들한테 물어보면 동포사회에서 2세들은 상대적으로 통일문제에 대해서 관심이 적다고 들었습니다.

노길남 맞습니다.

김하영 남한 사회에서도 젊은 세대들은 통일에 대한 관심이 적다고 이야기합니다. 동포사회에서의 이런 것도 같은 맥락에서 볼 수 있을까요?

노길남 그것도, 구조적으로 남한사회도 2세들이 관심이 적을 수밖에 없고, 해외동포 사회도 적을 수밖에 없는 게, 족벌언론들이 방해를 하고, 정부의 보수세력들이 가로막고 있기 때문에 그것이 구조적으로 그렇게 될 수밖에 없고. 그래서 대한민국 정부가 이제 자주정부화 되면 그것은 자동적으로 해소될 수 있다고 생각해요. 자주화 되면 남쪽의 언론들도 진짜 소리를 할 거 아닙니까? 지금 이북의 태권도 대표단 19명이 지금 5개 도시 순회공연을 하고 있는데, 언론이 처음에 조금 다루는 척 하다가 그 다음부터는 지금은 일체 다루지 않고 있습니다. 통일의 바람을 불러일으키면서 지금 전국을 돌아다니면서 아주 센세이셔널한 바람을 불러일으키는데, 『민족통신』은 한 번도 빠지지 않고 보도를 했어요. 그런데 『연합뉴스』는 한 줄도 그 다음부터 보도를 안 해요. 그럼 그것은 무얼 의미하는가? 이게 무슨 현상인가? 그것이 지금 질문한 데 대한 대답을 대신할 수 있는 겁니다. 결국 지금 2세들이나 한국에 있는 어린 사람들이 모자라서가 아니라 배운 사람들이 제 구실을 못하기 때문에 언론에 제대로 반영되지 않고, 방송에 제대로 반영되지 않으니까, 젊은이들이 뭐 디스코나 어디 카페에 가서 다리나 흔들고 귀걸이하고 문신하고 그런 짓거리밖에 더하겠습니까? 뭐 알맹이를 볼 수 있고 접할 수 있는 공간이 없잖습니까? 제가 볼 때는 그런 구조적인 데서 오는 문제고, 그런 구조의 변화가 있으면 젊은이들 문제는 교육을 통해서라든지 언론을 통해서든지 얼마든지 우리가 복구할 수 있는 문제들이란 얘기죠.

김하영 여러 가지로 말씀을 많이 해 주셨습니다. 이제 마무리 삼아 보탤 말이 있으면 해 주시기 바랍니다.

노길남 오늘 김 박사님께서 오시기 전에 전화도 하시고 그래서 선생님 신분이 어떠한 사람이라도 나는 만나겠다고 이렇게 결심을 했습니다. 또 저는 다른 사람이 나를 만나자고 해서 거부한 적이 없어요. 그건 무슨 얘기인가 하니, 지금 직책이 어떻든 또 하는 일이 무엇이든지 간에, 아까 2세들 질문도 있었지만, 지금 우리의 생명은 유한한 것 아닙니까? 그 유한한 생명 속에서 그래도 조그마한 어떤 역할은 생전에 하고 세상을 떠날 때, 우리가 연결되는 게 민족이라고 하는 것, 우리 겨레라고 하는 것에 기여를 하지 않겠는가? 선생님이 이렇게 의견을 조사하고 해서 남기는 것도, 그것이 결국은 통일을 좀 더 북돋우고, 우리 남이나 북이 자주적으로 될 수 있는 여건을 조성하는 데 도움이 된다면, 선생님이 하시는 역할이 비록 정부 관계 단체에서 일을 하시지만 그것이 보람이 있는 것이고. 또 제가 이렇게 답변해서 이렇게 하는 것이, 뭐 써 줘도 안 써 줘도 전 상관이 없습니다만 그것이 전달이 된다면 그것에 또 보람을 느끼고, 그래서 하여튼 제가 편견을 갖지 않고 만나는 걸로 해서 오늘 만나게 됐습니다.

김하영 감사합니다.

13. 윤길상

면담일자: 2007년 2월 27일
장   소: 미국 뉴저지주 포트리(Fort Lee)
면 담 자: 김하영
구 술 자: 윤길상 목사

김하영 지금 목사님께서는 〈재미동포전국연합〉 의장을 맡고 계신데, 이전에는 어떤 활동을 하셨습니까?

윤길상 나는 1997년 〈재미동포전국연합〉을 형성할 때의 창립 멤버이고요. 그전에 1967년에 미국에 〈북미기독학자회〉라는 모임이 있었습니다. 〈북미기독학자회〉라는 것은 북아메리카에 거주하는 한국인 기독교인들의 연합(Association of Korean Christian Scholars in North America)입니다. 그 당시에 유학하러 온 사람들, 주로 기독교 유학생들, 신학생, 대학원 학생, 이런 사람들이 감리교와 장로교의 지원(funding)을 받았어요. 내가 미국에 1966년에 왔는데, 우리가 유학할 당시에는 유학생 수가 그리 많지 않으니까요. 내가 "우리가 우선은 유학생들끼리라도 모여서 서로 지원해주고, 서로 사랑하는 모임을 만들고, 그 다음에는 우리가 기독교인 차원에서 우리의 문제를 모두 함께 기독자적인 차원에서 포위할 수 있는 모임을 만들자"고 해서 1967년 11월에 모임을 만들기 시작했어요. 그때가 내가 미국에서 신학교 다닐 때인데, 난 한국에서 연세대학교 철학과를 졸업하고 대학원까지 다녔습니다. 대학원에 다니던 시절에 군복무도 33개월 했고, 그리고 미국으로 와서 신학교를 다녔습니다. 주로 1970년대에는 그 시대의 유신문제, 한국의 민주화에 대해 관심이 많았고, "결국 유신과 같은 독재가 지속되는 것은 남북분단 때문이 아닌가?" 하는 생각에 "문제를 해결하기 위해서 통일문제에 대해 다뤄야겠다"고 생각했습니다. 그런데 그 당시만 해도 통일이라고 하면 아주 색깔론으로 바라보았습니다.

김하영 네, 상당히 그랬지요.

윤길상 미국에 오기 전에도, 내가 대학에서 철학과를 전공했으니까 사회정의에 대해 관심이 많았죠. 4·19가 일어났을 때, 내가 대학교 4학년이었지요. 그런데 미국에 와서는 시골에서 미국 교회 목사를 하다보니까 계속 사회문제에 참여를 못했어요. 매년 5월 말이면 학회가 있어서 그래도 거기에 참석도 하고 그랬는데, 그런데 아무래도 목사이다 보니까 그렇게 활발하게 활동을 못했습니다. 그러다가 1987년에 내가 〈미국연합감리교〉 교단에서 목회자 발굴 양성하는 부서에서 일을 하게 되었습니다. 그때부터 내가 열심히 적극적으로 활동을 시작했죠. 우리는 그때 벌써 "우리가 북과의 대화를 시작해야겠다"는 생각을 했지요. 그래서 〈북미기독학자회〉에서 1988년에 우선 이산가족 문제를 다루기 시작했어요. 그래서 우리가 남북의 적십자사 총재들을 각각 불렀는데, 남쪽에서는 그 당시의 사무총장이 왔었고, 북에서도 누군가가 왔었습니다. 그렇게 해서 시작을 했습니다. 그 다음에는 "우리 기독교와 주체사상이 서로 대화를 해야 하지 않겠는가?"라는 생각을 했습니다. 옛날에 1960년대 말부터 1970년대 유럽에서는 마르크시즘과 기독교 간에 대화(Marxist and Christian dialogue)가 있었거든요. "우리도 이런 상호이해를 가져야 하지 않겠는가"라는 생각을 했습니다. 그 상호이해 없이는 통일이 불가능한 것이지요. 그래서 우리가 1989년도에 최초로 "우리 민중신학과 주체사상은 민족통일을 향한 공통분모를 지니고 있다"는 점에서 학회를 개최했어요. 그런데 그 당시만 해도 남북 상호 간의 교류가 어려운 때였기 때문에, 남쪽에서도 눈치 보느라고 민중신학 하시는 분이 아무도 못 오셨어요. 한참 살벌한 시대여서 다들 몸 사리느라고 못 왔지요. 북에서는 물론 못 나왔고요. 그래서 할 수 없이 미국에 있는 사람들끼리 학회를 했습니다. 미국에 계신 분들 중에서 그동안에 북에 다녀오신 분이 주체사상이 무엇인지, 민중 신학이 무엇인지 말씀해 주셨지요. 그리고 "1990년에는 중국에서 한번 해보자. 중국에서 하면 북한에서도 오고 남한에서도 나올 수 있지 않겠느냐" 하는 의견이 있었는데, 그 시대에 남한에서 못 오지요. 남한에서도 대화하자고 그랬는데 결국에는 못 나오고, 그래서 북에서만 나와서 했지요. 나는 이런 계기로 해서 통일관계, 통일문제에 대해 개입하기 시작했습니다. 그런데 사실상 이것보다도, 내가 통일문제에 대해 관심을 갖게 된 이유는 나의 내적인 문제, 신학적인 문제 때문입니다. 왜냐하면 '분단'이라고 하는 것은 창조 질서가 깨진 것이라고 생각해요. 기독교가 말하는 창조의 질서는 '하나'를 의미하는 것인데, 우리 사회 제도가 지금 하나가 아니란 말입니다. 하모니로서 조화가 있어야 하고, 서로 상부상조하는 하나의 질서가 있어야 하는데, 불행하게도 우리 민족은 지금 땅도 갈라졌고, 사람들, 친형제, 부모 자식이 갈라져 있잖아요. 이것은 아주 비참한 관계입니다. 그런 점에서 통일운동은 그 아름다운 관계를 만드는 데에 직통인 것이죠. 이것이 제가 근본적인 의미에 있어서의 통일운동에 열중을 하게 된 이유이지요.

윤길상 목사

김하영 통일운동을 하시면서 북한은 언제, 어떤 계기로 방문하셨습니까?
윤길상 제가 1966년에 미국으로 유학을 왔는데 유신정권 때문에 1988년까지 22년 동안 남한에는 한 번도 안 들어갔습니다. 왜냐하면 그 당시 정치적으로 굉장히 혼란스러웠기 때문이에요. 아까도 말씀드렸지만, 나는 미국 중서부에서 목회를 했었어요. 만약 내가 도시에 있었으면, 소위 반정부운동, 민주화운동에 굉장히 열심히 참여했을 텐데, 지방에 있다 보니깐 많이 참여할 수 없었지요. 그 당시에는

'반정부 운동가'라고 하면 남한에 못 들어갔었는데, 나는 남한에 들어가지 못할 이유는 없었습니다. 그래도 다른 사람들이 한국에 못 들어가는 상황이니까 나도 고향을 방문하고 싶었지만 안 갔죠. 그러다가 1988년에 드디어 내가 교단본부에 와서 일하게 되었고, 그러면서 남쪽 교회 교단과의 관계를 맺으면서 1988년에 처음 서울에 갔습니다. 그리고 북한에는 1989년에 〈북미기독학자회〉의 부회장으로서 처음 가게 되었습니다. 그 전에 1989년에 미국 뉴저지에 있는 엘리자베스 대학에서 민중 신학과 주체사상이 대화할 때 북한에서 못 왔었어요. 북에서 네 사람이 나왔었는데 미국에서 네 사람 모두에게 비자를 준 게 아니었어요. 한 사람만 비자를 주니까 다른 사람들이 나옵니까? 그래서 제가 〈북미기독학자회〉 부회장으로서 교섭을 하러 1989년에 11월 말에 북한을 방문했습니다. 북한에 갈 때에는 기차타고 들어갔습니다. 북경에 가서 비행기를 타고 가려고 하니까 비행기 표가 다 팔려서 없대요. 그래서 기차를 타고 들어갔는데, 신의주에서부터 낮 1시에 기차를 타고 떠나서 5시에 평양에 도착했어요. 평양에 도착하고 나고 난 뒤 나는 새로운 것들에 대해 눈을 뜨게 되었어요. 우리 남쪽에서는 계속 "북에서 남침한다"고 들어왔잖아요. "이런 분단체제가, 냉전체제가 우리를 이 세상을 두 눈으로 보지 못하게 하고 한 눈으로, 외눈으로 이 세상을 보도록 만들었구나! 이야, 그 얼마나 우리가 속아 살았는가!"라는 생각이 들었어요. 그런데 보니까, 물론 북한은 전선에 다 군대가 배치되어 있겠지만, 기동력(mobility)이 없어요. 예를 들어서 신의주에서 평양이라면 우리 남쪽으로 말하면 부산—서울 같은 길일 거예요.

김하영 네, 그렇죠.

윤길상 그런데 자동차가 다니지를 않아요. 사람들이 모두 걸어 다녀요. 자동차가 있더라도 서서 고치고 있는 것들이에요. 사람들이 짐을 다 이고 지고 다녀요. "이런 기동력(mobility)이 없는 데에서 어떻게 남침을 하겠는가?" 우선 이것부터 깨닫기 시작한 것이에요. "냉전시대에 우리가 남침이라는 말로 위협을 하면서 남쪽의 어떤 정치적인 독재를 유지하기 위한 수단으로 쓰지 않았나?" 그런 생각을 더 분명하게 하는 거예요. 그리고 사람들도 만나보니까 정말 우리가 남쪽에서 생각했던 그런 것하고는 정말 다르더라고요. 그런 모습을 보고 "이제는 더 이상 내가 이렇게 편협한 눈으로 세상을 바라보면서 살아서는 안 되겠다"라고 생각했어요. 아까 신학적인 이유에 대해서 이야기 했지만, "어떻게 하면 지금 우리들이 반쪽 삶을 살고 있는데 이것을 온전하게 만드는 것을 할 수 있겠는가?" 이것이 내가 더 열심히 통일운동, 민족화해운동에 참여하게 된 동기입니다. 1995년이 분단 50주년입니다. 기독교에서는 50주년을 기념하는 희년, 소위 주빌레(jubilee)라고 하는 사상이 있습니다. "그때까지 우리가 무엇을 해야 하지 않나" 그래서 매년 〈북미기독학자회〉가 북쪽과의 대화를 계속해서 1995년까지 북쪽의 대표들을 초청을 했습니다. 1990년에는 우리가 북경에 가서 만났습니다. 1991년에는 남쪽에서 국무총리 회담이 있었잖아요? 그 결과로 화해, 불가침, 교류협력 남북합의서가 나오지 않습니까? 그 붐(boom) 때문에 미국에서도 그때 저희 초청으로 8명이 왔습니다. 정부대표 4명, 기독교도연맹 4명, 이렇게 8명이 왔습니다. 그때 남쪽에서는 15명이 왔습니다. 예를 들어서 한완상 박사 같은 분들이 미국에 있을 때 〈북미기독학자회〉 처음 시작한 분들이거든요.

그래서 이제 최초로 미국에서 1991년 북쪽과의 대화를 개최했지요. 미국 스토니 포인트(Stoney Point)에서 했는데 이북에서 8명이 오고, 남쪽에서 학자 15명이 왔어요. 그 명단을 우리가 다 가지고 있어요. 그때 200명 가까이 모여서 처음으로 크게 행사를 했지요. 크고 굉장했습니다. 심지어 KBS에서도 와서 촬영해 가지고 방영했었어요. 그때 5월에 우리가 미국에서 11일 동안 그분들을 안내하고 여기 저기 다 다니고, 대화도 하고 교회도 갔습니다. 그때 대표가 한시해 씨입니다.

김하영 네, LA 쪽에서 북측과의 대화를 하셨군요.

윤길상 지금 우리〈재미동포전국연합〉은 통일운동에 관해서는 사실 지각생입니다. 사실상 통일운동을 처음 시작한 사람들은 1970년도에 자기 가족을 방문하려고 북을 방문했던 사람들이었습니다. 이런 분들이 중심이 되어 1981년부터 미국의 해외 기독자와 북쪽의 기독자 대회를 헬싱키에서 시작했거든요. 그분들이 사실상 미국에서 통일운동에 제일 앞장섰다고 할 수 있죠. 나도 그때 그분들이 와서 운동을 같이 하자고 했는데, 나는 개척교회 목사를 하니까 거기 나가서 할 형편이 못 되었어요. 더구나 로스앤젤레스나 뉴욕에 있다면 모를까 시골에 있다 보니까 도저히 목회하면서 참여를 할 수 없었지요. 1980년대에〈북과 해외의 기독자의 대화〉이것이 사실 미국에서의 통일운동의 시초가 되는 것입니다. 1990년대에는 동부 유럽의 변화로 북이 경제적으로 어렵게 되었잖아요. 그래서 또 북을 돕는 사람, 돕는 운동을 하시는 사람들이 함께 모여서〈재미동포전국연합〉을 만들었죠. 통일관련 운동을 하는 여러 갈래가 모여서 하나가 되자고 해서 만든 것이〈재미동포전국연합〉입니다. 물론 우리가〈재미동포전국연합〉을 만들게 되었을 때, 남쪽에서는 "친북파, 조총련 같은 것이다"라고 하는 그런 말도 나왔었어요.

그러나 우리는 미국 시민이고,〈재미동포전국연합〉의 회원은 미국 시민과 미국 영주권자가 되는 것입니다. 우선 미국에 살면서 지금 이민자들이 하루에 12시간, 14시간, 15시간씩 일하면서 통일 같은 것을 생각할 여유가 없습니다. 그러나 통일운동뿐만 아니라 미국 사회에 와서 살면서 사실상 미국의 정치 참여를 해야 해요. 정치적인 참여로서 선거를 한다든지, 우리의 의사를 밝혀야 하는데, 최근 이민 오신 분들이 여기 와서 지금 적응하기도 힘든데 그럴 여유가 없지요. 그리고 1950년대에 와서 지금 교수나 과학자가 된 그런 사람들도 미국 사회에서 요즘 말로 하면 "잘 나간다"고 하지만 그 사람들은 사실상 미국의 정치에 관여를 안 하고 살아요. 점잖고 얌전한 이민자로서 살고 있는데, 우리는 좀 더 나은 생각을 한다는 점에서 다른 사람이죠. 미국이라는 나라는 이민자들로 형성된 나라이기 때문에 우리 이민자들이 목소리를 내야 해요. 그리고 '집회와 결사의 자유'가 있기 때문에 우리가 결사해서 미국이 우리 반도에 미치는 정책에 대해서는 우리가 목소리를 내야 한다는 거예요. 그래야 미국도 좋지요. 미국을 위해서, 미국의 장래를 위해서, 미국의 세계적인 위상을 위해서라도 미국의 해외정책, 우리 반도에 대한 정책이 정의롭고 평화로운 방향으로 나아갈 수 있도록 우리가 목소리를 내야 합니다. 그런데 대부분 지금 이민자들은 움츠리고 있습니다. 그런 목소리 내면 불이익을 받을까 봐서요. 그런 것이 아주 만연해 있습니다. 그래서 통일운동 하는 사람들은 외롭습니다. 이런 문제를 가지고 나와서 "우리는 미국시민이다. 미국에 세금을 내고 사는 사람으로서 미국이 잘못 되는 것에 대해서 비판을 해야 하고, 이런 것은 바뀌어야 된다"라고 정치참여를 해야 합니다. 그 한 가지 예로서 우리가 2004년 대선 전에 『뉴욕타임즈』에 전면 광고를 냈습니다. 우리가 다른 사람들하고 연대를 해서 "미국 시민들한테 고한다. 평화를 유지하는 대통령을 뽑아라"라는 전면광고를 냈습니다.

김하영 2004년 미국 대통령선거 때 하셨다는 말씀이신가요?

윤길상 네, 미국 대통령 선거 때입니다. 10월 26일에 『뉴욕타임즈』에 전면광고를 냈습니다. 전면광고 때문에 굉장한 열풍을 일으켰지요.

김하영 그러면 초기 〈북미기독학자회〉는 미국에 계신 분들과 북한 학자들의 대화에 초점을 두었는데, 그 이후의 활동에 있어서는 어떤 점에 초점을 맞추었습니까? 그러니까 미국의 대한반도 정책의 변화 혹은 미국 동포와 북한과의 관계 개선 문제 등에 초점을 두었습니까?

윤길상 그렇죠. 내가 가보니까 "우리가 북에 대한 이해가 전혀 잘못 되어 있다"는 것을 알게 되었어요. 그것은 분단, 냉전체제에서 완전히 우리가 세뇌(brainwash)된 거예요. 그래서 "우리의 북에 대한 이해가 잘못되었으니까 그것이 우선 수정되어야 되겠다. 북을 바로 알아야 되겠다. 그렇게 돼서 우리가 그 편견에서 벗어나야 되겠다." 그것이 저는 우선 통일을 향한 첫째 단계라고 개인적으로 생각합니다. 왜냐하면 우리가 분단 고착화와 전쟁으로 인한 냉전시기를 거치면서 북에 대해서 악선전을 했고, 이 부분에 대해서는 남북 모두 똑같다고 생각합니다. 이러한 시각을 가지고 있는 한, 이러한 시각에 의해서 우리가 북을 바라보고, 서로를 바라본다면, 이것이 얼마나 큰 비극입니까? 나는 우선 그것을 고쳐야 한다고 생각합니다. 나는 이것이 우리 민족 각 개인의 정신적인 건강을 위해서도 필요하다고 생각합니다. 과거에 있었던 공포나 불신에 근거하고 사는 사람들을 보면, 공포나 불신으로 인해 계속 움츠려서 힘들게 사는 것이기 때문에 정신적으로 우선 거기에서 해방이 되어야 되겠다고 생각해요. 거기서 해방이 되어야 한다고 생각합니다. 나는 그것이 우선 미주동포들의 정신 건강과 영적인 건강을 위해서도 필요하고, 민족의 화해를 위한 첫 번 단계라고 봅니다. 우선 우리들이, 미주동포들이 어떻게 하면 북을 잘 이해하는가를 생각해야 합니다. 그래서 될 수 있으면 북을 많이 방문해 봐라. 가서 보고 우리가 가지고 있는 잘못된 편견을 씻어야 됩니다. 난 그것이 지금 재미동포들이 해야 할 거라고 생각합니다. 또한 미국이 지금 우리 한반도에 대해 펼치고 있는 정책은 잘못되었다고 생각합니다. 왜냐하면 이미 북쪽에서는 1980년대 노동당 대회에서부터 "평화! 한반도의 전쟁을 끝내자!"고 결정을 했는데 미국이 거절합니다. 왜 거절을 합니까? 왜 우리나라를 인질로 잡고 있느냐? 한마디로 남쪽을 인질로 잡고 있는 것이고, 우리 민족의 1천만 이산가족이 지금 거의 다 노인이 돼서 죽어가고 있습니다. 소련이 있었을 때는 남쪽의 공산화를 막기 위해서 그렇다고 하지만 이제 소련도 다 변하고 냉전도 다 끝났음에도 불구하고 미국은 우리 한반도에서 냉전을 계속하고 있는 것입니까? 그것은 비도덕적이고 비윤리적이고, 잘못된 정책입니다. 그러니까 미국의 한반도 정책은 바뀌어야 합니다. 이북에서는 전쟁을 하지 않고 평화조약을 맺자고 계속 이야기 하고 있는데 왜 미국은 계속적으로 군사를 증가시키고 계속 군사적인 억압을 하는 것인지, 난 그것은 잘못이라고 봅니다. 냉전시대에 군비경쟁을 하면서 사실 동부유럽이, 공산진영이 그 경쟁에서 따라오지 못하지 않았습니까? 그러니까 미국은 북한도 그렇게 망하리라고 생각하는 거예요. 난 그 자체가 환상이라고, 착각이라고 생각합니다. 북한의 공산주의는 유럽의 공산주의와 달라요. 북한은 경제적인 의미에서의 공산주의보다는 민족주의에 더 철두철미한 사회이지요. 그렇기 때문에 지금 저 동유럽의 공산주의가 군비경쟁하다가 망한 것처럼 절대 망하지 않는다는 거예요. 만약 지금처럼 자꾸 군사적인 압력을 가해서 전쟁이 터지면, 현재의 전쟁은 53년 전 6·25 하고 다릅니다. 그러니까 그런 점에서 나는 미국의 한반도정책, 불의의 한반도정책이 바뀌어야 된다. 우리 미주동포들이 기회가 있을 때마다 이런 이야기를 합니다. 이것은 우리만의 문제가 아니기 때문에 우리는 미국의 다른 진보적인 단체와 더불어 연대합니다.

김하영 그런데 미국의 한반도 정책에 변화를 가져오려면 미국의 정책결정자나 의원들에 대해서 영향력이 있어야 하지 않습니까?

윤길상 네, 현재 우리들은 그런 것에 대해서는 굉장히 힘이 약합니다. 고작 할 수 있는 것이 편지를 쓰는 것과 만나서 이야기를 하는 것이 전부입니다. 왜냐하면 우리가 미국 정치에 영향력을 행사하려면, 선거자금을 제공하거나 투표에 참여해야 합니다. 그런데 우리 미주동포 사회가 정치에 대해서는 부정적인 생각을 가지고 있습니다. 정치라고 하면 더러운 것, 권력이나 잡는 것이라고 생각하고, 정치인은 더러운 것, 나쁜 놈들이라는 잘못된 생각을 가지고 있죠. 그것도 이해가 되는 것이 조선 500년 동안 "정치를 잘못하면 3대가 멸한다"는 말이 있었잖아요. 또한 왜정간섭시대에는 정치를 하면 경찰의 탄압을 받고, 일본놈들한테 끌려가서 죽고, 그리고 해방된 이후에도 정치를 잘못하면 색깔론에 의해서 죽고 그랬죠. 물론 이런 점들을 다 알아요. 그런 경험이 대부분 사람들 속에 깊이 뿌리박혀 있고, 거기서 오는 두려움 때문에 우리나라 사람들이 인간으로서의 자기의 권한에 대한 정치적 요구를 잘 못하는 거예요. 미국에 와서도 한국 사람들이 그 무서움 때문에, "자신이 불이익을 당하면 어떡하나" 하는 생각 때문에 잘 나서지 않고 있지요. 이런 문제로 인해서 미국사회에서 우리 동포연합이 지니는 정치적인 권한이 아직도 힘이 약합니다.

김하영 그러면 교민들의 호응도는 상당히 낮다고 볼 수 있습니까?

윤길상 그렇죠.

김하영 그러면 미국 정책에 대해서 영향력을 행사하거나 북한에 대한 인식의 변화를 위해서 어떤 활동들을 하셨습니까?

윤길상 그런데 솔직히 이야기해서, 우리가 그런 글을 써서 『뉴욕타임즈』에 보내잖아요? 안 싣습니다.

김하영 편지나 글을 써서 보내면 언론이 안 실어준다는 거군요.

윤길상 아, 그럼요. 우리의 의견을 보내도 안 싣습니다. 그런데 그것은 남한도 마찬가지 아니에요? 미국의 대부분의 방송국이나 신문사를 다국적 기업들에서 다 흡수하고 있지요.

김하영 그러면 언론을 통한 활동이나 다른 활동들을 위한 비용은 어떻게 충당하시나요?

윤길상 4만 3천 불 정도는 우리가 기금(fund)을 모았죠.

김하영 그 기금을 어떻게 조달합니까?

윤길상 우선 우리가 여기저기에 호소해서 모았습니다. 우리 동포연합에서 2만 1 정도를 내고, 다른 연대 단체에서 나머지를 모아서 조달했습니다.

김하영 그러면 활동과 관련해서 남한 정부나 미국에서 지원해 준 것이 있습니까? 아니면 활동을 하는 데에 방해를 하는 일은 없습니까?

윤길상 솔직히 이야기해서, 초기에 우리를 친북단체라고 해서 우리는 남쪽 정부에 접근도 못하게 했죠. 우리는 경계의 대상이었고, 언론을 통해서 우리를 격리(isolate)시키기도 했죠. 그러나 이제 김대중 씨가 대통령이 되면서 많이 달라졌고, 2000년 6·15 이후에 많이 달라졌습니다. 그래도 아직 대부분의 동포들은 '통일', '북과의 관계 개선', 혹은 '민족화해'라고 하면 무서운 것, 두려운 대상으로 여기거든요. 아까 말씀드렸듯이 아직도 자유롭지 못한 것이에요.

김하영 의식이 자유롭지 못하다는 말씀이신가요?

윤길상 네, 아직도 과거의 남북관계에 얽매여서 의식이 자유롭지 못하지요. 지금 이것이 가장 중대한 문제입니다.

김하영 교민사회의 상황에 대해서 잘 들었습니다. 그러면 통일운동과 관련된 북한의 호응도는 어떻습니까?

윤길상 북한은 협력을 잘 하고 있습니다.

김하영 1990년대 중반부터 북한이 경제적으로 어려워지면서 국내와 국외에서 북한을 많이 지원하고 있는데, 어떤 지원을 하셨는지요?

윤길상 우리는 북한에 많은 지원을 했습니다. 저희가 지금 하는 것은 남한 국내에서 하는 지원에 대하면 조족지혈이겠지만 교회와 뜻있는 개인들이 모아서 지원을 많이 했습니다. 저는 개인적으로는 지원은 못했지만 우리 교단을 통해서 지원했어요. 〈연합감리교〉에서도 1998년부터 국수공장을 매년 지원하고 있습니다.

김하영 그런데 미국 교회는 〈감리교〉와 〈장로교〉라는 두 개의 큰 흐름이 있지 않습니까? 대북지원에 있어서 두 교단은 협력적으로 활동을 하고 있습니까?

윤길상 협력해서 활동하는 것은 거의 없어요. 지금 지원하는 사람들을 보면 자택 교회에서 지원하는 경우가 대부분이고, 집단적으로 하는 경우는 아직 드물어요. 그러나 〈연합감리교〉에서는 지금 교단 차원에서 대북지원 활동을 하고 있어요. 그런데 〈장로교〉의 경우에는 교단적인 차원에서 보다는 뜻있는 목사들이 모여서 약품을 전달하는 등의 대북지원 사업을 하고 있지요. 하지만 지금 구체적인 자료는 가지고 있지 않습니다. 또 많은 사람들이 이런 활동을 알리지 않고 하고 있고요.

김하영 대북지원사업을 한다고 하면 괜히 이상한 시선으로 바라보거나 또 교민사회에서 활동하기 힘들어지고 하겠지요. 목사님은 고향이 남쪽이십니까?

윤길상 제 고향은 남강원도예요. 강원도 횡성입니다.

김하영 북한을 많이 방문하신 분들을 대개 살펴보면 북쪽에 가족이나 친척을 두신 분들이 많지 않습니까?

윤길상 그렇죠. 그런 어려움들이 있지요. 그러니까 지금 분단과 전쟁, 냉전시기에 가지고 있던 공포, 불신, 적대감 같은 것을 서로 만나면서 하나하나 없애는 그 과정이 굉장히 중요합니다. 그래서 나는 지금 금강산관광이나 아리랑축제 같은 것이 굉장히 좋다고 생각해요. 그렇게 자꾸 접촉하면서 사람들이 북한에 대해 가지고 있던 잘못된 생각을 하나하나 씻어버리고 한민족으로서의 동질성을 회복하는 것이 굉장히 중요하다고 생각합니다.

김하영 그렇다면 북한에 대한 인식의 변화에 도움이 되는 활동들은 어떤 것이 있습니까? 예를 들어, 예술 활동을 하거나 다른 활동을 전개하는 분들이 계십니까?

윤길상 현재 의학박사나 의사들이 지난 8년 동안 '평양의학자대회'에 참가하고 있습니다. 5월 초에 평양에서 일본에 있는 의사, 미국에 있는 의사, 북한에 있는 의사들이 모입니다. 재작년부터는 북한의 의학분과 위원장이 남한의 의사들도 초대하자고 해서 남한의 의과대학도 방문한 적이 있습니다. 모여서 의학기술에 대한 학술적인 정보도 나누고, 북한에 필요한 의학서적도 지원하고 있습니다.

김하영 윤 목사님께서 활동을 하시면서 개인적으로 가장 어렵고 힘들었던 점은 무엇이었습니까?

윤길상　개인적으로 어렵고 힘든 점은 우선 통일 관련 활동을 해야 하니까 가정을 잘 돌보지 못한다는 것입니다. 우리 집사람이 많이 희생을 했지요. 그 다음에 힘든 것은 역시 사람들의 눈초리입니다. 아무래도 다른 사람들을 의식하게 되잖아요? 동포사회 내에서의 눈초리요. 내가 교회 목사인데 사람들이 "저 목사는 왜 저런가"라는 눈으로 보지요.

김하영　지금까지 활동을 하시면서 얻은 성과라면 어떤 것을 들 수 있을까요?

윤길상　그 성과라고 하는 것을 우리가 어떻게 측정할지는 모르겠어요. 북미관계가 개선되면서 사람들의 시각도 좀 달라졌다는 점입니다. 2000년「6·15남북공동선언」이 체결되니까 그때까지 같이 옆에서 일했던 목사들이 "윤 목사님 수고 많이 하셨습니다. 이제 좀 열매를 맺는 것 같습니다"라고 인사를 했어요. 그러나 우리가 운동을 했다고 해서「6·15남북공동선언」이 나오게 된 것은 아닙니다. 전체적인 민족의 흐름과 역사의 흐름이 6·15를 있게 한 것이지요. 우리는 우리가 있는 곳에서 최선을 다했을 뿐이지 우리가 6·15를 했다고 말할 수 없는 것이죠. 우리 남북의 정부의 수뇌부가 서로 만났다는 것 자체가 많은 사람들의 의식을 변화시키는 계기가 되지 않았는가 생각합니다. 예를 들어, 1991년과 1992년에 있었던 남북 국무총리 회담 때, 서울과 평양을 왔다 갔다 하며 만난 게 얼마나 좋았습니까? 그리고「화해와 불가침 및 교류·협력에 관한 합의서」가 나왔을 때 얼마나 좋았습니까? 그러다가 1993년에 미국이 북의 핵위협에 대해서 몰아 부치니까 관계가 다시 움츠러들었지 않았습니까? 여기 미국에서 동포들은 "미국에서 살다가 불이익을 당하면 어떻게 하는가?"라는 생각을 했지요. 남쪽에서도 마찬가지였죠? 잘 협조했었는데 그 이후로는 형편없습니다. 예전에〈자유수호연맹〉인가 하는 곳에서 "김대중하고 노무현은 김정일의 하수인이다"라는 기사를 신문에 낼 정도였어요.

김하영 미국 신문에 기사가 났다는 말씀입니까?

윤길상 아니, 교민 신문에 났었습니다. 교민 신문에 〈자유수호연맹〉인가 하는 데서 그런 기사를 내놓고, "우리의 목적은 민족 화해가 아닌 남쪽의 자유 수호를 하는 것이다"라고 했어요. 그러니까 이 말은 민족 화해보다는 현재 남북의 냉전체제를 유지하고 북한을 어렵게 하는 것이겠죠. 그런 사람들이 아직도 있어요. 우리 기독교 목사들 중에도 많은데, 기독교 목사 16명이 그런 성명서를 냈다고 합니다.

김하영 그런데 미국 교민사회에는 한인 1.5세들, 2세들도 있는데 이 세대들이 통일과 관련하여 활동하는 것이 있습니까?

윤길상 대단히 죄송하지만, 지금 1.5세대, 2세대들과 이민 1세대인 우리가 접촉할 수 있는 부분은 많지 않아요. 물론 1.5세대 이후의 사람들도 통일에 대한 의식이 있는 사람들이 있을 것입니다. 그러나 그 사람들이 지금 대학에 가서 학교 공부 따라가기도 힘들거든요. 그래서 그 사람들은 일단 통일에 대해 생각할 여유가 없습니다. 그러나 소수의 사람들이 있기는 합니다. 뉴욕에도 있고 LA에도 있고, 소수의 사람들이 있습니다. 그리고 대부분의 1.5세대들이나 2세대 대학생들은 2004년도에 발표된 미국의 「북한인권법」에 영향을 많이 받고 있다고 봅니다. 그리고 그들의 부모들이 민족문제나 통일문제를 걱정하고 있으니까 그런 것에 대한 무서움을 지니고 있어요. 우리가 앞으로는 통일문제가 관심이 있는 1.5세대 이후의 사람들을 발굴해서 연대하여 활동을 해야 할 것 같습니다.

김하영 미국은 다민족 사회이다 보니 많은 소수민족들이 있는데, 한국인들은 그 숫자로 보았을 때 영향력이 없는 소수민족 아닙니까? 그러면 한국 문제에 관해서 활동하는 데에 다른 소수민족들의 지원이나 도움 같은 것은 없었습니까?

윤길상 네. 지금 우리가 LA에서 진보단체들이 모여서 활동을 할 때, 남미의 국가들이나 팔레스타인과 같이 억압받는 민족들과 연대하여 활동하고 있지요. 우리가 미국의 진보단체들하고 말할 때도, 백인들뿐만이 아니라 지금 말한 다른 소수민족 계통의 단체들하고도 연대해서 같이 일을 하고 있습니다.

김하영 1980년대에 윤한봉 선생이 밀항을 해서 미국에 도착한 후, LA지역에 〈민족학교〉를 세워서 활동한 것으로 알고 있습니다. 혹시 목사님께서도 LA쪽에 계시면서 윤한봉 선생과 활동을 같이 하거나 영향을 받으신 어떤 것이 있습니까?

윤길상 그런데 윤한봉 선생은 LA뿐만 아니라 전국적으로 활동하셨습니다. 윤한봉 선생의 공헌이 상당히 큽니다. 그분들은 그 당시의 20대, 30대의 젊은 사람들이 민족문제에 자기 생애를 희생하면서 뛰어들게 만든 아주 중요한 분들이셨습니다. 그리고 윤한봉 선생의 경우는 나와 정치적인 성향이 잘 맞아서 서로 영향을 많이 미쳤지요. 한호석 선생, 정기열 목사도 거기서 같이 일하다가 갈라져 나왔죠. 그 사람들이 지니고 있는 정신들이 다 좋았어요. 그런데 미국 문화권에서 너무 한국적으로 활동을 한 거예요. 내가 보기에는 그런 모습이 옳지 않았어요. 예를 들어, 초기에 미국에서의 이산가족 상봉은 개인적인 일이었지 조직적인 단체 활동이 아니었습니다. 그런 면에서는 바로 보았어요. 그런데 사실상 그 지금 윤한봉 선생이 한 그대로 재판이 될 수 있을 것인가? 아니에요. 그것은 정말 뭐라고 할까, 정말 집단적인 집단주의로 젊은 사람들이 1984년부터 시작을 해서 1995년까지 아주 일을 열심히 했지요. 예를 들어서 그 사람들이 워싱턴D.C.에 가서 의견을 내고, 나중에는 뉴스레터를 영어와 우리말로 냈습니다. 우리 반도의 문제, 미국의 정책문제, 기타 문제에 대해서요. 그 자료를 얻을 수 있다면 그것은 굉장할 것입니다. 그런데 윤한봉 씨가 한국으로 귀국을 하면서 자기와 더불어 일하던 사람들에게 마지막으로 "이제부터 통일문제는 하지 마라. 미국에선 미국의 사회복지 문제만 하라"고 부탁했습니다. 그래서 그 후부터는 〈민족학교〉에서는 북한에 대한 문제는 절대 관계하지 않습니다. 남북문제 또한 하지 않고 지금은 노인들 복지문제나 영어 번역을 도와주고 있습니다.

김하영 알겠습니다. 여기 미국 교민사회에서 통일운동과 관련된 일을 하는 것에 있어서 동부와 서부가 활동하는 데 차이가 있습니까?

윤길상 네, 그렇죠. 지금 서부에는 대부분의 통일단체들이 어느 정도 연대해서 활동을 합니다. 하지만 뉴욕에서는 연대해서 활동하는 것이 잘 안 돼요. 그 이유에는 여러 가지 요소가 있습니다.

김하영 통일관련 활동은 어느 쪽에서 먼저 시작된 것 아닙니까?

윤길상 서부에서 먼저 시작되었지요. 왜냐하면 양은식 박사나 홍동근 목사님이나 다 서부에 계셨거든요. 그래서 서부에서 먼저 시작하였습니다. 여기 미국에도 1970년대에 민주화운동을 많이 했습니다. 그런데 통일운동으로 이어지는 과정에서 한호석 선생 밑에서 〈한총〉으로 시작했던 분들이 거기서 갈라져 나오고 해서 지금은 연대가 잘 안 되는 것 같아요. 다른 사람들하고 잘 연대하지 않는데 앞으로는 서로 좀 연대를 해야 해요. 그런데 미국이 워낙 땅이 넓으니까 동부와 서부를 연대하는 것은 쉽지 않죠. 그러니까 지역을 중심으로 해서 지역에 있는 사람들끼리 하는 것이죠.

김하영 혹시 통일과 관련된 활동을 하시면서 남한의 정부가 재외 동포들에 대해서 지원이나 관심을 보인 적이 있습니까?

윤길상 나는 정말 〈평통〉을 통해서 동포사회 속에 과거 냉전시기를 거치면서 형성되었던 공포, 불신, 색깔론으로 사람들을 자꾸 갈라놓는 것에서 해방시켜야 할 것 같아요. 그러니까 "어떻게 하면 과거에 가지고 있던 적대감이나 불신을 종식시키고, 이제는 민족이 같이 앉아서 상호이해 관계로 들어가겠느냐?" 나는 그것을 해외동포들, 특히 미주동포들이 〈평통〉을 통해서, 정부의 기관들을 통해서 의식화해야 된다고 봅니다. 물론 지난 2년 동안 〈평통〉이 많이 바뀌었습니다. 이재정 선생이 부회장을 하면서 여기도 중도적인 의식을 가진 사람들이 많이 있습니다. 그러니까 나는 의식을 변화시키는 역할을 정부가 해야 된다고 생각합니다. 친민족 문제이기 때문이죠. 그러니까 나는 "그 점에서 미주동포들의 의식을 변화시키자. 그렇게 돼서 우리가 한민족이다"고 생각하지요. 지금 이 체제의 차이는 60년밖에 안 되잖아요. 그것보다 오랜 기간 동안 우리는 4천 년의 유구한 역사를, 고려 이후 천 년, 최소한도 조선 500년의 역사를 우리는 공유하고 있기 때문에 언어와 풍습이 매우 가까워요. 이북에 가보면 이북학자들도 그런 이야기를 해요. "공유하고 있는 역사와 풍습이 더 깊지, 이 계급문제는 60년밖에 안 된다"고. 지금 남북이 대립하게 된 지가 100년도 안 되는 거 아니에요? 소련의 공산혁명이 등장한 게 1917년 때이니까요. 사실 그 문제는 아무것도 아니죠. 더 넓은 공통분모는 우리 민족이 지니고 있는 깊은 문화적 유산, 동질성 그리고 같은 피를 나눴다는 것이죠. 그리고 한반도에서 외국의 계속적인 침입을 받던 그 역사, 그것을 공유하는 같은 민족이라는 것이에요. 〈평통〉이 그 역할을 할 수 있고, 이것은 대통령 직속 관할에 있어서 할 수 있겠다고, 그렇게 봅니다.

김하영 목사님께서는 동포 사회 내에서의 통일운동은 어떤 성격을 가져야 된다고 생각하십니까?

윤길상 동포 사회 내에서의 통일운동은, 우리가 해외에 나와서 사는 사람으로서 세계 유일의 분단국가로서의 치욕을 벗어나야 된다고 생각합니다. 그러니까 민족이 하나가 되어야 합니다. 그래야 해외에 나와서 사는 우리가 더 떳떳하고, 그리고 해외에서도 하나가 될 수 있습니다. 기독교인으로서 신학적인 이야기를 하자면, 신학적인, 성서적인 의미에서 이 온전함을 잃은 반쪽 인간, 반쪽 민족, 이 깨어진 창조의 질서를 회복해야 한다고 생각해요. 이 문제가 나에게는 아주 중요한 문제입니다. 그리고 불행했던 1940년대, 1950년대, 1960년대에 남쪽에서 살면서 형성되었거나 북쪽에서 피난 나오면서 형성된 그 두려움으로 더 이상 살지 말라고 하고 싶어요. 그 두려움을 가지고 살면, 기본적으로 인간에 대한 불신, 인간에 대한 의심 그것을 가지고 살게 되는데 그게 편안한 삶이라고 할 수 있겠습니까? 나는 목사니까 하는 이야기입니다. 그런 불신에서 해방될 때, 보다 현재의 삶을 윤택하고 자유롭게 살 수 있지 않겠는가? 나는 이 점에서도 통일문제가 중요하다고 생각합니다.

김하영 네, 알겠습니다. 그러면 목사님 생각하시기에, 미국의 대북한 정책은 어떠한 방향으로 나아가는 것이 바람직하다고 보십니까?

윤길상 당연히 빨리 우리 한반도에서 전쟁을 끝내고 북미수교를 해야 한다고 생각하고, 벌써 그 조짐이 보이고 있습니다. 내가 바라는 것은 이것입니다. 다른 것 없습니다. 빨리 전쟁을 끝내고 평화조약 맺고, 북미수교 하는 것입니다. 그렇게 되어야 그 다음에 남과 북이 평화선언 할 수 있다고 봅니다. 미국의 한반도 정책, 북에 대한 정책뿐만 아니라 더 나아가 남한에 대한 정책도 변해야 된다고 봅니다. 그렇지 않고서는 남한에서 일어나는 반미운동은 계속되기라고 봅니다. 왜냐하면 이것은 지금 보십시오. 한미 SOFA 협정 같은 경우, 이것이 얼마나 불평등하고 불균등한 것입니까? 치외법권을 아직도 가지고 있지요. 전쟁이 지금 끝난 지 벌써 53년이 지났는데, 아직도 미국에 대한 치외법권이라니요? 전쟁 시에 미군이 우리 사람을 죽였어도 법에 해당도 안 되고, 부인을, 여자를 뭐 때리고 강간을 하고 해도 그것이 남한 법에 적용이 안 된다는 것이 이게 치욕이지 뭐입니까? 나는 그러니까 난 미국이 빨리 "Let South Korea go!" 그래야만 진정한 의미에서의 한미관계, 전체 코리아와 미국의 정상적인이고 균등한 외교가 설립되어야 한다고 봅니다. 그래야만 미국도 극동에서 위치를 잡게 되고요. 만약 그런 치욕적인 관계를 계속한다면, 아주 부끄럽습니다. 지금 우리가 여러 가지로 이제는 성년기에 들어왔습니다. 경제적으로, 지식적으로, 정치적으로 어떻게 미국이 아직도 60년 전에 전쟁할 때와 같은 정책으로 남한을 대할 수 있습니까? 바꾸어야 합니다. 미국 스스로의 위치를 위해서도 바꾸어야 합니다. 그리고 난 부시 대통령도 이제는 다급해졌다고 생각합니다. 자, 이라크와의 전쟁도 수월하지 않지요. 그런 점에서 나는 부시 대통령이 역사 속에서 부시 대통령의 이미지를 위해서라도 나는 조미관계를 자신이 백악관 떠나기 전에는 타개하지 않을까라는 생각을 합니다. 왜냐하면 지금 그것 밖에 자기의 대통령직(presidency)을 구조할 길이 없습니다. 그것이라도 해야 "아, 동북아시아에 평화를 가지고 왔다. 그것으로 부시의 대통령직은 기억될 것이다(Bush's presidency may be remembered)." 그런 차원에서라도 나는 부시가 자기 자리를 떠나기 전에 한미관계를 개선해야 한다고 생각합니다.

김하영 말씀 잘 들었습니다. 오랜 시간 동안 말씀해 주셔서 감사합니다.

14. 차종환

면담일자: 2007년 10월 24일
장　　소: 미국 캘리포니아주 로스앤젤레스
면 담 자: 김하영
구 술 자: 차종환

김하영 아까 제가 면담 취지는 개략적으로 말씀드렸는데, 그러면 선생님께서는 서울서 대학원을 졸업하시고 박사까지 하시고, 또 대학에서 가르치시고 그러셨는데 어떤 계기로 이렇게 미국으로 건너오시게 되셨는지요?

차종환 네, 그러니깐 서울사대를 나오고, 서울대학 대학원을 나오고. 그 당시에는 서울대학에 대학원이 하나밖에 없었습니다. 그 후로 교육대학원이니, 행정대학원 하는 것이 생겨났고요. 이제 선배들이 밀려있으니까 서울대학 대학원 박사과정은 들어갈 수가 없고 해서 동국대학교 대학원 박사과정을 들어갔어요. 그래서 그 당시 한국 제도로는 가장 젊은 나이에 박사학위를 받았지요. 그래 가지고 단국대학으로 갔다가 동시에 동국대학으로 발령이 났어요. 동시에 발령이 나니까 동국대학을 선정을 했죠. 동국대학에서 11년 동안 근무하다가 1976년에 해직됐어요. 1976년이 유신정권 때입니다. 여기서부터 여기까지 한 230권 제가 쓴 책만 여기 나와 있는데, 제가 식물생태학에 관한 연구를 했어요. 그런데 정부에서 그 당시에 공해에 관한 연구를 못하게 했어요. 그 당시에.

김하영 공해 연구를 못하게 했다구요?

차종환 공해, 공기오염(air pollution)이라든가 수질오염(water pollution). 아마 젊은 학자들은 기억이 안 날런지 몰라요. 산업시설 해가지고 돈만 벌었으면 됐지, 시설에서 나온 가스라든가 수질오염, 농작물이 상한다는 이런 것을 언급을 못하게 했습니다. 그러나 그것이 내 전공이에요. 그러니까 압력을 많이 받았지요. 젊은 시기니까 또 생물교과서가 교육부에서 나오자마자 보니까 20여 군데 틀린 곳이 있어요. 그것을 지적했어요. 그것에 대해서 신문에 특별히 나왔을 것 아닙니까? 그러니까 문교부가 입장이 난처해졌지요. 그러니까 그 당시 동국대학교의 총장이 불러요. 강의 나갔더니 조교가 빨리 좀 올라오란다고 해요. 그 당시 내가 사범대학 부학장을 하고 있었습니다. 그래서 학장을 하라고 부른 줄 알았어요. 동국대학은 계단이 많습니다. 젊은 시기니까 가뿐히 올라가서 만났더니, 그렇게 압력을 넣고 "왜 나라를 그렇게 시끄럽게 만드느냐?" 해서 "자연과학은 틀린 것은 틀렸다고 해야 합니다. 역사는 몰라도" 이렇게 말했죠. 이렇게 일종의 괘씸죄에 의해서 1976년에 해직교수가 된 것이죠. 해직교수가 되어가지고 이제 UCLA에 와서 22년 동안 연구교수로, 가르치는 일(teaching)이 아니라 연구만 하는 교수로 있었죠. 왜냐하면 언어가 짧으니까. 연구는 하잖아요.

차종환 박사

김하영 22년 동안입니까?

차종환 네, 22년간. 거기서 이제 박사후과정(post-doc)도 했고. 그래서 이제 미국을 오게 되었고요. 한 몇 개월 전에 30년 만에 명예가 회복되었습니다. 요즘 과거사정리 하고 있잖아요? 인혁당사건 바로 전날 내 판결이 나왔어요. "동국대학에서 대학교수의 학문의 자유를 뺏는 법이 어디 있느냐? 왜 공해에 관한 것을 연구 못하게 했느냐? 그것은 잘못한 것이다. 동국대학 자체가 박 대통령에 잘 보이기 위해서 그런 행동을 했는데, 교과서 틀린 것을 틀렸다 하는데 무엇을 잘못한 것이냐?" 그러면 동국대학이 답변을 못 하는 것 아니에요? 그러다가 이제 법적으로 명예가 회복이 되었습니다.

김하영 그러면 여기 미국에 와서 UCLA에서 상당 기간 동안 연구교수를 하셨고. 현재로서는 〈평통〉 LA 회장직을 이렇게 맡고 계시고, 그 전에 보면 〈미주인권문제연구소〉라든지 〈한국인권연구소〉 이런 데도 관여하셨는데, 그러면 통일 문제와 관련해서는 어떤 계기로 미국사회에서 활동하시게 되었습니까?

차종환 사실 UCLA에 있게 되니까 학교에만 있었어요. 내가 정치를 모르는 사람이고. 그런데 우연히 1979년에 한인회 회장 출마한 사람이 내가 부회장을 러닝메이트(running mate)로 같이 좀 해 달라고 했어요. 그러니까 제가 학위를 가지고 있으니까, 부회장이 박사다 그러면 아마 상당히 유리한 조건에 있었던 것 같아요. 상대는 그런 사람을 못 구하니까. 결국은 무투표로 당선이 되었어요. 그래서 UCLA에 있으면서 동포사회 조직에 이제 개입하게 되었고. 그러면서 광주사태가 80년엔가 났잖아요? 그래 가지고 여기서 데모 억세게 했어요. 광주에서 바로 사진이 오고 그러니까. 그러면서 "이제 이대로 흩어질 수가 없다." 일종의 이것이 그 민주화운동이죠. 그래 가지고 〈호남향우회〉라는 것이 조직이 돼요.

김하영 그것이 몇 년도였습니까?

차종환 1980년에. 1980년에 광주사태가 났지요?

김하영 맞습니다.

차종환 데모하고 바로 조직이 된 것이죠. 사실 나는 나이도 있고 그러니까 데모를 억세게 못했지요. 학생들이 억세게 하고 뒤에서 호응만 하고. 그러다가 "이대로 흩어질 수가 없다" 그래 가지고 호남 사람이 모여서 〈호남향우회〉를 조직합니다. 그러면서 초대 회장을 저 보고 해 달라고 그러더라고요. 그래 초대 회장을 하고, 그 다음에 또 1년 지나니까 2대 회장을 뽑아야 하는데, 다시 연임을 시키더라고요. 그래서 이제 동포사회에 참여하게 되고, 민주화활동이 거기서부터 시작이 된 것이죠.

김하영 향우회라는 게 사실은 운동조직은 아니지 않습니까? 그냥 친목조직인데, 그러면 〈호남향우회〉를 통해서는 어떤 활동을 하셨습니까?

차종환 친목조직이어서 내가 향우회장을 맡을 때, "우리는 친목을 해야 한다. 이 시대에 영사관 직원도 호남 사람이 있고, 영사관 직원은 정부 편을 들어야 할 것 아닙니까? 이렇게 영사관 직원도 있고 그러는데 너희들 계속, 예를 들면 김대중 씨 편만 들면 안 된다." 그래서 친목 단체로 출발했는데 암만해도 그 쪽에서 태어났고 그래서 그런 성향이 많아요. 90% 이상이 군사정권을 싫어하고 만나면 늘 군사정권을 비판하고 그래요. 그러니까 이제 영사관 직원은 우리 호남 사람들 모임에 나오기가 참 거북스러운 것이죠. 자기네들은 그래도 군사정권의 대통령을 모시고 있는데. 그렇게 하지 말라고 해도 자연히 그렇게 되더라고요. 그러면서 이제 김대중 대통령이 미국에 망명을 하게 되는 것 아닙니까? 그 양반이 1982년인가 1983년에 〈인권문제연구소〉를 조직합니다. 동부에서 조직을 해가지고 서부로 와요. 그래서 거기서부터 〈인권문제연구소〉에 저도 함께 참여를 하고, 거기서 내가 이제 핵심적인 역할은, 재외동포법, 재외동포 출입국과 관리에 관한 법을 우리가 쉽게 재외동포법이라고 그러는데, 그 운동을 제가 주동이 되어가지고 한 것이죠. 〈인권문제연구소〉에 있으면서. 군사정권 때 VISA를 3개월밖에 안 줬어요.

김하영 재외동포들에 대해서 국내에 체류할 수 있는 기간을 3개월밖에 안 줬다는 이 말입니까?

차종환 재외동포, 뭐 외신기자. 특히 외신기자들이 군사정권에 대해 자꾸 비판적인 글을 쓰잖아요. 군사정권의 나쁜 점을 UPI 기자라든가 하는 사람들이 자꾸 사실대로 쓰잖아요. 그러니까 정부는 "저 사람 3개월 후에는 다시는 VISA 안 준다" 그런 식으로 했거든요. 그것이 쭉 계속된 것이죠. 저 같은 선량한 사람도 가면 3개월 이상 못 있거든요. "그래서 되겠느냐" 그래서 그 VISA 관련 운동을 시작한 것입니다. 그래 가지고 현재는 2년을 줘요. 또 원하면 더 연기해 주고. 그렇게 되어가지고 이제 VISA 연장을 시켰지요.

그 다음에 우리가 미국 살면서 영주권을 가지고 있으면 미국 국회의원들이 악수도 제대로 안 해줘요. 투표권이 없기 때문에. 우리가 시민권을 가져야 미국 국회의원들이 악수도 하고 좀 부탁한다고 그러지. 그래서 미국 시민으로 귀화하려고 하는데, 미국 시민으로 귀화하면 한국에서 지금까지 받고 있던 연금을 안 줘요. 그래서 "연금을 계속 달라!" 그리고 한국에 있는 토지를 그 당시에 1년 이내에 팔아서 가지 않으면 국가에서 관리하겠다고 그랬거든요.

김하영   네, 그랬군요.

차종환   그런 것이 있었어요. 그래서 그 운동을 시작해 가지고, 지금은 얼마든지 보유할 수가 있고, 또 내가 가서 살 수도 있고, 그렇게 법을 만들었는데. 그 법을 만드는 데 1년에 세미나를 대여섯 번 했는데 늘 주제발표를 제가 하러 나갔지요. 그래서 어떤 사람은 그래요. "차종환이가 정치학과인가, 법학과인가, 어디 나왔나?"고 그러는데, 사실은 생물학과를 나왔어요. 그러다가 이제 백두산 식물생태, 묘향산 식물생태 관련 이런 책을 쓰니까 "이상하다. 이 사람 법과대학 나온 사람이 별 것을 다 쓰고 있다"고 그러는데 원래 배경은 그것입니다. 이제 젊은 기자들이 몰라서 그런 말이 나온 것이고.

그래서 그 민주화운동, 재외동포 권익을 위한 운동을 했고. 그런데 원래 김대중 씨가 "선민주 후통일"을 주장했습니다. 그러니까 저도 〈인권문제연구소〉 고문도 하고 지회장도 하고, 뭐 다 했잖아요? 그러다가 현재는 이제 미국 전체 본부 회장을 하고 있는데. 그런데 거기서 이제 두 개로 달라져요. 소위 친북단체는 "통일이 먼저고 민주화는 나중이다. 선통일 후민주화." 그런데 김대중 씨는 "선민주화 후통일"을 주장하고. 그런데 김대중 씨 입장으로는 통일을 먼저 주장할 수가 없어요. 자꾸 빨갱이라는 색깔을 칠하잖아요? "김대중은 빨갱이다" 자꾸 그러니까, 친북인사들에 대해 처음에는 민주화운동 할 때는 같이 했지만 그 후로는 거리를 좀 두었어요. 그러니까 몸조심을 한 것이지요. 이런 것은 아마 기록에도 나올 것입니다. 일본 〈한민통〉 같은 것도 자기들을 위해서 투쟁한 사람인데 빨리 불러들이지도 못하고.

김하영 그러면 그런 활동을 하시면서 통일과 관련된 활동을 구체적으로 어떤 계기로 하시게 되었습니까? 여기 동포들의 권익을 위해서 활동을 하시고, 지금 현재는 〈평통〉 지회장 하고 계시지만, 그 외에 통일과 관련하여 이 교민사회에서 어떤 식으로 선생님께서 관여하셨는지요?

차종환 그러니까 이제 저 같은 사람은 통일에 대해서 별로 관심이 없었고, 그런데 북한에 왔다갔다 한 사람들이 있었어요. 소위 친북단체 인사들. 그러나 저 같은 사람은 꿈도 못 꾸고 있었는데, 1988년에 노태우 대통령 때 「7·7선언」이 나오지 않습니까? 그때 「7·7선언」에서 "해외동포들이 북한에 갔다 와도 좋다" 그래 가지고 1991년에 처음 북한에 들어간 겁니다.

김하영 처음 북한에 갔을 때는 어떤 연유로 북한을 방문하시게 되었습니까?

차종환 그러니깐 내가 UCLA에서 토양개량제, 농축화분비료, 산성화된 토양을 중화시키는 방법, 이런 특허도 갖고 논문도 여러 편 냈고. 그러니까 내가 이런 이야기해서 좀 이상한데, 내가 국제학술지에 120편 정도 실렸으니까 우리 생물학계에서는 아직까지는 논문이 제일 많을 것입니다. 뭐 저서는 한 230권 썼지만 저서는 문제될 것도 없고. 그러다 보니까 특허 받은 것들을 북한에서 알아가지고, 나를 불러가지고 강의를 들으라고 그랬던 것 같아요. 강의를 좀 해달라고 그래서 김일성대학에 가서 한 시간 강의를 하고 〈식물학 연구소〉에서 두 시간 강의를 했어요.

김하영 그 당시 1991년에 그 쪽에서 반응은 어땠습니까?

차종환 그러니까 많이 좋아진 것이죠. 가 가지고 내 전제조건이 "백두산 좀 보내 달라" 그랬거든요. 그런데 아시는 바와 같이 백두산이라는 것은 "김일성 주석이 혁명을 일으킨 성산이요, 빨치산을 조직한 성산이기 때문에, 미 제국주의에서 온 놈이 감히 거기를 어떻게 가겠다고 하냐?" 이런 자세예요. 그러나 가기 전에, 내가 "백두산을 보내주면 가겠다. 강의 10시간도 좋다." 그래서 강의가 다 끝났는데 안 보내줘요. 이미 자기들은 들어오라고 그랬고 그래서 들어갔거든요. 이미 자기들의 계획은, 비행기로 백두산 삼지연까지 데리고 가서 거기서부터 올라가라는 것이에요. 백두산 삼지연은 백두산 중간에 있는 비행장입니다. 그러면 나는 밑에서부터 중간까지 식물을 못 보잖아요? 중간부터 꼭대기만 보고 온 것입니다. 그래서 〈식물학연구소〉의 학자들하고 이야기를 해가지고, "혜산진부터 올라가자" 했죠. 혜산진은 백두산 밑이에요. 학자들은 같이 가자고 해요. 학자들은 오케이 하는데 당에서 움직이지를 않아요. 그런데 평양에서 혜산진까지는 18시간 걸린대요. 그 거리가 아마 서울에서 대구 정도 거리일 겁니다. 그 거리가 18시간 걸리는 기차 속력이 그런 것이니까 그쪽 교통사정 짐작이 가지요. 그러니깐 학자들은 단순하니까 "우리 같이 고생하고 갑시다. 모기 좀 뜯겨가면서 갑시다" 그러는데, 당에서는 "그렇게 못 하겠다. 백두산 중턱에다 내려다 줄 테니까 거기서부터 봐라." 일주일 동안 싸우다가 결국에는 내가 양보를 했어요. "가다 보면, 18시간씩 가다보면 군사기지도 있고 그럴 텐데, 너 그것을 보러 온 것은 아니지 않느냐?" 사실 그렇거든요. 나는 백두산 식물생태를 보려는 것이고. 그런데 백두산 식물생태에 대해 북한에서 한 것이 여러 가지 틀린 것 한 20여 가지를 내가 지적을 했어요. 산 높이도 다르고, 압록강, 두만강 발원지도 다르고, 식물 분포상황도 다르고, 이런 것을 전부 지적했습니다. 이제 제가 논문도 발표했고, 책도 만들었고. 그래서 이제 북한을 가기 시작해서 그때부터 통일에 대해서 관심을 갖기 시작한 것이죠.

김하영   삼지연 공항에 내려가지고 이제 백두산 중턱에서 꼭대기까지만 보시게 되었군요.

차종환   네. 그래서 너무 억울해서, 그 당시 한국일보사에서 연구비를 받아서 중국으로 나가가지고 장백산은 밑에서 위에까지 보았어요. 그러니깐 백두산은 다 본 것이지요.

김하영   그러면 북한 방문하시고 난 이후에는 어떻게 활동하셨습니까?

차종환   민주화운동을 하고 잠정적으로 잠복기에 들어갔었는데, 북한을 방문하게 되니까 같이 운동했던 그 친북세력들은 통일운동을 계속 했지요. 그러나 우리는 김영삼 정권이 들어서고 그러면서 민주화는 거의 된 것 아닙니까? 그러다가 나중에 통일운동에 합세를 하죠.

김하영   그러면 선생님께서는 다른 분들과는 달리 전공분야인 식물생태 이런 쪽에 대한 관심을 가지고 북한을 방문하고, 또 북한의 식물에 대해 글을 쓰시거나 논문을 발표하신 것으로써 초기 활동을 한 것으로 이해할 수 있습니까?

차종환   그렇죠. 그러니까 갈 때마다 무슨 회의가 있잖아요? 6·15 행사나 그런 회의에 참석하고, 그 다음에 "금강산 좀 봅시다", "묘향산 좀 봅시다", 또 "구월산 좀 봅시다" 그래 가지고 북한의 5대 명산 중 4개는 다 보았어요.

김하영   그러면 북한을 여태까지 몇 번 방문하셨습니까?

차종환   네 번.

김하영   네 번 가서서 북한의 주요 명산은 다 보신 것이네요?

차종환   그래서 한 번만 내가 더 가면, 크게 더 갈 필요가 없다고 보는데. 칠보산을 지금 못 봤어요. 칠보산이 북한 5대 명산 중 하나인데, 4대 명산은 보았는데, 칠보산은 헬리콥터를 타고 가야 한대요. 이제 내가 북한의 5대 명산의 식물생태학을 쓰려고 하는 것은, 우선 백두산에 관한 기록이 너무 많이 틀렸고, 한라산 것도 내가 고쳤어요. 식물분포를 틀리게 썼다고 내가 지적을 해서 대학에서 쫓겨났는데. 백두산도 마찬가지야. 내가 한 20여 가지를 지적을 했습니다. 그러나 남쪽 학자들이 아직은 거기를 못 가잖아요. 가도 금방 갔다 금방 와야 하고. 그렇다면 내가 미국 시민권자니까 나라도 갈 수 있는 데 가서 써 놓으면, 나중에 후학들이 선배 차종환이가 써 놓은 것이니까, "이러이러한 점이 누락되었더라, 이런 점은 잘못 본 것이다" 그렇게 고치고 하면 학문이 발전하는 것 아니겠어요? 그래서 "우선 이런 조건에 있는 내가 가서 먼저 써야 되겠다"고 생각해서 북한 명산에 대한 식물생태는 내가 관심을 많이 갖게 되었죠.

김하영 그러면 이제 여기 교민사회 쪽으로 방향을 돌려서 여쭤보면, 교민사회에서 보면 초기에 통일운동을 하시던 분들하고, 최근에 활동하시는 분들하고 알력이 있는데, 그런 알력이 어떤 배경으로 생기게 되었는지, 또 어떤 방향으로 지금 그것이 해소되고 있는가에 대해서 말씀해 주십시오.

차종환 그러니까 민주화운동을, 소위 남쪽의 코드를 맞춘 사람이나, 북쪽의 코드를 맞춘 사람들이 민주화운동을 같이 했어요. 뭐, 같이 했는데, 이제 김대중 씨가 석방이 되었잖아요? 그래서 우리는 인제 일단 휴면기에 들어갔는데.

통일운동 한 사람들 중 북한에 친척이 있는 사람들이 많습니다. 없는 사람들도 한두 명은 있어요. 그래서 이제 그분들은 통일운동은 계속 했고, 저 같은 사람은 한 발짝 뒤로 물러서 있었어요. 그런데 6·15 이후 준비위원회가 조직됩니다. 남쪽에서도 일본에서도. 여기서도 조직되고 거기 합류했어요. 그런데 한 2년 하다 보니까, 친북세력들이 자기들끼리 똘똘 뭉쳐가지고 특정인을 회장으로 지지하더라고요. 내가 그러지 말라고 한 세 번은 경고를 했어요. 그런데 어느 날 갑자기 변해가지고, 그쪽 사람들만 몽땅 와 가지고 그 사람이 회장이 되더라고요. 그러면 내가 그 밑에서 일을 할 수가 없지요. 입장을 바꿔놓고 생각해 보세요? 그래서 깨졌습니다. 그래서 그쪽만 이제 몇 사람 있어요. 그리고 이쪽은 그 후로 인원이 많이 늘어가지고, 그 중에 저는 이제 공동대표 중 하나이고.

김하영 그런데 어떻게 보면 미국이라는 동포사회 내에서 6·15 위원회가 그렇게 갈라지게 되면, 사실 통일된 활동을 하기가 어렵지 않습니까?

차종환 그러니까 저변 확대가 되어야 해요. 동포사회가 많이 따르는 분이 대표가 되어야지요.

김하영 대체로 보면, 교민사회에서 오래 전에 이민 오신 분들은 예전의 한국에서 살던 시절만 생각하고 상당히 보수적인 견해를 많이 가지고 있어서 여기서 통일운동 하기에 상당히 어렵고 또 교민들의 많은 지지를 받기 어렵다는 말씀을 하시는 분도 있습니다. 선생님이 보시기에는 어떻습니까?

차종환 한국에서는 그런대로 북한이 변하는 모습을 보면서 보수가 어느 정도 중도로 변하기도 하고 그러는데, 여기는 이민 올 때 가지고 있던 그 사고방식 그대로 가지고 있어요. "6·25 참전 때, 내 옆에서 내 전우가 죽었다. 고로 남침을 한 북한에 문제가 있다." 이런 사고방식이 남아 있죠. 그런데다 여기서는 방송을 억세게 해요. 현재 한국 정권에 대해서. 그러니까 그런 영향을 많이 받은 것 같아요. 그래서 한국보다 여기가 보수가 더 강해요. 저는 그렇게 봅니다. 원래 올 때 사고방식 그대로 가지고 있는 데에다가 여기 언론이 영향을 미쳐요.

김하영 그러면 방송 말고 여기 지역 신문은 어떻습니까?

차종환 신문은 그런대로 중립을 지키는 것도 있고, 약간 보수적인 것도 있어요.

김하영 그리고 교민들은 결국 기본적으로 자신들의 삶과 생업에 대해서 더 관심이 있어서 통일문제가 주요 관심사항이 되지 않는 것 아닙니까?

차종환 생업이 주요 관심사인 것은 맞지만, 어느 민족 못지않게 한국 민족은 귀소성이 강하고, 또 조국지향적인 사고방식을 가지고 있어요. 그래서 신문을 보면 미주판이 있고 한국판이 있는데, 장관들 바뀌면 사람들이 한국판을 먼저 보면서, 누구 이름이 있는지, 혹시 내 동창이나 내 고향 사람이 아닌가, 찾아보고. 그 동창이면 뭐하고 고향 사람이면 뭐해요, 아무 관계없거든요. 그러나 나도 그것을 보게 돼요. 그렇게 조국지향적인 사고방식을 가지고 있고 귀소성이 강한 민족입니다. 그래서 "이민 1세는 할 수 없구나!" 이런 생각이 들어요.

김하영 이민 1세가 그렇다면 1.5세나 2세들은 어떻습니까?

차종환 1.5세나 2세나 여기 현실에 적응하기 위해서 통일에 대해서 거의 관심이 없지요.

김하영 사실 여기서 통일에 대한 관심을 가지고 있는 분들은 굉장히 소수인데, 그런 점에서 본다면 이 교민사회가 남북통일에 대해서 어떤 측면에서 기여를 해 왔는가 하는 질문을 할 수 있을 것 같습니다.

차종환 저는 〈평통〉을 10번째 했습니다. 그런데 12기 때는 그동안 세 번 이상 한 사람들은 다 퇴출시켰어요. 그래서 12기에는 제가 빠졌고, 다시 13기에 들어왔는데, 그동안 〈평통〉을 하면서 '미주동포 통일의식 조사' 이런 것을 두 번을 했습니다.

김하영 그것을 좀 더 설명을 해 주시죠.

차종환 그러니까, "만약 남북 간에 전쟁이 일어났을 때는 어떻게 하겠느냐?"라고 했을 때, "나는 내 조국인 대한민국을 위해서 싸우겠습니다" 이런 여론이 한 70% 된다든가. 이것은 책자로 나왔어요. 옛날에 그러니까 한 20년 전에. 그 당시 또 야당이 해외 평통을 없애라고 주장했을 때, 해외 평통위원 중에서 차종환이라는 사람이 이런 여론조사를 한 것이 있다." 여론조사, 국회에까지 가지고 나갔대요. 전혀 일을 안 한 것은 아닙니다. 그 후로도 여론조사를 해 가지고 냈어요. 그 다음에, 1.5세, 2세들을 위해서 어떻게 할 것인가? 우선 부모 자신이 통일에 대해서 잘 몰라요. 내 자신도 사실은 모릅니다. 나는 늘 "나는 아마추어입니다"라고 그럽니다. 그래서 우선 통일교재를 쓰자고 생각해서 이중 언어로 된 것 초등학교용, 그 다음에 중학교용까지는 썼습니다. 〈평통〉 이름으로 해가지고 그거 전부 내가 썼어요. 그러니까 한국 교과과정에 맞춰 가지고 〈통일교육원〉 자료도 좀 보고 해서. 그런데 이제 그쪽 교과서하고 다를 수밖에 없는 것이 여기 애들에게 '우리나라'는 미국이에요. 남쪽 교과서에서 '우리나라'는 남한이에요. 남쪽의 책에 "우리나라는 이런데 북한은 저렇다"고 쓴 이것을 그대로 우리가 쓰면 "미국은 이런데 북한은 저렇다"고 돼요. 말이 안 되거든요. 그런 용어 같은 것도 바꾸고 초등학교, 중학교 교재를 우리 실정에 맞게 쓴 것이죠. 뭐, 철수 엄마는 냇가에서 빨래를 했다고 그러는데 여기는 냇가에서 빨래를 했다가는 잡혀가요. 한국은 지금도 시골 같은 데에 가면 하지요. 그런 내용도 다 빼고, 여기의 현실과 문화적응 이런 것을 넣어가지고 초등학교, 중학교까지 냈고. 사실 12기 때, 차세대 고등학교용 교재를 쓰려고 했는데 내가 나오게 되었으니까 못했고, 지금 준비하고 있습니다. 한국에서 그런 교재를 잘 안 만든다고 해. 한국말로는 하는데 이중 언어까지는 잘 안 하고. 이중 언어는 암만해도 여기가 조금 낫지 않을까 하는 그런 생각이 들어서 지금 준비 중에 있습니다.

김하영 그러면 그렇게 교재를 만들어서 이제 2세들이 사용을 하도록 했는데, 그러면 한인 2세들의 인식, 구체적으로는 통일에 대한 인식 제고, 그런 데에는 어떤 영향이 있었다고 보십니까?

차종환 그 교재를 한국학교에다 나눠줬어요. 〈토요학교〉, 〈일요학교〉도 있고. 거기다가 나눠주면 선생이 먼저 읽고, 통일에 관한 이야기가 나오면 통일에 대한 글짓기도 하고 그랬을 때 조금씩 관심을 갖게 되는 것이죠. 아무래도 한국 초등학교, 한국 중학교보다는 관심이 적지만 그래도 관심을 갖게 되는 것이죠.

김하영 그러면 현재 여기 〈평통〉LA 지회장으로서 특별히 통일과 관련해서 추진하고 있는 사업이 있습니까?

차종환 아까 말씀드린 대로 차세대 교재를 쓴다든가, 또 175명이 있는데 세미나를 몇 번 하지만 질문도 안하고 가만히 참석만 하는 사람이 있어요. 그러면서 나중에 하는 소리가 "나는 2년 동안에 말 한마디 안 했다." 그래서 175명에게 전부 글을 하나씩 쓰라고 할 생각이에요. 통일에 관한 일종의 논단집이죠. 단 수필은 곤란하다. 또 논문은 필요 없다. 논문은 전문가가 잘 하지만, 이렇게 했으면 좋겠다든가 통일에 관한 것을 쓰라는 것이죠. 일반적인 문학적인 수필은 말고. 그러면 이제 175명이 다 참여를 할 것 아닙니까? 글 쓸 기회를 주었는데 그나마 안 쓰면 할 수가 없는 것이지요. 사실 많이 안 써요. 이제 그런 것을 하고, 또 새 정권이 들어서면 그 통일철학을 중심으로 통일 의식구조를 조사하려고 해요. 그래서 책으로 만들려고 해요. 그 다음에 〈평통〉 사람들이 통일에 대해서 많이 모르니까, 일종의 북한학 관련 책, 요즘 한국에서 말하는 북한학 교재를 만들려고 해요. 이미 내가 써 놓은 것이 있는데, 세 권으로 썼는데 한 권으로 쉽게 압축해 가지고 북한학 교재를 만들려고 해요. 그러니까 책 쓰는 데는 내가 남보다 조금 앞서가고 그래서 그 노하우를 살려가지고 이런 것을 해야 되겠다고 추진하고 있고. 또 내년 4월에 이산가족도 방문하려고 해요. 이산가족이라는 말을 안 쓰고. 지난번에 북쪽에서 누가 왔을 때 그렇게 이야기를 했어요. "세미나를 한번 하자. 정치적인 문제는 연구자들이 해야 하니까 우리가 하지 말고. 너희들도 독도를 우리 땅이라고 하는데, 우리도, 남쪽도 독도를 우리 땅이라고 한다. 독도라는 테마를 가지고 같이 하자." 그렇게 이야기를 했습니다. 사실 『독도』라는 책을 썼어요. 김일성 대학 교수하고, 나하고, 또 법타 스님하고. 내가 쓰기는 썼고, 심법타가 호적을 독도로 옮겨놨어요. 일본이 자꾸 자기네 땅이라고 주장하니까. 그래서 사진이 많아요. 여러 번 찾아가서 "사진 다 내놔라" 했고, 북한에 가서 "북한 자료 다 내놔라. 책은 내가 쓴다. 단, 공동 명의로 출판한다." 그래서 세 사람 명의로 출판을 했지요. 그런 것은 세미나를 할 수가 있잖아요. 괜히 김일성 이야기 잘못하거나 김정일 이야기 잘못하면 문제가 될 수가 있으니까 그런 것은 피하고, 뭐 북한의 교육제도와 남쪽의 교육제도 비교라든가 이런 것을 할 수가 있지요. 그래서 세미나를 하려고 그래요. 그 사이에다가 이산가족을 포함시키려고 해요

김하영 네, 알겠습니다. 아까 여기 들어오면서 보니까 〈한미교육원〉이라고 써 놨는데, 이것은 어떤 일을 하는 단체인가요?

차종환 네, 제가 서울대학교 사범대학을 나왔어요. 그래서 자녀 교육에 관해서 뭐 특별히 한 것도 없고 그래서 사범대학 출신을 중심으로 해서 〈한미교육연구원〉을 만들었어요. 그러니까 우리가 우리 애들한테 무슨 미적분을 가르친다거나 숫자로는 풀어줄 수가 있지만 영어로는 설명을 못하잖아요. 그래서 고3학생들을 중심으로 해 가지고 우수학생상(Outstanding Student Award) 이 상을 주어요. 미국이라는 곳이 학교성적도 좋아야 되지만, 과외활동 기록이 있어야 하거든요. 그러면 이런 소수민족 사회에서 수상 경력, 즉 이런 상을 받았다 하는 기록을 대학 입학원서에 쓰면 없는 것보다 입학 사정할 때 도움이 되거든요. 이중 언어로 된 상장입니다. 그리고 상장을 우리끼리 주는 것이 아니라 교장 앞으로 보내요. 그럼 교장은 카운슬러(counselor)한테 편지를 써요. 편지가 다 들어있어요. 그러면 카운슬러는 생활기록부에 기록을 해요. 학생들이 무슨 상을 받았다고. 그런데 이제 대학에서 조회를 오거든요? 그러면 "이게 생활기록부에 있으니까 맞습니다" 그러죠. 그런데 우리끼리 여기 라이온스클럽에서 주고 그쳐버리면 이 아이가 라이온스클럽에서 무슨 상을 받았다는데 조회해 보니깐 학교생활기록부에 없거든요. 그래서 학교에서는 "글쎄, 받았는지 아닌지 우리는 알 수가 없습니다"고 하죠. 이런 현상이 일어나요.

그리고 또 하나, 내가 아이들에게 장학금을 주는데, 내가 워낙 어렵게 공부를 했어요. 저는 강진농업고등학교를 나와 가지고 서

울대학교를 왔으니까. 한 학기 등록금 가지고, 기차도 처음 타보고. 그런데 1, 2학년 때는 성적이 전부다 C, D에요. 철학이다 윤리다 나는 그런 이야기를 시골 농업고등학교에서 들어본 적이 없어요. 그러니깐 학점이 제대로 나오겠어요? 그런데 3, 4학년 때는 생물학이니까 학점이 제대로 A, B가 많으니까 한 과에서 하나 준 장학금을 받았어요. 요즘은 장학금이 많은데 그 당시에는 한 과에 한두 명밖에 없었어요. 내가 그것을 3학년, 4학년 때 받았거든요. 그래서 "나도 살아생전에 이런 사업을 한 번 했으면 좋겠다" 했는데, 책을 쓰다보니까 인지대라는 것이 조금 나오잖아요? 어떤 책은 전혀 안 나와요. 오히려 나보고 돈 내라고 그래요. 그것을 모아 놓은 것이 한 40만 불 되기 때문에 애들한테 장학금을 주는데, 오노래리엄(honorarium)을 주는데, 이것은 스칼라십(scholarship)은 아니고. 하지만 우리나라 말로는 장학금이에요. 그러니까 학생의 부모는 기분 좋을 것 아닙니까? 그러나 장학금(scholarship)을 받았다고 애가 입학원서에 쓰면, 만 불짜리 장학금을 대학교에서 주는데, 아, 이 애는 나한테 5백 불 받았는데, 다른 애는 안 받았거든요? 그런데 조건이 비슷하면 다른 애에게 장학금을 준다고요. 나한테 500불 받은 애는 불이익을 받는다고요. 워낙 차이가 났을 때, 애가 만 불짜리를 받더라도 9천 5백 불밖에 안 줘요. 만 불짜리 장학금인데도, 어디서 5백 불 받았구나 하고 9천 5백 불만 줘요. 그러면 내가 준 것은 전혀 효과도 없고, 오히려 심사하는 데 불이익을 당하고. 그래서 "너희들 입학원서에 스칼라십 받았다는 소리 쓰지 마라." 여기 영어로 내가 honorarium이라고 해 놨어요. "일종의 부상으로 준 것이다" 그렇게 해 가지고 지금 이 사업을 하고 있습니다. 사범대학을 나왔기 때문에 이런 〈한미교육연구원〉을 하고 있고, 동포권익을 위해서 투쟁하다 보니까 〈인권보호연구소〉 소장도 하고 있고, 그리고 통일에 관한 책을 많이 쓰고 늘 부르짖다 보니까 뭐 〈평통〉 회장도 되고. 사실 젊은 사람들이 하려고 굉장히 노력을 했는데, 내가 된 것은 뭐 여러 가지 참고를 한 것 같아요.

김하영 여러 가지 말씀을 잘 들었습니다. 지금까지 이야기와 관련해서 혹시 덧붙이고 싶으신 말씀 있으면 마지막으로 부탁드리겠습니다.

차종환 네, 처음에 북에 갔을 때 그쪽의 차관하고 밥을 먹게 되었는데 이런 이야기를 하더라고요. "조총련계 학자가 식물의 호르몬에 관한 연구를 해서 온실을 하나 지어 줘 가지고 조국에 봉사를 하고 있습니다" 그러더라고요. 그래서 나도 식물 호르몬에 관한 논문이 한 대여섯 편 나왔거든요. 그 이야기를 했더니 그 쪽에서 하는 소리가 "차 박사님, 조국을 위해서 봉사를 하십시오." 섬뜩해지더라고요. "야, 나 잡는 거 아닌가? 나 미국 다 간 거 아닌가?" 그게 반공교육의 영향이에요. 똑같은 이야기로서, 내가 고향에 가면 "종환아, 너 미국 살지 말고 우리 같이 고향에서 살자." 똑같은 뉘앙스의 이야기거든요. 그것은 전혀 거부 반응이 없는데, 그쪽에서 말하니까 섬찟해져요. 소년궁전에 갔을 때, "아저씨, 같이 살아요!" 하는 말을 들으면 섬찟해지더라고요. 지금은 그렇지 않아요. 그래서 반공 교육의 영향이 대단한 것이다, 역시 북한을 많이 봐야겠다고 생각하고, 김 박사님도 처음 가면 좀 서먹서먹할지 몰라요. 그런데 자꾸 오고 가고 해야 되고, 또 다름을 인정을 해야 해요. 북한에서 쓰는 가슴띠니, 꼬부랑 국수니 하는 말이 우리와 다르다고 웃어서는 안 돼요. 그런 차이점을 서로 인정을 해야 하는데, 그것을 인정을 못하고 웃고 있자고 그러면 대화가 참 어려운 것이죠. 다름을 인정해야겠다는 말이죠. 그래야 통일이 되지요.

김하영 네, 감사합니다.

15. 김용현

면담일자: 2007년 10월 22일
장　　소: 미국 캘리포니아주 로스앤젤레스
면 담 자: 김하영
구 술 자: 김용현

김하영 선생님께서 1981년도에 미국에 오셨는데 그 전에 국내에서는 주로 어느 분야에서 활동하였습니까?

김용현 제 인생 곡절이, 문화방송 있다가 1980년 언론인 해직이라는 게 있었습니다. 서울에서 1980년 5·18 이후 7월부터 언론사의 언론인 해직이라는 사태가 벌어지는데, 제가 문화방송에서 제작 거부 운동 그런 것과 연관해서 7월 달에 해직되고, 그래서 그 다음 해 1981년에 미국으로 왔고. 1981년서부터 이제 쭉 로스앤젤레스에서 살고 있죠. 그러면서 저는 말씀드린 것처럼, 통일이야기 들으러 오셨는데 하여튼 통일운동가도 아니고 치열하게 그렇게 한 그런 것도 아니었고, 언론인의 입장에서 통일을 열망하는 사람 중의 하나라고 생각해주시면 되고. 이제 아시는 것처럼 서울에서도 그랬지만 여기서도 1980년대에 제가 여기 와보니까 통일을 먼저 주장하는 그런 어떤 세력이 있고, 통일보다도 민주화를 먼저 주장하는 그런 세력이, 그러니까 선통일과 선민주화 이런 구분이 있었고. 저는 그냥 어차피 제가 핍박받고 여기 와 있었으니까 여기 동지들하고 함께 민주화 투쟁 그런 대열에 합류하게 되었고. 그러면서 저도 복직을 했습니다. 1987년에 문화방송을 비롯해서 서울의 모든 언론사들에 언론노조가 생기는데, 언론노조가 생기면서 저는 얼굴도 모르는 그 후배들이 "옛날 해직된 선배들의 복직 없는 그런 민주언론 없다"고 해가지고 1989년에 복직해 가지고 1992년까지 또 있다가 이번에는 제 손으로 사표를 쓰고 오고. 1989년에서 1992년까지 서울 가 있으면서, 그때 노태우 정권과 김영삼 정권으로 넘어가는 그 과정에서 서울도 그런 "선통일이냐 선민주화냐" 그런 갈등, 그때 문익환 목사님 북한에 가시고 임수경 양 북한 가고, 그런 것들이 조금 혼란스러웠을 때 그때도 저는 분명히 "이 땅에 우선 군사정부가 없어지고 국민의 손에 의한 민주정부가 분명하게 안착된 다음에 그런 정돈된 힘으로 통일을 이야기 하는 것이 옳다"는 생각을 갖고 돌아왔고. 여기서 돌아와서도 연관된 일을 하다가 김대중 정부가 들어서면서 햇볕정책을 같이 홍보하고 동포사회에 정착시키고 하는 그런 일들에 같이 참여하게 되고. 그것마저도 저는 통일이라기보다도 평화운동의 하나로 접근해서 일을 좀 마일드(mild)하게 해 나가면서, 최근 2년 전에 〈6·15공동위원회〉 공동위원장을 맡고 그러면서 본격적으로 통일운동 해오던 사람들과 서로 만나기도 하고, 또 한편으로는 갈등도 느끼고. 작년에 지난 2월 달에 평양을 갔다 오게 되고, 요즈음은 "어떻게 해외에서 통일운동이 나아가야 할 것인가"에 대해 그런 것을 좀 고민하고 있고, 그런 상황입니다.

김하영 그러면 여기 사정을 보면 활동하고 계시는 여러 분들이 지향하는 바가 조금씩 다르지 않습니까? 어떤 파벌 비슷한 그런 것이 있는데, 언론인의 입장에서 볼 때 그런 것은 어떤 이유에서 그렇게 차이가 난다고 말할 수 있습니까?

김용현 제일 중요한 것은 "어디에다가 발을 딛고서 통일운동을 하느냐" 하는 데에서, 거기가 큰 갈림길이었던 것 같아요. 우리가 떠나온 남한에다가 발을 딛고서 통일이라는 것을 쳐다보았느냐, 아니면 조국의 반쪽인 북한 쪽에다가 더 연민의 정을 갖고 북한에다가 발을 딛고 통일운동을 하고 또 그런 시각으로 멀리서 조국을 쳐다보았느냐 하는 그런 시각 차이였고. 지금은 2000년 6월 15일 이후에 이 정도의 물꼬가 트이고 인적·물적 교류가 생긴 것은 참 다행인 일이지만, 그런 점에서 저는, 그 이전에 초기에 그 실낱같은 어떤 물꼬라도 만들고 한 것은 미주에 있는 동포들의 역할이 참 컸다고 생각을 하고 있거든요. 그래서 지금은 뭐 그냥 심양을 통해서라도 갈 수 있지만 1970년대 후반, 1980년대 초반 그때는 그 길도 안 되어서 저 모스크바 통해서 시베리아로 해서 이산가족 만남이라는 것을 시작을 했지만, 가족들 만나러 갔다 와서는 빨갱이라고 손가락질 당하고. 그때 70년대 후반, 80년대 북한을 드나든 분이 있는데, 정황은 그때 갔다 오셨지만 지금도 본인은 입을 다물고 있는 분들도 지금 여기 있을 정도로, 갔다 와서 이 사회에 그냥 감싸이지 못하고 손가락질 당했던 분들도 많은데. 그런 분들의 힘이, 어쨌든 그래도 작은 물꼬를 텄던 힘이 지금 큰 물꼬를 트는 데에 역할을 많이 했고, 그분들의 업적은 우리 역사가 우리 미주동포가 잊지 말아야 한다. 우리가 북한에 가서도 그런 이야기를 했는데, "북한 너희들마저도 그 사람들의 역할은 너희들이 잊지 말고 기록을 해주어야 한다." 그러나 이제는 그 통로가 좀 커지고, 그 사람들이 이를테면 다리 역할이었는데, 다리는 넘어져있을 때 다리이지 무슨 부산에 있는 영도다리처럼 다리가 일어났을 때는 이미 다리가 아닌데, 그냥 계속 다리 역할로 만족하고 있어야만 되는데 지금 일어나는 것에 문제가 있다. 그리고 최근 조총련 문제 같은 것이 일본에서 벌어졌고, 그런 것들과 연관해서 보면, 그렇게 초기에 아주 애쓰신 분들, 그리고 북한에서 등 두들겨주고 북한에서 참 애썼다고 생각하는 그런 사람들이 혹 이쪽에다가 과거의 조총련 같은 그런 어떤 세력화를 생각하는 것은 아닌가? 바로 그런 것이 잘못하면 2백만 동포사회를 다시 북미접근과 통일의 접근의 이 시점에서 오히려 더 분리시킬 수가 있다고 상당히 그것을 조심스럽게 보면서 "당신네들의 업적은 업적대로 두고 좀 후선으로 물러서시오." 그런데 저 사람들은 "우리가 왜 후선으로 물러서느냐? 우리가 그렇게 어려운 시절에 했는데, 지금 여하튼 빛을 보여 가고 있는 광명의 시절에 우리가 더 나서야 한다." 그런 어떤 갈등, 그런 것이 분열이라면 분열이고, 그런 것이 있었고. 아까 앞서도 말씀드렸듯이 과거 민주화 세력이 이제 해외에서도 분리되었던 것은 바로 그런 점, 통일우선주의, 통일만 먼저 하려고 하는 사람과 조국의 민주화를 먼저 하려 했던 사람, 그런 완급의 차이가 있었고. 그래서 저희들은 여기서 미국에서 1980년대를 지낸 사람들은 서로 어떻게 뜻이 다른 것을 구분했는가 하니, 미군철수 주장하는 사람과 그렇지 않은 사람, 어떤 그런 구분의 획도 있었고. 지금도 북미수교를 앞두고 한반도가 어느 때보다 정세가 좀 좋아진 지금 할 수 있는 일은, 과거의 통일운동 해오던 소수의 운동가들이 지금도 과거마냥 과격한 목소리를 자꾸만 내고 오히려 앞서가는 그런 주장을 한다거나 하는 그런 시대는 마감을 하고 이제는 대중화, 보편화되는 그런 일들을, 그래서 한반도가 평화로 가는 성과물, 해외에서 미주에서 2백만 동포들의 성과물을 모두에게 나누어줄 생각을 해야지 그 성과를 독점하려고 하거나 편중되게 하는 그런 것을 막아야하지 않겠는가? 어쨌든 남북정상회담이 이번에 잘 되고 그 영향력을 미주에 펼치기 위해서도 이제는 과거의 소수의 운동가들 치열하게 운동했던 사람들의 공적은 인정해 주되 그분들은 좀 물러서고 아니면 숨을 좀 죽이고, 이제는 대중화, 보편화시켜 가지고 이것이 참 2백만 동포 모두에게 와 닿는 일들, 그리고 북미수교가 되고 한반도가 평화 정착이 되었을 때, 어느 한 사람만이 아니라 모든 2백만 동포들에게 혜택이 가고 기쁨이 가는 일이라는 것을 우리가 더 광범위하게 인식할 필요가 있지 않는가? 그런 생각을 하고 있는 중이죠.

김하영 그런데 선생님께서 그러면 여기서 몇몇 단체들에 이렇게 관여하고 활동을 하시면서 구체적으로 통일과 관련해서 활동을 하시는 어떤 일들이 있습니까?

김용현 제가 과거에 〈한국인권문제연구소〉, 그것은 인제 인권이고 조국의 민주화였고, 김대중 대통령이 여기 망명 와 있을 때 만든 단체고. 같이 관여를 하면서 김대중 대통령이 최초에 평화적인 정권교체를 이룩했다고 했을 때, 그 일은 이제 이루어졌다고 생각했고. 그래서 그 뒤에 제가 〈평통〉에 소속되고 〈평통〉에서 그런 일들을 해왔고. 그리고 그 뒤에 이제 〈한미평화협회〉라고 만들었습니다. 그것은 이제 과거의 민주화 세력들을 통일운동으로 넘어가는 그런 과정에 단체를 만들어서 그 활동 정도는 그냥 한국정부가 갖고 있는 햇볕정책의 정도를 넘지도 않고 앞서가지도 않으면서 그런 수

준으로 쭉 동포사회에서 활동하고. 여기는 이제 통일운동을 하는 명망가도 있지만 극히 소수이고 한 95%는 그냥 보수적인 사람으로 봐야 하거든요. 그런 분들에게 통일이 왜 필요하고 평화정착이 왜 필요한가 하는 것을 홍보하는 일을 〈한미평화협회〉에서 그런 것을 중심으로 해 왔고. 지금 이제 〈6·15공동위원회〉 공동위원장 자격으로는 좀 더 구체적으로 북한과 북미수교, 남북이 정상화되는 과정 속에서 해외동포가 어떠한 역할을 해 나갈 것인가 그런 것을 같이 논의해 나가는 일을 하고 있는 중이죠.

김하영 옛날부터 활동하시는 분들은 북한을 여러 번 방문하도 또 최근에도 다녀오고 하신 분들이 많은데, 혹시 선생님은 북한을 다녀오신 적이 있습니까?

김용현 아까 말씀드린 대로 처음 제가 그 통일문제에 연민의 정을 갖고 일하면서도 갈 기회가 없다가 지난 6·15 7주년 기념식에 처음 평양을 갔다 왔습니다. 가서 북한이 많이 달라진 것을 가서 보고 왔고.

김하영 선생님 같은 경우는 서울에서 고등학교, 대학교를 다 나오신 분이잖아요. 그리고 저희도 마찬가지이지만 한국에서 반공교육을 강하게 받았을 것입니다. 그런데 그런 배경을 가지고 여기 오셔서 교포사회에서 이렇게 살게 되시면서 다른 통일 관련 활동가들을 보고, 또 스스로 이런 단체에서 활동을 하시는데 그런 변화 과정에서 특별히 어떻게 느끼시는 것이 있습니까?

김용현 저의 가정의 내력도 좀 그랬었고 어려서부터 좀 그런 데에, 시국과 민족에 좀 관심을 가졌다고 생각하고. 제가 고대 사학과를 들어갔는데, 사학과를 들어간 것도 김성식 교수라고 계셨어요. 제가 고등학교 때 『사상계』라는 잡지와 『새벽』이라는 잡지가 있었는데 거기서 늘 김성식 교수의 글을 보고서, 그분이 서양의 청년운동 그런 것을 전공하신 분인데, "나도 가야 되겠다" 그래서 고대도 갔고 역사도 그런 측면에서 공부를 했고. 제가 문화방송의 프로듀서로서 교양 프로그램의 시사물 만들고 하는 일을 하면서 조금 그런 것에 관심을 갖고, 유신시대 그 어려운 시절에 방송국에 있으면서도 늘 속상해 하고 가슴 아파하고 그러다가 전두환 정부 들어서면서 그때 그냥 나한테도 폭발을 했고, 그러니까 또 회사를 떠나게 되었고. 그런 마음들로 왔으니까 여기서 지내는 그런 부류의 사람들과 만나는 게 자연스럽게 그냥 접촉이 되었고, 그러면서 여기 사람들을 같이 동지화하고 또 문화방송에서 같이 와 있던 사람들과 또 연결하고, 해직언론인들 중심이 되고, 그러면서 나름대로 민주화운동 해오고, "아, 저렇게 또 한쪽에서 빨갱이라고 손가락질 받으면서 통일운동을 하는 사람들도 있구나!" 그것을 1980년대에 내가 관여는 안 했지만 보아왔고 그래왔어요. 그러다 본격적으로 통일에 관심을 갖게 된 것은 아까 말한 것처럼 김대중 대통령이 들어가고 햇볕정책이 나오고, 그것을 이제 해외에 홍보하고 동포들에게 널리 알리는 그런 직책을 맡으면서 그 일에 이제 관여를 하게 되었죠.

김하영 그렇다면 통일과 관련된 활동을 하시면서 주로 지향하는 초점은 무엇입니까? 예를 들면 남북관계의 개선이냐, 아니면 미국 주류사회의 여론이나 정책의 변화, 아니면 대북지원이랄까 이런 활동도 있는데 그렇게 여러 가지로 나누어 볼 때 선생님께서 하고 계시는 활동은 주로 어떤 측면에 초점을 많이 맞추고 있습니까?

김용현 해외 7백만 동포들이 세계 여러 군데에 흩어져 있지만, 참 그래도 하느님의 섭리도 묘한 것은 한반도와 가장 밀접한 4개국에 밀집이 되어 있고, 또 순서대로 한반도에 가장 큰 영향을 미치고 있는 미국에 제일 많이 지금 모여살고 있고. 그 섭리를 우리가 받아들이면서 그 역할을 하자. 예를 들어 후배들을 데리고 하는 일이 그래서, 요새는 이메일을 많이 하니까 미국 정부를 향해서 이메일을 보낸다거나, 편지를 써서 보낸다거나, 탄원서를 만들어서 보낸다거나 해서, 미국 정부를 향해서 "한반도가 선제공격의 대상이 되면 안 된다. 그것은 북한만이 아니라 남한도 그 순간에 다 피해를 보게 되는 것이니까 어쨌든 평화적으로 남북문제에 접근해다오" 하는 것을 그냥 끊임없이 영어권 후배들을 동원해 가지고 의회나 행정부에 연결하고 그런 일을 지금 많이 하고 있습니다.

김하영 그렇게 하시면 미국의 주류사회나 행정부 쪽에서 관심이나 반응은 어떻습니까? 그쪽에서 어느 정도로 이런 요구나 주장을 받아들인다고 보십니까?

김용현 그런 점에서 보면, 미국이라는 사회가 참 재미있는 게 주권자가 무슨 의견을 보내면 이 사람이 투표를 한 사람인지 안 한 사람인지 그것을 구분을 해요. 물론 이제 선거권자가 아닌 것은 거들떠보지 않고. 선거권자라도 이 사람이 투표경력이 있는가 없는가, 그것은 바로 나오거든요. 투표를 한 사람의 것을 중하게 받아드려요. 그것은 대답도 오고. 그런데 투표한 적도 없고 더군다나 영주권자이거나 이제 그런 사람들의 것은 거들떠보지도 않고 답변도 오지 않고. 그래서 그러면서 느끼는 것이 "여기서 살면서 우선 이 땅의 그런 의무, 이 땅의 권리를 찾으면서 내 조국하고 연관된 일을 해야 되겠다" 해서, 여기는 이사 갈 때마다 또 유권자 등록을 해야 하는데, 젊은 후배들한테도 "유권자 등록 꼭 하고, 어디 시시한 시의원 뽑는 투표라도 그런 것에 빠지지 말고 투표를 하라" 하고. 투표를 하면서 우리가 여기서 그런 역량을 길러 나가면서 조국과 연관되는 일을 할 수가 있고 또 궁극적으로는 주류사회에 많이 진출할 수 있다. 여기에 지금 겨우 주류사회의 조금 선두 쪽에 나섰다고 해봐야 일부 1세대들 밖에 없습니다. 어바인 시에 지금 부시장이 있는데 다음에 시장 후보로 나서려고 합니다. 제 고등학교, 대학교 후배인데 겨우 그런 정도이고. 1.5세대들이 그런 일들을 또 안 하고 있거든요. 젊은 사람들이 빨리 주류사회에 들어가서 그런 일을 하는 것이, 길게 보면 지금 이스라엘 사람, 유대민족들이 여기에서 의회나 언론을 많이 장악하고 있듯이, 이것이 조국을 위하는 길이라는 것을 후배들한테 가르치고 또 독려하고 있죠.

김하영 1990년대 중반 이후에 여기 LA지역 교민사회에서도 여러 가지 지원활동들이 많이 있었지 않습니까? 지금도 아마 상당히 이루어지고 있는 것으로 알고 있는데, 그런 것은 어떤 형태로 이루지는 겁니까? 교회를 통해서 주로 이루어집니까?

김용현 여기는 주로 교회죠. 지금 이제 2000년 이후에는 그래도 그냥 드러내놓고 "지원하고 있다. 우리가 국수공장 만들었다, 빵공장 만들었다"라고 이야기 하지만 2000년 이전에는 그냥 알려지지 않은 상태로 그렇게 해 왔다. 교회도 두 가지 부류가 있었죠. 한쪽은 KCC라고 해가지고, 여기는 과거에 「북한인권법」을 의회에서 만들 때 그 「북한인권법」을 지지했는데. 그 「북한인권법」은 바로 북한의 인권을 강조하면서 북한 체제의 붕괴를 강조하고 그러면서 탈북자가 나오는 것을 조장하고 했던 그런 법이었고, 그것을 지지하는 교회 그룹이 상당히 많이 있었어요. 뭐 그것이 긴 세월 지나기도 전에 옳은 일이 아니었다는 것을 뉘우치고 있지만, 탈북이 거의 기획 탈북이었고 또 소수의 탈북자를 위해서 한인사회가 큰 출혈을 하는 그럴 필요가 없었는데, 미국의 그 네오콘들, 보수강경파들한테 교회가 농락당한 것 같은 그런 일인 것을 이제 알고 그때 앞장서던 교회나 교회 지도자들이 지금은 이제 뒤로 다 물러서 있고. 그러면서 이제 교포사회에서 대북지원 하고 그런 것을 교회 차원에서 그냥 크게 하는 곳도 있고, 교회선교회 차원에서 작은 규모, 큰 규모로 하고 있는 데도 있고 그랬죠.

김하영 이제 한 부류가 KCC계열, 그러니까 「북한인권법」을 지지하고 탈북자를 유도하는 그런 활동을 하는 계열이었고, 그러면 또 다른 계열은 어느 것입니까?

김용현 꼭 교회 단체는 아닌데 〈우리민족서로돕기운동본부〉 같이 개별적으로 북한에 대한 지원을 하는 단체도 있습니다.

김하영 그런데 여기 많은 교민들은 보수적이라고 들었습니다. 보수적이라고 하는데 그러면 북한에 대한 이런 지원활동에 적극적으로 참여를 하는지 아니면 그것과는 별개로 어떻게 하는지요?

김용현 그렇게 적극적이라고 하기 어렵죠. 그런 속에서도 워낙 인구가 많으니까 그 중에서도 소수라고 해도 또 상당한 액수가 되니까 그런 소수가 그런 일을 해 왔다고 봐야죠. 그래서 이제 다른 분들 만나서 이야기를 들어보면, 그런 데서 확연하게 좀 그런 시각차가 나타나는 것을 알게 될 것인데, 통일운동 한다는 사람들이 우리 스스로 통일이 안 된 모습을 보이는 게 참 불행한 일이긴 한데, 아까 말씀드린 것처럼 그런 시각차입니다. 이것은 언젠가 또 합칠 수 있는 것이에요. 큰 차이는 아니니까. 시각차는, 바로 어떤 큰 명분으로 따지면 소수의 운동가 중심이 아니라 이제는 대중화·보편화 시켜야 된다는 그런 점이고. 또 구체적으로 나가면 우리는 양쪽을 같은 시각으로 보아야 하는데 이 북한의 어떤 통일전략 그 쪽으로 너무 치우치게 보는 세력이 분명이 있는 것, 이게 바로 서로 같은 통일운동, 평화운동 하는 사람들 사이의 갈등의 큰 아주 포인트죠. 그런 분들의 변명은 이렇습니다. 그 사람들의 변명을 이해를 하는 것은, 1980년 초에 그렇게 어려운 시절 겪고 이제는 통로가 트였는데 그럼에도 불구하고 이 사회에서 그 사람들의 업적, 그 사람들의 공적을 인정해 주지 않거든요. 다만 평양에 가면 막 인정해주고, 자기네 사람으로 생각을 해주고 하니까 그래도 그 쪽하고는 가깝게 해야 한다는 그런 어떤 강박관념, 이 동포사회에서 소외되는 심정을 그 쪽에서라도 보상받고 싶어 하는 것. "당신네들 꼭 그 감투 아니어도 되는데 지금 그 감투가 왜 필요한가? 감투 가져서 도움이 되는 것이 무엇이냐?" 그런데도 그 감투 하나 갖고서 평양에 가서 행사할 때 주석단이라도 앉고, 그런 것을 여태까지 고생해 온 것의 보상으로 생각하는 그런 것은 본질적인 문제는 아니고. 이제 우파나 중도 쪽 사람들도 어떻게 해결해 주어야 될 문제인데. 그렇게 그게 이제 갈등의 요인으로 되어버리고 있죠. 이제 토론회 같은 데에서 남한 정부나 북한의 통일정책을 동포들하고 무슨 토론 같은 것을 해보면, 그 사람들은 지금 어떤 점에서는 상당히 유연해지고 있는 북한의 뭐 장관급 회담에 나오거나 차관급 회담에 나오는 그 사람들의 유연성에도 못 미치게 아주 경직되어 있고, 너무나도 한 쪽에 편중되어 있고 그런 것이 안타깝고, 그러니까 바로 그런 점 때문에 동포사회에서 지금도 잘 인정을 못 받고 있거든요.

김하영 지금 그 말씀을 조금 바꾸어서 질문을 드린다면, 이제 여러 가지 남북관계라든지 국제정세라든지 이런 것이 변하고 있는데도 옛날에 활동하시던 그런 인사들의 사고방식이나 인식의 틀이 변화하는 시대에 부응해서 변화하지 않고 있다고 해석할 수 있습니까?

김용현 그렇죠. 양쪽이 다죠. 이를테면 그 보수적인 생각을 가진 사람들, 그 사람들도 거기 틀에서 벗어나지 않고 있고. 과거에 그냥 편협한 울타리 속에서 통일운동 하던 사람들도 거기서 벗어나야 되는데 그냥 그것 그대로 거머쥐고 앉아 있는 그런 것이죠.

김하영 예전에 통일운동을 오래 하신 분들은 미국에 살고 있으면서 재미동포로서 한반도의 통일에 대한 자신들의 역할을 일종의 '가교적인 역할' 이런 식으로 표현을 많이 했거든요. '남북을 잇는 가교'의 역할. 그러면 선생님께서는 여기에 살고 계시니까, 넓게는 해외동포들이, 좁게는 재미동포가 어떤 남북의 통일에 있어서 미래지향적으로 볼 때 어떤 역할을 하는 것이 필요하다고 보십니까?

김용현 앞으로는, 이제 어떤 가교 역할의 그런 역할은 이제 끝난 것이고. 가교라는 것은 실존하는 다리가 없을 때 가교가 필요했던 것이고, 지금은 실존하는 다리가 생기는 즈음이니까. 앞으로도 남북문제나 한국의 이 통일문제는 앞으로도 끊임없이 고비가 있을 것이고, 지금 연말까지 프로그램이 되어 있고 정초에는 어떻게 한다는 프로그램이 되어 있지만 그것은 되어야 되는 것이지 아직도 불안하고. 그런 속에서, 우리가 살고 있는 미국정부를 향해서 끊임없이 독려하고 우리가 긴장하면서 미국 행정부의 마음이 바뀌지 않게 노력해야 하고. 이게 잘 되어 나가다가 클린턴 정부 막판처럼 또 뒤집히는 것은 누구도 알 수 없는 것이고. 엊그제도 부시가 또 북한에 대해서 한마디 하면서 저쪽 듣기에 따라서는 "또 부시가 변했나?" 그런 느낌을 주는 어떤 것이 책동이 되지 않게 여기에 살고 있는 동포들이 끊임없이 행정부를 감시한다거나 어쨌든 독려하고 긴장하는 관계를 계속 유지해야 하고. 또 북한에 대해서도, 지금은 남쪽과 통로가 이제 열려졌다고 하지만 그래도 좀 가까운 통로에 있는 사람들이 계속해서 북한 정부로 하여금 다시 돌아서지 않게, 개방으로 나선 이 길에서 돌아서지 않게 그 역할을 해야 한다는 것. 그리고 평화정착, 또 통일의 정착, 이런 것들이 여기 모든 2백만 동포들에게 수혜가 될 수 있다는 것을 인지하도록 동포들을 상대로 무엇인가를 홍보하고 널리 대중화시키는 일을 더 지금보다도 왕성하게 할 필요가 있다고 보지요.

김하영 구체적으로 그런 다양한 노력을 할 수 있는 어떤 조직이나 단체가 있습니까?

김용현 제가 직접 하는 것은 아닌데, 저희들 〈6·15공동위원회〉 공동위원장 중 한 분, 이행우 선생이 하고 있는 워싱턴의 로비 단체 〈NAKA〉가 그러한 역할을 하고 있죠. 〈NAKA〉가 그 역할을 하고. 이게 뭐 우리가 1~2년 살고 떠날 나라도 아니고 하니까 아까 말씀드린 것처럼 워싱턴 주에 신호범 의원이라고 계세요. 그분이 주 상원의장하고 부의장도 하고 그랬었는데, 그분은 제가 자주 만나 뵙고 또 제가 하는 〈한미평화협회〉 고문으로도 모시고 있는 그런 분인데, 그분이 늘 동포사회에서 자기의 역할을 "자기처럼 1.5세, 2세들을 정치인으로 만드는 것, 그것이 여기 우리 2백만 동포들의 앞으로의 권익을 옹호하는 길이고, 우리가 떠나온 한반도를 위해서 할 수 있는 제일 큰 역할이라는 것"을 강조하시는 것에 저도 함께 생각을 하면서 후배들을 정치인으로 많이 만들면서 키워주어야 되겠다는 그런 생각을 했죠.

김하영 지금 〈한미평화협회〉 이사장 직책도 맡고 계시는데 〈한미평화협회)는 구체적으로 어떤 일들을 하고 있습니까?

김용현 최근에는 또 후배에게 물려주고 상임고문으로 있습니다. 거기서는 평화운동의 어떤 사관학교라고 할까 그런 생각을 하고 있습니다. 젊은 사람들, 또는 지금까지 국외자였던 사람들을 모아가지고 한 달에 한 번씩 세미나를 하고 하는데. 제가 회장, 이사장 그렇게 쭉 지내오면서 매달 정기적으로 모여 한반도의 일에 좀 눈을 뜨게 하면서, 한편으로는 그런 교육적인 것, 평화교육, 통일교육을 하고, 다른 한쪽으로는 젊은 사람들의 힘 통해서 아까 말씀드린 것처럼 주류사회에 링크(link)하는 역할을 해 나가고, 이 두 가지입니다. 그래서 저희는 사관학교라는 자부심을 갖는 것이, 이번에 〈평통〉 회장도 여기 출신이고 또 〈평통〉 수석부회장도 여기 출신이었고 해서, 그렇게 많이들 배출하고 있습니다.

김하영 여기 한인 2세들이나 젊은 세대들은 상대적으로 한반도 문제에 대해서 관심이 적고 더구나 통일문제에 대한 관심은 적을 것입니다. 그런 점에서 볼 때, 방금 말씀하신 활동이 있지만, 세미나 같은 것 외에 한인 2세들이 통일문제에 관해서 인식을 확대하고 참여가 더 커지도록 하는 어떤 구체적인 다른 방안이나 활동이 있습니까?

김용현 제 꿈은 평화학교를 개설하려고 생각한 적이 있었는데 아직은 이루어지지 않고 있고. 제 이론은, 첫 번째로 인식의 제고. 무슨 좋고 나쁘다는 평가보다는 인식에서 먼저 시작해가지고 "왜 평화냐, 왜 통일이냐" 하는 것으로 점진적으로 넘어가게 아이들, 청년들한테 교육을 시켜나가는 것. 과거에 여기 〈민족학교〉라고 있었는데, 그 〈민족학교〉가 과거에는 반독재운동 하다가 그게 좀 지나쳐가지고 좌파 운동인 것처럼 이야기를 들어가지고, 그러다가 지금은 사회봉사 단체로 일신했어요. 지금 그래서 좋은 역할을 하고 있는데. 그렇게 너무 이념적으로 치우치지 않으면서 그렇게 아이들한테 민족이라는 개념을 넣어주고 "민족이 나아가는 길이 이런 것이

다"라는 것을 보여주고 하는 그런 지도자훈련소 같은 것을 조금 본격적으로 해보았으면 하는 것이 제 계획입니다.

김하영 네, 알겠습니다. 여러 가지 말씀 감사합니다.

16. 김현정

면담일자: 2007년 10월 20일
장　　소: 미국 캘리포니아주 로스앤젤레스
면 담 자: 김하영
구 술 자: 김현정

김하영 안녕하십니까. 먼저 제가 오늘 방문한 여기 〈한인노동상담소〉는 어떤 기관인지 말씀해 주십시오.

김현정 지금 저희 사무실이 세 들어 있는 이 장소는 〈남가주한인노동상담소〉입니다. 지난 1992년에 LA폭동이 발생하지 않았습니까? 원래 그때쯤에 이런 상담소라는 단체가 필요하다고 해서 만들려고 준비를 하던 그런 시기였는데, 그 폭동을 계기로 해 가지고 그때 봉사활동 같은 것을 하면서 더 확고하게 자리를 잡게 되었죠. 사실 그때 90년대 초만 해도 소수민족으로서 또 이민자로서 한인들의 기본적인 권익을 대변할 수 있는 단체가 전혀 없었거든요. 그래서 이 단체는 민간차원에서 만들어졌습니다. 그 이후로 지금 15년 정도 되었는데 이 〈한인노동상담소〉가 굉장히 많은 일을 했어요, 특히 미국법에는 최저임금이라는 것이 있습니다. 캘리포니아주의 기준이 있고 연방기준도 있는데 최저임금을 받지 못하고 일하시는 이민 노동자가 굉장히 많았어요. 특히 우리 한인타운 내에 그런 사람들이 많았어요. 그런 분들은 많은 경우 서류미비자들입니다. 불법체류자를 서류미비자라고 하는데, 이 서류미비자 분들이 자기가 어떤 노동법상 권리를 갖고 있는가를 전혀 알지도 못하고, 또 그런 것을 물어보는 것 자체를 굉장히 금기시 하고 그래요. 모든 게 업주의 입장에서 또 비즈니스의 이익을 위해서 모든 잘못이 용인되는 그런 분위기 있잖아요? 그래서 "우리 한인 사회에서부터 그런 것을 정화해 나가자" 해서 시작되었어요. 많은 한인 분들, 또 수많은 라틴어 사용 이민자들, 그런 분들이 최저임금조차 받지 못하고 일하시거나 오버타임 페이(overtime pay)를 전혀 받지 못하고 일하시는 분들이 많은데, 그런 분들의 권익을 하나씩 하나씩 찾아주면서 성장을 해 왔어요, 이 단체가. 그래 가지고 지금은 LA 커뮤니티 안에서 굉장히 인정받는 봉사단체가 되었죠.

김하영 그러면 이 〈남가주한인노동상담소〉라는 단체를 김현정 선생이 직접 조직한 것입니까 아니면 다른 분들이 조직했습니까?

김현정 저는 전혀 그것은 아니고요. 제가 이민을 1990년도에 왔어요. 1990년도에 제가 21살이었는데 그때 이민을 와 가지고 2~3년 동안은 이 한인 커뮤니티에 전혀 나오지 않고 약간 외곽 지역에서 그냥 살았었거든요. 그래서 대학공부 준비를 하고 그런 과정에 있었는데, 그때 〈우리문화공동체〉라는 문화단체가 있었어요. 풍물도 치고 역사 교육도 하고, 젊은 친구들이 모여가지고 자발적으로 이렇게 만든 단체였는데, 〈우리문화공동체〉라는 단체 활동을 제가 92년 말부터 시작했어요. 그러면서 이 〈한인노동상담소〉를 그때 당시에 설립을 하려고 준비를 하시던 분들하고 〈우리문화공동체〉 그때 활동하던 친구들하고 인연이 있어 가지고 나중에는 같은 건물에서 저희가 사무실을 이렇게 공동으로 쓰고 그런 관계로 발전했기 때문에 〈한인노동상담소〉를 제가 알게 된 거예요.

김하영 그러면 지금 여기 상담소에 소장 이런 직책이 있습니까?

김현정 네, 있지요. 그때 당시에 두 분이서 이 노동상담소를 만드셨는데, 홍순형이라는 분하고 박영준이라는 분하고 두 분이 하셨어요. 그래서 홍순형 씨가 상담소 소장을 처음에 한 10년을 하시고, 지금 박영준 씨가 소장을 하고 계시죠. 그리고 스탭들이 있고, 전부 풀타임 활동가들이고 풀타임으로 임금을 지급하고 있고 그렇죠.

김하영 그러면 김현정 씨는 여기에서 어떤 직책을 가지고 있습니까?

김현정 그런 것은 전혀 아니고요. 저희 단체 〈통일맞이나성포럼〉은 완전 별개의 단체인데 저는 여기서 렌트(rent)를 해서 사무실을 같이 쓰는 것이죠.

김하영 김현정 선생님은 현재 〈통일맞이나성포럼〉 회장으로 계신데 그 단체에 대해서 먼저 말씀을 좀 해주시죠. 특히 이 단체를 만들게 된 계기라든지, 통일에 대한 관심이 어떻게 해서 이렇게 이루어졌다, 그런 이야기를 중심으로 말씀해 주십시오.

김현정 그러면 1980년대 말, 1990년대 초에 통일운동이 어떤 지형이었는가를 간단하게 설명을 좀 드릴게요. 특히 우리 나이 또래 경험으로 보면 1980년 광주가 있지 않았습니까? 그때 이후로 여기에서도 민주화운동 같은 것도 있고 평화시위도 하고 그랬던 모양이에요. 그래서 여기에 커뮤니티 칼리지(community college)라고 있어요. 전문대학교라고 이야기할 수 있는 2년제 학교인데, 그 커뮤니티 칼리지에 한국 분들도 굉장히 많이 다니셨는데, 거기에 다니시던 분들이 중심이 되어 가지고 문화운동이 시작이 된 것 같아요. 그래서 〈민중문화연구소〉라는 게 생겼어요. 제가 정확하게 연도는 모르겠는데. 〈민중문화연구소〉가 생기고 그때 당시에 활동하시던 분들 중에 일부는 1989년도에 평양축전에도 참가를 하시고 그랬어요. 그래 가지고 그런 것들 때문에 평양 갔다 오고 나서 FBI 방문도 받고 안기부 접촉도 받고 그러니깐 어떤 분들은 떨어져나가고 어떤 분들은 "통일을 꼭 해야 된다"라고 더 강한 입장을 가지신 분들도 있고. 그게 이제 80년대 말이고. 그러면서 좀 더 대중적으로 나가야 한다고, 즉 "우리가 대중적인 운동을 해야 된다" 해서 〈민중문화연구소〉가 둘로 갈라지면서 하나가 〈민주청년학생회〉가 되고 다른 하나는 〈우리문화공동체〉가 된 거예요.

그래서 〈민주청년학생회〉는 좀 더 정치성이 강한 조직으로 발전을 하고, 〈우리문화공동체〉는 아주 대중적이고 문화중심의 활동조직으로 나아갔어요. 올바른 우리 문화, 건강한 우리 문화를 지향하면서. 그때 한참 개인주의, 노래방 문화 이런 것이 많이 판치던 때라 그런 것에 대한 비판적인 시각을 가지고, 우리 문화의 좋은 것 그리고 여성문제 등 이야기를 하면서 꽤 회원이 많았어요. 그런데 그렇게 쭉 활동을 해오다가 90년대 중반 넘어가면서 모든 청년운동들이 다 힘들어졌잖아요. 한국도 마찬가지인 것 같고. 그 시기에 97년, 98년경 해서 굉장히 힘이 많이 빠지고, 그래서 〈우리문화공동체〉는 98년도에 정식으로 문을 닫았어요. 그래서 그 기간, 93~94년부터 한 97~98년까지 우리 〈한인노동상담소〉하고 〈우리문화공동체〉하고 〈민주청년학생회〉하고 한 건물을 썼어요. 그래서 그때 여러 가지 활동들을 공동으로 같이 많이 했었죠. 그러고 나서 2000년에 6월에 남북공동선언이 나오니까 그렇게 힘이 빠져 있던 사람들이 다시 뭉쳐가지고 우리가 "이제는 통일시대. 이제는 냉전시대는 해체가 되어가는 과정이고 이제는 우리 한반도에도 드디어 통일을 구체적으로 실현할 수 있는 계기가 마련이 되었다. 우리가 여기에서 가만히 있으면 안 된다" 해가지고 만든 게 〈통일맞이나성포럼〉이에요. 그게 2001년도거든요.

김하영 그러니까 〈통일맞이나성포럼〉은 2001년에 결성되었다는 말씀이시군요.

김현정 네, 2000년 6월에 남북공동선언 나오고 그러면서 이것을 구체적으로 실천할 수 있는 사람들, 활동할 수 있는 사람들이 좀 모여보자 해서 〈남가주한인노동상담소〉의 초대 소장인 홍순형 씨, 〈민주청년학생회〉에서 쭉 활동을 해오던 분들, 그리고 〈우리문화공동체〉가 해체되고 나서 남아있던 사람들, 그런 분들이 모여가지고 만든 게 〈통일맞이나성포럼〉이에요.

김하영 초대 회장은 어느 분이 했습니까?

김현정 초대 회장은 송현정 씨가 했습니다. 그분은 〈민주청년학생회〉 소속이었어요. 거기서도 회장도 하셨던 분이고, 여성이고요. 저보다 한 살 더 많아요.

김하영 그분은 여기에서 오래 사신 분인가요?

김현정 그분은 그렇죠. 80년대에 이민을 오셨는데 아마 80년대 말일 거예요. 그리고 계속 사셨으니까 거의 한 20년 여기서 사신 분이시죠.

김하영 그러면 김현정 씨께서 〈통일맞이나성포럼〉 회장을 지금 맡으신건 언제부터였습니까?

김현정 지금 제가 4년째예요. 2004년부터 지금까지.

김하영 그러면 〈통일맞이나성포럼〉을 처음에 결성할 때, 어떤 식의 통일을 바란다든지, 아니면 우리가 통일을 위해서 어떤 활동을 해야겠다는 구체적 계획 같은 것이 있었습니까?

김현정 사실 2000년 당시에는 제가 학교를 다니고 있을 때였어요. 그래 가지고 〈통일맞이나성포럼〉 결성 과정에는 제가 직접 참여를 안 했고요. 결성이 된 다음에 2001년도 중반 여름쯤 제가 가입을 했어요. 그래서 처음에 만들어질 당시의 논의에 대해서는 제가 잘 모르고 그래요. 그런데 일단 이런 것은 있는 거 같아요. 그때 2000년, 2001년 그때 당시 처음으로 북한에서 예술단이 LA를 방문하게 되었어요. 그 일을 여기 통일운동권 분들이 추진을 하셨거든요. 그래서 지금 〈통일맞이나성포럼〉을 설립한 분들도 같이 일을 하신 것 같은데, 그때 굉장히 호응이 뜨거웠어요. 당시 동포들께서 공연장이 다 초만원이 될 정도로 참석하여 그렇게 많은 분들이 관심을 가져주셨는데, 그런 민간차원의 교류나 마음을 움직일 수 있는 어떤 활동을 해야 한다는 생각이었던 것 같아요.

김하영 〈통일맞이나성포럼〉이 그러면 결성 이후에, 결성초기에는 어쨌든 참여를 안 하셨다고 하는데, 대체적으로 어떤 방식으로 통일과 관련된 활동들을 현재 동포사회에서 전개하고 있습니까?

김현정 사실 동포사회에서 관심을 가지는 이슈들이 1부터 100까지 있다면, 통일이라는 이슈가 한 20위나 30위쯤 될 거예요. 그러니깐 일단 먹고사는 문제가 굉장히 급한 당면문제이기 때문에, '통일'이라고 하면 얼른 그것을 내 삶과 연관시키기가 참 쉽지 않거든요. 그래서 그런 우리의 조건을 고려했을 때 우리가 할 수 있는 통일운동이 무엇인가 거기에 대한 고민이 굉장히 많았어요. 그랬는데, 그동안 이제 쭉 해 온 일들을 본다면, 이슈가 있을 때, 예를 들면 수해가 났다든가, 올림픽에 남북이 같이 공동참여를 한다든가 뭐 그런 사건들이 쭉 있지 않습니까? 그리고 북미관계가 변화하는 시기가 있다든가 그럴 때 그것을 계기로 해서 모금운동을 펼친다든가 하는 등 그런 활동을 통해서 동포들한테 메시지를 전달한다든지. 아니면 6·15 기념행사, 8·15 기념행사 같은 것을 열어가지고 동포들이 참여할 수 있는 기회를 만든다든지. 아니면 이러한 이슈들을 자꾸 떠드는 기회를 만드는 거, 세미나를 개최를 한다든지 주로 그런 거예요. 그런데 우리가 진짜 자금이 있고 힘이 있고 인력이 많으면 조금 더 동포들의 일상생활을 파고드는 활동을 할 수 있는데, 그런 것이 너무 없으니까 다들 자기 먹고 사는 것을 해결한 다음에 이것을 해야 되고. 특히 〈통일맞이나성포럼〉은 상근 스탭 인원을 한 명 둔 적이 있었어요. 그랬는데 그게 그렇게 잘 돌아가지 않더라고요. 그리고 굉장히 저희들에게 경제적으로 부담이 많이 되고 그랬어요. 그래서 그것을 포기하고 다시 지금 자원봉사(volunteer)제로 가고 있는데. 사실 뭐 통일운동 하시는 분들이 다 그렇잖아요. 다 자기 먹고 사는 것을 해결을 해야 참여할 수 있다고 볼 수 있겠지요.

김하영 그러면 현재 조직에서 전체 회원 수는 얼마나 됩니까?

김현정 저희는 우리 단체의 조직을 키워야겠다는 목적보다는 우리가 일을 할 수 있는 사람이 소수라도 모이는 게 중요하다는 주의거든요. 그래서 지금 저희는 11명이에요. 그리고 우리가 만약에 그렇게 조직활동을 할 수 있는 인원이 많으면 대학교에도 찾아가서 죽치고 앉아 있으면서 학생들하고도 계속 만나고 그런 활동을 하면 참 좋은데. 그렇게 하지를 못하기 때문에 주로 저희는 LA지역에서 일어나는 통일과 관련된, 진보적인 그런 이슈와 관련된 일들이 잘 이루어지게끔 조직(organize)하고 조정(coordinate)하는 역할을 저희가 참 많이 했어요. 그래서 여기 여러 단체들이 있지 않습니까? 〈재미동포전국연합〉도 있고 〈자주연합〉이라는 단체도 있고 김용현 씨 계시던 〈한미평화협회〉라는 단체도 있고. 그런 다양한 단체들이 있는데 이런 단체들이 함께 모여서 일을 하려면 누군가 다니면서 묶을 역할이 필요하거든요. 저희가 그런 역할을 참 많이 했어요. 왜냐하면 상대적으로 나이가 어리니까 어르신들이 예쁘게 봐주시고 그런 역할을 하는 것에 대해서 고맙게 생각해 주시고, 어떻게 하자고 하면 굉장히 호응을 잘 해주시기 때문에. 어르신들이 직접 그렇게 하기는 참 힘들잖아요. 그런 것부터 시작해 가지고 활동을 하는데, 반전시위가 있다든지 그러면 저희들은 이중 언어가 되니깐 미국인들과의 연대도 가능하고. 또 어떤 경우에는, 2004년도에 연방 상원에서 「북한인권법안」이라는 법안이 상정이 된 적이 있어요. 그래서 그 법안이 이름은 참 좋은데, 인권을 위하는 법안이라고 해서 이름은 좋은데, 사실 미국과 북한과의 긴장을 고조시키는 법안이었지 않습니까? 그리고 그 법안을 추진하고 뒤에서 후원을 했던 그런 단체들은 극우적인 매파 의원들이 굉장히 많이 개입이 되어 있었어요. 그래서 저희가 이것은 미국과 북한과의 평화친선을 도모하는 데에 전혀 도움이 되지 않는다고 판단해서 그때 저희들이 의원들을 상대로 로비하는 그런 활동을 조금 한 적이 있어요. 그때 처음으로 저희 통일운동권, 그리고 한반도 통일에 대해서 관심을 가지시는 분들, 조금은 중도적인 분들까지 저희가 모아가지고 바버라 박서(Barbara Boxer) 상원의원을 모시고 그런 이슈에 대해서 또 우리 한반도의 이슈에 대해서 자리를 만들어서 굉장히 오랫동안 이야기를 나눈 적이 있어요. 그때 바버라 박서 의원이 판문점을 방문한 적이 있는데 "이산가족 문제는 비인도적이다. 이것은 있을 수 없는 일이다"라고 강력하게 그런 입장을 더 이야기 하는 계기가 되고, 「북한인권법안」에 대해서도 "이것이 그렇게 꼭 이익이 되는, 평화의 유지에 도움이 되는 그런 법안만은 아니다"라는 그런 입장을 밝힐 수 있는 계기도 되었죠. 그런 활동들을 했는데, 사실 저희들이 〈통일맞이나성포럼〉의 이름을 걸고 우리가 뭐를 주도적으로 전개하고 이런 것보다는 누군가와 무엇인가를 같이 하는 그런 윤활유 역할을 많이 한 것 같아요.

김하영 그런데 대규모적인 활동을 전개하시는 것 같지는 않은데, 아까 이야기하시는 도중에 조금 언급은 되었지만, 아무래도 조직이나 단체를 운영하려고 하려면 재정적인 문제가 해결이 되어야 하거든요. 그런 문제는 어떻게 해결하고 있습니까?

김현정 회비를 걷어요.

김하영 구체적으로 회비가 얼마인지 물어보아도 되겠습니까?

김현정 저희는 다른 단체에 비해서 회비가 좀 많은 편이에요. 물론 학생이나 생활이 좀 어려운 분들한테는 많이 받지 않거나 아니면 안 내는 경우도 있고. 그렇지만 많게는 한 달에 200불 정도 됩니다.

김하영 한 달에 200불이면 상당히 많은 편이네요.

김현정 네, 그렇죠. 그렇게 회비를 내시는 분들은 정말 오랫동안 이런 문제에 대해서 관심을 가지고 열심히 신념을 가지고 일해 오신 분들이지요. 그렇기 때문에 저희가 1년 이상 상근자를 뒀었거든요. 그랬는데 이게 참 생각보다 효율적이지 않고 또한 상근자 혼자서 일을 하니까 일단은 굉장히 힘들어하고 그랬어요. 같이 일을 해야 하는데. 그래서 그렇게 하는 것보다는 그냥 자기 직업을 가지고 일이 있을 때 힘을 합치는 게 낫겠다 생각하고 그렇게 지금 가고 있어요.

김하영 앞에서 말씀하신 것에 관련되는 다른 질문을 드리면, 〈통일맞이나성포럼〉말고 여기 동포사회 내에서 오랫동안 통일 관련 활동을 해 오신 원로 분들이나 여러 인사들이 있지 않습니까? 그런 분들은 이 〈통일맞이나성포럼〉의 활동에 어떤 식으로 도움을 주고 있습니까?

김현정 재정적인 면에서 저희가 일 년에 한 번씩 기금마련 디너(dinner) 모임을 해요. 그러면 그런 분들은 재정적으로 그럴 때 많이 도와주시는데, 참석도 해주시고 후원금도 내주시고 또 행사 프로그램에 광고도 해주시고 그렇게 하시지요.

김하영 그런데 활동을 하시면서 '우리 단체와 관련해서는 어떤 방식 또는 어떤 방향의 통일이 좋겠다' 그렇게 생각해 보신 적이 있습니까? 다시 말하면, 남북 경제교류 등과 같은 통일에 대한 구체적 접근 방식들에 대해서 생각해 보신 적이 있습니까?

김현정 저희는 그것은 언젠가는 우리가 다루어야 되는 문제라고 생각을 하는데, 기본적으로는 「6·15공동선언」에서 합의한 대로 북에서는 연방제 통일을 이야기하고 남에서는 연합제 통일을 이야기하지 않았습니까? 그런데 거기에 공통점이 있다고 인정을 했잖아요. 그런 방식, 그러니까 궁극적으로 어떤 군사적인 면이나 외교적인 면은 하나가 되어야 한다고 생각해요. 하지만 '체제는 다르게 갈 수 있다'고 봅니다. 그런데 이제 분명하게 저희가 차별을 두고 싶은 것은, 중요한 점은 평화공존만이 답이 아니라는 것이죠. 평화공존 할 수 있다고 해서 공리공영, 평화공존 할 수 있으면 꼭 통일이 안 되어도 되지 않느냐 하는 것은 주변국들의 이익이고 그것은. 우리의 입장은 아닌 것 같아요. 그래서 통일은 꼭 되어야 하는데 그렇다고 해서 어느 한 쪽의 체제를 어느 한 쪽에 강요하는 것은 옳지 않다고 생각합니다.

김하영 네, 알겠습니다. 그러면 〈통일맞이나성포럼〉 활동을 하면서 남한이나 북한의 공식기관 등에서, 예를 들면 총영사관 등을 포함하는 기관 등에서 어떤 지원, 또는 긍정적이거나 부정적인 것 다 포함해서 어떤 반응들이 있었습니까?

김현정 저희는 영사관의 역할이 굉장히 중요하다고 생각해요. 지금 동포 사회에서. 대부분 동포들의 99% 이상이 다 남한에서 이민 오신 분들이고 그렇기 때문에 여기 LA 주재 총영사관이 어떤 입장을 가지고 있는가, 특히 통일문제와 같은 민감한 이슈를 보았을 때 어떻게 대응하는가가 굉장히 중요한데 지금까지는 본국의 통일정책을 제대로 반영하지 못한 면도 있는 것 같더라고요.

저희가 가끔 대중적인 행사를 기획을 할 때가 있거든요. 예를 들면, 어린이 글짓기대회라든가, 아니면 어떤 분을 모셔 와서 통일에 관한 대중적인 강연을 하는 강연회를 가진다든가, 그런 것들을 기획을 하면 사실 저희 힘만 갖고는 거의 불가능하거든요. 그러면 LA지역에서 그런 힘을 써 주실 수 있는 분들을 저희가 찾아다니거나 협조를 구하는 이야기를 하는데 사실 영사관에서 그런 것을 지원을 조금 해주면 일들이 굉장히 쉬워지는데 지금까지는 전혀 그렇지가 못했어요. 「6·15공동선언」이 나오고 지금 7년째인데 6·15 관련 행사에서 오셔서 축사를 한 마디만 해 달라 해도 안 오셔요. 그러니까 뭐 그냥 축문만 보내는 경우가 한 번인가 두 번 인가 있었고, 6·15 관련 행사나 8·15 관련 행사 등 통일과 화해, 그러니까 남과 북이 이념적 갈등과 대립을 해오던 것을 이젠 화해의 모드로 바꾸기 위한 그런 이야기가 조금만 나오면 영사관에서 전혀 움직이지 않아요. 그래서 그게 참 잘못되었다고 저는 생각을 하고 있어요. 동포들뿐 아니라 지금까지 저도 사실 20년 동안 반공교육을 받아왔고, 우리 동포들 다 마찬가지이고. 그런 어려움이 있지만 그러한 고리를 가장 빨리 푸는 데 역할을 할 수 있는 힘은 사실 영사관에 많이 있거든요. 그런데 좀 뭐랄까 LA지역이 좀 보수적이고 옛날에 이민 오셨던 분들이 옛날 사고방식 그대로 가지고 계시기 때문에 영사관에서 만약에 그런 행동을 한다면 욕을 많이 먹어요. 그래서 아마 좀 조심하고 그런 것도 있겠지만 그런 부분이 상당히 아쉽고. 우리가 정상회담도 이제 두 번이나 했고 통일의 방향으로 가고 있는데 LA가 계속 끌려만 가는 것은, 그것도 제일 뒤에서 그런 것은 참 좋지 않은 모습인 것 같고. 이제 LA에서도 어떤 노력을 구체적으로 해야 한다는 생각이 드네요.

김하영 그러면 총영사관이 그런 식으로 적극적인 지원을 해주지 않고, 또 여기 교민 사회의 특성이 보수적인 분들이 많다는 측면 외에, 여기 〈한인회〉라든지 〈한인상공회의소〉라든지 한인단체들이 많이 있지 않습니까? 사실 이런 단체들이 재정적인 지원을 해 줄 수 있는 단체인데 그런 단체들로부터는 어떤 적극적인 지원이 있습니까?

김현정 전혀 없어요.

김하영 네. 알겠습니다. 그러면 조금 관심의 방향을 돌려가지고 다른 질문을 드리겠습니다. 여기 LA지역의 한인단체들이나 일반적인 한인 공동체 말고 미국 사회 내 백인 공동체라든지, 아니면 여기 LA에

히스패닉들이 굉장히 많은데 이런 주류사회의 공동체에서는 한인들의 통일 관련 활동에 대해서 관심이나 반응이 어떤지 말씀해 주십시오.

김현정 백인 주류사회에서는 사실 인식이 굉장히 낮은 편이에요. 특히 동북아시아 문제에 대해서 그래요. "한국"이라고 하면 "한국전쟁", 그 다음에 "삼성" 그런 정도로 인식을 하고 있고. 조금 안다 하는 사람들은 "너 북(north)에서 왔니, 남(south)에서 왔니?" 하는 그런 정도이고. 더 관심이 있다 하면, 북에 대해서 "악의 축" 발언이 있었는데 그런 것에 대해서 좀 아는 정도가 주류사회의 인식 수준이고요. 2000년에 남북정상회담 이후에 얼마나 한국 내 분위기가 많이 바뀌고 있는지에 대해서 사실 아는 사람이 거의 없습니다. 그런데 그런 부분을 담당하는 정치인들이 있지 않습니까? 외교분과 위원회 소속이라든가 아니면 구체적으로 한반도 평화문제가 안보의 중요한 문제이기 때문에 그런 부분에 관심을 갖는 의원이나 정치인들이 있어요. 그런 분들은 상당한 이해를 갖고 있는 분들도 있는데 대부분의 주류사회 정치인들은 사실은 주어진 정보만 받다 보니까 아직은 한계가 많이 있어요. 정말로 실질적인 이해를 하고 있는 분들은 거의 없다고 보아야 하고. 그래도 우리가 이야기가 좀 잘 통할 수 있다고 말할 수 있는 분들 중에는 미국이 외국에 대해서 펼치는 외교정책에 좀 비판을 가지시는 분들이 주류사회에도 많아요. 특히 이라크 전쟁 이후에 "미국이 도대체 이라크를 왜 침공을 한 것이냐"에서부터 시작을 하다 보면 그래요. 그 외에도 미국이 일으킨 전쟁이 많은데, 미국이 아무래도 패권주의를 향해 가다 보니까 외국에 대한 정책들이 뭐랄까 평화를 촉진하는 그런 정책이라기보다는 긴장을 조금 고조시키더라도 패권을 유지시키는, 또는 군수업체의 경제적인 이익, 또는 미국의 전반적인 경제적인 이익, 석유라든가 이런 이익들을 추구하는데, 그런 것들을 비판적으로 보시는 분들이 굉장히 많아요. 왜냐하면 그런 것 때문에 사실 일반 미국 사람들도 이러한 미국의 정책으로부터 크게 혜택을 보지는 못하거든요. 자식들이 전쟁에 나가 가지고 이라크에서 죽어야 하고. 또 외국에 나가보면 미국인들을 굉장히 싫어하고. 그래서 깜짝 놀라서 돌아온 분들이 굉장히 많대요. 미국 사람들이 특히 유럽이나 다른 나라에 가면 그렇게 푸대접을 받고서 "왜 우리가 여기에서 이런 대접을 받지" 이러면서 놀래가지고 오는 경우가 굉장히 많다고 그러더라고요. 그래서 이것은 조금만 생각을 해보면 남미에서도 지금 반미감정이 굉장히 많은데 그런 것들이 다른 게 아니고 다 미국의 외교정책, 대외정책 때문에 그런 것이잖아요. 그런 차원에서 이해를 하시는 분들이 있어요. 그런 차원에서 "한반도에서도 남과 북이 평화를 원하고, 남과 북이 통일을 원하는 것에 대해 미국에서는 지지를 해야 한다"라고 생각하시는 분들이 있죠, 그런 차원에서 이해를 하시는 분들이 있죠. 그런 분들과의 대화와 연대 유지, 그리고 지속적인 교류 이런 것들을 하는 것이 굉장히 중요해요.

김하영 네, 여기 전반적인 주류사회의 반응에 대해서 말씀해 주셨는데, 이제 여기 언론의 반응에 대해서 말씀해 주십시오. 사실 어떤 사회활동이나 조직 활동을 하다보면 언론에서도 그 활동에 대해서 많이 보도를 해주어야 하는데, 일단 여기 언론도 크게는 백인중심의 주류언론 하고 교포사회 언론 둘로 나누어서 볼 수 있을 것 같습니다. 먼저 여기 백인들의 주류언론에서는 〈나성포럼〉의 활동을 포함하여 전반적으로 한반도 통일에 관련된 한인들의 활동에 대해서 어떻게 보도를 하고 있습니까?

김현정 주류언론을 먼저 말씀드리면, 지금 한인이 미국 인구의 굉장히 작은 부분을 차지하고 있고 그 중에서도 통일을 이야기하는 분들은 정말 모래알만큼 작은 것이기 때문에, 주류 언론 같은 곳에서 한인들의 통일운동 자체에 대해서 관심을 갖는 경우는 거의 없고요. 오히려 미국 언론은 북한에 대해서 관심을 가지죠. 북한의 지도자에 대해서 관심을 가지거나 인도주의적인 차원에서 북한의 식량이 부족하다든가 하는 그런 부분에 대해서 관심을 가져요. 그리고 대북지원 등을 위해서 한인들이 나서서 열심히 운동을 전개하면 그런 것들은 보도를 하는 경우가 있는데, 그리 많지는 않고, 오히려 북한 자체에, 북한이 도대체 어떤 나라인가에 대해 굉장히 관심을 많이 가지고 있어요.

김하영 그것이 아마 핵문제 때문에 그렇다고 볼 수 있을까요?

김현정 그렇죠. 그리고 "왜 안 무너지나" 하고 굉장히 궁금해 해요. 벌써 진작에 무너졌어야 되는데, 2003년까지 원래 경수로 지어주기로 해놓고 안 한 게 "이거 무너질 거다" 해서 안 한 거잖아요. 이게 뭐 더 이상 비밀도 아닌데. 아직까지도 안 무너지고 있는 그 자체가 너무 이해가 안 되는 것이죠. 그런데 매들린 올브라이트(Madeleine Albright) 그때 당시 국무장관이 평양을 방문하고 와서 "김정일 위원장이 상당히 인텔리전트(intelligent)하더라"는 등 이런저런 느낀 감정을 솔직하게 이야기를 했는데 그때 잠깐 그런 이야기가 나오고. 그 다음에 부시행정부로 바뀌고 나서는 언론보도 태도가 다시 10년 전으로 또 돌아갔어요. 잠깐 반짝하더니 또 확 돌아가고, 반짝 하더니 또 확 돌아가고 그래요.

김하영 그러니까 한민족이 안고 있는 근본적인 문제에 대하여 이해도가 훨씬 낮다는 것으로 이해할 수 있을까요?

김현정 거의 없다고 보아야죠. 특히 언론인들도 상당히 그런 흑백논리식으로 접근을 하는 편이고. 미국 사람들은 미국이 전 세계에서 인도주의적인 측면에서는 가장 앞서 있다는 자부심을 갖고 있기 때문에 "외국에 나가서 전쟁을 일으켜도 그것은 선을 추구하기 위한 것이다"라고 믿는 사람들이 진짜 굉장히 많아요. 그래서 언론도, 무언가가 미국에 반대한다 하면 그것은 악이어야 해요. 그것이 미국에 반대를 하는데도 그것이 악이 아니라고 하는 것은 굉장히 애매모호하고, 또 일반 사람들이 쉽게 받아들일 수 없는 그런 가치이거든요.
김하영 일단 미국인들의 인식의 틀에서 벗어난다는 말입니까?
김현정 그렇지요. 그래서 나중에 이제 북미관계가 개선이 되고 진짜로 정부 대 정부의 차원에서 어떤 정상화의 수순으로 조금씩 가면 언론의 태도도 많이 바뀔 것이라고 생각해요. 그런데 지금은 아직은 아닌 것 같아요.
김하영 그러면 이제 백인 주류언론 말고 교포언론의 태도에 대해서 말씀해 주시죠. 교포언론도 다시 둘로 나누어 하나는 신문, 다른 하나는 방송으로 나누어 생각해 볼 수 있겠지요. 둘을 구분해서 여기 교포언론들이 한인사회 내에서의 통일 관련 활동에 대해서는 어떤 식으로 반응을 보이고 있는지, 보도 방향이나 태도 이런 것을 좀 이야기해 주십시오.
김현정 언론이 우리 동포사회를 반영하기도 하고 동포사회의 여론을 이끌어가는 측면도 있는데, 아까 말씀드렸다시피 대다수가 굉장히 보수적인 분들입니다. 특히 60년대, 70년대에 이민 오신 분들, 소위 올드타이머(old-timer)들 그런 분들이 지금 사회지도층으로 많이 활동하고 있습니다. 80년대 초까지 오신 분들도 그렇지만, 여기서 자리를 잡고 경제적으로 일정 정도 성취를 하신 다음에 타운에 나와서 어떤 지도적인 역할을 하시는 분들이 많아요. 그래서 제가 보기에는 언론들이 그런 분들의 견해를 좀 많이 반영을 하는 것 같아요. 그리고 한국에서 현재 나타나고 있는 변화나 최근의 상황에 대해서 굉장히 둔감하다는 생각이 들고, 한국에서 가끔 여기로 방문오시는 분들이 있는데, 여기 신문을 보거나 특히 라디오 방송을 들으시면서 "우와, 한 15년 전에 한국에서 듣던 방송인 것 같다" 그런 말씀 참 많이 하셔요. 그렇게 느끼셨겠지만 사실 상당히 보수적이에요. 굉장히 보수적이고, 특히 뭐 통일문제나 아니면 이북에 관한 보도는 아무리 좋은 소식도 조금 깎아서 항상 보도를 하는 것이 관행이죠. 쉽게 바뀌지는 않겠지만 그래도 재작년, 작년

지나면서 좀 많이 나아지고 있는 게 보이는데, 공개적으로 평양을 방문하는 분들이 조금씩 많아지고 있기 때문에, 그리고 사회 지도층 인사들이 평양을 방문할 기회가 한 번, 두 번 생기다 보니까 조금씩 나아지는 것 같아요. 작년에 〈평통〉(평화통일정책자문회의)에서 또 북한을 방문했었거든요, 처음으로.

김하영 〈평통〉 이야기가 나와서 그러는데, 〈평통〉도 최근에 보면 여기서 예전에 평통자문위원 하시던 분들이 많이 물러나고 새로운 분들이 많이 들어왔다고 하더라고요. 그게 남한정부의 변화와 관련이 있다고 보시나요?

김현정 제가 알기로는 지금이 13기인데요. 12기 〈평통〉 때, 남한 정부에서 자문위원 관련 지침이 기계적으로 내려온 것 같아요. 원래 그 전에는 〈평통〉 자문위원이 LA지역에 2백 몇 명이었는데 100명으로 줄이고, 세 번 이상 한 사람들은 물러나고, 몇 퍼센트는 40대 이하의 젊은 사람으로 채우고 또 몇 퍼센트는 여성으로 채우고, 어떠어떠한 전문인들을 꼭 넣고 하는 등 아주 구체적인 지침들이 온 것 같아요. 그때 굉장히 반발이 많았어요. 그렇지만 한편으로는 "아, 이게 실질적으로 6·15정상회담에서 합의가 된 내용들을 구체적으로 실천하는 진통의 과정이다"라고 그렇게 받아들이는 분들도 많이 있었어요. 그런데 〈평통〉 자문위원이라는 직책 자체가 사실 그때까지만 해도, 11기까지만 해도 타운 내에서 좀 뭐랄까 다른 사람들로부터 인정을 받는 상징이나 명예라고 할까요, 그래서 구체적인 일보다는 "〈평통〉 자문위원이다"라는 것, 그것 때문에 아마 모든 갈등의 원인이 있었던 것 같아요. 〈평통〉에서 내가 일을 하고 싶은데 "내가 세 번 했다고 해서 왜 못하느냐" 이게 아니고, 그게 명예직인데 이제 물러나면 그 명예 하나가 없어지는 거잖아요. 그러니깐 그런 게 본질이었던 것 같고. 사실 그때도 그래서 그런 식으로 비슷하게 약 100여 명 정도 〈평통〉 자문위원이 바뀌기는 했는데 젊은 분들이 많이 들어간 것도 아니고 또 사실 획기적으로 바뀌었다고 이야기하기는 좀 힘들고요. 그렇지만 미국 내 다른 지역에서는 상당히 변화가 있었다고 알고 있어요. 그런데 LA에서는 무늬만 좀 바뀐 것이고. 이번에 13기에서는 변화가 조금 더 있었던 것 같아요. 왜냐하면 12기 때 어찌되었건 처음으로 〈평통〉 자문위원들이 평양을 방문했고. 그래서 그때 평양을 방문하는데 정말 어떤 분들은 유서를 써놓고 가기도 하고, 어떤 분들은 부부가 동반을 해서 가려고 하다가 "혹시 어떻게 될지 모르니까 한 사람은 남아 있자"고 해서 남편 분만 가고, 그런 일이 있었대요, 진짜로. 어떻게 들으면 너무 우스운데. "가서 못 오면 어떻게 하느냐" 뭐 이러면서. 그랬던 분들이 갔다 오시면서 굉장히 많이 달라져 가지고 오셨어요. 그래서 "가서 진짜 만나니까 좋더라." 물론, 유일체제 그런 부분에 대한 거부감이 없는 것은 아니지만 그래도 특히 "이산가족들이 많기 때문에 만나야 된다"는 그런 인식의 변화가 있었어요. 그리고 나서 이번에 13기 〈평통〉 인선을 할 때 통일운동을 하던 젊은 분들, 송현정 씨, 저, 홍순형 씨 이런 분들이 전부 다 지원을 했어요. 그래 가지고 다 들어갔어요. 그래서 출범식 한 지 지금 한 세 달 되었어요. 그 정도 되고 있는데 아직 저희가 뭐 〈평통〉 자문위원으로 들어갔다고 해서 당장에 구체적으로 무슨 변화를 막 일으키고 그럴 수 있는 형편은 아니고, 그래도 〈평통〉이 좀 본래의 일을 하도록 그렇게 자극을 줄 수 있는 내부에서의 자극은 될 것이라고 생각해요.

김하영 조금 이야기 방향을 돌려보면, 아까 제 12기 〈평통〉 자문위원들이 처음으로 북한을 방문했다고 말씀하셨는데, 여기에 나이 드신 분들 중에 예전에 남한정치가 권위주의적이고 남북관계가 상당히 경직되어 있을 때 북한을 방문하신 분도 있는 것으로 압니다. 어떤 분들은 이산가족 분들이 되겠습니다만, 그런 분들 중 지금 살아계신 분도 있는데, 그런 분들은 교포 사회 내에서 어떤 식으로 평가를 받았습니까? 보통 '친북인사'라고 많이 지칭이 된 것으로 알고 있는데. 여기서 사시면서 보고 들은 것에 기초하여, 북한을 방문하는 것에 대하여 교포 사회 내에서의 평가가 예전의 경우와 지금이 어떻게 달라졌는지 말씀해 주십시오.

김현정 많이 달라졌어요. 저는 사실 그런 것들을 옆에서 보지 못했기 때문에, 소위 '친북'이라고 딱지가 붙은 어르신들이 구체적으로 어떤 어려움을 겪으셨는지는 잘 모르지만, 어떻게 해서 반증적으로 알 수 있느냐 하면, 지금은 6·15라는 틀에서 함께 만나서 함께 활동을 하지만 예전에는 같이 활동하지 않으셨던 분들, 약간 중도적인 통일인사들, 이런 분들이 이렇게 말씀하십니다. "그분들, 그러니까 오랫동안 통일운동을 하시고 어려운 시기에 북한을 다녀오고, 그렇게 다리를 놓으셨던 분들이 얼마나 큰 역할을 하셨는지, 참 우리가 그 부분에 대해서는 입이 열 개라도 할 말이 없다." 그러시면서, 그 당시에는 그분들이 평양을 왔다 갔다 그런다고 해서 한 자리에 같이 앉지도 않고, 식당에서 만나도 인사도 안 하고, 무슨 모임이 있거나 단체가 조직이 되는데 그런 분들은 안 끼워주고, 또 그런 분들이 교회를 다니면 그 교회는 안 나갔다고 그런 이야기를 하셔요. 그러니까 "그런 어려운 시기가 있었는데 그런 과정을 거치면서도 그분들이 포기하지 않고 지금까지 노력을 해주셨기 때문에 우리가 이만큼 다가간 것이다"라고 그런 말씀을 하시는 것을 들으면서 "아, 참 심했구나!" 그런 생각이 들더라고요. 그러니까 거의 교포사회에서 왕따를 시키고 정말 끼리끼리만 모일 수밖에 없는 환경이었던 것 같아요. 지금은 뭐 평양 가는 거 사람들이 한 번쯤은 다 가고 싶어 합니다. 물론 지금도 평양 갔다 온 적 있다고 하면 사람들이 깜짝 놀라죠. 그렇지만 "나도 한 번!" 그렇게 오히려 나와요.

김하영 이제 교포 사회 내에서 사람들의 인식이 그만큼 많이 바뀌었다는 말씀이시군요.

김현정 네, 많이 바뀌었어요.

김하영 제가 지금까지 이야기를 들은 바 선생님께서 통일관련 운동을 하신 게 햇수로는 그렇게 오래 되지는 않은 것 같습니다. 그러면 이 〈통일맞이나성포럼〉 단체를 운영하고 또 활동하면서 재정문제나 주위의 인식 또는 개인적으로 어렵고 힘들었던 점으로는 어떤 점이 있습니까?

김현정 저 개인적으로 또 〈통일맞이나성포럼〉 회원들이 일반적으로 공통된 인식을 하고 있는 점에 의하면, 한반도의 남과 북이 좀 더 가까워지고 또 평화와 통일을 정착시킬 수 있는 방향으로 가기 위해서 우리가 구체적으로 여기에서 할 일이 있다고 생각해요. 시대에 따라서 구체적인 일들은 항상 바뀌잖아요. 지금 「2·13합의」가 나왔고 2차 정상회담이 있었는데, 북미 관계가 정상화 쪽으로 가고 있는 이 시점에서 우리가 지금 정말 열심히 해야 될 일들이 있다고 생각해요. 얼마 전 북한 태권도시범단이 미국에 왔는데, 그런 일들이 자꾸 벌어져야 되거든요. 그런 것들은 돈이 생기는 일들이 아니기 때문에 많은 사람들이 나서서 하려고 하지는 않아요. 하지만 민간교류 차원에서 문화적이거나 예술적인 감동을 주는 그런 일들이 자꾸 일어나야만 통일로 가는 길이 빨라지게 된다고 생각하는데, 저희들이 그런 일을 해야 한다고 생각하거든요. 그런데 아까 말씀을 드렸다시피 그것은 동포사회의 지원이 없이는 굉장히 힘들어요. 그리고 그런 인식을 바꾸는 데에도 영사관이 도움을 줄 수 있는데. 그것이 어떤 종류가 되었든, 재정적인 지원이 되었건 아니면 어떤 힘만 실어주는 것이 되었건, 여러 가지 방법이 있을 수 있잖아요. 그러한 것들이 굉장히 절실하고. 그리고 또 어려운 점은 언론과의 관계인데, 그런 것들도 사실 영사관이 어떻게 하느냐에 따라서 굉장히 많이 달라질 수 있는 부분이고, 돈의 흐름도 마찬가지고. 그런 점이 굉장히 힘든 것 같아요. 저희들이 생각보다 참 부족하다고 느꼈을 때 그래요.

민간차원의 활동은 그렇고요. 또 한 가지 다른 차원이 있는데 그것은 여기 미국사회 내에서 우리가 사실 유권자로서, 여기서 오랫동안 사신 분들이기 때문에, 유권자로서 우리가 얼마든지 목소리를 낼 수 있거든요. 그리고 지난번 「일본군 위안부 결의안」이 하원에서 통과되지 않았습니까? 그 일도 LA에서 저희가 굉장히 열심히 했어요. 사실 미국사회 내에서 일본군 위안부라는 이슈 자체는 굉장히 새로운 이슈는 아니에요. 1990년대 초부터 이 부분에 관련된 인식이 있었는데, 특히 중국이 일본에 굉장히 많은 피해를 당했기 때문에 중국 커뮤니티, 필리핀 커뮤니티, 그리고 이제 우리 한국 커뮤니티, 이런 커뮤니티들이 공통적으로 일본의 과거사 청산에 대한 인식은 가지고 있었어요. 그래서 과거사 청산에 관련된 일을 하시는 단체들이 있는데 특히 중국 커뮤니티에는 꽤 있거든요.

1992년도부터인가 그런 부분에 대해서 좀 더 구체적으로 관심을 가지고 활동을 하려는 작은 노력은 있었는데 효과적으로 그 활동들이 진행이 되지는 못했어요. 그리고 「위안부 결의안」만 해도 사실 일본의 전쟁범죄 전체를 다루는 것도 아니고, 가장 부드럽고 대중적으로 다가갈 수 있는 이슈잖아요. 이것은 여성에 대한 것이고 성노예에 대한 것이고, 이것은 인류 역사에 어디에서도 찾아볼 수 없었던 만큼 큰 규모로 국가가 개입을 한 것이고, 그것도 전쟁 중에. 그러니깐 누구에게나 반대할 수 없는 이슈, 사람이라면 절대 반대할 수 없는 그런 이슈인 거예요. 가장 보편적인 이슈가 되다 보니까 이번에 호응을 많이 받을 수 있었어요. 그런데 이 이슈조차도 한 4~5년 동안은 호응을 못 받고 사장이 되어왔었어요. 그랬는데 이번에 호응을 받게 된 이유는 풀뿌리가 움직였다는 것이죠.

사실 일본이 몇 년 전에는 UN에서 안전보장이사회 상임이사국이 되려고 했지만 그것이 좌절되었고, 또 이라크 전쟁 이후 미국과 일본의 관계, 특히 군사적인 동맹 관계가 굉장히 돈독하잖아요. 그런 부분에 있어서 만약에 미국과 일본이 계속 군사적으로 서로 지원을 해주는 그런 관계가 된다면 동아시아의 한반도 주변 정세도 굉장히 안 좋아지거나 더 위기감이 조성될 수도 있고, 어떻게 생각하면 다급한 그런 상황일 수도 있거든요. 그래서 이게 단순히 과거사만을 짚고 넘어가자 그런 것도 있지만, 장기적으로 보면 우리 한반도의 평화에도 사실 굉장히 큰 기여를 할 수 있는 그런 활동이기 때문에 우리 〈통일맞이나성포럼〉이라든가 여기 통일운동권에서도 거기에 참여를 한 것이에요. 그런데 "단체가 뭐 한다" 이러면 특히 언론 같은 데에서 굉장히 거부감을 많이 가지기 때문에 그래서 그냥 개인들이 모여서 일을 했어요. 저는 이렇게 〈통일맞이나성포럼〉이라는 단체 소속이었지만 단체 대표로 들어간 것은 아니고 그냥 일반 우리 커뮤니티에서 공통된 생각을 나누는 변호사라든가 교수라든가 이런 사람들이 모여가지고 그냥 발로 막 뛰었거든요. 우리가 한인회도 찾아갔고요. 그리고 여기에 〈한미연합회〉(KAC; Korean American Coalition)라는 큰 전국규모 단체가 있어요. 거기에도 같이 하자고 그랬었고. 그런데 〈한미연합회〉는 애초부터 우리가 같이 하자고 한 것은 아니에요. 원래 동부에서 이 위안부 이슈 관련 운동이 시작이 되었어요. 〈한인유권자센터〉라고 10년 동안 한인 유권자들의 권익을 위해 활동한 그런 단체에서 〈한미연합회〉에 접촉을 했더니 〈한미연합회〉에서는 처음에 "이 이슈는 한반도 이슈다. 우리는 재미한인(Korean American)의 이슈를 다루는 단체이기 때문에 이 이슈는 우리가 할 일이 아니다"라고 그랬대요. 그래 가지고 〈한미연합회〉 쪽에서 처음에는 그렇게 별로 관심을 가지지 않았던 거예요. 그랬는데 나중에 가서 이게 호응을 얻고 지지(cosponsor)를 하는 의원들이 이렇게 많이 늘어나니까 이제 〈한미연합회〉에서도 나중에는 지원하기는 했는데. 그런 인식의 차이가 있었어요.

중요한 것은 어찌되었던 간에 중요한 것은 여기저기서 지원을 해주셨는데, 특히 종교계에서, 가톨릭, 기독교, 불교, 원불교 등 각 종교계에서 지원을 많이 해주었고, 특히 가톨릭에서 굉장히 지원을 많이 해주었어요. 특히 조직화가 잘 되어있으니까 서명도 제일 많이 받아주고 돈도 제일 많이 내고. 그런 커뮤니티의 지원이 확 모아지니까 의원들이 움직이는 거예요. 예를 들어서 여기에 토랜스(Torrance)라고 한인들이 좀 많이 사는 남쪽의 동네가 하나 있어요. 그런데 그 동네가 약간 부자 동네이다 보니까 굉장히 보수적이고 또 일본인들이 많이 살아요. 거기 의원이 그래서 그 지역 일본인들의 표를 무시를 할 수가 없는 거예요. 그래서 저희들이 그 의원 사무실에 여러 번 찾아가서 보좌관들하고 이야기하고 서명지를 몇 백 장, 몇 천 장 모아서 갖다 주면서 "너희 지역구 유권자들이 이렇게 이 법안을 원한다" 그랬어요. 그게 가장 중요하잖아요. 의원들한테는 표가 중요하지요. 그래서 이야기를 하면 다 동의하고, 너무 당연한 것이고, 당연히 그러한 정의가 이루어져야 하고 또 역사 왜곡은 안 되어야 한다고 다 동의하는데, 그런데 마지막에 가서 뭐라고 하냐면 "이게 미국과 일본과의 외교문제로 비화되면 참 곤란하다" 그래요. 그러면서 그런 것이 걱정이고 또 "아시아 지역에 있는 나라들끼리의 갈등인데 괜히 미국이 끼어드는 것 아니냐"라는 우려를 그쪽에서 구체적으로 이야기를 하는 거예요. "이것 자체는 굉장히 우리가 100% 동의는 하지만 여기에 우리가 공동발의(cosponsor)를 한다는 게 정치적 부담이 있다" 이렇게 이야기를 하더라고요. 그래서 굉장히 힘들었어요. 그럼에도 불구하고 그렇게 표를 갖다가 모아주고, 서명지를 모아가지고 "당신의 지역구에서만 모인 것만 이 만큼이다"라고 했어요. 진짜 기록이에요, 거의 168명이라는 공동발의를 받는다는 것은. 법안도 아니고 단순히 결의안인데도. 보통 30~40명 받으면 의회에서 통과되거든요. 그래서 마이클 혼다 의원도 그랬대요. 처음에는 "몇 명이나 모아야 되겠느냐?" 했더니 "한 40명 모아봐라." 그랬더니 금방 40명이 되버린 거예요. 그랬는데도 여론이 빨리 안 바뀌고 일본에서 굉장히 반대 로비를 심하게 하니까 "그래도 한 100명은 되어야 되지 않느냐?"

그러더래요. 그래서 "100명을 어떻게 모으느냐?" 그때만 해도 정말 100명이라는 선이 너무나 까마득해 보였는데 그때 이제 LA가 들어간 거예요. 그 운동에 참여를 하기 시작해 가지고 LA하고 샌프란시스코까지 같이 움직이다 보니깐 숫자가 막 늘어나기 시작하더니 100명이 넘어가버렸어요. 그랬는데도 일본의 아베 총리가 방문했고, 미국 워싱턴 지역에서 가장 규모가 크고 잘 나가는 로비회사 두 군데를 일본정부에서 계약을 해가지고 수백만 달러짜리 로비를 펼친 거예요. 그래서 100명이 넘었는데도 불확실한 거예요. 우리도 5월 중에는 통과가 되겠거니 기대를 했다가 그게 잘 안 되니깐 또 막 난리가 나고, 뭐 "이거 어떻게 하느냐" 하고 막 굉장히 힘들었는데 어찌되었건 공동발의 하는 의원을 168명까지 늘리니까 이것은 이제 더 이상 어떻게 멈출 수 없는 그런 것이 되어버린 거죠.

　이야기가 길어졌는데, 그래서 이번에 저희가 느낀 점은, 우리 한인들은 굉장히 소수이고 이러한 문제에 관심을 갖는 한인들이 그 중에서도 또 소수이지만 우리가 올바른 메시지를 전달하고 일을 투명하게 하면 이것은 호응이 있고, 그 호응을 가지면 의원들을 움직일 수 있다는 결론이 난 거죠. 우리는 진짜 1%의 1%이지만, 이 1%의 1%가 정말 미국의 외교관계에 영향을 미칠 수 있다는 것, 이것을 확인한 거예요. 물론 메시지를 잘 만들어야 하고 그것을 이 나라 사람들이 이해할 수 있는 말로 잘 전달을 해야 하고, 그리고 우리 한인들뿐만 아니라 전체 아시아인, 백인들을 포함한 주류사회의 동의를 얻어야 하는 이런 과정들이 있지만 이런 것들은 얼마든지 할 수 있다는 것이죠. 그래서 통일문제도 그런 식으로 접근을 할 수 있다고 생각을 하는데, 우리 동포사회가 주류사회 안에서 올바른 메시지를 자꾸 전달하고 한반도 정책에 관해서 어떠한 적대적인 대립관계로 가는 것보다는 평화와 화해와 협력으로 가는 것이 윈윈(win-win)이라는 그러한 메시지를 자꾸 내는 그러한 역할을 하고, 우리가 정말 미국사회에 미국의 정치인들을 움직여서 미국의 대외정책까지 움직일 수 있는 그런 역할을 우리가 해야 한다고 생각합니다.

김하영 알겠습니다. 〈통일맞이나성포럼〉에서 하는 일을 좀 더 말씀해 주시죠.

김현정 기본적으로는 아까 말씀드린 그런 방향성을 가지고 지역사회에서 저희가 할 수 있는 여러 가지 윤활유 역할을 하지만 그 중에 가장 중요했던 활동 중 하나가 〈6·15공동위원회〉의 미국위원회, 그리고 여기 서부지역위원회를 만드는 데에 저희가 앞장 선 것, 그것이 제일 사실 중요한 활동이었어요. 2005년도에 〈6·15공동위원회〉가 만들어지지 않았습니까? 그러면서 금강산에서 출범식을 하면서 여러 가지 논란도 있었지만 "어쨌든 해외도 분명히 3자연대로 같이 끼어야 한다. 해외가 지금까지 해 온 역할이 굉장히 중요한 역할이었고 앞으로도 해외가 그런 중요한 역할을 해야 한다"라는 그런 인식 속에 3자로 만들어지면서 미국에서도 미국위원회, 특히 우리 LA에서는 서부위원회, 이렇게 만들어졌잖아요? 그러면서 처음에는 통일운동을 오랫동안 해 오시던 그런 분들 중심으로 이렇게 만들어졌다가 1년 정도 시간이 지나면서 조금씩 확대를 해가지고 다른 분들하고 함께 하게 되었어요. 그래서 그 활동이 〈통일맞이나성포럼〉이 우리 LA 지역에서 할 수 있는 역할, 그리고 통일을 위해서 가장 중요한 실질적인 역할이었다고 생각을 해요. 그런데 지금은 약간 그 기능이 갈라진 상태가 되어버렸기 때문에 저희는 지금 어느 쪽에도 가담을 하지 않고, 아니면 양쪽 다 지지를 하는 그런 입장이 될 수밖에 없는 상태예요.

김하영 그 양쪽이라는 게 어느 쪽을 말씀하시는 겁니까?

김현정 그러니까 오랫동안 운동을 해 오셨던 분들하고 최근에 활동하신 분들 사이에 그 지향하는 것에 차이가 있지요. 상호간 대립이 좀 깊어가지고 저희가 굉장히 많이 노력을 했어요. 그분들을 한 자리에 다시 모아가지고 "갈라졌지만 다시 한 번 하나로 가자" 그렇게 하기 위해서 저희가 중간에서 싸움도 말리고, 이쪽은 "이게 잘못되었습니다" 또 저쪽은 "이것이 잘못되었습니다"라고 말하기도 했어요. 아까 이야기 잠깐 나왔지만 "그런 친북인사가 앞에 나서면 안 된다"는 그런 자세도 잘못되었고 "꼭 우리가 앞에서 해야 된다"는 자세도 잘못되었고. 그렇게 했지만 사실 굉장히 힘들더라고요. 역부족인 것을 느꼈고, 그래서 저도 사무국장직을 다 내놓고 사실 거기에서 지금 한발 빠져나와 있는 상황이거든요.

김하영 이제 질문의 초점을 조금 다른 방향으로 바꾸죠. 최근에 보면 탈북자들이 미국에 간혹 들어오고 있지 않습니까? 그러면 그렇게 미국으로 온 탈북자들에 대한 지원활동이랄까 이런 것은 여기서 어떻게 하고 있습니까?

김현정 먼저 탈북자 같은 경우 여러 가지 면이 있는 것 같아요. 일단은 인도주의적인 측면에서 보았을 때, 그분들이 어쨌든 자기가 살던 조국에서 살기 힘들어서 나온 분들 아니에요? 어떻게 어떻게 해가지고 여기 미국까지 오게 된 분들도 계시는데, 사실 대부분의 경우 경제적인 이유가 가장 크다고 생각하거든요. 그러니깐 중국에 최소한 10만 명, 아니면 20만 명 이런 숫자의 북한 분들이 있다고 하는데 그분들에 대한 인터뷰라든가 조사 같은 것들이 굉장히 많이 이루어져있지 않습니까? 그런데 대부분의 경우 그런 분들이 하시는 말씀이 "고난의 시기에 먹을 것이 없어서, 또 중국에 친척들이 있고 하기 때문에 중국에서 돈을 벌고 식량을 보내기 위해서 고생을 하지만, 세상이 좋아지면 다시 돌아가겠다" 그런 생각을 가진 분들이 대부분이라고 들었어요. 그러니깐 진짜 너무너무 싫어서 다시는 돌아가지 않겠다고 하는 분들도 계시지만 대부분은 "지금 잠시 너무 힘들어서 나와 있는 것이지 나는 다시 돌아갈 것이다"라고 이야기 하는 분들이 굉장히 많고. 또 다큐멘터리나 영화로 만들고 그러는 게 참 많이 있거든요. 특히 선교 목적으로 교회 같은 곳에서 많이들 하는데. 그런 데에서도 탈북자들을 모아놓고 그러면 이런 이야기가 나와요. 어떤 분들은 "한국에 가서 살고 싶다," 어떤 분들은 "미국에 가서 살고 싶다"고. 그러시는 분들도 있지만 제가 보기에는 탈북을 하는 가장 큰 이유는 경제적인 것, 생계유지에 어려움이 있기 때문이거든요. 그렇지만 경제적 이민은 망명의 요건이 되지 않거든요. 남한에서 경제적으로 살기 힘들어 미국으로 밀입국을 하거나 하는 분들은 '탈남자'라고 말할 수도 있어요.

김하영 그러니까 지금 북한에서 바로 미국으로 온 사람들이 많다는 말씀은 아니죠?

김현정 북에서 바로 오시는 분들은 많지 않아요. 왜냐하면 북에서 오시는 분들은 또 어떤 분이냐 하면, 일단 중국에 살다가 브로커들의 알선을 통해서 남한으로 가잖아요. 그래서 일단 정착을 해요. 정착을 하고 살다가 그때 미국으로 오는 거예요. 이분들은 북에서 바로 오시는 경우는 거의 없고요.

김하영 그런데 미국에서 입국을 허락해 줍니까?

김현정 아니죠.

김하영 그러면 불법 입국을 말하는 건가요?

김현정 그러니까 불법 입국을 해서 들어와서 망명신청을 하는 경우가 많고. 아니면 국경에서 망명신청을 할 수 있으니까 "나는 망명을 하기 위해서 미국에 왔다"라고 이야기를 하면 그 사람은 망명신청자로 간주가 되거든요. 그렇게 해서 심사를 거치는 것이죠. 그런 분들이 대부분인데. 물론 종교적인 이유도 있고 아니면 체제에 대한 반감 이런 것도 있고. 또 그런 분들도 계시지만 가장 큰 이유는 역시 경제적인 것이 아닌가 하는 생각이 드네요.

김하영 미국 전체를 이야기하기는 힘들겠지만, 비록 많지는 않을 것 같은데 이 LA지역에도 북한에서 건너온 탈북자들을 위한 조직이라든지 지원하는 그런 활동들이 있습니까?

김현정 있어요. 탈북자들을 선교단에서 지원하는 것으로 알고 있고, 또 조직적으로 중국에서부터 그런 분들을 미국으로 데리고 오는 그런 활동을 하시는 분들이 있어요. 그런데 상당히 논란이 많아요. 여기 오신 분들 탈북자 중에서도, 선교단을 이끌고 있는 분이 너무 돈을 밝힌다거나 돈을 받고 사람들을 데리고 오는 그런 부분에 대해서 공개적으로 신문지상에 비판하고 그랬더라고요. 그런 경우도 있었지만 인도적으로 보면, 여기까지 오신 분들이 당연히 여기서 정착하는 데에 도움이 되어야 하고 그런 분들을 차별하면 안 되고. 저희가 그렇게 생각은 하지만 저희가 구체적으로 그분들에 대하여 어떤 경제적인 지원을 할 수 있는 여력은 없지요.

김하영 이제는 북한의 인도적 지원 문제인데요. 북한의 경제적으로 수해라든지 그 이후에 경제적인 어려움을 겪어가지고 국제 사회에서 많은 지원을 하지 않았습니까? 동포사회에서도 상당히 지원을 하는 것으로 많이 알려져 있습니다. 일반적으로는 교회라든지 이런 종교단체들이 많이 관여하는 것으로 알고 있는데 여기 LA지역에서 북한에 대한 인도적 지원은 어떤 단체나 기관들이 많이 합니까?

김현정 주류사회가 있고, 종교단체들이 있고, 그리고 일반단체들이 있을 수 있습니다. 주류사회 같은 경우는 〈AFSC〉(American Friends Service Committee)라는 단체가 있어요. 이것이 퀘이커 단체인데 인도적인 활동을 많이 하는 단체예요. 이 단체가 북에 들어가서 농장 같은 것 만들고 또 식량 관련 프로젝트를 쭉 해 왔고, 이 단체가 좀 오래되었고요. 그리고 세계식량계획(WFP)나 적십자라든가 이제 그런 국제기구들이 있고요. 여기 종교단체들 같은 경우, 90년대 중반에 북한의 기아사태가 나고 그러면서 여러 종단들이 함께 모여가지고 단체를 만든 적이 있었어요. 지금은 불교계에서 그 활동을 주로 하고 있어요. 도안스님이라고 여기 LA 관음사 주지를 하시다가 작년에 돌아가셨어요. 그분이 국수공장을 지금까지 하셨어요. 그러니까 아마 관음사 신도들이 중심이 되어 〈조국평화통일불교협회〉를 통해서 지금도 그 활동을 계속하고 있는 것으로 알아요. 한국에서는 법타스님이 계시고요. 도안스님은 여기 미국에 계셨던 분이고. 그리고 또 교회들에서 지원을 하는 게 좀 있다고 알고 있어요. 빵공장 같은 것, 그 다음에 탁아소에 제공하는 것, 그런데 사실 규모가 그렇게 큰 것은 아니고요.

김하영 교민들의 인식은 최근에 어떻습니까? 여기 교민사회에서 종교단체를 통해서든 아니면 NGO를 통해서든 북한에 대해서 인도적인 지원을 하는 것에 대해 전체적으로 볼 때 우리 교민들의 지원의사나 지지 정도는 어떻습니까?

김현정 간단하게 말씀드리기가 곤란한데 굉장히 극단적이에요. 그러니까 양극적인 현상을 보이는데 예를 들어서 마켓 같은 데에 우리가 모금함을 들고 나가 서 있기도 하고 그러거든요. 특히 작년인가 재작년인가 수해났을 때 모금을 했는데, 어떤 분들은 100불짜리도 넣어주시고 그러는데, 또 반면에 어떤 분들은 욕을 하셔요. 그러니까 남한에서도 애들이 굶는다는데, 또 뭐 정권에 대한 반감 그런 것 때문에 굉장히 부정적인 반응을 보이시는 분들도 있고. 그런데 나이 드신 분들이 좀 그래요. 그러니까 전쟁을 겪으신 분들은 아무래도 그런 한계가 있을 수밖에 없다고 생각을 하고, 그런데 조금 젊은 아줌마들, 특히 어린아이가 있는 이런 분들은 좀 더 긍정적인 거 같아요.

김하영 알겠습니다. 여기 미국사회 내에서 통일운동의 전개양상을 보면 1세대 활동하신 분들이 이제 60대, 70대 이상 고령이거든요. 김 선생님은 상대적으로 늦게 미국에 오셨고 또 연령층으로 본다면 그분들보다 훨씬 나이가 적은데, 그런 점에서 보면 여기 한인 2세 동포들하고도 상당히 접촉이 많을 것 같습니다. 그래서 한인 2세 동포들의 통일의식에 대해서는 어떻게 느끼고 있습니까?

김현정 우리가 2세라고 할 때는 영어가 더 편한 친구들을 보통 2세라고 할 수 있는데요. 어떤 친구들은 한국어를 하고 어떤 친구들은 한국어를 못하는데, 우리 부모님 세대가 참 어려운 시기에 자라나신 분들이잖아요. 우리 부모님 세대가 어렸을 때 전쟁을 겪으신 분들이거나 아니면 전쟁 바로 직후 아주 어려운 시기에 자라신 분들이기 때문에 경제적으로나 사회적으로 상승욕구가 굉장히 높으신 분들이신 것 같아요. 박정희 대통령 시대에 경제개발5개년계획을 착착 만들고 수출지향적 정책 같은 것을 추진하는 것을 보고 그래서 그런지 상승욕구가 굉장히 강하고, 그러다 보니까 자식들에게도 위만 쳐다보게 그런 교육을 시키신 것 같아요. 그래서 특히 미국으로 이민 오신 분들은 더 그렇지요. 더 나은 환경을 위해서, 더 나은 경제적인 기회를 위해서 영어도 못하시면서 미국까지 가족을 끌고 오셨을 때에는 그분들이 의지가 대단하신 분들이잖아요. 그리고 굉장히 열심히 하루에 16시간씩 일을 하시고 그래요. 자녀들과의 대화시간도 없을 만큼 그렇게 돈을 벌기 위해서 너무너무 고생을 많이 하신 분들인데, 그러다 보니까 잃은 게 너무 많은 거예요. 자녀들이 한국말을 못하고 그것을 가르치지 못했고. 어떤 분들은 미국에서 성공하려면 영어를 잘해야 되기 때문에 집에서조차 한국말을 못하게 교육을 시키시는 그런 분들도 계셨어요. 그러다 보니까 아이들이 정체성에 있어서 그리고 역사의식에 있어서 부재 상태인 경우가 굉장히 많아요. 그래 가지고 2세들, 대학생들을 많이 접촉을 많이 하는데, 대학생들이 가장 쉽게 접촉할 수 있는 방법은 풍물이에요, 재미있으니까. 이것이 한국적인 것이고, 이것을 하면 어른들이 지원도 잘 해주고 예뻐해 주고 그리고 약간 한국문화에 접촉할 수도 있고. 그래서 그런 것을 통해서 많이 접촉을 하는데 하다가 보면 어떤 한계가 굉장히 많이 느껴지는 것이죠. 언어도 잘 안되고 역사의식도 너무나 없고, 특히 통일에 대해서는 거의 뭐 미국 아이들과 똑같다고 봐야 하거든요. 그런데 오히려 돌아서 오는 경우가 있어요. 예를 들면, 대학교육을 받다 보면 사회적인 이슈에 대해서 눈을 뜨게 되죠. 그런데 그게 미국사회의 이슈인 것이에요. 인종차별 그러니까 유색인종에 대한 차별, 흑인들의 인권운동, 그리고 여성문제, 또 지금은 동성애 문제가 굉장히 큰 이슈이기 때문에, 동성애자의 권리, 성전환자에 대한 권리, 이런 이슈들. 그러다 보니까 사회적으로 소수계인 사람들의 권리에 대해서 전반적으로 눈을 뜨게 되고, 그러다 보면 커뮤니티에 눈이 돌아오는 거예요. 그러니까 뱅 돌아가지고 "아, 그러면 나의 정체성은 무엇인가, 우리 조상들의 뿌리를 갖고 있는 커뮤니티는 무엇인가?" 그런 고민을 하다 보면 미국의 대외정책에 대해서도 문제의식을 갖게 되고. 그리고 미국 특히 LA는 다인종들이 모여 사는 그런 곳이기 때문에 남미 쪽에서 온 사람들하고도 대화가 많아지고, 그러다 보면 한국계 2세인데도 남미에 가서 봉사활동을 하는 그런 친구들도 참 많고. 그러다 보니까 그런 것들의 이슈들 중의 하나로서 한반도 문제가 들어오는 경우가 있어요. 그래서 "아, 이 한반도에서 평화통일을 이루는 것이 참 중요하구나"라고 인식을 하게 되는 그런 경우가 있는데. 참 안타까운 게 오늘 신문에도 보니까 〈한국교육원〉이라는 재단이 LA에 있어요. 1990년대 말에 여기서 돈도 모으고 한국 정부에서 돈도 많이 대고 해서 건물을 하나 구입을 해서 2세 교육을 위해서 만들어 놓은 재단인데 거의 뭐 노인당이 되어가고 있대요. 그러니까 2세들을 향한, 2세들이 와서 정말 한국의 얼을 배우고 어떤 조국의 문제들에 대해서 제대로 관심을 가질 수 있는 그런 기회를 거의 못 만들고 그냥 성인들의 교양강좌, 수예반, 꽃꽂이반, 서예반, 이런 것들로 지금 운영이 되고 있다는 거예요. 그래서 우리가 걱정만 할 것이 아니고 진짜 그런 장소가 있고 자원이 있는 곳에서부터 2세들에 대한 어떤 손길을 빨리 뻗어야 하는데 정말 저희들로서는 너무나 암담하거든요. 대학생들하고 접촉을 하고 만나고 해야 하는데 그것은 시간과 돈과 노력이 들고, 그러면 생활이 보장이 되지 않으니까 그것도 굉장히 힘들고. 그러다 보면 2세들이 어떤 방향으로 가게 되느냐 하면 잘못된 정보를 받아들이는 경우도 있어요. 그러니까 한반도에 평화를 정착시키고 화해를 불러일으키는 그런 메시지보다는, 그렇지 않은 방향으로 메시지를 받아들이는 학생들이 자꾸만 생겨나고 있는데, 이것을 한국정부가 과연 원하는 것인가 하는 우려가 들기도 해요. 그런데 2세들에 대한 지원을 한국정부에서 안 하는 것은 아니에요. 2세들 지원도 하고 그래요.

김하영 바로 그 점에 질문을 드리고 싶었는데 그러면 한국 정부가 교민 사회에 대해 어떻게 해주었으면 좋겠다고 보십니까?

김현정 한국 정부가 그런 것을 안 하는 것은 아닌데. 저도 한국정부가 어떻게 돌아가는지는 자세히 모르고 특히 여기 미국에서 대사관이나 영사관이 어떤 방식으로 움직이는지 제가 자세히 모르기 때문에 뭐라고 할 말은 없지만 제가 보기에는 피상적인 지원을 하는 것 같아요. 예를 들면, 한국교육관 같은 건물 사서 만들어 놓고도 한국 정부가 앞으로 우리 한반도에서 한민족이 나아가야 할 방향에 대해서 올바로 가르치는 것보다는 굉장히 피상적으로 돈을 쓰는 거예요 그냥. 거기 지금 한국교육관에서도 풍물강습 같은 것도 하거든요. 거기 꼬마들 와 가지고 배우기도 하고 그러는데 왜 하는지 모르겠어요. 그리고 1년에 한 번씩 '코리안 퍼레이드'(Korean parade) 같은 거 해요. 그러면 꽃차 같은 거 하나에 10만 불짜리 만들어서 행진하고, 또 대학생들이나 고등학생들이 풍물 막 배워가지고 1년에 한 번 행진하고, 그러면 "한국의 얼" 그러면서 언론에 크게 나고 그러는데. 그게 뭐예요? 제가 보기에는 그래요.

우리 한반도가 정말 조금만 잘못 가면 화약고가 될 수 있는 그런 지정학적인 위치이고, 우리 한반도의 역사가 왜 그렇게 되었고, 주변국들과의 관계가 어떻고, 우리가 살고 있는 미국이 그런 한반도의 역사에 어떤 영향을 가지고 있고 얼마나 큰 열쇠를 가지고 있는가에 대해서 가르쳐야 되는데. 우리가 한민족의 후예들이고 한민족의 유산과 정신적인 자산을 가지고 있지만 우리는 또 미국 시민이기 때문에 미국의 발전과 미국의 이익을 위해서도 우리는 또 어떤 영향력을 행사해야 하는데, 정말 미국이 한반도에서 전쟁을 일으키는 것이 미국의 이익에 부합하는가 하는 그런 질문을 2세들이 할 수 있게 해줘야 하거든요. 그런데 피상적으로 "북한은 공산정권이고, 독재고, 세습정권이고, 국민들을 굶어죽이고 있기 때문에 그 정권은 없어져야 하고, 그 정권이 무너지고 나면 불행 끝 행복 시작이다" 이런 식으로 가르치는 것은 바람직스럽지 않다고 생각해요. 사실 탈북자에 관한 것도 그래요. 한국의 젊은 사람들이 선교하려고 아프간에 선교단으로 갔다가 불행한 일도 겪었지만 북한에 대해서도 마찬가지로 그런 마인드로 접근을 하는 거예요. 그러니까 궁극적으로 가장 밑바닥에 있는 사람들, 일반 동포들, 북한에 있는 주민들이 살 수 있는 그런 길이 무엇인가를 진지하게 고민하기 전에 "내가 가지고 있는 가치관을 빨리 퍼뜨리는 것이 그들을 위해서 좋은 일을 하는 것이다"라는 생각이라고 할 수 있죠.

그러니까 그런 사고방식을 우리 아이들에게 심어주는 것은 저는 참 큰 문제라고 생각하는데, 그런 것들을 바꿀 수 있는 역할을 우리 정부에서 해야 된다고 생각하고, 그것을 너무 소극적으로 접근해서, 미국 땅에서 뿌리교육을 하고 2세 교육을 하면 미국정부에서 싫어하지 않을까 하는 그러한 소극적인 자격지심 같은 것이 있기도 있는 것 같아요. 역사적인 이유도 있겠지만. 하지만 미국이라는 나라가 이민자들로 구성이 된 나라 고 백인들은 뭐 이민자 아닌가요? 다 인디언들이 살고 있는 땅에 와서 이민자들이 이렇게 일구어 놓았는데, 미국의 유산이라는 것은 다민족 유산, 미국이 가장 자랑스럽게 생각하고 가장 커다란 성과물로 여기는 것도 그러한 다양한 문화들, 다양한 언어가 섞여져 가지고 미국의 힘이 되는 것인데, 그런 과정에서 그렇게 전 세계의 인류의 유산들을 미국의 안에서 제대로 키우고 그런 것인데. 통합을 주장하기도 하지만 이 안에서 각각의 다양한 문화유산들을 보존하는 일도 미국 정부에서도 중요한 일로 생각하고 그러한 다양성을 지키는 것을 굉장히 장려하잖아요. 그리고 그러한 모든 것들이 다 결국엔 인류의 공존과 인류의 평화를 위해서, 그러니까 꼭 어떤 특정 민족만을 위해서가 아니고, 꼭 미국만을 위해서가 아니고 전 지구의 모든 사람들이 좀 더 나은 생활을 위해서 쓰여지는 거라면, 우리가 열심히 그 일을 해야 한다고 생각해요. 그런데 한국 정부에서 어떤 특정한 프로젝트를 가지고 그 프로젝트에 대해서 지원을 한다든가, 아니면 특정한 단체가 미국 내에서 한인들을 많이 조직했다는 이유 하나만으로 그냥 그 단체에 지원을 한다든가 하는 맹목적인 지원방식은 조금 다시 고려를 해야 하지 않나, 지금은 그럴 때라고 생각하고, 특히 민족교육, 뿌리교육, 역사교육 이런 부분에 있어서는 한국 정부가 나서지 않으면 나중에 아무도 탓할 수 없다는 생각이 들고요. 요즘 신문에서 보니까 각 학교에서 한국어반이 굉장히 많이 없어지고 있대요. 여기서 제2외국어, 제3외국어로 여러 나라 언어들을 많이 배우는데 사실 그게 힘이거든요. 여기서 얼마나 스페인어를 가르치는 학교가 많은데요.

캘리포니아는 한인 인구가 가장 많은 주이니까 그나마 공립학교에서 한국을 가르치는 반들이 있는데, 이런 것들이 자꾸 없어지고 있다는 거예요. 물론 이러한 것들을 전부 한국 정부에서 다 할 수는 없지요. 하지만 한국 정부가 미국 교민들에 대해서 책정하고 있는 정책적인 자금을 어떻게 효율적으로 이용하느냐에 따라서 그러한 인식이 얼마든지 달라질 수 있다는 것이죠. 그리고 영어만 잘한다고, 한국 애인데 영어만 잘한다고 그것만으로 교민과의 관계가 모두 잘되는 것은 아닌 것 같아요. 그런 경우 참 많아요. 예를 들어 12기 〈평통〉 때 이런 일이 있었어요. 그때 영어권 한인 2세들이 무더기로 좀 몇몇 들어갔어요. 그런데 1세 한인 동포사회에서 이 영어권 2세들이 한인 타운에 나와서 일하는 것 자체를 무조건적으로 긍정적인 반응을 보여주다 보니까, 이 친구들이 우리가 전문가(professional)들이고, 그 중에는 변호사도 있고 의사도 있고 그랬겠죠, "우리는 미국 사회에서 태어나서 이렇게 성공적으로 학업도 마치고 사회에 들어가서 일하고 있는 잘난 사람들인데 우리가 조국에 대해, 조국 문제에 관심을 가지고 〈평통〉이라는 단체에 와서 봉사를 하겠다는 것 자체가 벌써 우리로서는 엄청난 희생인데 우리한테 회비까지 내라고 하느냐" 하는 생각을 가지고서 이 친구들이 회비를 단체로 안 낸 거예요. 그러니까 2세들이 그런 마인드를 갖고 있는 거예요. 그들이 갖고 있는 사고방식, 그리고 그들이 하는 일, 성과, 이런 것에 기반을 한 칭찬이 아니고, 단순히 "내가 2세이고 전문직인데도 불구하고, 한인 커뮤니티의 어떤 한 단체에 몸담는다는 것만으로 칭찬을 들어야 한다"고 생각을 하는데 그런 것을 우리 사회가 그렇게 만들었어요. 그게 바로 역사의식이 없기 때문에 그런 것이겠죠. 그 사람들이 "내가 커뮤니티의 일원으로서 내가 정말 빚지고 있는 것이 무엇인가, 내가 한민족의 일원으로서 내가 해야 할 것이 무엇인가, 미국 시민의 한 명으로서 내가 우리 사회를 위해 어떤 일을 할 것인가"를 고민하게끔 이끌어 주는 그런 자극과 역할을 우리 한국 정부에서 해야 한다고 생각해요.

김하영 오랜 시간동안 이야기를 많이 들었습니다. 감사합니다.

저자소개

■ 지은이

● 김 하 영
· 동국대학교 대외교류연구원 연구교수
· 미국 하와이대학교 정치학 박사
· 주요저서 / 논문:
  「미국 사회의 인종갈등과 거버넌스」
  「북한 체제의 초기 집단정체성 형성에 관한 연구」
  「항일무장 투쟁과 김일성의 초기 정치리더십 형성」

● 곽 진 오
· 동북아역사재단 독도연구소 3팀장
· 영국 University of Hull 정치학 박사
· 주요저서 / 논문:
  「일본의 전후처리, 일·독 비교」
  「일본의 독도영유권 주장의 한계에 관한 연구」
  「한일간의 독도·죽도 논쟁의 실체」(번역)

● 김 면
· 연세대학교 HK연구교수
· 독일 베를린(T.U.Berlin)대학교 문학 박사
· 주요저서 / 논문:
  「독일 한인 통일운동의 형성과 전개과정」
  「독일지역 북한기밀문서집」

● 남 근 우
· 한양대학교 국가전략연구소 전문위원
· 한양대학교 정치학 박사
· 주요저서 / 논문:
「북한의 복종과 저항의 정치-생산현장에 나타난 공식/비공식 사회관계 (1950-70년대)」
「북한의 생산현장에서 표출된 갈등에 관한 연구: 공업화시기를 중심으로」

● 우 병 국
· 연세대학교 동서문제연구원 전문연구원
· 대만 국립대만대학교 법학박사
· 주요저서 / 논문:
「북한체제 형성과 발전과정 문헌자료: 중국·미국·일본」(공저)
「중국의 한국전쟁 연구현황에 관한 분석」
「동아시아에서의 미·중간 세력전이가 양안관계에 미치는 영향」

■ 연구책임

● 조 한 범
· 통일연구원 선임연구위원
· 러시아 상뜨-뻬쩨르부르그대학교 사회학 박사
· 주요저서 / 논문:
「북한'변화'의 재평가와 대북정책 방향」(공저)
「북한 사회개발 협력방안 연구」